信息经济学

裴 雷 编著

南京大学出版社

图书在版编目(CIP)数据

信息经济学 / 裴雷编著.—南京:南京大学出版社,2015.12(2019.8 重印)
ISBN 978-7-305-16434-7

Ⅰ.①信… Ⅱ.①裴… Ⅲ.①信息经济学—高等学校—教材 Ⅳ.①F062.5

中国版本图书馆 CIP 数据核字(2016)第 009302 号

出版发行	南京大学出版社
社　　址	南京市汉口路 22 号　　邮　编 210093
出版人	金鑫荣
书　　名	**信息经济学**
编　著	裴　雷
责任编辑	卢文婷　施　敏
照　　排	南京紫藤制版印务中心
印　　刷	南京理工大学资产经营有限公司
开　　本	787×1092　1/16　印张 24.25　字数 462 千
版　　次	2015 年 12 月第 1 版　2019 年 8 月第 2 次印刷
ISBN	978-7-305-16434-7
定　　价	62.00 元

网址:http://www.njupco.com
官方微博:http://weibo.com/njupco
官方微信号:njupress
销售咨询热线:(025)83594756

＊ 版权所有,侵权必究
＊ 凡购买南大版图书,如有印装质量问题,请与所购图书销售部门联系调换

序 言

信息经济学是信息管理与信息系统专业本科生的指定选修课程，也是商学院和经济管理专业的专业课程。目前，市场上相关教材虽比较多，但在实际教学过程中会发现，找到一本难易适中、范围合适的《信息经济学》教材，并非易事。

学生尚没有扎实的经济学理论基础，没有弹性、产权、比较优势这样的经济学基本概念，那么我们应该教给学生什么呢？是信息带来社会福利和资源配置，还是信息对个人行为与决策过程的影响？信息作为稀缺资源的配置，包括商品和产业两个层面，是政策分析的依据；人们在不确定状态或获取一定信息后做出选择的过程，则是行为研究的基础。而传统主流信息经济学教材的写法非常注重信息的数理表述及其函数属性的刻画，显然"线性非正单调""随机占优""凹性"和"鞅性"这样的词汇不适合我们的知识服务对象，在知识供给和知识需求之间存在一种微妙的关系。

第一次编写讲义是 2008 年。刚开始讲授《信息经济学》的时候，觉得没有一本既适合非经济学专业本科学习，同时又能比较全面反映信息经济学研究主题和范畴的教材，因此开始着手收集和整理相关资料，并在 2009 年 3 月拿出了草样，交付 2008 级信息管理与信息系统专业的本科生使用。在 2009—2010 年段的教学中，根据学生反馈，对教学大纲和讲义又做了一定调整，建立了难度逐渐递进的具有一定拓展性、探索性的研究型讲义：一是将课程讲授、课外阅读、案例分析和知识理解较好地结合了起来；二是能够引起更多的反馈和交互议题，增强了本课程的教学互动和学习黏度。2011 年夏天，再次开始阅读并修改讲义，从体系、内容涵盖和层次上做了新的调整，加入了更多的案例和参考文献，使之更便于学生的自我学习和进阶学习。我们对知识性、人文性和可读性的追求，使得教材的逻辑性并不很强，并且显得体系庞杂而晦涩难懂。但课程讲授和学生似有所悟的眼神,肯定了后续修订对教材中大量知识点的保留。

此后,经过两年的教学实践、反馈以及教学资料的积累,居然累积了500多页40多万字的讲稿。随后两届的使用,学生均反映课程体系稍显庞大,在课堂内无法完成课程内容的学习,进而有了进一步精简课程内容,形成相对较为凝练的30万字左右讲稿的想法。在随后的修订中保留了案例导入、问题展开和课后拓展的编排思路,但突出了本科生的学习特点:以核心概念和理论演进为主,强调信息经济的基本理论和分析方法,将前沿知识或争论放入课后阅读或习题,对于难度较大的知识,选择或删除,或浓缩为选修知识,形成了这本教材的雏形。

南京大学信息管理学院组织研究型教材丛书的编撰工作时,作为该计划的组成部分,本书又一次做了调整,加入了实验经济学、认知心理学以及网络分析的内容,基本涵盖了整个信息活动周期内的经济活动,形成了以信息行为理论、信息商品理论、信息市场理论、信息产业理论为主体,依次介绍产品价值分析、市场供求分析、市场结构分析、不对称分析、信息产业分析的相关理论知识,构建了较为系统的经济分析理论及其在信息领域的应用。

感谢同学们的使用体验和反馈信息,才使得这份信息经济学讲义能艰难地不断改进。感谢南京大学信息管理学院的慷慨资助,才使得讲义能够面世。感谢南京大学出版社卢文婷博士和施敏主任的鼓励和辛勤付出,才最终促成了本书的最后出版。

目　录

第一章　绪　论 … 1
- 课程目标 … 1
- 本章重点 … 1
- 导入案例 … 1
- 案例讨论 … 3

第一节　信息经济学的研究对象和内容 … 4
一、信息经济学的概念 … 4
二、信息经济学的研究对象 … 6
三、信息经济学的内容体系 … 7

第二节　信息经济学的产生与发展 … 10
一、信息经济学发展的动力和实践基础 … 10
二、信息经济学发展的思想渊源 … 11
三、信息经济学发展的萌芽时期 … 13
四、信息经济学发展的确立时期 … 16
五、信息经济学的系统发展时期 … 18
六、信息经济学的主流化与信息范式形成时期 … 27

第三节　信息经济学的国内发展 … 29
- 本章小结 … 30
- 导入案例小结 … 30
- 课后习题 … 31
- 延伸阅读 … 32
- 参考文献 … 32

第二章　信息、策略与行为理性 … 34
- 课程目标 … 34
- 本章重点 … 34
- 导入案例 … 34

案例讨论 ·· 36
　第一节　理性与理性行为 ·· 37
　　一、理性 ·· 37
　　二、理性行为假说 ·· 38
　第二节　理性行为分析 ··· 39
　　一、理性行为分析概述 ·· 39
　　二、效用 ·· 40
　　三、基数效用理论 ·· 41
　　四、序数效用理论 ·· 44
　第三节　信息与非理性行为 ·· 47
　　一、理性假说的若干理论缺陷 ··· 47
　　二、行为实验与理性假说 ··· 50
　　三、信息不充分条件下的非理性 ·· 52
　第四节　信息与策略行为选择 ·· 54
　　一、信息与策略行为 ··· 54
　　二、典型博弈分析* ·· 55
　本章小结 ·· 58
　导入案例小结 ·· 58
　课后习题 ·· 59
　延伸阅读 ·· 60
　参考文献 ·· 60

第三章　不确定性、信息与风险 ·· 62

　课程目标 ·· 62
　本章重点 ·· 62
　导入案例 ·· 62
　案例讨论 ·· 64
　第一节　不确定性 ·· 65
　　一、不确定性的概念 ··· 65
　　二、不确定性的影响 ··· 69
　　三、不确定性的数学描述 ··· 70
　　四、不确定条件下的选择公理 ··· 71

目 录

 第二节　期望效用理论 …………………………………………… 72
 　一、期望效用函数 ………………………………………………… 73
 　二、主观期望效用理论 …………………………………………… 75
 　三、一般期望效用理论* …………………………………………… 78
 第三节　风险与风险度量 …………………………………………… 80
 　一、风险的内涵 …………………………………………………… 80
 　二、风险的客观度量 ……………………………………………… 81
 　三、风险的主观态度 ……………………………………………… 81
 　四、确定性等价与风险升水 ……………………………………… 84
 本章小结 ……………………………………………………………… 85
 导入案例小结 ………………………………………………………… 85
 课后习题 ……………………………………………………………… 86
 延伸阅读 ……………………………………………………………… 88
 参考文献 ……………………………………………………………… 88

第四章　最优信息决策

 课程目标 ……………………………………………………………… 90
 本章重点 ……………………………………………………………… 90
 导入案例 ……………………………………………………………… 90
 案例讨论 ……………………………………………………………… 91
 第一节　最优信息决策模型 ………………………………………… 91
 　一、客观信息与主观信息 ………………………………………… 92
 　二、决策过程与决策类型 ………………………………………… 93
 　三、最优信息决策模型 …………………………………………… 95
 第二节　信息搜寻模型 ……………………………………………… 100
 　一、价格离散现象 ………………………………………………… 101
 　二、信息搜寻成本 ………………………………………………… 103
 　三、最佳搜寻次数 ………………………………………………… 104
 　四、工作搜索模型 ………………………………………………… 108
 第三节　信息搜寻与决策案例分析* ………………………………… 111
 　一、选择信号准确度：彩票游戏 …………………………………… 111
 　二、中央银行的通货膨胀率预测（Radner 和 Stiglitz 模型）………… 112

三、Cukierman 等待价值模型 114

本章小结 116

导入案例小结 116

课后习题 117

延伸阅读 119

参考文献 119

第五章　信息不对称与机制设计理论 122

课程目标 122

本章重点 122

导入案例 122

案例讨论 123

第一节　信息不对称理论 124

　　一、信息不对称的内涵 124

　　二、信息不对称理论的类型 124

第二节　委托-代理关系 125

　　一、委托-代理关系的概念 126

　　二、委托-代理理论的分析思路和框架* 127

第三节　信息租金抽取* 130

　　一、基本模型 130

　　二、理论应用 133

第四节　逆向选择 134

　　一、阿克洛夫旧车市场模型 134

　　二、阿克洛夫模型的逆向选择过程 136

　　三、逆向选择改进模型* 137

　　四、逆向选择的治理 142

第五节　道德风险 143

　　一、道德风险的概念与内涵 143

　　二、道德风险的应用模型 145

　　三、道德风险的治理 148

第六节　信号机制 149

　　一、斯宾塞信号传递模型 149

二、价格作为质量信号模型 151
　　三、信息甄别 152
本章小结 154
导入案例小结 155
课后习题 155
延伸阅读 158
参考文献 158

第六章　信息商品 161
课程目标 161
本章重点 161
导入案例 161
案例讨论 163
第一节　信息商品概述 164
　　一、信息商品的概念 164
　　二、信息商品化过程 165
第二节　信息商品特征 167
　　一、信息商品的信息特征 167
　　二、信息商品的特有经济特征 169
第三节　信息商品价格理论 176
　　一、信息商品的价值 176
　　二、信息商品价格的本质 177
　　三、信息商品定价方法 180
本章小结 188
导入案例小结 189
课后习题 189
延伸阅读 189
参考文献 190

第七章　信息市场均衡与效率 192
课程目标 192
本章重点 192

导入案例	192
案例讨论	194

第一节 信息商品需求分析 ····· 195
  一、信息商品的需求 ····· 195
  二、信息商品需求的描述 ····· 195
  三、影响信息商品需求的因素 ····· 197

第二节 信息商品供给分析 ····· 200
  一、信息供给的内涵 ····· 200
  二、信息供给的描述 ····· 200
  三、影响供给的因素 ····· 202

第三节 信息市场均衡 ····· 203
  一、信息均衡价格 ····· 203
  二、需求与供给变化及其对均衡价格的影响 ····· 204
  三、信息商品的供给和需求弹性 ····· 205
  四、供给和需求弹性对市场均衡的影响 ····· 208

本章小结 ····· 208
导入案例小结 ····· 208
课后习题 ····· 209
延伸阅读 ····· 210
参考文献 ····· 210

第八章 信息市场失灵与治理 ····· 212
课程目标 ····· 212
本章重点 ····· 212
导入案例 ····· 212
案例讨论 ····· 213

第一节 信息外部性 ····· 214
  一、外部性 ····· 214
  二、外部性对市场的影响 ····· 214
  三、信息商品和网络外部性 ····· 216
  四、外部性纠正 ····· 220

第二节 公共信息物品 ····· 222

目 录

　　一、公共物品 ·· 222
　　二、公共物品对市场的影响 ·· 223
　　三、公共物品的供给和需求 ·· 225
　　四、信息商品的公共物品属性 ·· 226
第三节　信息垄断 ·· 229
　　一、垄断 ·· 229
　　二、信息垄断的形成 ·· 231
　　三、垄断治理 ··· 233
第四节　信息市场失灵的治理 ·· 235
　　一、信息市场失灵的公共政策 ·· 235
　　二、政策应用：知识产权政策 ·· 236
本章小结 ·· 238
导入案例小结 ·· 238
课后习题 ·· 238
延伸阅读 ·· 241
参考文献 ·· 241

第九章　信息厂商理论 ·· 242
课程目标 ·· 242
本章重点 ·· 242
导入案例 ·· 242
案例讨论 ·· 244
第一节　信息厂商概述 ·· 244
　　一、信息厂商的基本概念 ·· 244
　　二、信息厂商目标 ·· 244
　　三、信息：要素还是产品？ ·· 245
第二节　生产要素与生产函数 ·· 246
　　一、生产要素 ··· 246
　　二、生产函数的类型 ··· 247
第三节　最佳信息投入量 ··· 249
　　一、总产量、平均产量和边际产量 ··· 249
　　二、边际报酬递减规律 ·· 250

三、最佳信息要素投入量 251
　　　四、边际收益递增假设下的信息要素最优 252
　第四节　最优要素投资组合 253
　　　一、等产量线 253
　　　二、等成本线 254
　　　三、边际技术替代率 254
　　　四、要素投资最优组合 255
　　　五、规模报酬与最优要素投资区间 255
　第五节　信息成本理论 256
　　　一、信息产品的成本结构 256
　　　二、信息生产成本类型 259
　　　三、信息边际成本理论 260
　第六节　知识生产函数的应用 262
　　　一、知识生产函数的基本模型 262
　　　二、科研论文生产模型 263
　　　三、发明创新模型 265
　　　四、知识生产的讨论 266
　本章小结 267
　导入案例小结 267
　课后习题 267
　延伸阅读 268
　参考文献 268

第十章　信息资源配置理论 269
　课程目标 269
　本章重点 269
　导入案例 269
　案例讨论 271
　第一节　资源配置的一般分析框架 271
　　　一、资源配置理论概述 271
　　　二、福利与最优配置 272
　第二节　信息资源配置基本问题 277

目 录

  一、信息福利与信息资源配置 ……………………………………………… 277
  二、信息资源配置类型 ……………………………………………………… 278
  三、信息资源配置方式 ……………………………………………………… 279
 第三节 信息资源共享与最优配置可达性 …………………………………… 283
  一、一般均衡模型中信息资源最优配置可达性 ………………………… 283
  二、信息资源共享的经济本质 ……………………………………………… 284
  三、信息资源共享一般模型 ………………………………………………… 285
  四、信息资源共享成本效益模型 …………………………………………… 288
  五、市场失灵下的信息资源共享政府激励* …………………………… 294
 第四节 信息资源产权配置 …………………………………………………… 303
  一、信息产权与信息资源产权 ……………………………………………… 303
  二、巴泽尔困境与科斯定理 ………………………………………………… 304
  三、产权渐进理论 …………………………………………………………… 304
  四、信息资源产权利用的"反公地悲剧" ……………………………… 306
  五、信息资源产权配置方式 ………………………………………………… 307
 本章小结 ………………………………………………………………………… 308
 导入案例小结 …………………………………………………………………… 309
 课后习题 ………………………………………………………………………… 309
 延伸阅读 ………………………………………………………………………… 310
 参考文献 ………………………………………………………………………… 310

第十一章 信息产业与经济增长 ……………………………………………… 313

 课程目标 ………………………………………………………………………… 313
 本章重点 ………………………………………………………………………… 313
 导入案例 ………………………………………………………………………… 313
 案例讨论 ………………………………………………………………………… 316
 第一节 信息产业的演变过程 ………………………………………………… 316
  一、信息产业的内涵与范畴 ………………………………………………… 316
  二、信息产业的形成 ………………………………………………………… 326
  三、信息产业的技术结构及其演进 ………………………………………… 327
  四、信息产业的发展趋势 …………………………………………………… 330
 第二节 信息产业分析相关理论 ……………………………………………… 331

一、信息产业分类理论 ································ 331
　　二、信息产业结构理论 ································ 334
　　三、信息产业发展与经济增长理论 ······················ 336
　　四、信息产业投入产出分析 ···························· 342
第三节　信息经济与信息产业测度分析 ······················ 347
　　一、马克卢普的信息经济测度理论 ······················ 347
　　二、波拉特的信息经济测度理论 ························ 349
　　三、马克卢普与波拉特信息经济测度的比较 ·············· 356
第四节　信息产业的应用分析 ······························ 358
　　一、IT生产率悖论 ·································· 358
　　二、网络经济分析 ···································· 360
本章小结 ·· 369
导入案例小结 ·· 369
课后习题 ·· 370
延伸阅读 ·· 370
参考文献 ·· 370

第一章 绪 论

信息经济是一种新兴产业形态,也是一种全新的社会形态。信息经济既是对经济形态的描述,也是对信息社会的要素组织的一种诠释。

课程目标

明确信息经济学的研究对象和任务,熟悉信息经济学的主要研究内容及其内部关系,了解产生背景和发展的基本脉络,能够知道信息经济学发展历程中代表性的学者和学术观点,知道当前信息经济学研究前沿理论。

本章重点

- 信息经济学的产生背景
- 信息经济学的发展脉络
- 信息经济学的主要理论和方法
- 信息经济学的研究体系

导入案例

信息社会化的崛起

第二次世界大战后,信息技术作为一种通用目的技术,与以往的蒸汽机技术、内燃机技术和电磁技术一样,从根本上改变了社会生产效率,并带来组织结构、生产方式,乃至社会思潮的变迁,即令人瞩目的信息革命开辟了信息时代。信息时代的来临,是信息技术巨大发展及其对生产力产生革命性影响的必然结果,同时也带来了社会对信息科学问题的空前关注,促成了从信息技术、信息管理到信息哲学的构建。信息经济学正是信息时代的产物。

社会学家和未来学家坚信人类将跨入一个全新的社会,如同人类进入农业社会和工业社会一样,因而产生了信息社会或后工业社会之类的提法。与经济科学早期的发展与政治科学紧密关联相似,信息经济学早期的发展也与社会科学关系紧密。信息经济的崛起与社会结构的转变是20世纪50年代末60年代初的核心议题。20世纪60年代,法国社会学泰斗阿兰·图海纳(Alain Touraine)就提出了"后工业社会"的概念。1973年,丹尼尔·贝尔(Daniel Bell)

在《后工业社会的来临——社会预测的探索》一书中提出，人类社会的发展模式可以概括为前工业社会、工业社会和后工业社会三个阶段。随着生产力的发展，技术革新的根源越来越依赖于研究开发，知识所占据的比重也在逐步增长，人类社会正进入后工业社会，而划分依据就是"在工业社会中，社会分层的标准是所有权，而后工业社会的分层标准则是知识和教育，它以科学技术和信息为基础，是知识架构起来的社会"。贝尔预计，美国从20世纪50年代前后开始进入后工业社会，西方发达国家也将在20世纪80年代相继进入"后工业社会"。

此后，学者又陆续提出了"信息社会""高度信息社会""超工业社会""知识社会"等众多概念，并提出一些抽象的社会模型。例如，20世纪60年代末70年代初，日本学者梅棹忠夫在社会经济发展阶段理论的基础上提出，未来的社会将是以信息产业为中心的社会，即信息社会。这是第一次提出信息社会的概念和主张，但仍是以信息产业为中心的狭义概念，不同于当前以信息应用为中心的信息社会理念。后来，随着梅棹忠夫《信息产业化》一文的发表，日本形成了"信息化"的概念，并引发了日本第一次信息化浪潮，1969年成立信息化产业振兴议员联盟，发布"信息产业育成对策"。可以说，信息化从经济领域发现证据，并通过产业作用又反作用于信息经济的发展。

1980年，未来学家阿温·托夫勒出版《第三次浪潮》，提出"超工业社会"，认为人类社会已经经历了两次浪潮：第一次浪潮是农业革命，由原始狩猎社会变成了农业社会；第二次浪潮是工业革命，由农业社会变成了工业社会，它创造了现有的世界物质文明和精神文明的基础。他提出第三次浪潮是信息革命，从20世纪50年代中期开始，正使人类从工业社会步入信息社会，即超工业社会。在1980年代中期，约翰·奈斯比特提出人类社会分为农业社会、工业社会和信息社会三个阶段，目前"虽然我们还是认为生活在工业社会，但是事实上已经进入了一个以创造和分配信息为基础的社会"——信息社会。奈斯比特第一次完整而具体地描述了信息社会的内涵：在新的信息社会中最重要的战略资源是信息，而不是资本，知识已成为生产力和经济成就的关键，知识产业为经济提供了必要的和重要的生产资源。"我们现在大量生产知识，而这种知识就是我们经济的推动力。"在高技术的信息社会中，人们是利用脑力劳动为主，而不是像工业时代的工人那样以从事体力劳动为主。而且奈斯比特认为，信息社会开始于1956年和1957年，其标志性事件有二：一是1956年，担任技术、管理和事务工作的白领工人人数在美国历史上第一次超过了蓝领工人；二是1957年，标志着信息革命全球化的开始，俄国人发射了人造地球卫星——它带来了全球卫星通信的时代。电子计算机技术的发展使人类更快地进入信息社会，目前电子计算机已渗入整个世界的工作，历史上没有一种技术在工作场所有过这样大的应用范围。

显然,约翰·奈斯比特夸大了知识生产的作用,也将信息社会的启动时间大大提前。进入20世纪90年代,随着因特网的迅速发展,关于信息社会的认识更加务实而全面,因而大部分学者认为全球大部分国家和地区引入信息基础设施建设后,开启了一个向信息社会迈进的转型社会。1996年,卡斯特尔(Castells)出版了他最具影响力的著作《信息时代:经济、社会与文化》三部曲——《网络社会的兴起》(1996)、《认同的力量》(1997)、《千年的终结》(1998),并提出了网络社会的理念。卡斯特尔认为,我们的社会正经历着一场革命,其变迁的核心是信息处理和沟通的技术。信息技术之于这场革命,就像新能源之于过去的工业革命,它重组着社会的方方面面。而根植于信息技术的网络,已成为现代社会的普遍范式,它使资本主义社会再结构化,改变着我们社会的形态。信息时代的主要功能和方法均是围绕网络构成的,网络构成了新的社会形态,是支配和改变社会的源泉。完全可以这样认为,网络信息社会是一种新的社会形态。

在以信息技术为基础的网络社会里,经济形态与工业社会相比将发生转变,这时将会是一种以信息化、网络化、全球化为特征的新经济,其核心是以知识为基础的生产力及对获利能力的强调,而脱离工业经济单一的生产力增长方式。"信息化"是指"生产和管理的社会和技术组织的特殊形式,它通过对新的信息技术的运用而使以知识和信息为基础的生产效率得以实现"。信息化因其以信息技术为基础而形成新的技术范式,将使成熟工业经济所蕴藏的生产力全面释放。网络化使信息技术产业逐步围绕着互联网组织起来,成为整个经济新技术与管理专业知识的来源,生产力增长主要以网络为基础。全球化则使得金融、贸易、生产、科技在全球范围内展开,对专有劳动的强调使得劳动也具有了全球性的意义。

案例讨论

(1) 信息社会具有哪些基本特征?
(2) 信息社会将给社会消费和投资带来哪些影响?
(3) 信息社会中的经济形态体现了哪些趋势?

一般认为,信息经济学产生于20世纪50年代末60年代初,是在信息技术革命逐步深入以及信息价值逐渐被认可的过程中产生和发展的。在不同的发展阶段,研究者对信息经济学的研究内涵和研究方法提出了不同的观点,本章将梳理不同阶段信息经济学发展的重要事件和理论成果,并反映信息经济学研究的基本内涵。

第一节　信息经济学的研究对象和内容

一、信息经济学的概念

经济学是研究稀缺资源配置以及人类行为理性选择的科学。与之对应，信息经济学是研究信息资源配置以及人类如何通过获取和理解信息来做出理性选择的科学。也有学者认为，信息经济学是对经济活动中信息因素及其影响进行经济分析的经济学，是对信息及其技术与产业所改变的经济进行研究的经济学。目前，典型的定义有：

雅各布·马尔萨克(1968)认为，信息经济学是研究如何选择最优信息系统或最优信息结构的一门经济学，是由决策科学派生出来的。

赫什莱弗(1973)认为，信息经济学是不确定性经济理论自然发展的结果，即信息是对随机不确定性的概率改良。

增田米二(1976)认为，信息经济学是一门完全超出传统经济范畴的新经济学，是适应信息化时代的要求、研究信息产业结构及其经济发展规律的一门经济学。

在国内学者中，主要存在以下四类观点：

① **信息经济学是研究信息活动中的经济和运营问题的科学**。例如，在杜威构建的学科分类体系中，最早将图书馆学认定为"Library Economics"，可翻译为"图书馆经营学"，主要研究图书馆的建设、管理和日常运营等，如1909年Libraco出版的 *Library Economics* 手册，1923的 *Williamson* 报告将"图书馆经营学"作为图书馆专业的核心课程之一。国内早期在引入该学科体系时，采用了"图书馆经营学"的称谓。如国内最早研究图书经济学的房兆楹先生，在文华图专就读期间发表的《图书馆经营法杂谈》《图书馆买书法》等。1929年文华图专的课程表中，第一学年和第二学年均列有"图书馆运营学"的课程名称，在课程内容中列有"讲述图书馆内书籍之收藏、登记、出纳、流通、排列、装订印刷等部分"以及"讲述图书馆之组织、发展、宣传及社会服务等问题"，并为此每学期设置了80个学时，是本领域最核心的课程之一。1937—1938年，文华图专又相继开设了"档案经营法(Archieves Economy)"，并以此作为图书情报类的核心课程。可见，Library Economics最初引入中国时，是以"经营""运营"为主导的，主要是以图书馆、档案活动为研究线索。

后来，随着学科分类体系将"Library Economics"变更为"Library Science"，

经济运营学逐渐由统帅性的主干课程转变为一门专业课程。后续逐渐演变出来的《情报经济学》(1988,王槐)、《文献经济学》(1993,柯平)等,均以情报或文献活动为整体研究对象的研究体系;同期的张守一、葛伟民、银路、查汝强、郑英隆等将情报、文献、图书馆、档案等活动统称为信息活动,并认为信息经济学研究的主体是信息及其产品的生产、分配、流通、消费等,并将其拓展到信息产业运营以及信息化领域。

② 信息经济学是研究因信息不对称、信息不充分引发的经济制度及其解决方法的科学,或者称为"防止欺诈的科学"。这一类研究主要从西方现代经济学中的产权理论、制度经济学和行为经济学中引介而来,包括合同理论、拍卖理论、机制设计、激励理论等,国内有王则柯、张维迎、董保民等倡导的信息经济学框架。

③ 信息经济学是以信息系统选择为对象的学科,也称"不确定性经济学"。信息系统选择是从信息搜寻原理以及决策理论中独立发展起来的,从 20 世纪 60 年代开始,以阿罗、西蒙、斯蒂格勒、宫泽健一、赫什莱弗为代表,以信息测度、科学决策和信息搜索理论为依托,建立了系统分析科学。国内如黄孟藩等部分学者也引入了这类信息经济科学。

④ 信息经济学是在复杂社会环境下形成的以信息活动和经济活动中的信息管理为研究对象的一门综合性科学。这是国内主要的学术观点,认为信息经济学在产生过程中沿着不同的演进路径,在不同的学术领域独立发展,构成了不同的研究内涵。国内信息经济学在吸收和推广过程中认为,宏观和微观视角的信息经济研究均应属于信息经济学的研究范畴,单独强调某一方面都是不完整的。持此类观点的学者主要有:

乌家培认为,信息经济学的研究对象是信息活动的经济问题和经济活动的信息问题。刘希印认为,信息经济学是研究信息的经济问题与经济活动的信息问题的综合性学科。

马费成在《信息经济学》中认为,信息经济学是将信息和信息活动当作普遍存在的社会经济现象来加以研究的学科,并指出信息经济学的内容大致包括:信息活动的经济机制和经济规律;信息商品的生产、分配、流通、消费全过程有关的社会关系和经济关系;影响信息活动和信息系统经济效益的自然因素和社会因素;信息作为生产要素的特征、功能以及对经济系统的作用条件和作用规律以及不完全信息和不对称信息条件下,经济活动及经济行为的特征与规律。

陶长琪认为,信息经济学是具有明显的综合性和边缘性的综合性学科范式,既是经济学的分支学科,也是信息科学的延展领域。

陈禹认为,信息经济学是一门研究经济活动中的信息现象及其规律的经济学,但它具有特殊的时代背景和理论出发点,因而不是边缘科学或综合性科学,而是独立学科。

娄策群也认为,信息经济学的研究内容包括信息经济学的基本理论问题、信息经济化、经济信息化的理论问题、信息资源研究、信息商品研究、信息市场研究及信息产业研究,等等。

因此,信息经济学(Information Economies 或 Economies of Information)可看作以信息和信息经济为研究对象,研究经济活动中的信息问题和信息或信息活动中的经济问题的基本理论、运行机制、运作方法和发展规律的一门学科。

二、信息经济学的研究对象

从现有的研究和教育状况看,信息经济学体现出综合性学科特征,其研究内容涵盖了经济活动中的信息问题和信息活动中的经济问题。因此,当前国内主流的观点认为信息经济学由两个完全不同的视角构成:经济活动中的信息问题(信息经济学Ⅰ)和信息活动的经济问题(信息经济学Ⅱ)。

(一)信息经济学Ⅰ及其研究对象

经济活动中的信息问题,主要是经济分析中的非信息充分和有限理性限制下的市场行为、企业治理、产业组织与福利经济学的变更,包括由不确定性引致的风险和信息结构问题,信息搜寻以及最优信息决策,信息不对称条件下的逆向选择与道德风险,委托代理与拍卖机制,激励理论与机制设计,等等。

1979年,赫什莱弗和约翰·莱利从信息经济学研究中分离出信息经济学Ⅰ的概念后,认为其理论核心是信息不对称现象,主要研究在非对称信息情况下,当事人之间如何制定合同、契约和对当事人行为的规范问题,故又称契约理论或机制设计理论。这种观点集中反映在国内的主流经济学教材和工商背景的研究中。其逻辑起点是信息问题对传统经济学的基本假设的否定,力图在不对称信息的条件下重新构建西方经济学的框架,用新的理性概念和行为准则代替新古典经济学。非对称信息环境是微观信息经济学的条件假设,并以此推翻并改写传统的微观经济学中的完全竞争模型,其在市场机制、价格理论、税收理论、福利经济学领域均有广泛应用。如张维迎教授从博弈论角度出发,认为信息经济学是非对称信息博弈论在经济学上的应用,采用的主要方法是博弈论,认为博弈论是方法论导向的,而信息经济学是问题导向的,其研究的核心问题是在给定信息结构条件下的最优契约安排,是规范性研究理论。

(二)信息经济学Ⅱ及其研究对象

信息经济学Ⅱ融合了信息科学、管理学和社会学等学科的内容,研究信息商品、信息现象和信息管理活动中的经济问题,既包括微观层面信息物品的生产(包括信息系统构建)、传播、销售(服务)和消费的具体经济问题,也包括宏观层面的信息产业的布局、结构变迁及与其他产业间的关联,信息社会层面的信息力与国家竞争、资源观视角的信息资源配置与共享等。典型理论如创新理论和知识管理研究者,将信息作为一种要素探索信息在生产、交换和消费过程中的经济关系和规律(Paul Romer,1983)。新经济增长理论学者,如罗伯特·索罗(Robert Solow)、巴罗(Paul Barron)等人通过大量实证研究,认为世界各国经济发展不均的原因主要不在于有形资本的多寡,而在于无形资本(如知识、教育、信息)的差异。马克卢普和波拉特对信息产业的测度,国家信息政策制定中的信息化测度,信息产业的结构、组织和布局以及信息产业投入产出分析等,都属于宏观层面的信息活动经济学范畴;阿罗对信息的商品本质的研究、以色列经济学家奥兹·夏伊(Oz Shy)对网络型产业的分析、芬兰图书情报学家雷波对图书情报经济的研究、金格马(Kingma)教授对图书资料的研究、帕克等人撰写的研究管理信息系统和企业经营实绩之间联系的信息经济学,以及国内图书情报学领域的大多数信息经济学教材等,则将信息商品、信息系统和信息服务问题加以经济分析,也属于信息活动经济学范畴。

有些学者认为,像信息要素与经济增长、信息产业组织、信息政策这样的问题并不能严格区分归属,认为它们既有信息活动经济分析,也有经济分析中的信息要素。

三、信息经济学的内容体系

(一)信息经济学的学科分类

以陈禹、谢康等为代表的学者,认为信息经济学应该是学科群的概念,涵盖了不同的学科范畴和专门的学科对象。如按学科的研究对象划分,可分为信息市场学、信息部门经济学、信息系统经济学、信息工程经济学、信息技术经济学、信息资源经济学、信息管理经济学,等等;按学科的内容和领域划分,可分为通信经济学、软件经济学、科学经济学、教育经济学、情报经济学,等等。

另一类学者将信息经济学分为广义信息经济学和狭义信息经济学。狭义信息经济学包括宏观、微观和产业信息经济学,而广义信息经济学还包括不同信息部门的信息经济学,如电信经济学、新闻和传媒经济学、信息服务经济学、广告经济学、出版经济学等。上述单列的部类经济学虽然是研究信息活动中的某一种或某一环节,但发展迅速,如让·泰勒尔和拉封对电信垄断和规制的研究,潘卡基、周其仁、张昕竹的电信规制理论,卡欣的网络新媒体经济研究等,都是专门信息产业经济领域的重要文献。

还有学者将信息经济学划分为理论信息经济学和应用信息经济学。

(二)信息经济学的内容划分

信息经济学的研究内容主要包括以下几个方面:

1. 信息经济学的基本理论问题研究

信息经济学的基本理论问题关系到本学科的研究和发展，主要研究信息经济学应围绕哪些领域和内容进行研究，信息经济学在现代科学体系上处于什么地位。这方面的研究主要是探讨信息经济学的研究对象、研究内容、学科体系、学科性质、相关学科、发展规律、发展历史、研究现状和发展趋势等。

2. 信息经济学的基本原理研究

信息经济学的基本原理问题关系到本学科的理论基础和内容体系。如果没有从理论上弄清信息经济学的基本原理，信息经济学作为一门学科将缺乏必要的研究基础，信息经济学的内容体系将缺乏必要的联系。因此，研究信息经济学的基本原理问题非常重要。这方面的研究主要是信息不完全与不对称原理、信息共享与再生原理、信息公共物品原理、信息商品化原理、信息产业边际收益递增原理等基本原理的内容和应用范围。

3. 博弈论和非对称信息经济学理论

博弈论和非对称信息经济学理论是西方信息经济学的核心内容，也是我国信息经济学的重要研究内容。这部分主要探讨完全信息静态博弈和动态博弈、不完全信息静态博弈和动态博弈、信息不确定与预期效用理论、信息不确定与实物期权理论、不确定性下的信息决策、委托-代理关系、信息不对称下的最优激励合同、委托-代理关系的多阶段博弈动态模型、道德风险与锦标制度、逆向选择与信号传递等。

4. 信息商品研究

商品是一个基本的经济学范畴，离开了信息商品，就谈不上信息市场和信息产业，有必要将信息商品作为一项独立的研究内容。这方面的研究着重探讨信息商品的需求与供给及其供需平衡、信息商品的消费过程与消费效益、信息商品的成本与价值、信息商品的定价策略与定价方法等。

5. 信息搜索和最优信息决策

信息获取成本对交易活动的限制和有限决策的影响。需要研究信息获取成本的制约因素和改善策略，对最优信息决策的研究则关注信息质量和信息的传递效率与噪音。

6. 信息生产与创新保护

知识产权是信息生产市场的重要制度基础。在信息生产过程中面临的双重公共物品理论将带来知识生产者的知识跟随和知识投机效应。需要研究不同资源禀赋、保护水平下的信息生产决策和创新保护选择。

7. 信息市场研究

信息市场是市场体系中的一类重要市场，也是信息经济学的重要组成部分，其结构、功能、运行机制、营销方法和组织管理等都有不同于其他市场的特点。

深入研究信息市场，有利于保证信息市场的有效运行，充分发挥信息市场的作用，促进信息经济和信息产业的发展。这方面的研究主要是探讨信息市场的内涵与特征、信息市场的功能与作用、信息市场的运行机制、信息市场的管理等。

8. 信息资源及其配置研究

在信息经济时代，信息是一种重要的经济资源。认识信息资源的特征、结构、功能与作用是充分开发和有效利用信息资源，更好地发展信息经济的理论条件。信息经济学应将信息资源作为主要内容来加以研究。这方面的研究主要是探讨信息资源的构成与特征、信息资源的功能与作用、信息资源配置的目标与原则、信息资源配置的层次和内容、信息资源配置的机制与模式、信息资源配置的效益与评价等。

9. 信息技术对经济发展的作用研究

信息技术对经济发展与增长具有重要作用。信息技术不仅带来了信息产业的发展，而且改变着传统农业经济和工业经济的根本特征，促进着国民经济的持续发展。这方面的研究主要是探讨信息技术的特点、信息生产力的作用和特点、信息技术对经济增长的作用等。

10. 信息系统的经济评价问题

信息系统是信息资源的组织形式，其建设与运行需要昂贵的经费支持，但可取得很大的经济效益和社会效益。它们所产生的间接效益往往远大于直接效益。以尽可能少的费用建立和完善效益尽可能好的信息系统，是必须贯彻执行的重要原则。这方面的研究主要是探讨信息系统的功能和结构、信息系统费用与效益分析的评价方法等。

11. 信息产业研究

信息产业是国民经济的重要组成部分，是信息经济学的核心内容。这方面的研究主要是探讨信息产业的含义和特征、信息产业的形成和发展规律、信息产业的产业结构、信息产业对经济发展的影响等。

12. 国民经济信息化与信息经济测度研究

国民经济信息化是信息社会的主要特点，所以有必要探讨国民经济信息化的问题。这方面的研究主要是探讨国民经济信息化的含义与特征、信息化对经济增长的作用、企业信息化及其评价、国民经济信息化及其评价等。信息经济测度的研究主要是探讨信息经济的测度方法，包括马克卢普的信息经济测度理论、波拉特的信息测度理论、厄斯的经济-信息活动相关分析方法、库兹涅茨的投入产出分析、国内信息经济测度方法等。

13. 新兴信息市场和经济形态研究

信息经济学是一个动态体系，随着研究内容的系统和深入，需要不断完善信息经济学的体系和发展内容。例如,近年来网络经济学、电子商务经济学、信息生态经济学等都有了很大发展。

第二节 信息经济学的产生与发展

信息经济学是信息科学领域中经济计算方法的逐渐引入和成熟的结果,是信息论科学与经济科学交叉发展的产物。正如加里·贝克尔所批评的那样,以往的学者往往试图严格区分学科的界限和重点,在人类的知识版图中进行"知识圈地",并坚定地认为社会学是研究制度化组织中的群聚现象和群体,研究它们的制度与组织,研究制度与社会组织变化的因果关联的学科;经济科学则是研究稀缺性资源分配与选择的科学,需要在市场领域或稀缺资源分配与可供选择目标的分析中,突出传统和义务、冲动行为、最大化行为或任何其他行为①。因此,后续的学者总是容易陷入"谁入侵了谁""谁是主流,谁是毒瘤"这类无谓的争论。在中国信息经济发展历程中,曾经也有过彷徨和争论②,但信息经济学在不同的应用环境中各自独立发展,并在一定领域进行融合,形成了目前的信息经济研究格局。

信息经济学的发展历史不长,从时间轴来测度可以简要分为萌芽时期、兴起时期、发展时期、成熟时期和拓展时期等若干发展阶段,各阶段发展主题具有鲜明的差别;从横向来看,则分别在信息决策、市场信息、信息产业、不对称信息与合同设计、信息经济增长理论、信息系统经济及信息服务与管理经济等若干领域形成了较为独立又彼此借鉴的研究主题。值得注意的是,信息经济学的萌芽、兴起、发展、成熟和拓展在时间上并非严格排列,而是交叉发展。

一、信息经济学发展的动力和实践基础

信息经济的思想启蒙可以追溯到早期对知识活动的价值认识,而知识活动价值认识基本就是人类的文明史和思想史的演进历程。

现代考古发现,在两河流域和埃及早期王国都存在不同规模的泥版或纸草的纪录存放,如在底比斯发现的普利斯纸草纸大约书写于公元前2500年,即证明人类系统保存和维护知识纪录的历史超过4500年。而西西里历史学家狄奥

---

① [美]加里·贝克尔著,王业宇、陈琪译,《人类行为的经济分析》。上海:上海三联书店,1995。
② 2000年,中山大学的王则柯教授与谢康教授展开了一场有名的"信息经济学"名实之争,王教授的论断涉及了当时国内信息经济学的主要研究学者,最终以广义信息经济学派和狭义信息经济学派的两派划分结束。

多洛斯的《历史丛书》则记载,公元前 1304—前 1237 年的拉美西斯二世就已经开办了规模宏大的"神圣图书馆",有"父与子"两位早期图书馆员,图书馆入口处刻有"拯救灵魂之处"字样,产生了早期的图书馆职业和图书馆活动。而图书馆的馆藏购置和保存涉及书籍价值评价、书籍保存以及书籍交换和使用等经济学问题,如早期别迦摩图书馆和亚历山大图书馆的馆际交流活动、罗马时期众多藏书家的藏书管理、匈牙利护书运动[①]等。至于印刷术发明之后,书的印刷、出版以及相关的稿费、版权也不能排除在经济活动之外。所以,从信息和知识机构的管理运作角度看,信息的经济问题古来有之。

二、信息经济学发展的思想渊源

(一)西方现代知识价值观的确立

早在古希腊时代,亚里士多德就研究过科学知识分类与知识生产过程,而且在理财学和创作学中较早提出了知识创新与实践的关系。亚里士多德提出,作为知识活动的创作不仅来源于实践,而且本身也是一种实践活动,这实质上提出并认可了知识活动的劳动属性和价值来源。

图 1-1 古代雅典儿童的学习图　　**图 1-2 阿拉伯人描绘的《亚里士多德授课图》(公元 8—11 世纪)**

此后在西方漫长的中世纪发展过程中,教会对文化教育的垄断以及因统治

---

① 匈牙利人对土耳其人侵略者的图书"赎购"故事——大概是因为土耳其人看中了用黄金镶嵌的华丽图书"封面",毁书取皮,从而引发了匈牙利被征服者的护书运动。

需要而产生的经院哲学宣扬蒙昧主义,推行愚民政策以确立神学的独尊地位。正如教皇格里高利一世所说的"不学无术是信仰虔诚之母"。以安瑟伦和阿奎那为代表的经院哲学家则割裂实践与认识,从教条演绎空洞理论,是对知识价值和知识活动认识的重大退步。

文艺复兴和启蒙运动及其代表的人文主义和科学主义精神确立以后,知识及知识活动得到科学对待和认识,也是"现代科学知识生产"的直接源泉和动力。正如弗朗西斯·培根爵士提出的"知识就是力量",文艺复兴运动为知识价值的认知提供了广泛的社会基础。

(二)东方的知识分子和知识价值观

在东方哲学体系中,尤其是中国价值体系中,儒家思想主要围绕知识分子(士)和知识活动价值展开。虽然中国自古崇尚以贤才取士的传统,但在奴隶社会和封建社会发展早期,知识活动局限于贵族阶层,知识能力并不作为社会阶层流动和社会地位获取的主要依据。而知识社会价值的认可也伴随知识分子社会地位的提升而扩展,从汉朝以来的举荐制度以及魏晋时代的九品中正制给了普通知识分子一定的社会流动空间,使得知识活动地位显著上升。隋唐以来,科举兴起提升了社会对知识价值的认可,也促进了知识活动的繁荣;此后文官制度的完备和"文治"价值取向使得知识分子群体逐渐走上政治高峰,并促成了中国向真正意义上的"文献之邦"的转换。知识活动成为整个社会的活动重心,明清两代尤为突出,甚至有"万般皆下品,唯有读书高"的论断。上述活动,无一不反映了知识活动对中国社会发展,包括经济发展的推动和促进作用,也从另一方面促使社会资源向知识活动集中,衍生出书院、藏书、刊印、幕僚等知识活动与知识行为。

图1-3 中国的士族官僚和科举考试图

虽然没有具体考察知识在经济活动中的价值,但是东西方的社会文化都在经历曲折发展后,体现出对知识价值和知识活动的重视,构成了信息或知识经济学产生的重要思想基础和渊源。

三、信息经济学发展的萌芽时期

信息经济学发展的萌芽时期并没有关于信息经济学的专门理论或学说出现,但零星存在于其他理论或相关学说之中。

(一)古典经济学说中的创新与冒险价值学说

信息经济学发展的萌芽伴随着现代经济科学的发展,在现代经济科学的阐释中往往隐含或涵盖着信息经济的命题。如亚当·斯密通过对市场、宗教共同体和法律社会制度的研究,提出良好的道德环境和法律体系等"知识形态"的要素将推动经济增长[1];而且亚当·斯密的"看不见的手"归根结底也是将价格视作一种有效的市场信号机制。

萨伊和巴士夏提出的企业家理论将"资本、知识和劳动组合起来"的冒险气质以及"判断力、坚毅、节俭和专业知识"作为收益分配的依据[2],其实也是信息经济学中"信息能力"的研究范畴。连"阴郁"的马尔萨斯所犯的错误都是没有估计到"技术创新和知识增长"对生产效率的改进以及民众通过"理性预期"来控制人口增长的自身演化,而这些命题均为后续信息经济学研究的典型问题。

(二)马克思的复杂劳动与价值理论

马克思在分析人类社会演进和制度发展过程中,虽然没有将知识积累作为社会发展的第一决定力量,但一直强调"人类的一般智慧、科学技术是生产力发展过程中愈来愈起决定性作用的因素"[3];但后来西方经济学家一直批判马克思忽视了在局部生产过程中知识的具体作用,如企业家素质和专业知识。

(三)奥地利学派的价值分配理论

20世纪初期,奥地利学派对古典经济增长的"复活"重新激发了对经济增长的讨论,而且克拉克和米塞斯重建了价值分配理论,其中技术作为竞争手段和分配要素赫然在列。托尔斯坦·凡勃伦以对资本主义的批判和《有闲阶级论》的嘲讽而出名,但他1919年出版的文集《科学在现代文明中的地位及其他论文》中[4],有一篇论文"论资本的性质"(1908年《经济学季刊》8月第22卷、11月23

---

[1] 马克·斯考森著,《现代经济学的历程:大思想家的生平与思想》。长春:长春出版社,2006。
[2] 萨伊著,陈福生、陈振骅译,《政治经济学概论》。北京:商务印书馆,1963。
[3] 叶险明著,"关于'知识经济'的历史观诠释问题——兼论马克思考察生产力问题的两种视角及其相互关系",《哲学研究》2003年第9期。http://www.cass.net.cn/file/20090511232448.html
[4] (美)托尔斯坦·凡勃伦著,张林、张天龙译,《科学在现代文明中的地位》。北京:商务印书馆,2008。

卷的两篇论文),提出"技术知识是一种典型的资本品""知识的增长构成财富的主要来源"[①],并分析了商誉和广告等"无形资产创造有形财富"的案例。上述思想被国内众多信息经济学者奉为信息经济学的源头。作为一个放荡的"异类"经济学家,凡勃伦一方面鄙视"有闲阶级"的炫耀式消费模式,另一方面也不认同马克思的破坏式社会变革,而是论证技术人员(专业知识分子)的掌权是社会进化和改良的必然趋势,同样,科学和知识也是不断改良和进化的公共财富。他认为,一旦技术人员掌权,追求商业利益的"企业经营"将被抛弃,生产和企业经营之间的"新技术禁用"矛盾也将消除。他预言,美国未来将出现一个所谓"技术人员苏维埃"。也许凡勃伦的论断过于臆断和自我陶醉,但他也许是最早独立提出知识财富要素说的经济学家之一。

(四)大论战时期的市场信息要素学说

20世纪20—30年代,西方经济学界爆发了一场非常著名的大论战。当时,在这场被称为社会主义大论战的讨论中,米塞斯和哈耶克等自由主义经济学家认为,社会主义不可能获得维持经济有效运转的信息;而兰格和雷纳等人作为论战的另一方则认为,利用一种分散化的社会主义经济机制,通过边际成本定价的方式能够解决信息量要求过大的问题,并进而保证资源的有效配置。哈耶克等人对此提出了一个更加深入的问题,即在企业拥有私人信息的情况下,政府如何保证企业如实显示其边际成本,又怎样才能激励企业完成生产任务,并且按照边际成本来定价呢?这最终演变为信息作用的经济分析和经济运行制度的系统研究。

米塞斯和哈耶克最初从市场信息角度研究信息获取对市场效率的影响,并以此批评社会主义计划经济模式的信息效率低下。米塞斯的门生哈耶克撰写了大量关于经济行为与知识的著作,如1936年发表的《经济学与知识》提出了"知识分工"的思想。在新古典经济学的均衡分析中,会有一些不符合现实的基本假设,如信息是完全的、个人偏好不会发生变化、不考虑时间因素,等等。这里的信息即哈耶克所用的"数据","意指的是应当成为客观事实的东西,而是对所有的人来说都是相同的……"1945年,《知识在社会中的利用》一文则将知识分成两类:一类是科学知识,即被组织起来由专家所掌握的知识,在理论和书籍中可以得到;一类是特定时间和地点的知识,为处于当时和当地的人所拥有。不同种类的信息在经济系统中的地位和作用不同,前者作为信息,是经济现象中规律性的

---

① 关于财富源泉的论断,来自凡勃伦对"资本主义兴起"的原始动力——资本的考察。虽然关于资本主义的起源存在多样化的观点,但基本都不否认资本(货币积累、原始积累)对生产组织中角色分工的影响(资本家-工人)。马克思认为,资本主义兴起所需的原始积累靠的是暴力和欺诈;桑巴特认为,原始积累的源泉是土地所有制;埃伦伯格倾向于早期金融行为(高利贷)和小商业;凡勃伦倾向于资本使用技术和专有知识的积累所产生的财富,即凡勃伦所说的无形资产。

总结,是一种普遍的趋势或状态,多用于对宏观经济和微观经济的抽象化描述。后者是由每个人所掌握的、可以利用的独一无二的信息,是信息不对称的根源。但哈耶克的工作并未系统化到信息经济或知识经济的层面。

(五) 风险与不确定性分析

1921年,美国经济学家奈特(F.H.Knight),把信息与市场竞争、企业利润的不确定性、风险联系起来,认识到企业为了获取完备的信息必须进行投入的重要性。他的《风险、不确定性和利润》一书写道:"信息是一种主要的商品",并注意到各种组织都参与信息活动且有大量投资用于信息活动,通过对各种不确定性的分类研究来研究如何通过减少不确定性来获得利润。

图1-4 信息经济学思想的早期开拓者们

(六) 管理沟通理论

1935年,社会系统学派的管理学家巴纳德(Barnard)在研究组织管理效率时,认为组织的三种普遍要素是协作意愿、共同目标和信息沟通,而信息沟通是个人协作意愿和组织共同目标联系和统一起来的基础,因此,管理的核心任务便是信息搜集、筛选和传递,以及组织企业信息交流体系(Barnard,1935)。他首次从管理学视角提出了信息的经济价值和管理问题。

(七) 创新理论

熊彼特最早在1912年德文版的《经济发展理论》一书中就提出过"创新理论"(1934,英文修订本),又相继在《经济周期》和《资本主义、社会主义和民主》中加以运用和发挥,形成了以"创新理论"为基础的独特理论体系。"创新理论"强调生产技术的革新和生产方法的变革在资本主义经济发展过程中的作用,阐释资本主义的本质特征,解释资本主义发生、发展和趋于灭亡的结局。按照熊彼特的观点和分析,所谓创新就是建立一种新的生产函数,将一种从来没有过的关于生产要素和生产条件的新组合引入生产体系。这一观点成为后来阿罗"干中学"以及保罗·罗默知识溢出效应的重要理论来源。

(八) 企业理论与交易成本

罗纳德·科斯(R. H. Coase)，其代表作是两篇著名的论文，"企业的性质""社会成本问题"。1937年发表的"企业的本质"，独辟蹊径地讨论了企业存在的原因及其扩展规模的界限问题，科斯创造了"交易成本"这一重要概念来予以解释。科斯认为，一旦产权明晰，若交易费用为零，市场交易可以确保有效率的结果，产权分配方式不影响经济效率，仅影响收入分配。其思想被概括为"在完全竞争条件下，私人成本等于社会成本"，这就是科斯定理(Coase's theorem)。该理论也称为交易成本理论，为今后的制度经济学和机制设计理论奠定了基础。在交易理论中，信息成本是交易成本的主要构成。

(九) 博弈论

在信息经济学的回溯中，博弈论也是重要的理论来源。1838年古诺关于寡头之间通过产量决策进行竞争的模型，可以看作博弈论早期研究的起点。1944年，冯·诺伊曼和摩根斯坦出版的《博弈论和经济行为》(*Theory of Games and Economic Behavior*)一书，是博弈论形成的起点。现代博弈论思想和预期效用理论无疑也是信息经济学研究的重要方法和理论来源。

在信息经济学发展的萌芽期，经济学家已经开始关注并注重刻画和描述信息与知识对经济行为的影响，但研究主要局限于规范研究，缺乏对信息经济的模型或数理研究以及相应的经验验证。同时，20世纪初对图书馆这类知识机构的绩效评估活动也为信息效益评估提供了一定的理论基础。

四、信息经济学发展的确立时期

(一) 信息经济学提出的社会背景

20世纪50年代以后，随着工业化发展与环境破坏的矛盾突显以及对资源消耗瓶颈的顾虑，引发了一系列关于经济持续增长和社会转型的争论。从环境保护角度，1962年R.卡逊出版的《寂静的春天》以及1972年罗马俱乐部的《增长的极限》都是从资源角度对工业化发展的反思；从社会学角度，图海纳在1959年率先提出"后工业社会"的概念，建立了对信息社会的憧憬与理论构建，1973年丹尼尔·贝尔正式提出后工业社会的阶段发展模型；在经济学领域，马尔萨克(J.Marschak)1959年对信息经济学的开创性研究则促成了此后持续的信息经济研究热潮。

(二) 信息经济学的早期理论贡献

1959年，马尔萨克发表"信息经济学评论"一文，在讨论信息在决策中的价值时，认为信息的获得使决策信念的后验条件分布与先验的分布之间存在差别问题，进而创造了"信息经济学"这一术语，成为信息经济学发展史上信息经济学诞生的正式标志。20世纪50年代末60世纪初,在微观信息经济学领域涌现了大量关于信息经济的研究成果。

1957—1959年间,肯尼思·阿罗和杰拉德·德布鲁对古典经济学中的信息充分假定和一般均衡理论充满质疑,开创了不确定条件下的选择以及对社会均衡存在性的研究,这也是后来信息经济学致力完善的领域。阿罗在20世纪40年代就开始涉足信息和统计决策研究,并在1957年发表的"统计和经济决策"与"决策理论和运筹学"中认为,经济行为过程中存在连续时间、计算时间和累积时间,形成了连续信息、计算信息和累积信息三个基本概念,并对三种信息形式的不同效用及它们对决策过程的影响进行了分析。但更多认为阿罗对信息经济的贡献源自1962年提出的"干中学"模型及1965年"风险承受理论的若干方面"对不确定性问题的研究,此后1971年"信息价值和信息需求"、1973年"信息和经济行为"、1975年"垂直一体化与信息交流"则是信息经济学发展过程中的重要理论。然而,阿罗获得诺贝尔经济学奖却并非因其对信息经济学的贡献。

1960年,赫伯特·西蒙在其《管理决策新科学》中研究了信息与决策过程,提出管理效率取决于信息收集和处理能力,并建立了信息决策管理模型。1960年,赫尔维茨在论文"资源配置过程中的信息效率和最优化"中也讨论了资源配置中的信息价值问题。斯蒂格勒(G.J.Stigler)则于1961年在《政治经济学杂志》上发表了题为"信息经济学"的论文,研究信息的成本和价值,以及信息对价格、工资和其他生产要素的影响,进而提出的信息搜寻理论发展了豪泰林的经济行为地域选择理论。维克里则在完全不同的领域,于1961年提出了《反向投标、拍卖和竞争性密封投标》这种在信息不对称和不充分条件下的机制设计问题。1968年,拉德纳提出了《不确定性下的均衡》,正式将信息问题应用于传统的经济均衡研究。1968年宫泽健一(K.Miyasawa)与马尔萨克共同创立了信息系统的一般选择理论[①]。

(三)《美国的知识生产和分配》及其影响

1962年,美国普林斯顿大学教授马克卢普将知识生产的理论研究与其统计调查结合起来,出版了专著《美国的知识生产和分配》。该书于1966年被译成俄文,1967年出了第3版,1968年又被译成日文,20世纪70年代还先后被译成法、德、意以及西班牙语。书内提出知识产业与知识职业问题,并对1958年美国知识产业的生产进行了统计测定。据测算,1958年美国知识产业的产值占国民生产总值的29%,在知识产业部门工作的就业人数约占全部就业人数的31%。该书开创了信息产业经济的研究先河,直接促成了后来波拉特和OECD(经济合

---

① J.Marschak and K.Miyasawa,Economic comparability of information systems. *International Economic Review*,9,(1968,June):337-374.

作与发展组织)的信息产业以及美国的数字经济评估。

1963年和1966年,制度经济学家保尔丁格分别以《知识产业》和《知识经济以及知识的经济》为题,讨论了知识的特殊经济属性,使知识产品完全不同于传统经济学的物质资源分析,如稀缺性、竞争性、边际效用理论均需要重新界定。1980年至1983年,马克卢普还扩展了上述专著,对美国知识产业的统计测定进行更新,陆续发表《知识:它的生产、分配和经济意义》多卷本著作,其中,第一卷为《知识与知识生产》。

此外,日本学者也对宏观信息经济学进行了广泛的探索研究。1969年梅倬忠夫提出并创立了信息产业化发展理论,1974—1975年,野口悠纪雄先后发表了《信息的经济理论》和《经济分析与信息》,并在1983年和1995年先后再版,持续关注信息经济理论的发展;1976年增田米二出版了《信息经济学》,这些研究都是日本早期工业信息化应用中的信息经济学研究进展。当然,20世纪70年代中后期的野口悠纪雄和增田米二以及80年代中后期的细江守纪、井川弘一、山口一男、佐佐木弘夫、竹内博等,都在信息经济逐渐系统化过程中起到了促进作用。

在信息经济学发展确立时期,理论分散于不同领域,学者彼此间交流不多,在术语采用、描述方式及知识关联性上并不强,缺乏系统性梳理。信息经济学真正系统化和体系化发展则是在20世纪70年代中后期主要信息经济理论提出、信息经济学会成立和学科目录建设以后。

五、信息经济学的系统发展时期

从20世纪70年代开始,随着信息经济学的研究群体日趋庞大,研究内容也呈现出多样化发展,并产生了信息经济学的领域划分:微观信息机制研究领域(或称信息经济学 information economics)与宏观信息产业研究领域(或称信息的经济研究,economics of information),以及一些未定或交叉领域的研究,如信息商品研究、信息工作与服务经济研究等。当然,这一时期的很多重要文献其实已经在20世纪60年代通过油印的方式传播多年,我们只能从文献的发表时间寻找演进线索。

(一)微观信息机制研究

在微观信息机制领域,正如斯蒂格利茨在其诺贝尔经济学奖的获奖宣言中所讲的,20世纪70年代到90年代的30年正是主流经济学从竞争均衡范式向信息范式的转换时期[①],信息经济学作为知识内容不再是以点或个别问题的研

---

① 斯蒂格利茨著,纪沫、陈工文、李飞跃译,《信息经济学:基本原理(上)》。北京:中国金融出版社,2008。

讨形式出现,而是延续性和呈面状展开。

1. 信息价值边际递减非严格性的研究

1974年,斯蒂格利茨和罗伊·拉德纳(Roy Radner)发现传统经济学中关于商品的边际效益递减原则,即数学描述上的价值函数的凹性在信息领域并不适用。信息商品是这样一类商品:它不可分割,获取部分信息或片面信息毫无用处,从而导致信息的供给者面临极低的竞争风险,进而形成信息垄断。1975年到1978年间,威廉姆斯和克莱因等提出的"资产专用性"理论也被后来的信息经济学家完全采纳:信息正是一种专用性极强的资产,一旦投资,难以收回。

2. 信息不对称对市场均衡以及企业治理的研究

因市场分散和信息获取成本的存在,使得现实市场中的信息总是不完美的,存在不同参与者之间的信息不对称,进而导致市场的萎缩、额外的交易成本以及各种信息自显示机制的设计。如阿克洛夫(G.Akerlof)在1970年提出的"柠檬"(二手市场)理论、斯宾塞(M.Spence)在1973年提出的"信号"理论、施蒂格利茨(J.E.Stigliz)和罗斯柴尔德提出的道德风险理论、赫什莱弗(J.Hirshleifer)在1971年提出的"信息市场"理论、格罗斯曼(S.J.Grossman)和施蒂格利茨(J.E.Stigliz)在1976—1980年提出和补充的市场信息效率与市场效率的"悖论",等等。

在信息不对称或不完美的市场中,市场参与者的行为能比价格传递更加可信的信息,进而影响他人决策。信息经济学家在强调通过信誉保障、减少信息搜索成本、第三方提供信息质量担保之类的投入额外成本以获取更好的信息之外,还设计了各种机制来从交易者的行为中获取信息,如逆向选择、信号理论及信息甄别,并从拍卖、合约、激励和委托代理中寻找更有效的治理机制。关于这方面的理论演进,斯蒂格利茨在2000年为美国《经济学季刊》撰写的"信息经济学对20世纪经济学的贡献"一文中做了精辟概括。

3. 信息不对称对市场自选择理论的研究

斯蒂格利茨将信息经济学理论的核心问题归纳为自选择问题和激励问题。自选择问题主要通过特征和信息的识别,改善市场作用机制。1971年,莫里斯(Mirrlees)在对税收制度设计的研究中,提出以收入作为个人能力的信号选择。1976年,斯蒂格利茨和罗斯柴尔德提出通过对给定环境下个人选择行为来显示信息的自我选择问题。因而,1979年,莫里斯和霍姆斯特罗姆提出了这类问题的经典表述及其结论:通过设计一组自选择合约以最大化目标,其结论则是在委托人和代理人之间按收益和激励进行风险分担。这类问题,赫尔维茨称之为机制设计问题。

另一方面,1970年,阿克洛夫在旧车市场分析中,认为旧车市场的旧车质量信息,在买卖双方间的不充分,导致旧车市场逐渐萎缩,使得市场机制失效,因此提出了"信息不对称问题"。对信息不对称问题的解决出现了两类思路:第一,通过委托代理机制强化自选择过程;第二,通过甄别、证实和搜寻等额外投入获取更多信息。1974年,斯宾塞提出信息充分一方在交易过程中通过信号发送机制促成交易,即信息充分方的自强化责任;1976年,罗斯柴尔德和斯蒂格利茨则提出信息缺乏者通过设计信息分类或分级的方式减少风险。同时,1973年,阿罗提出在信息不对称条件下市场存在双重均衡或混同均衡。

4. 信息不对称对市场的激励和道德风险研究

这一部分主要是通过道德风险识别和改进以及委托代理理论的研究推进的。1964年,阿罗首先提出在保险市场存在对被保险人缺乏足够的激励采取避险行为,而在信息不完美时,保险合约无法识别保险人的避险意愿[1]。1969年[2]和1971年[3],威尔逊和斯宾塞等分别讨论了不确定条件下的激励问题,1972年赫尔维茨提出了激励相容原理来理解不确定条件下的激励标准。另一方面,1969年,张五常对佃农理论的研究发现,合约类型本身也能改变参与人的行动意愿,即分成租赁合约本身提供了更有效的激励。对此,1974年,斯蒂格利茨也发现在努力水平无法观察条件下,分成合约具有激励作用,并将激励问题细化为监督和激励所得(奖励)。1973年,罗斯(Ross)提出委托代理模型解决激励问题,并成为后续研究者的主要研究方法[4]。1975年,莫里斯提出道德风险和不可观测行为中的激励问题。1979年,霍姆斯特罗姆也提出了相同的论题,并在莫里斯一阶条件下拓展其适用性;1983年,格罗斯曼和哈特提出激励有效的条件与前提;1987年,霍姆斯特罗姆和米尔格罗姆(Holmstrom & Milgrom)提出具有激励成本和风险成本参数的委托代理模型。

而在委托代理应用中,阿尔钦和德姆塞茨在1972年就发现在团队工作中存在监督者和工作者的委托代理关系,霍姆斯特罗姆在1982年的一系列论文中将其完善为团队理论,使之成为团队分析和企业治理的支撑性理论。1991年,麦克阿菲和麦克米伦(MaAfee & McMillan)进一步完善团队理论,不仅提出团队工作中努力不可观测的道德风险,而且还提出了能力不可观测的逆向选择问题;同时,伊藤(Itoh)则讨论了团队工作中委托代理失效的问题,即委托代理的相互勾结;1994年,张维迎提出委托者并非"委派",而是按生产重要性和监督有效性

---

[1] Arrow Kenneth. The role of securities in the optimal allocation of risk bearing. *Review of Economic Studies*. XXXI(1964):91-96.

[2] Wilson R. The structure of incentive for decentralization under uncertainty. *La Decision*.1969:171

[3] Spence M. & R. Zechhauser. Insurance, information and individual action. *American Economic Review*.1971,61:380-386.

[4] Ross S. The economic theory of agency: the principal's problem. *American Economic Review*.1973,63:134-143.

实施的委托权最优安排问题。

5. 搜索与匹配理论及其改进研究

在信息机制方面,还有必要提到戴蒙德(Diamond)和萨洛普(Salop)的工作。

1960年代,经济学家已经开始研究"搜寻-匹配"(Searching-Matching)的问题。1961年斯蒂格勒提出信息搜索理论,1965年麦考尔(McCall)提出了序列寻访模型,1970年费尔普斯(Phelps)提出了职业搜寻理论。麦考尔(McCall, 1965)提出的序列寻访模型用于分析初次进入劳动力市场的工作搜寻行为。这一模型后来得到了广泛的应用和长足的发展。费尔普斯(Phelps, 1970)提出的职业搜寻理论,认为在信息不充分条件下,工作搜寻者通过搜寻活动来逐渐了解工资分布,通过比较工作搜寻的边际成本和可能获得的边际收益来决定是否继续搜寻。1971年戴蒙德(Peter Diamond)发表了一篇文章深入讨论了"卖方考虑到买方搜寻有成本的反应行为",指出"考虑搜寻成本在内的均衡价格不同于之前假设无搜寻成本的均衡价格"。此后,戴蒙德和萨洛普分别在1971年和1977年发展了斯蒂格勒提出的信息搜索理论,戴蒙德提出当搜索成本任意小时,价格不再离散分布,均衡价格将是单一价格;萨洛普则认为个人搜索成本的不同也会形成新的均衡价格,且极小的搜索成本都可能带来新均衡价格与信息充分时均衡价格的巨大差异。

这一文章引发了后续对劳动力搜寻问题的研究。巴特(Butter, 1977)在研究市场摩擦问题时,提出了匹配函数的研究方法,霍尔(Hall, 1979)采用这种方法来研究企业如何从求职者当中挑选员工的问题。皮萨里德斯(Pissarides, 1979)分析了当存在两种工作搜寻途径时的搜寻和匹配结果,构造了规模报酬不变的工作匹配函数。罗格(Roger, 1980)提出了"雇佣函数"概念,考察了搜寻过程中空闲职位与失业人员并存现象的演化过程。1980年代,戴蒙德、莫腾森(Dale Mortensen)和皮萨里德斯进行了一系列后续研究,创立了DMP模型。这也是三个人获得2010年诺贝尔经济学奖的主要理由。

6. 信息市场及其效率改进研究

赫什莱弗在1971年和1973年提出了信息市场及其存在可能性与效率问题的研究,为格罗斯曼和沃什金的进一步研究提供了理论框架。

(二)信息的经济研究

关于信息的经济研究,除了阿罗,马克·尤里·波拉特(M. V. Porat)、贝特·艾伦(Beth Allen)和戴维·唐纳德·兰伯顿(D. M. Lamberton)也对信息商品和信息产业进行了大量研究。

1. 波拉特的信息产业测度理论

波拉特是从信息产业的宏观研究视角,继马克卢普对知识产业研究之后,于

1977 年完成了《信息经济》(The Information Economy)九卷本内部报告。其中第一卷是他的基本观点和主要方法的总结。他将产业分成农业、工业、服务业、信息业,将信息部门分为第一信息部门(向市场提供信息产品和信息服务的企业所组成的部门)、第二信息部门(政府和企业的内部提供信息服务的活动所组成的部门),通过产出与就业两个方面,运用投入产出技术,对 1967 年美国的信息经济的规模和结构作了详尽的统计测算和数量分析。据他测算,1967 年美国信息产业的产值占国民生产总值的 46%,在信息部门工作的就业人数约占就业人数的 45%,而该部门劳动者的收入则占全国劳动者总收入的 55%。这种方法不仅引起美国商务部的重视,而且于 1981 年被经济合作与发展组织(OECD)所采纳,用来测算其成员国的信息经济发展程度。

图 1-5 硅谷与信息经济

2. 贝特·艾伦的信息价格理论

贝特·艾伦于 1978 年从加州伯克利大学获得博士学位后，撰写了大量关于价格信息机制和信息的经济研究文献：前者如 1980 年的《价格均衡中的信念和偏好差异与离散》、1981 年的《价格均衡中的效用扰动》、1981 年的《不确定条件下价格揭示信息时规模经济一般均衡的存在性研究》、1983 年的《不确定条件下代理人的关联信息和特征分布》、1992 年的《不对称信息的市场博弈》系列、1993 年的《信息组合一致连续性的修正》以及 1997 年的《不完全信息的协作理论》等；后者如 1982 年的《信息传播的随机交互模型》、1986 年的《差别信息的需求》和《具有信息市场的一般均衡》、1990 年的《信息的供给》和《作为经济商品的信息》等。而且与日本的野口悠纪雄一样，贝特·艾伦一直活跃在信息经济研究的第一线，其合作者也包括 Yannelis 等后来比较重要的网络经济学研究者。艾伦对信息商品特征、信息的商业行为以及信息商品交易对市场机制的影响有全面而深入的研究，比较系统地提出了信息商品理论，而国内目前对其研究并没有十分重视。

图 1-6　贝特·艾伦（Beth Allen）

3. 兰伯顿的信息政策理论

兰伯顿是澳大利亚知名的信息经济学家，国内关注也较多。兰伯顿 1971 年的《知识与信息经济学》以及 1974 年的《国家信息政策》都是较早从信息物品的角度提出经济研究的理论著作，目前他已有 60 多篇关于信息经济的研究文献和著作。有代表性的如 1976 年的《澳大利亚信息社会的崛起》，1984 年的《信息与组织的经济学》《信息时代经济学》和《信息经济学的浮现》，1987 年的《澳大利亚信息经济的部门分析》和 1988 年的《信息部门测度理论》，1996 年的《信息和传播的经济学》和 1998 年的《信息经济学研究：要点分布》等。他不仅提出了较为综合的信息经济研究视角，而且还开展了澳大利亚的信息经济产业研究，拓展了波拉特的理论。

4. 其他信息测度理论

此外，卡卢纳尔顿等于 1981 年以澳大利亚、巴布亚新几内亚为研究案例对国家信息经济进行了比较分析，经合组织及该组织科技局的赫·加斯曼对美、日、英等国信息经济及其在国民经济和国际贸易发展中的地位也进行了比较研本效益分析;情报价值(主要是案例研究);情报服务增值过程;联机检索的经济问题;情报与生产率的宏观经济研究;情报处理的经济问题。雷波还提出情报经济学未来应加强研究的三个方面:国内外信息市场的基本信息;图书馆报界对服务的成本效益的认识和评价;组织机构内部关于情报价值的案例研究。

(四) 信息经济与信息化研究

20世纪60年代末70年代初,梅倬忠夫在社会经济发展阶段理论的基础上提出,未来的社会将是以信息产业为中心的社会,即信息社会,而信息经济就如同农业经济和工业经济一样,是对一种社会形态的描述,如同信息时代一样。因而,这种对信息经济的理解包含了对20世纪60年代以后所有经济活动的考察,是最宽泛的研究范畴。如霍肯(P.Hawken)在1983年出版的《下一代经济》中就认为,信息经济是指依靠更多的知识信息,生产出物质和能源消耗更少,而质量更好、更耐用的产品的经济。在信息经济中,信息成分大于物质成分的产品和服务将占主导地位。

1973年,丹尼尔·贝尔在《后工业社会的来临——社会预测的探索》一书中提出,人类社会的发展模式可以概括为前工业社会、工业社会和后工业社会三个阶段。1980年,未来学家阿温·托夫勒出版《第三次浪潮》,提出"超工业社会"。1980年代中期,约翰·奈斯比特认为知识已成为生产力和经济成就的关键,知识产业为经济提供必要的和重要的生产资源,甚至断言美国已经从1958年进入了信息经济时代。汤姆·斯托尼尔的《信息财富》(*The Wealth of Information*)也认为,20世纪70年代末期开启的后工业经济是这样一种经济,制造业所雇佣的人数及其在国民生产总值中所占的比例都次于服务业,居第二位(这里的服务业是由信息工作人员组成的知识性服务业)。

1996年以后,以卡斯特尔(Castells)网络社会学以及后来新经济时代的"先知"唐·泰普斯科特为代表的学者,从社会学视角研究了信息经济对社会结构的影响,也越来越受到社会关注,逐步形成了对信息经济的宏观理解。

(五) 信息经济学确立的标志

20世纪70年代末80年代初,信息经济学科目录的确立和信息经济学会的成立是整合信息经济研究,确立信息经济学的研究地位的重要里程碑。主要表现为:

1. 学术机构和组织健全

1976年,美国经济学会在经济学分类中正式将"不确定性与信息经济学"列入026类;1979年,海牙首次召开了国际信息经济学学术会议;1983年,阿罗担任主编的国际性学术杂志《信息经济学和政策》(*Information Economics and Policy*)创刊,目前的主编是兰伯顿。1980年代后期,一些情报科技领域的经济研究学者倡导的信息经济协会和学术组织也相继建立。

2. 信息经济学教育的兴起

综合性研究和系统性研究出现,并编写了一批信息经济学教材,如1970年代后期霍罗威茨的《信息经济学》、增田米二的《信息经济学》;1981年加兰廷和赖特合著的《信息经济学》、1982年麦考尔主编的《不确定性与信息经济学》,麦卡尼1982年著的《法律与信息经济学》、斯蒂格勒和阿罗分别于1982年和1984年出版的《信息经济学》论文集、日本一桥大学野口悠纪雄1983年出版的《信息的经济理论》以及上文提到的兰伯顿教授1984年出版的《信息经济学的浮现》和《信息经济学与组织》等综合性著作。所以,赫什莱弗和约翰·莱利在1979年就认定信息经济学在朝宏观和微观两个独立的不同方向演进。

此外,研究学者和信息经济学会组织也得到普及。总之,从20世纪70年代初到80年代末,是信息经济学的确立和快速发展时期。无论是对信息的经济学分析或对经济理论中信息的分析,还是对信息经济的研究,在这一时期都有长足的发展。

六、信息经济学的主流化与信息范式形成时期

进入20世纪90年代以后,在世界范围市场经济发展的推动下,在全球信息化浪潮风起云涌的形势中,信息经济学又有了新发展。这主要表现在:

(一) 研究领域的拓展

传统的经济学理论,如生产力要素理论、边际效益递减理论、规模经济理论、企业治理理论、经济周期性理论等,不断受到信息经济学研究的进一步审视,并得以修正和完善;有关信息基础设施经济问题的研究,国际信息贸易与其相关的投资、金融等问题的研究,以及电子商务、数字经济、网络经济、知识经济等问题的研究急剧增长,并使信息经济学的结构,即理论信息经济学与应用信息经济学的比重、微观信息经济学与宏观信息经济学的比重,发生了应用的、宏观的信息经济学份额迅速扩大的重大变化。

(二) 信息经济主流化发展

1982年、1994年、1996年、2001年、2007年、2009年、2010年、2012年和2014年的诺贝尔经济学奖先后授予与信息经济、博弈论和机制分析相关的经济学家,极大推进了信息经济学的传播和影响,在国内外掀起了更加高涨的学习和研究信息经济学的热潮,国外许多著名高校的经济、管理、信息等专业的本科和研究生层次都开设了信息经济学课程。

20世纪80年代末90年代初,微观信息经济学中的委托-代理关系、激励机制、不利选择(或逆向选择)、道德风险、市场信号和搜寻等基本概念,逐步融入国外微观经济学经典教科书的内容中。H.范里安的《微观经济学:现代观点》(1990)最后一章安排了上述内容,这部教材是国外较早将微观信息经济学概念

及其理论纳入教学内容的权威教材之一。在该书1996年版(第四版)中,作者安排独立一章阐述信息技术经济原理(主要分析网络经济的外部性及其知识产权保护问题)。David M.Kreps的《微观经济学教程》(1990)全书分为五个部分,依次是个人与社会选择、价格机制、非合作博弈论、信息经济学专题以及厂商与交易,在信息经济学专题中,包括了道德风险与激励、不利选择与市场信号、信息披露原则与机制设计三大部分内容。1992年瓦尔特·尼柯尔森在《微观经济学原理与运用》(第五版)中,增加了信息经济学一章(第10章),讨论了信息性质、信息价值、信息与保险、道德风险和不利选择等内容,并在其他章节中讨论了信息与帕累托效率、广告与信息等问题。1993年约瑟夫·斯蒂格利茨和1995年平狄克等在他们先后出版的教材中,分别收录了微观信息经济学的内容,前者收录了次品市场和不利选择、激励机制、搜寻、广告、政府信息政策及劳动市场的不完全信息等内容;后者收录了次货市场、市场信号、道德风险、委托-代理问题、激励机制及劳动市场的信息问题等内容。

1995年以来,微观信息经济学的著作不断增多。Donald E.Campbell的《激励:激励与信息经济学》(Cambridge University Press,1995)着重探讨了激励的环境、机制设计与改进等问题,分别讨论了隐蔽行动、隐蔽特征、名誉、私人商品与公共商品的资源配置,以及激励中的社会成本与效率问题。Ian Molho在《信息经济学:市场和组织中的撒谎与欺诈》(Blackwell Published, Ltd,1997)中,分别讨论了次货市场中的逆向选择、市场信号、道德风险和激励机制的设计四部分内容。Ines Macho-Stadler和David Perez-Castrillo在《信息经济学导论:激励与合同》(Oxford University Press, 1997)中,依次讨论了基本信息模型、道德风险、逆向选择、信号理论及应用问题。而澳大利亚莫纳什大学的杨小凯教授甚至用信息经济学的方法体系重新编写了经济学教程。也有专门的信息经济学和教材,如1997年Hiller的《不对称信息经济学》,1997年Molho《信息的经济学》,1994年Eric Rasmusen的《博弈论与信息》、Robert Gibbons的《博弈论入门》,1990年James Fridman的《博弈论及其在经济学中的应用》、Kingma的《信息经济学》等。

不确定性经济学的研究内容和范围与微观信息经济学的内容多有重叠,少部分著作干脆起名为《不确定性与信息经济学》,如John J.McCall编的《信息与不确定性经济学》(University of Chicago Press,1982)和Laffont的《不确定性与信息经济学》(1997),后一本书较为系统地分析了不确定性、风险、信息结构、偶然市场理论、不完全市场中完备预期的均衡理论、资本市场理论、保险市场理论、通过价格传递的信息理论、逆向选择与汇率以及道德风险与汇率理论等。早在1986年,C.McKenna在《不确定性经济学》(Wheatsheaf Book,Ltd.)中,也讨论了逆向选择、市场信号和搜寻理论。

此外，当代经济博弈论的理论著述，也基本上将不利选择、道德风险、激励机制和市场信号纳入分析框架中。1994年Eric Rasmusen在《博弈论与信息：博弈论引论》(Basil Blackwell, Ltd.)中，按照博弈理论、非对称信息和应用三个部分，系统地阐述了博弈论与微观信息经济学的关系，具体讨论了名誉、道德风险、不利选择和信号理论以及这些理论在谈判、行动、定价、市场进入和产业组织行为中的应用。在David M. Kreps的《微观经济学教程》(1990)中，微观信息经济学理论与博弈理论之间的结合相当精彩，国内张维迎《博弈论与信息经济学》(上海三联书店，1997)中的不少精妙之处似乎也受益于这本教材。

信息经济学作为一种"范式"，使得信息经济学的范畴极大拓展，以致后来的众多研究者都"浸润"在信息经济学研究范畴的考证中。确实，不论是兰格或勒纳从"价格信息"对社会资源的配置研究，还是西蒙、阿罗、约维茨及宫泽健一对决策信息在系统决策过程中作用的研究，都不及斯蒂格利茨所谓的信息范式对整个经济学研究方法的改变——不仅仅是博弈论和信息经济方法的引入，而是对19世纪一直延续到20世纪70年代关于社会主义与资本主义争论的一个阶段性总结，具有超越单纯的经济学含义。1994年，约瑟夫·斯蒂格利茨在《社会主义凋萎了么?》一书中正式提出经济学信息理论研究方法，并在2000年发表的《信息经济学的贡献》中将旧货市场理论、效率工资理论以及有效资本市场理论等众多理论成果合称为**信息竞争研究范式**，后来被众多经济学家采纳，提出"信息经济范式"。上海财经大学的管毅平博士在《宏观经济波动的微观行为分析：信息范式研究》中就展望了信息范式带来的研究模式变更。

第三节　信息经济学的国内发展

国内从20世纪80年代开始进行信息活动经济问题的探索，90年代初期也开始引入西方的信息经济学理论，逐渐建立了较完备的信息经济研究体系。

1986年12月，首届中国信息化学术研讨会在北京举行，信息经济学的有关内容成为本次会议的议题之一，这是国内学术会议首次将信息经济学内容纳入研究范畴，与会者就社会信息化和信息社会化的内容与特征、信息以及信息经济的内涵提出了不同的观点。1988年，在山东烟台召开了首次以信息经济学命名的学术研讨会，并提出了筹建中国信息经济学会的设想。1989年8月8日，中国信息经济学会在北京成立，并举行了第二届信息经济学学术研讨会，就信息经济的组成和分类、信息经济学的研究对象、内容、范围与任务，信息商品化问题以及信息经济效益测定标准问题进行了探讨。

与此同时,信息经济学在情报学、经济学刊物中不断出现,并出现了一些专门的立项课题研究。如国家社会科学基金项目"信息组织与信息效益研究"、"七五"重点科学技术攻关项目"信息经济学及其软件系统"、国家自然科学基金项目"中国信息产业发展战略研究""信息商品市场运行机制与管理模式研究""信息产业测度方法、产业机构与发展战略研究"等,对信息经济学的国内发展起到了重大促进作用。

在学术著作中,据不完全统计,截至目前,已有100多本信息经济学中文版著作问世。宏观信息经济学领域的国内著作主要有乌家培的《经济信息与信息经济》(1991)和《经济信息信息化》(1996)、张守一的《信息经济学》、余建的《信息产业经济学论观》(1993)、高洁的《信息产业管理》(1995)、马费成的《信息经济学》(1997)和《信息经济分析》(2004)、娄策群的《信息经济学通论》(1997)等,后两本或多或少地穿插进一点微观信息经济学的内容。微观信息经济学领域的国内著作主要有张远的《信息与信息经济学的基本问题》(1992)、黄亚均的《信息:市场经济的幽灵》(1993)、谢康的《微观信息经济学》(1995)、张维迎的《博弈论与信息经济学》(1996)。而陈禹的《信息经济学教程》(1998)、谢康的《信息经济学原理》(1998)和靖继鹏的《信息经济学》(1995)与《应用信息经济学》(2002),则横贯微观与宏观整个信息经济学研究领域。

本章小结

通过对信息经济学产生时代背景和发展脉络的分析,回顾了信息经济学产生的社会与技术背景、信息经济学发展的代表人物和主要理论成果,凝练了信息经济学研究的主要范畴和对象,提出了信息经济学研究的理论框架和内容。

导入案例小结

信息社会是信息起主要作用的社会。在农业社会和工业社会中,物质和能源是主要资源,所从事的是大规模的物质生产,而在信息社会中,信息成为比物质和能源更为重要的资源,以开发和利用信息资源为目的的信息经济活动迅速扩大,逐渐取代工业生产活动而成为国民经济活动的主要内容,信息经济在国民经济中占据主导地位,并构成社会信息化的物质基础。而在信息社会的逐渐认识和发展过程中,社会信息化的发展在全球范围内得到了推动。

信息经济产生之初,其所处的时代具有下述主要特征:信息、知识、智力日益成为社会发展的决定性力量;信息技术、信息产业、信息经济日益成为科技、经济、社会发展的主导因素;信息劳动者、脑力劳动者、知识分子的作用日益增大;社会经济生活分散化、多样化、小规模化、非群体化的趋势日益加强。

课后习题

一、选择题

1. 最早提出"信息经济学"术语的是　　　　　　　　　　　　（　　）
   A. 马克卢普　　　　　　　　　B. 马尔萨克
   C. 肯尼斯·阿罗　　　　　　　D. 波拉特

2. 与赫伯特·西蒙的理论贡献对应的是　　　　　　　　　　　（　　）
   A. 系统选择理论　　　　　　　B. 最优决策理论
   C. 最优税收理论　　　　　　　D. 反向投标与拍卖理论

3. 20世纪70年代初期,信息经济学研究的主要集中领域是　　（　　）
   A. 信息不对称理论　　　　　　B. 信息产业测度理论
   C. 博弈论　　　　　　　　　　D. 企业治理理论

4. 下列最有可能存在规模不经济的是　　　　　　　　　　　（　　）
   A. 小型学术图书馆　　　　　　B. 大型公共图书馆
   C. 科普出版社　　　　　　　　D. 书城卖场

5. 信息经济学产生的年代一般被认为是　　　　　　　　　　（　　）
   A. 1950年代初期　　　　　　　B. 1950年代末期
   C. 1960年代末期　　　　　　　D. 1970年代初期

6. 最早讨论知识的价值属性的经济学家是　　　　　　　　　（　　）
   A. 亚当·斯密　　B. 凡勃伦　　C. 哈耶克　　　D. 保罗·罗默

7. 2001年,阿克洛夫获得诺贝尔经济学奖,主要表彰的是（　　）理论。
   A. 逆向选择　　　B. 机制设计　　C. 市场信号　　D. 道德风险

二、问答题

1. 信息经济学产生的主要时代背景是什么?为什么信息经济学在20世纪五六十年代兴起?
2. 马尔萨克对信息经济学发展的主要贡献是什么?
3. 试比较马克卢普和波拉特对"信息产业"认识的差异。
4. 理论信息经济学和应用信息经济学的划分标准是什么?
5. 你认为赫什莱弗的宏微观信息经济学划分是否合理?为什么?
6. 尝试运用信息经济学理论对下列现象进行初步解释。
   A. 广告行为中的虚假信息
   B. 闪婚与闪离的社会现象
   C. 管理咨询公司的报价行为
   D. 购房消费中售房者的高价政策

三、拓展题

针对信息经济学的发展历程，结合国内外信息经济学理论发展，谈谈图书情报学领域的经济学理论应用领域和发展前景。

延伸阅读

有关信息经济学的发展及其主要内容可以参考 Levine and Lippman(1995)主编的《信息经济学》的简介部分。此外，Laffont and Martimort(2002)的《激励理论》第一章"经济思想中的激励问题"也有很多与信息经济学有关的一些早期的经济思想。关于图书馆经济部分，南卡罗莱纳州立大学的 META 项目，提供了大量有用的文献（Assessing the Economic Value of Public Library Collections and Services: Review of the Literature and Meta-Analysis, META）。

参考文献

[美] 托尔斯坦·凡勃伦著.张林,张天龙译. 科学在现代文明中的地位[M]. 北京:商务印书馆, 2008.

Laffont J. J., Martimort D. *The Theory of Incentives: The Principal-Agent Model*[M]. Princeton University Press, 2002:187-189.

Takamatsu K. David K. Levine and Steven A. Lippman (eds.), The Economics of Information, Volume 1 and 2[J]. *Journal of Asian & Pacific Studies*, 2000, 20:107-109.

Molho, I. *The Economics of Information: Lying and Cheating in Markets and Organizations*[M]. Oxford: Blackwell Publishers Ltd, 1997.

Milgrom P.R., Roberts J. Economics, organization, and management[J]. *The Journal of Finance*, 2000, 48.

Rasmusen E. *Games and Information: An Introduction to Game Theory*[M]. Basil Blackwell, 1994.

Prychitko D. L. Review of Joseph Stiglitz, Whither Socialism?[J] *Cato Journal*, 16 (2), 1996.

Wolfstetter, Elmar. Topics in Microeconomics: Industrial Organization, Auctions, and Incentives[J]. *Journal of Economics*, 1999, 74(3):328-329.

Davenport T. H., Prusak L. *Working Knowledge: How Organizations Manage What They Know*[M]. Harvard Business Press, 1998.

Von Krogh G., Ichijo K., Nonaka I. *Enabling Knowledge Creation: How to Unlock the Mystery of Tacit Knowledge and Release the Power of Innovation*[M]. Oxford University Press, 2000.

Nonaka I., Takeuchi H. *The Knowledge-creating Company: How Japanese Companies Create the Dynamics of Innovation*[M]. Oxford University Press, 1995.

钱颖一. 经济社会体制比较[J]. 市场与法制, 2000 (3).

许成钢. 经济学, 经济学家与经济学教育[J]. 比较, 2002, 1.

张雏迎. 博弈论与信息经济学[J]. 上海人民出版社, 1996.

Marschak J., Miyasawa K. Economic Comparability of Information Systems[J]. *International Economic Review*, 1968, 9(2): 137-174.

Cooper M. D. The Economics of Library Size: A Preliminary Inquiry[J]. *Library Trends*, 1979, 28(1): 63.

Hegenbart B. The Economics of the Internet Public Library[J]. *Library hi tech*, 1998, 16(2): 69-83.

King D. W., Roderer N. K., Olsen H. A. *Key Papers in the Economics of Information*[M]. Published for the American Society for Information Science by Knowledge Industry Publications, 1983.

Larson A. G., Debons A. Information Science in Action: System Design[J]. Proceedings of the Nato Advanced Study Institute on Information Science, Crete, Greece, August 1-11, 1978.

Hindle A, Raper D. The Economics of Information[J]. *Annual Review of Information Science and Technology*, 1976, 11: 27-54.

Varlejs J. *Information Seeking: Basing Services on Users' Behaviors*[M]. Jefferson, NC: McFarland, 1987.

Olsen H. A. The Economics of Information; Bibliography and Commentary on the Literature[J]. *Information-Part 2*, 1972.

Duguid P. "The Art of Knowing": Social and Tacit Dimensions of Knowledge and the Limits of the Community of Practice[J]. *The Information Society*, 2005, 21(2): 109-118.

Marschak M. *Economic Information, Decision, and Prediction: Selected Essays: Volume I Part I Economics of Decision*[M]. Springer Science & Business Media, 2012.

Lamberton D. M. The Economics of Information and Organization[J]. *Annual Review of Information Science and Technology*, 1984, 19: 1-30.

第二章 信息、策略与行为理性

理性,是经济研究的出发点和归宿。

课程目标

掌握理性行为假定的内容,了解理性行为的基本分析模型。掌握信息不对称以及信息餍足对消费者行为的影响,了解策略行为的基本分析框架。

本章重点

- 理性行为的内涵及其判定
- 信息不对称对理性的影响
- 消费者行为理论的基本概念和分析模型
- 策略行为的基本概念和分析框架

导入案例

人类行为的特征

人的行为是多学科研究的课题。按照生理学家的观点,行为是人体器官对外界刺激所产生的反应;哲学家认为,行为是人们日常生活中所表现的一切活动;心理学家对行为有各种不同的看法,如行为主义心理学将人与动物对刺激所做的一切反应都称为行为,包括外显的行为和内隐的行为,格式塔心理学认为人的行为由人与环境的相互关系决定,行为指受心理支配的外部活动,现代心理学家一般认为,行为是有机体的外显活动。

要确定行为的概念范畴,首先要将行为与简单的生理运动区别开来。就行为目标、动机以及行为的影响层次看,人类个体的行为包括:

(1) 本能行为

1937年,康拉德·洛仑兹提出本能行为的行为规律——钥匙刺激理论。该理论认为,本能行为是与生物遗传所固定的本能倾向相联系的行为,是由独立的单位组成的,就是天生对具有刺激作用的情况(比较钥匙刺激)的识别能力。其基本特点是:生物性本能成为行为过程的内驱力,并具有先天遗传的较为复杂的行为模式。大体上可分为：① 生存的本能行为。主要包括消除饥渴的饮食行为，消除疲劳的休息行为等。② 防卫的本能行为。主要包括人们消除痛感的行为、遭受攻击时的反击行为或逃避行为。如当鸟受到猫的威胁时，鸟会停止觅食；当人类面临危险的时候，会寻求避险。这类行为的逻辑似乎不需要"学习"和"养成"，但会对后续行为过程形成影响。

(2) 潜意识行为

潜意识行为是指人们具有明确目标但无明确动机的行为，即人们一直想做或在做，但又不知为何要这样做的行为。潜意识是指人们平常被压抑的或者当时知觉不到的本能欲望和经验。潜意识中的内容由于不被人们的道德价值意识和理智所接受，所以只有通过各种各样伪装的形式表现出来，像梦境就是个人在清醒时，不能由意识表达的压抑欲望和冲动的表现，但梦不是行为，只是大脑这个身体机体的动作。潜意识行为在行为中表现为两个方面：一是口语流露与不经心的笔误等行动；二是神经性症状，即过分强烈的潜意识形成的变异行为，它包括压抑、反应形式、投射、文饰作用、升华等。

(3) 意志行为或目的性行为

意志行为是指人们有明确动机目标的行为，可分为有积极主动动机的士气性行为和无积极主动动机的非士气性行为。所谓积极主动性，就产生过程来讲，是指个体动机与行为的整体长远目标的统一程度。但实际上，动机的积极主动性或消极被动性不在于人们的认识和情绪等心理活动是否愉快或消沉，而在于人们的认识和情绪等是否能与群体的行动目标相符。很多看起来消极被动的心理活动，只要与积极主动的目标联系起来，往往就会有积极主动的性质，即行为的理由或合理性解释。

(4) 社会行为

社会行为与个体单独行为相对应，是指动物与其社会相关联的行为。动物对其他同种个体所表现的行为，称为社会行为。动物的社会行为包括：优势等级序列、通讯行为、求偶行为、利他行为和亲杀行为。在社会行为中，进行该行为的个体，通过诱发对方的行为展开个体间的各种关系。大多数社会行为是先天就有的，这一点即使在人类中也基本相同。从社会心理学的角度，可以将人的社会行为分为三类：

第一类：外界因素影响后，由个人所体现出来的社会行为，如感觉、思维等；

第二类：由个人所体现而属于群体性的社会行为，如从众、社会态度等；

第三类：由群体体现的社会行为，如合作、竞争等。

(5) 市场行为

市场行为是一种特殊的社会行为，特指个人或企业在市场这种社会环境中衍生出来的社会行为，是在充分考虑市场的供求条件和其他企业关系的基础上，所采取的各种决策行为；或者说是企业为实现其既定目标而采取的适应市场要求的调整行为。在市场环境中，市场制度或规律构成特有的约束体系，市场行为需反映个体行为的系统效应，必须考虑社会学和演进进化的动态问题。

此外，市场行为是由大量个人的个体行为构成的复杂系统，市场规律就是个体行为趋同性的表现。个体行为为什么会有趋同性呢？市场行为的逻辑就是要在一个既定的市场环境中准确预期市场参与者的行为取向，即市场规律。逻辑的产生源自逻辑的适用性，需适用于不同个体对同一类问题的处理，严格的逻辑形成规律或规则。而人类的社会行为，总是受其所处的社会环境制约，人们通过不断学习、模仿、受教育、与人交往的过程，逐步懂得如何使自己的行为得到社会的承认、符合道德规范、具有社会价值，从而与周围环境相适应或一致的过程。因此，人类的社会行为也就是认识、模仿和适应社会规则的过程。

案例讨论

（1）行为是否总是具有规律性？行为规律的主要依据有哪些？你如何理解"规律性"行为的出现？

（2）人们总能做出正确的行为选择吗？为什么？你怎样理解"正确"的内涵？

（3）怎样看待信息和知识活动在行为选择中的作用？

谢林说，经济学是研究人类的选择行为的科学。其依据是，资源配置归根结底可以追溯至企业、消费者以及政府之间的"理性选择"，因此，经济学的逻辑基础在于理性原则。但理性原则在从个人行为逻辑向市场逻辑转换过程中，将遇到三次偏离：第一，个人，经济学也称局中人会对行为逻辑产生认同偏离，存在非理性心理，即理性与非理性、道德的冲突形成的理性偏离，即主观非理性；第二，个人理性与社会理性不能等同，理性标准的偏离，即社会非理性；第三，个人在理性行为过程中的信息不充分和策略行为产生的偏离，即信息非理性。

本章将介绍理性行为的基本原理以及主观非理性、社会非理性以及信息非理性带来的人类行为的非理性，并同时考察理性条件及非理性条件下的若干行为原理。

第一节 理性与理性行为

一、理性

理性具有三重境界。其一,理性是一个逐渐知识化或合理化的过程,是对认知能力的提升过程。如汉代徐干的《中论·治学》:"学也者,所以疏神达思,怡情理性,圣人之上务也。"在西方启蒙时代初期,理性包括帮助人们摆脱蒙昧与恐惧的人文理性以及帮助人们了解自然规范生产的工具理性。其二,理性是一种"正确"的状态。理性是指人在正常思维状态下时,能够全面了解和总结并尽快分析后,恰当地使用多种方案中的一种去操作或处理,达到事件需要的效果。其三,理性是一种社会秩序和规律。经济学假定个人是完全理性和自利的,他们会合理利用自己所收集到的信息来估计将来不同结果的各种可能性,然后最大化其期望效用。该行为准则最终将带来市场行为的趋同性和规律性,进而使得市场具备可预期性。

从现有的文献中可以发现哲学和经济学对理性均有不同的表述:

(一) 哲学层面的理性认知

"理性"一词来自拉丁语"ratio",是西方近代哲学系统中一种注重演绎推理和理性直观的认识论派别,在近代自然科学的推动下,得到深入发展。国内一些经济学家在研究理性标准时,认为理性主义和经验主义均可以构成经济理性的理论渊源。

以笛卡尔、斯宾诺莎、莱布尼茨为代表的欧陆理性强调绝对理性真理,他们认为理性是先验的(超越经验而先天存在的),理性是演绎和推演,并渐次逼近的过程——经济学推演方法和模型化的基础;英国经验主义是同一时期与理性主义相对立的哲学思潮,认为人的理性是靠经验获得的,是逐渐迭代的过程,代表人物是洛克和伯克莱。二者对理性的判定标准最终糅合为一种折中理性:根据人类行为特征而累积的固有行为逻辑或标准,即理性的价值标准是在社会行为中逐渐"养成"或"建构"的过程理性,而非宗教或唯心主义理论推崇的"绝对理性"。

(二) 经济层面的理性认知

古典经济学本身从社会实践"观察"提炼出来,是经验主义的产物。不仅效用、边际效用这些概念具有鲜明的经验主义特征,而且亚当·斯密与英国经验主义哲学集大成者休谟有着密切的联系,马歇尔的《经济学原理》也充满了经验主义的理论遗迹。通过行为观察和总结,经济理性提出了两个基本假定:自利性和极大化原则。

自利性(Egoism),是指在行为选择中个体总是倾向选择对自身最具有优势的选择方案。亚当·斯密从经验主义哲学出发,认识到人的双重本性即其"自利性"与"社会性",而且人的社会性来自于自利性。因为社会进化的结果使得在社会环境中按照自利原则行事的人得以生存,而不按照"自利原则"行事的人在竞争中消亡,使得社会规制也反映出"自利"的残酷性。人们不动感情地追逐自我利益,自利性是生存竞争和社会进化的结果。阿尔钦(Alchian)则认为社会性与自利性并不对立,社会性只是基于人的自利性基础的"启蒙了的利己主义(Enlightened Egoism)"。

极大化原则,也可以包括极小化原则,指个体对最大幸福的追求,或等价地追求最小化的"痛苦"。边沁(Bentham)在关于"幸福与痛苦"的功利主义道德哲学中,提出了边际分析理念,同时,经验主义的实证效用认为个体选择已经从总量分析的"自利"上升为边际分析层面。最终,极大化原则延伸出"效率"的概念:有限资源的最大产出或最大满足以及既定目标的最小支付。

二、理性行为假说

理性行为认为,人们所追求的行动都是能让他们实现最大满足(效用)的行为。理性行为是新古典经济学的基本假设之一,经济学家们从研究对象的利己主义和理性行为的角度出发,将理性人假设作为经济学理论的基础和经济学命题或解释的前提。该假说认为存在着标准的最优化的经济行为,并且可以用理性行为的模型解释和预测实际的经济行为。

(一)"经济人"假说

亚当·斯密的人类行为自利的"经济人"假说。在经济学说史上,亚当·斯密明确地将自私自利的经济人(Economic Man)确定为经济分析的出发点。因此,经济学是"没有道德"的科学,故而将情感的、非理性的、观念引导的成分都排除于经济学分析之外。虽然晚年的亚当·斯密反思自己理论时,在《道德情操论》中开始否定"自利"原则进化的必然性,但是,近现代的经济学家却义无反顾地吸收了这一假定,并建立了更加数理化和形式化的表述方式。

(二)"理性人"假说

约翰·穆勒的"理性人"假设。在后来的发展中,经济人假设逐渐演化为理性人假设,"理性人"假设是由约翰·穆勒提炼并由帕累托最先引进经济学分析体系的。"理性人"假设强调经济主体总是追求其目标值或效用函数的最大化,至于这种目标是利己还是利他则不做具体界定。理性人假设恰好描绘了日常经济活动及其他一些活动中大多数人的实际情况,大多数人在大多数时间里的大多数活动中,其追求满足和快乐的根本动机都体现为利己动机。

(三) 极大化原则假说

马歇尔等人提出的极大化原则。 从边沁的功利主义出发,赋予了"理性人"第二个特征:"个人利益最大化"特征,即极大化原则。该假设是对功利主义哲学和边际革命的进一步阐释。因此,理性人假设也称为"经济人"假设或"最大化原则"。古典经济学家认为,人天生具有追求个人利益的动机,"经济人"在通过市场活动追求自身利益的同时,也增进了社会利益;"经济人"是按照经济理论行事的理性人,市场是"经济人"和经济理论存在的前提。

(四)"理性经济人"假说

萨缪尔森提出的完备"理性经济人"假设。 理性经济人是萨缪尔森以运筹学的优化理论和可观测行为的方式所刻画的理性,即使是不可观测的人类行为,也能预测行为主体有最大化其效用函数的努力。因此,萨缪尔森的"理性经济人"就是假定主体在一定的约束下最大化其目标函数,即偏好显示理论。理性经济人从个人自利出发,遵循着成本-收益分析,追求个人利益最大化的行为特征。该假设认为经济活动中的个人是完全理性和自利的,他们会合理利用自己所收集到的信息来估计将来不同结果的各种可能性,然后最大化其期望效用。

第二节　理性行为分析

一、理性行为分析概述

理性行为分析以消费行为作为研究对象,以理性人假说和效用理论为基础,主要研究消费者如何用有限的收入购买到适当的消费品以获得最大的满足。该分析理论一般称为消费者行为理论。具体而言,消费者行为理论的前提假定有三个:① 消费者具有完全理性,消费者对自己消费的物品有完全的了解,自觉将效用最大化作为目标;② 存在消费者主权,即消费者决定自己的消费,消费者的决策决定生产;③ 效用仅仅来源于物品的消费。

消费者行为理论的研究目标可概括为两个基本问题:一是考虑在日常生活中消费者根据什么原则来决定购买何种消费品,每一种买多少? 二是消费者在什么条件下才能得到最大的满足? 用经济学术语说,即达到消费者均衡。

消费者行为可以采用两种分析工具或分析方法:一种是以基数效用论为基础的边际效用分析;一种是以序数效用论为基础的无差异曲线分析。

二、效用

虽然很多学者批评经济学的功利取向,但是居民的消费和需求的确来自于某种满足或舒适,而功利是获得满足的途径之一,也是对满足这种主观感受的度量方式之一。例如,席托夫斯基在《无快乐的经济:人类获得满足的心理学》中将消费者需求和满足的来源分为三个范畴:个人舒适、社会舒适、刺激。后来,经济学家采用了折中而模糊的表述方式:偏好与效用。其具体内涵和描述方式如下:

(一) 偏好

偏好(preference)是描述个体选择倾向性的概念,是指消费者对各种商品和服务的喜好程度。经济学假定,消费者购买欲望是开放的,在没有金钱和时间的限制下,消费者要尽量满足自己的愿望和需要。而消费者的购买又受到购买力的约束,在有限购买力下,消费者行为表现出一定的取舍关系,即消费者在选择商品购买时具有优先次序的差别。如低收入者对廉价商品的喜好程度优于昂贵商品,而高收入者对优质商品的喜好程度优于劣质商品。

如果一种商品 A 在取舍选择中优于商品 B,我们称消费者偏好于商品 A,或者说消费者对商品 A 的偏好大于商品 B,记为:$A \gtrsim B$。

偏好取决于消费者自身喜好,同时也受制于消费者的收入水平以及市场的物价水平。例如:在一枚价值 5 元的邮票和一张价值 20 元的电影票之间的取舍选择中,若消费者甲热衷于邮票收藏,那么,甲可能选择邮票;反之,若甲喜欢电影或没有对邮票的特别偏好,他可能选择价值更高的电影票。

(二) 效用

效用(Utility)是对偏好程度的一种主观度量,一般指消费者从消费某种物品中所得到的满足程度,是用来衡量消费者从一组商品和服务之中获得的幸福或者满足的尺度。效用和欲望一样,是一种心理感觉。消费者消费某种物品获得的满足程度高就是效用大,反之,满足程度低就是效用小。如果消费者从消费某种物品中感受到痛苦,则是负效用。效用具有主观性、非伦理性和差异性。

主观性是指某种物品效用的大小没有客观标准,完全取决于消费者在消费某种物品时的主观感受。例如,一支香烟对吸烟者来说可能有很大的效用,而对不吸烟者来说,则可能毫无效用,甚至为负效用。

非伦理性(中性)表明欲望是中性的,商品满足的欲望,可以是求知、求美等有益的欲望,也可以是吸烟、酗酒等不良的欲望,甚至还可以是背离道德、违反法典的欲望,比如吸毒和赌博。从这个意义上讲,效用是中性的,没有伦理学的含义。

差异性是指效用作为一种主观感受,因人、因时、因地而异。对不同的人而言,同种商品提供的效用是不同的。对于同一个人,同种商品在不同的时间和地点带来的效用也是不同的。

在新古典经济学早期文献中,效用的外延比较宽泛,既可描述物质财富,也可描述名誉、尊严、道德等精神财富,这是一种广义的效用范式;在现代经济学文献中,效用的含义日趋狭窄,仅用来描述商品与劳务的消费,这是一种狭义的效用范式。以贝克尔为代表的行为主义效用论,强调不以商品或服务的价值评判为标准,而以人的行为取舍的表现来描述参与者对物品或服务的偏好程度。

三、基数效用理论

基数效用论者认为:商品的价值而是由消费者的主观评价来决定的,是由商品的效用和稀缺性共同决定的。效用决定商品价值的内容,稀缺性决定商品价值的大小。由于人们对商品是有偏好的,不同的商品对不同的消费者来说,其效用的大小是不同的。

19世纪的经济学家,如英国的威廉·杰文斯、奥地利的卡尔·门格尔和法国的里昂·瓦尔拉斯认为:① 效用是可以用效用单位来计量其大小的,正如重量可以用千克来计量一样,效用单位为"尤特尔"(Util);② 不同商品的效用和同一商品各单位的效用是可以加总而得出总效用的。因此,效用是可以用基数来表示的。

在基数效用理论中,效用与物品数量正相关(信息除外),体现为一定数量消费商品的函数值,即效用函数表示。

(一)效用函数

效用函数是一个实函数 $u:R_+^n \to R$ 在下列条件下被称为代表偏好关系的函数,该条件是:对于所有的 $x^0, x^1 \in R_+^n$,$u(x^0) \geqslant u(x^1)$ 当且仅当 $x^0 \succsim x^1$。

效用函数的一般属性:

① 单调性:对于所有的 $x^0, x^1 \in R_+^n$,如果 $x^0 \geqslant x^1$,则 $x^0 \succsim x^1$;并且 $u(x^0) \geqslant u(x^1)$;即 $u'(x) \geqslant 0$;

② 传递性:对于任何三个消费计划,$x^1, x^2, x^3 \in R_+^n$,如果消费计划 $x^1 \succsim x^2, x^2 \succsim x^3$,那么 $x^1 \succsim x^3$;

③ 拟凹性:如果 $x^0 \succsim x^1$,那么对于所有 $\lambda \in [0,1]$,都有 $\lambda x^0 + (1-\lambda)x^1 \succsim x^1$,即 $u'(x) \geqslant 0, u''(x) \leqslant 0$。

(二)总效用和边际效用

总效用(Total Utility,TU)是指消费者在一定时间内从一定数量的商品消费中得到的效用量的总和,通常表述为商品消费量 Q 或消费组合 $(q_1,q_2,...,q_n)$ 的效用函数：$TU=u(Q)$；或者 $TU=u(q_1,q_2,...,q_n)$。

边际量是经济学的重要概念。边际效用(Marginal Utility,MU)是指消费者在一定时间内,增加一单位商品的消费所得到的效用量的增量。即：

$$MU=\frac{\Delta TU}{\Delta Q}=\frac{\Delta U(Q)}{\Delta Q}$$

当商品的增加量趋于无穷小时,即 $\Delta Q \to 0$ 时,有：

$$MU=\lim_{\Delta Q\to 0}\frac{\Delta TU}{\Delta Q}=\lim_{\Delta Q\to 0}\frac{\Delta u(Q)}{\Delta Q}=\frac{\mathrm{d}TU}{\mathrm{d}Q}$$

对于多种商品的组合中,则一般采用一阶偏导的方式求得效用对于某一商品的边际效用,即：

$$MU=\lim_{\Delta q_i\to 0}\frac{\Delta TU}{\Delta q_i}=\lim_{\Delta q_i\to 0}\frac{\Delta u(q_1,q_2,...,q_n)}{\Delta q_i}=\frac{\partial U(g)}{\partial q_i}$$

(三) 边际效用递减规律

观察人们的行为和心理,可以发现一个规律性现象:当一种物品消费数量递增时,最后一单位物品所获得的额外满足程度,即边际效用会下降。例如:一个饭量较大的人吃比萨,当他非常饥饿时,吃第一块比萨觉得最香,最好吃,效用很大($u=30$);再吃第二块比萨觉得也不错,好吃,效用也不小($u=20$);吃第三块比萨时,已经快饱了,觉得比萨也就那么回事,效用比较小($u=10$);吃第四块比萨时,吃不吃都无所谓,效用等于0;如果再吃第5块比萨,就会肚子发胀,消化不良,产生负效用(带来痛苦),－10个单位的效用。

这个现象告诉我们:在消费者偏好和商品使用价值既定的条件下,商品消费量越大,边际效用越小;如果增加单位消费品不能获得任何满足,边际效用则为零;当商品消费量超过一定数额,继续增加消费的商品,不仅不能带来愉快,反而会造成痛苦,边际效用变为负值。上述现象,经济学家称其为"边际效用递减规律":在一定的条件下,消费者连续增加某种商品的消费数量,其新增加的最后一单位物品的消费所获得的效用(边际效用)通常会呈现越来越少的现象(递减)。这一现象也称**戈森第一定律**。

理解"边际效用递减规律"时要注意几点:① 边际效用的大小与欲望的强弱成正比;② 边际效用的大小与消费数量成反比;③ 边际效用递减具有时间性;④ 一般情况下,边际效用总是正值(>0),即消费者不会将消费量增加到带来痛苦的"负效用"程度。

表 2-1　边际效用的简单例子

商品消费量 Q	边际效用 MU	总效用 TU
0	—	0
1	30	30
2	20	50
3	10	60
4	0	60

边际效用为什么会递减呢？有三种可行的解释：

① 第一种解释：生理的或心理的原因，消费一种物品的数量越多，生理上得到的满足或心理上对重复刺激的反应就递减了。

② 第二种解释：若 MU 不递减，消费者对某种物品的消费量将会越来越多，以致无穷，不符合消费常识和社会系统发展的基本规律。

③ 较好的解释：设想每种物品都有几种用途，再假定消费者把用途按重要性分成几个等级，当他只有一个单位的物品时，他一定会将该物品用于满足最重要的需要，而不会用于次要的用途上；当他可以支配使用的物品共有两个单位时，其中之一会用在次要的用途上；有三个单位时，将以其中之一用在第三级用途上，如此等等。所以，一定数量的某种消费品中最后一个单位给消费提供的效用，一定小于前一单位提供的效用。

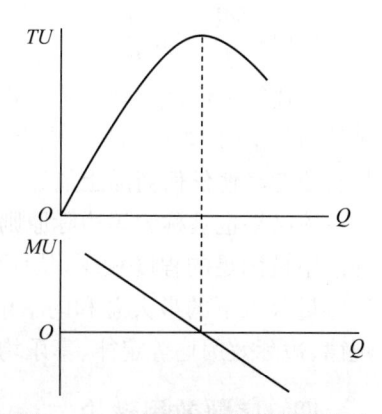

图 2-1　总效用与边际效用的关系

（四）消费者均衡

消费者均衡是消费者行为理论的基本问题，考察的是单个消费者如何将有限的货币收入分配在各种商品购买中以获得最大效用，即在均衡状态下，消费者各种商品的消费数量相对稳定，消费者不会削减一种商品以增加另一种商品的数量。

上述问题可以表述为下述模型：

$$\text{Max} U(q_1, q_2, \cdots, q_n)$$

$$\text{st.} \sum_{i=1}^{n} p_i q_i \leqslant M$$

构造一个函数 $L(q_1, q_2, \ldots, q_n; \lambda) = u(q_1, q_2, \ldots, q_n) - \lambda \left(M - \sum_{i=1}^{n} p_i q_i \right)$；

消费商品组合$(q_1,q_2,...,q_n)$是彼此独立的,那么消费者最优解的条件为:

$$\begin{cases} \dfrac{\partial L}{\partial q_1} = \dfrac{\partial u}{\partial q_1} - \lambda p_1 = 0 \\ ... \\ \dfrac{\partial L}{\partial q_n} = \dfrac{\partial u}{\partial q_n} - \lambda p_n = 0 \end{cases} \Rightarrow \begin{cases} \dfrac{\partial u}{\partial q_1} = \lambda p_1 \\ ... \\ \dfrac{\partial u}{\partial q_n} = \lambda p_n \end{cases}$$

即消费平衡时,$\dfrac{\frac{\partial u}{\partial q_i}}{\frac{\partial u}{\partial q_j}} = \dfrac{\lambda p_i}{\lambda p_j} = \dfrac{p_i}{p_j}$;同时,$\dfrac{\frac{\partial u}{\partial q_i}}{\frac{\partial u}{\partial q_j}} = \dfrac{MU_i}{MU_j}$;代入即:$\dfrac{MU_i}{MU_j} = \dfrac{p_i}{p_j}$。

从而,$\dfrac{MU_i}{p_i} = \dfrac{MU_j}{p_j}$。

上述结果恰好反映了单位货币对应的商品边际效用水平,即将支出花费在每种商品上时,要达到某一点上,**花费在每一种商品上的最后一单位货币会带来与花费在其他任何商品上的最后单位货币相同的满足**。

该结果也被称为等边际原则,即用户在消费效用最大化原则下,尽可能使各种欲望被满足的程度相等,从而使各类被享用的物品的边际效用均等,此时,获得定量收入下的最大总和的享乐。该定律即**戈森第二定律**,又称边际效用相等规律、边际效用均等定律、享乐均等定律。

四、序数效用理论

赫尔曼·海因里希·戈森(H.H.Gossen)对交换价值和边际效用之间的分析以及戈森定律的提出,在经济学思想史上被称作新古典主义革命或边际革命。但意大利经济学家帕累托(Pareto,1896)率先对效用可以测量表示怀疑,后来斯拉茨基(Slusky)和希克斯(Hicks)提出运用序数理论构建消费分析理论。

我们以两种商品的消费组合为例,简要介绍该分析方法。

(一)无差异曲线

无差异曲线(indifference curve)是用来表示两种商品的不同数量的组合给消费者所带来的效用完全相同的一条曲线。假设有两种商品 X 和 Y,它们在数量上可以有多种组合。表2-2列出了 X 和 Y 四种组合,还可以列出许多组合。这些组合所代表的效用都是相等的。因此,此表称为无差异表。根据无差异表的数据,可以作出无差异曲线。无差异曲线就是能够给消费者提供相同效用水平的两种商品的不同数量的组合点的系列。消费者对这些不同的组合偏好相同(同样喜爱,满足程度相同),又叫效用等高线。

表 2-2　无差异表

商品组合序号	X 的购买量	Y 的购买量
A	1	10
B	2	6
C	3	4
D	4	3

显然，一个偏好系统就形成一条无差异曲线，多个偏好系列就形成多条无差异曲线。正如地图上的等高线一样，无差异曲线表示两种商品组合的效用高度。同一条无差异曲线上的商品组合效用高度相等，而不同无差异曲线的商品组合效用高度不同。图2-2为用几何方式表示的无差异曲线。

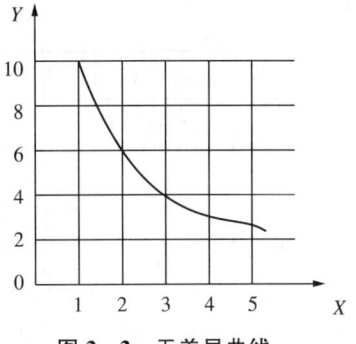

图 2-2　无差异曲线

无差异曲线的特点：

① 可画出无数条无差异曲线，同一条无差异曲线上的任何一点所代表的效用水平相同。

② 无差异曲线是一条向右下方倾斜的曲线，其斜率为负值。这是因为，在收入和价格既定的条件下，消费者要得到相同的总效用，在增加一种商品的消费时，必须减少另一种商品的消费，两种商品不能同时增加或减少。

③ 任意两条无差异曲线不能相交，离原点越远的无差异曲线，表示的效用水平越高。无差异曲线之间不能相交。同一条无差异曲线反映一种消费偏好和效用评价，不同的无差异曲线则代表不同的消费偏好和效用评价，如果不同的无差异曲线相交，相交点就必然同时处在两条无差异曲线上，因而就应提供不同的满足或效用。但是，不同的满足要由不同的商品组合系列提供，而同一系列的商品组合只能提供相同的满足，这与无差异曲线本身的定义相矛盾。

④ 一般情况下，无差异曲线是凸向原点的。无差异曲线是一条向右下方倾斜且凸向原点的线，这是因为边际替代率递减。由于边际效用递减规律的作用，随着 Y 的减少，它的边际效用在递增，因而每增加一定量的 X，所能代替的 Y 的数量便越来越少，由此可见，若 X 以同样的数量增加时，所减少的 Y 越来越少，因而 MRS_{xy} 也就必然是递减的。无差异曲线凸向原点的弯曲程度完全取决于两种商品替代性的大小，即取决于边际替代率的递减速度。

（二）预算线

预算线是一条表明在消费者收入与商品价格既定的条件下，消费者所能购买到的两种商品数量最大组合的线。预算线表明了消费者消费行为的限制条件。这种限制就是购买物品所花的钱不能大于收入,也不能小于收入。大于收入是在收入既定的条件下无法实现的,小于收入则无法实现效用最大化。这种限制条件可以写为:

$$M = P_x Q_x + P_y Q_y$$

可以描述为横纵轴由商品消费量构成的线性曲线,其斜率为$-P_y/P_x$。例如:$M=60$美元,$P_X=15$美元,$P_Y=10$美元,可以得到:

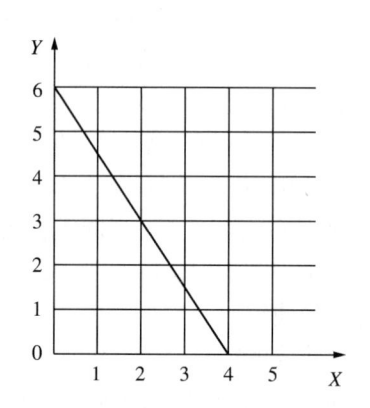

商品组合	X	Y
A	4	0
B	2	3
C	1	4.5
D	0	6

图 2-3 预算线

预算线表明同一条预算线上的总支出水平相同,离原点越远的预算线所表示的总支出水平越高。预算线代表了下述经济意义:

① 预算线以外的点,是在现有的商品价格和消费预算条件下,不能购买到的商品组合,它们反映了消费者货币资源的稀缺性。

② 预算线以内的点,是在现有条件下能够购买的商品组合,但存在货币剩余,因此,它们反映了消费者货币资源的闲置。

③ 预算线上的点,都是消费者刚好用完消费预算能够购买的商品组合,它们反映了消费者货币资源的充分利用。

预算线表明既定的消费预算和商品价格。如果人们的消费预算或商品价格改变,则必然导致预算线的运动。预算线的运动主要有平移和旋转两种。

预算线的平移,既可能由预算收入变化引起,也可能由价格变化引起,但预算线的平移,实际上是由于预算收入变化和价格变化造成消费者实际购买力变化而引起的。因此,预算线向右上方平行移动,意味着实际收入增加;反之,则说明实际收入减少。

旋转是预算线的另一种运动。预算线旋转是在收入不变的条件下,由于两种商品价格P_x和P_y比例的变化,也就是两种商品的相对价格发生变化,造成预算线斜率P_x/P_y改变而引起的。

(三)序数效用分析中的消费者均衡

在序数效用论中,消费者的主观偏好由无差异曲线表示,消费者的客观限制用预算线表示。按照序数效用论的说法,在预算线既定时,它可能同多条无差异曲线相交,但只能而且一定能与一条无差异曲线相切。序数效用论将预算线与无差异曲线的切点称为**消费者均衡点**。消费者均衡点表示消费者选择的商品组合,既在预算线上,同时又在一条尽可能高的无差异曲线上(如图 2-4)。

消费预算线与无差异曲线的切点是消费者均衡点。由于消费预算线的斜率是两种商品价格之比,而无差异曲线斜率是两种商品的边际替代率,等于两种商品的边际效用之比。

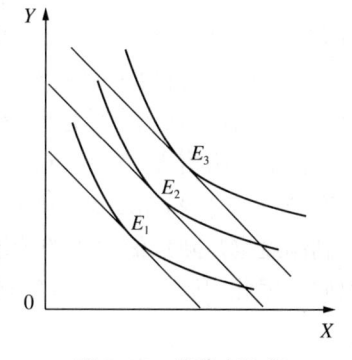

图 2-4 消费者均衡

第三节 信息与非理性行为

一、理性假说的若干理论缺陷

(一)价值判断与理性判断

经济学虽然对价值进行了模糊处理,但依旧默认货币价值或消费价值是效用判定的主要依据,试图以货币价值判断取代理性价值判断。事实上,在人类行为体系中,因道德、宗教、伦理或其他认知因素,货币价值和理性价值并非完全一致。

货币价值不是价值判断的唯一标准。在伦理分析中,亚里士多德写给儿子的《尼各马可伦理学》(*Nicomachean Ethics*)以对善与幸福的追求和教诲,劝诫儿子遵循道德与善,而非自己亲自创建的"家政"或家庭理财的功利学问。上升到道德层面后,休谟的《道德原则研究》则讨论仁爱与正义。作为亚当·斯密的挚友和教师,休谟深刻影响着亚当·斯密的思想和价值取向,虽然亚当·斯密的《国富论》揭示了资本主义兴起的动力和源泉,但仍不忘在《道德情操论》中阐释人类行为的复杂性,在个体行为和群体行为中价值标准并非一成不变。因此,赫希曼在《激情与利益》中提出,在人类的行为取向中,感性和理性是共存的。

对价值多寡(逐利性)的认知有不同标准。Hannah Robie Sewall 在"亚当·

斯密之前的价值理论"一文中发现,古希腊人的价值理论核心是关心个人在社会中的角色扮演,是英雄宿命主义,并非单纯追求利益至上和享乐主义。价值的希腊文原意是"honor",是荣誉的意思,而荣誉是对最完满道德人格的角色扮演者的嘉奖。随后,价值观中融入了"重量"一词,使之具有"量化的道德"的概念。因此,古希腊社会认为5%是商业行为的合理报酬,超过5%的利润都是不合理和不道德的。格雷夫(Avner Greif)在研究12—14世纪东西方经济模式时,在《大裂变:中世纪贸易制度比较和西方的兴起》中对马格里布商人的描述也是如此,微利制度也是阿拉伯商人的传统,是一种各种社会力量和社会制度综合的价值取向。因此,利润最大化的功利价值取向,并不是社会实践中真实的行为价值取向。

道德是对价值体系的宏观表达。当然,道德价值标准与个人价值标准并不完全一致。在道德价值层面,国内存在道德外生说、道德功利说和道德博弈说等多种观点。其中,道德博弈说认为:道德是整个社会达成的共同价值取向和行为标准,而在相互冲突的社会结构中,道德的形成往往是冲突、妥协及博弈的产物。以普遍的道德价值标准运用于个体行为,并不一定完全适用。

(二) 马斯洛的需求层次理论与"社会人"假说

美国著名心理学家马斯洛(A.H.Maslow)在1943年发表的《人类动机的理论》(*A Theory of Human Motivation Psychological Review*)一书中提出了需求层次理论。

马斯洛认为"社会人"的需求可以分为五个层次:生理需求、安全需求、社会交往需求、尊重需求、自我实现需求。在需求层次的作用过程中,人的五种基本需求在一般人身上往往是无意识的;而且在不同的时期,人表现出来的需求层次的迫切程度不同,而人的最迫切需求层次是社会人行为的主要原因和动力。同时,需求层次存在一定的转化关系,当低层次的需求基本得到满足以后,它的激励作用就会降低,高层次的需求会取代它成为激励行为的主要原因。五个层次的需求具有由低级向高级演进、由物质向精神深化的特点,而且需求层次越高,其社会性考虑越大,个人经济理性成分将越少。因此,按照马斯洛的理论,个人理性或完备理性并不适用于全部的经济生活,尤其是涉及知识或精神层面的活动时。

(三) 西蒙的有限理性理论与"管理人"假说

西蒙(Herbert A. Simon)认为:"理性是指一种行为方式,它需要适合实现指定的目标;同时需要在给定的条件下和约束的限度之内。"通俗地说,人的自身理性能力是有限的,人不可能穷尽一切精力去寻求最佳决策,只能是在"特定环境内进行适应与学习过程"。因此,西蒙认为,人类的绝对理性或称"实质理性"是困难的,理性具有特定的过程和情景制约,只能以"有限理性"或"演化理性"作为最理想的替代。

西蒙认为,现实生活中作为管理者或决策者的人,是介于完全理性与非理性之间的"有限理性"的"管理人"。"管理人"的价值取向和目标往往是多元的,不仅受到多方面因素的制约,而且处于变动之中,乃至彼此矛盾状态。"管理人"的知识、信息、经验和能力都是有限的,他不可能也不企望达到绝对的最优解,而只以找到满意解为满足,即以"满意准则"取代"最大化准则"。在实际决策中,"有限理性"表现为:决策者无法寻找到全部备选方案,也无法完全预测全部备选方案的后果,还不具有一套明确的、完全一致的偏好体系,以使它能在多种多样的决策环境中选择最优的决策方案。

(四) 威廉姆森的机会主义说

威廉姆森(Oliver Williamson)对经济分析中关于人的行为特征的基本假定做了新的界定:经济生活中的人总是尽最大能力保护和增加自己的利益,也就是说,经济中的人都是自私的,而且为了利己,还可能不惜损人。不过,人的行为受到法律制约,违反了法律,就要受到法律的制裁,所以,法律使损人利己的行为受到一定的节制。

威廉姆森将人一有机会就会不惜损人而利己的"本性"称为机会主义。人的这种本性直接影响了以私人契约为基础的市场效率。市场上交易的双方不但要保护自己的利益,还要随时提防对方的机会主义行为。每一方都不清楚对方是否诚实,都不敢轻率地以对方提供的信息为基础,而必须以自己直接收集的信息为基础做出交易决策。因此,机会主义的存在使交易费用提高。威廉姆森说:**"理性的有限性是一个不可避免的现实问题,因此就需要我们正视为此付出的各种成本,包括计划成本、适应成本、监督成本。"**他认为,经济中的人都自利,只要能够利己,便不惜损人;正是由于人的理性有限,才使得有的交易者可以利用信息不对称环境或利用某种有利的讨价还价地位欺诈对方。究其根本,即便人类"天生"都具有完备理性所赋予的一切假定,但维持这类理性并杜绝机会主义的发展是困难的。

威廉姆森认为,对于"机会主义"的认识是他对经济学首创的贡献之一。一切足以引起提高市场交易费用的其他因素都是通过人的机会主义行为,才会具体转化为交易费用的上升。类似的结论还有鲁宾斯坦的 X 效率理论说。鲁宾斯坦认为,人是有惰性的,往往不尽全力去工作,也往往很难按照接近于完全的计算程序来做出决策。所以,人也无法完全按照理性依据实施。

(五) 诺斯的意识形态或制度牵制说

美国制度经济学家诺斯(Douglass C. North)认为,意识形态是决定个人观念转化为行为的道德和伦理体系,对人的行为具有强有力的约束,它通过提供给人们一种世界观而使行为决策更为经济。每个人的个人行为受一整套习惯、准则和行为规范的协调,也就是当制度发挥作用时,人类的理性才能得到正面的回应和反馈;倘若制度并未完全建立时,如法律制度体系并不健全时,理性则很难实现。

此外,马克思的人类行为动态模型认为,集体的利他行为也能实现,理想社会主义的"只求奉献,不求索取"的思维形式将使得理性分析完全失效。

二、行为实验与理性假说

目前,行为实验得到了经济学领域的广泛认可,包括卡内曼和特维斯基等连续研究,尤其是卡内曼获得 2005 年的诺贝尔经济学奖,使之获得极大认可。行为经济学的代表人物芝加哥大学的理查德·泰勒(Richard Thaler)和麻省理工学院的森德希尔·穆拉伊特丹(Sendhil Mullainathan)也认为经济理性的基本特征有待于进一步修正。众多的实验证实,人类的心理、行为并非"理性"。例如:研究从众心理的 Asch 试验、研究同情的 Sally 试验以及当前复杂科学研究中的报复行为与互惠行为、多元选择的迷惑等。下面给大家简单介绍一下这些有趣的实验。

(一) Asch 试验的从众心理

从众是指个体在群体中常常会不知不觉地受到群体的压力,而在知觉、判断、信仰以及行为上表现出与群体中多数人一致的现象。20 世纪 50 年代,心理学者阿希(Solomon Asch)做了一系列用以验证从众效应的经典性研究。实验材料是 18 套成对的卡片,阿希对 123 名大学生测试,进行视觉判断实验。要求指出线段 A、B、C 中哪一条与样本等长,受试者百分之百能做出正确的回答。

图 2-5 Asch 试验

第二章　信息、策略与行为理性

受试者分为每组7人,6人为实验助手。当被问到哪一条与样本等长时,6名助手先作答,最后是受试者本人回答。在全部18次实验中,前6次助手回答都是C,受试者也作了正确回答;从第7次开始,助手均回答A与样本等长,受试者往往陷入矛盾中,经过犹豫,有32%的受试者选择了A。

信息压力和规范压力是从众行为产生的主要原因。信息压力是指个人对世界、自身的知识和信息的获取主要通过别人获取,多数人的意见往往是正确的,因此,是否与多数人的意见保持一致就成了评价自身判断与行为是否正确的依据;而别人提供的意见、信息就成为个人行动的重要参考依据。而且在Asch试验中,助手规模显著影响最终的从众结果,当助手为1人时,有2.8%选择从众;当助手为2人时,有12.8%选择从众;当助手为3人时,有33.3%选择从众。此外,杰拉德证明从众存在典型的性别差异,女性从众率为35%,男性只有22%;西斯川克(F.Sistrunk)则证明在自身陌生的知识领域从众率比较高,而熟悉的知识领域从众率相对较低。

(二) 米尔格拉姆的服从实验

美国社会心理学家米尔格拉姆(Stanley Milgram)招聘了40位20—50岁之间的男性居民,从事各种职业,被告知要参加一项研究惩罚对学习效果影响的实验。实验时,两人一组,用抽签的方式决定一人扮演学生,另一人扮演教师。教师的任务是朗读配对的关联词,学生则必须记住这些词,然后教师呈现某个词,学生在给定的四个词中选择一个正确的答案。如果选错,教师就按电钮给学生施以电击,作为惩罚。其实,只有老师是真被试,充当学生的是实验者的助手。

在实验室里,充当老师的受试者坐到控制台上。给"学生"施以电惩罚的按钮共有30个,每个电钮上都标有它所控制的电压强度,从15伏特依次增加到450伏特;每4个电钮为一组,共七组零两个,各组下面分别写着"弱电击""中等强度""强电击""特强电击""剧烈电击""极剧烈击""危险电击",最后两个用XX标记。老师的惩罚就是通过电钮给学生电击,第一次错就用15伏特电击一次,第二次就用30伏特,依次递增。

实验过程中,每次学生出错,老师都必须给予电击,学生先是喊叫,尔后是怒骂,继之是踢打桌椅,最后是停止喊叫,似乎昏厥。当有些充当老师的受试者,不愿继续下去时,实验督促者命令继续下去;当对方没有声音后,老师问怎么办,实验督促者用更加严厉的声音说,不回答就按错误处理。

在这种情况下,有26名受试者(占总人数的65%)服从了实验者的命令,坚持到实验最后,不断增加到450伏特,但表现出不同程度的紧张和焦虑;有1位受试者在21分钟后就希望停止实验,但在实验督促者的压力之下坚持到了最后,但内心冲突非常厉害;另外14人(占总人数的35%)做了种种反抗,拒绝执行命令,他们认为这样做太伤天害理了。

(三) 萨利的同情心测试

萨利(David Sally)的同情心测试的主要结论是同情心的存在可以在单次囚徒困境中导致合作。根据作者所做的博弈实验,在单次囚徒困境条件下,参与者的同情心越强,参与者之间同情共感的距离越近,合作就越容易实现。人们的心理距离越小,合作发生的概率就越大。当这个参数收敛到某一个域值或者某一个点时,参与者几乎百分之百地合作。作者发现同情心并不是对称的,我同情你的时候,你未必就同等程度地同情我。玩这个游戏的时候出现了一种情况,作者将它叫作"同情者的礼物":我情愿单方面和你合作,甚至明明知道你会背叛我、出卖我,我也毫无怨言地做出"牺牲",仅仅因为我可怜你、爱你或者崇拜你。

(四) 报复:强互惠性的实验

在团体中与别人合作,并不惜花费个人成本去惩罚那些破坏群体规范的人,即使这些成本并不能被预期得到补偿,见 Gintis(2000、2003a、2003b)、Gintis et al.(2003)、Bowles and Gintis(2003b)以及 Fehr et al.(2002)等的实验证据。

(五) 其他行为模式的非理性

《怪诞经济学》一书还披露了其他的非理性行为,如面对"诱惑",电子版与纸质版组合的书籍销售与单纯但要更廉价的纯纸质版书籍的取舍,送早餐的罗马旅游与没有早餐的伦敦旅游的取舍关系时,人类行为非常容易向"诱惑"屈服。同时,人对于所有权的特殊依恋,为什么中国人倾向买房而舍弃更加经济的租房模式?人类面临多元选择时的预期不准确形成的无为操作,如剩女问题并非没有合意郎君的出现,等等。

三、信息不充分条件下的非理性

信息经济学认为,决策信息的获取需要花费一定的成本,而完备理性所要求的信息决策条件过于严格而难以实现。例如,前面提到的 20 世纪 50 年代的赫伯特·西蒙的有限理性假说认为,人类行为是特定环境内的适应与学习过程,适应和学习的过程是过程理性。另一方面,20 世纪 70 年代的博弈论提出的不完全信息和非完美信息博弈认为,在信息约束条件下的行为或决策规则与完备理性并不一致,所以,对完备理性的假定完全改变了。

(一) 市场信息充分假定的不可达性

市场行为中的信息充分吗?回答是否定的。回顾已有的经济学中的信息充分假定,我们会发现信息充分假定是多么苛刻和难以实现,而且也没有必要来实现信息充分。

1. 亚当·斯密的完全竞争假设中的知识论假设

完全竞争是经济学中理想的市场竞争状态,亚当·斯密的市场价格理论默认在完全竞争市场中,自由竞争能够形成市场的均衡价格和资源的有效配置。斯蒂格勒将完全竞争市场假设,即完全竞争市场存在的前提或者条件,概括为独立性假设、竞争假说、知识论假设、自由假设、动态假设等若干方面。其中,知识论假设是指市场信息畅通,所有的市场参与者都完全了解相关因素。一个"所有"、一个"完全",我们发现这样的信息成本将令市场机制难以承受。

但在如此严格的五个假定前提下,亚当·斯密的理论模型几乎很难找到市场原型。好比阿基米德说,**"给我一个支点,我可以撬起地球"**——理论虽说如此,但是哪里有这个支点;即使有了支点,哪里有这么长的杠杆;地球质量约 6×10^{24} kg,即使有了杠杆,即使阿基米德是能推动 200 kg 的大力士,想撬动地球 1 厘米,自己需要奔跑的距离就超过 3×10^{19} km,这是不可能完成的任务!完全竞争市场模型也是如此。

2. 杰文斯的完美市场假说

据汪丁丁教授考证,杰文斯的竞争市场理论运用了两个"完美":Perfect Knowledge;Perfectly Free。杰文斯将市场中拥有知识的人称为"专家",在专家足够多的市场,能够以尽量少的成本完成交易,市场能够有效率。

姑且不论何为"专家足够多",即便市场参与者全都是天才,但能够保证这样的市场存在吗?结论是:信息充分的市场是无利可图的市场。信息充分时,价格是均衡价格,利润趋近于 0,无利可图——由理性原则,无利可图的市场参与者会越来越少。如果信息持续充分,无利可图吸引不了新的参与者,如果没有政府的强制实施或参与者的无私信仰,这样的市场会因过度"冷清"而萎缩和死亡。

因此,市场信息完全充分没有可能,更没有必要。信息不对称是市场存在的内在动力。

(二) 市场行为中的不确定性与复杂性

所谓不确定性与复杂性,是指由于环境因素中充满不可预期性和各种变化,交易双方均将未来的不确定性及复杂性纳入交易合同中,使得交易过程增加不少订立合同时的议价成本,并使交易困难度上升。为什么具有不确定性?第一,市场中不存在完全理性的参与者;第二,过程理性或有限理性能建立市场行为的规则集合,即制度;第三,市场行为是场景理性的;第四,市场行为不是单纯的成本收益分析。此外,对公开信息的理解也具有差异;有学者将信息不对称归结为时滞效应、外部效应和信息质量问题,进而导致获利或受损的信息易被独占,或被选择性传播形成非完美信息,导致市场机制失灵。

不确定性的存在,使得市场中的竞争者具有获取信息以消除不确定性的动机,进而能够通过比竞争对手优先获得信息而获得因拥有信息而产生的额外利润。因此,可认为信息获取和额外利润的追逐具有必然联系。

第四节 信息与策略行为选择

一、信息与策略行为

(一)策略行为与博弈论的概念

策略行为是指一些个人、对组或组织,面对一定的环境条件,在一定的规则下,同时或先后,一次或多次,从各自允许选择的行为或策略中进行选择并加以实施,各自取得相应结果的过程,其分析方法主要是博弈论。

博弈论也称为"对策论",是研究决策主体发生直接作用时的决策(或行动)以及这种决策(或行动)的均衡问题的。博弈论没有长期和充分假定,但存在特定信息结构的对策以及博弈轮次的考虑。博弈的结构包括四个基本要素:博弈的参加者、各博弈方各自可选择的全部策略或行为的集合、进行博弈的次序以及博弈方的得益。

博弈中独立决策、独立承担博弈结果的个人或组织称为博弈方。

博弈中的策略通常是对行为取舍、经济活动水平等的选择。从信息的角度讲,决策者在事先对状态信息不能观测而只能推测。简单地讲,观测到的是经验知识,而推测的是逻辑知识。那么,经验知识和逻辑知识在决策中的作用是什么?决策者不仅选择行动,实际上需要选择关于行动的策略,也就是在各种可能关于世界状态信息条件下的行动计划。在单人动态博弈过程中,决策者可以使用逆向归纳法在决策的第一阶段选择以后所有阶段都可以执行的最优策略。决策者的这种能力也可以称为策略理性。因此,事后观测到的经验信息(知识)对行动的选择是有价值的,但对策略选择并无价值。简而言之,人对行动的选择具有时间特征,而对策略的选择不具时间特征。完全理性的决策者可以在现在就做出一系列依状态信息决定的行动计划,并且随着时间的推移,计划无须改变,即意味着在信息不充分条件下策略仍然是独立的。

得益即参加博弈的各个博弈方从博弈中所获得的利益,它是各博弈方追求的根本目标。根据博弈中的得益特征,可分为零和博弈、常和博弈和变和博弈。

信息是指参与人在博弈中的知识,特别是有关其他参与人(对手)的特征和行动的知识。

(二)信息与博弈论

信息是博弈的重要决策依据。如在单人博弈中,博弈方依靠掌握对"自然"

的信息多寡,做出对自己最有利的行为决策,实质是个体的最优化问题。决策人拥有的信息越多,即对决策的环境条件了解得越多,决策的准确性就越高,得益就越好。典型例子如迷宫博弈、运输选择博弈。

但并非信息越多受益越多。如在两人博弈中,掌握信息较多虽然有利于做出更为准确的预测和行动计划,但并不能保证利益也一定较多,例如,伯川德寡头博弈模型。同时,个人追求最大自身利益的行为,常常并不能导致实现社会的最大利益,也常常并不能真正实现个人自身的最大利益。

关于信息与博弈的关系,主要有两种划分:

根据博弈者掌握信息的多少,有完全信息博弈和不完全信息博弈的划分:完全信息博弈是指在每个参与人对所有其他参与人(对手)的特征和战略都有精确了解的情况下,所进行的博弈。如果了解得不够精确,或者不是对所有的参与人都有精确的了解,在这种情况下,进行的博弈就是不完全信息博弈。

而按照关于博弈过程的信息划分,可分为完美信息的动态博弈与不完美信息的动态博弈。完美信息博弈则指轮到行动的局中人知道先前行动的其他局中人采取了什么策略。而不完美信息产生的原因可能包括主观方面博弈方故意保密、隐瞒,或者是客观方面信息传递渠道不畅通,从而导致博弈方之间在信息方面的不对称性(关于博弈过程)。这类博弈在现实生活中非常多,如二手车市场、银行贷款等。

二、典型博弈分析[*]

(一)囚徒困境博弈

"囚徒困境"最早由美国普林斯顿大学的数学家塔克(Albert Tucker)于1950年提出。他当时编了一个故事向斯坦福大学的一群心理学家解释什么是博弈论,这个故事后来成为博弈论最经典的模型。故事的内容如下:

两个犯罪嫌疑人被捕并受到指控,但除非其中至少有一个人供认犯罪,否则警方缺乏足够的证据指证他们所犯的罪行。为了得到所需的口供,警察将这两名罪犯关押在不同牢房以防止他们串供或结成攻守联盟,并给他们同样的选择机会:如果他们两人都拒不认罪,根据已经掌握的证据,他们会被判以1年徒刑;如果双方都坦白招认,则都将被判入狱5年(比事实上的罪行要轻);如果两人中有一人坦白认罪,则坦白者从轻处理,立即释放,而另一人则重判8年徒刑。支付(得益)矩阵如下:

---

[*] 本小节供学有余力的同学参考或选择性学习。

表 2-3 囚徒困境

		囚徒甲	
		沉默	坦白
囚徒乙	沉默	−1,−1	−8,0
	坦白	0,−8	−5,−5

那么,囚徒将做出何种选择?根据个体理性行为准则和完全理性行为准则,两个博弈方的目标都要实现自身的最大利益。实际上对双方来说最佳结果是(−1,−1),对单方最佳结果是(−8,0)或(0,−8),问题就在于他们都看到对自己有利的结果,两者之间不能串通,双方都不敢相信或者期望对方有合作精神,所以最后的结果是(−5,−5)。

从博弈论结构来看,两个决策者"聪明反被聪明误",因为既没有实现团体的最大利益,也没有真正实现自身的个体最大利益。一般认为该博弈揭示了个体理性与集体理性的矛盾。亚当·斯密认为,在市场参与者看来,"他受着一只看不见的手指导,去尽力达到一个并非他本意想要达到的目的……他追求自己的利益,往往使他能比在真正出于本意的情况下更有效地促进社会的利益"。而事实上,社会中策略的相互依存性导致的结果可能正好相反。

"囚徒困境"主要是双方不信任的结果。如果博弈中存在"有约束力的协议",使得博弈方采取符合集体利益最大化而不符合个体利益最大化的行为时,能够得到有效的补偿;那些追逐个人利益最大化,而放弃集体利益最大化将受到额外的惩罚。那么,个体利益和集体利益之间的矛盾就可以被克服,从而使博弈方按照集体理性决策和行为成为可能。

表 2-4 有惩罚的"囚徒困境"

	沉默	招供
沉默	−1,−1	−8,−100
招供	−100,−8	−5,−5

(二)斗鸡博弈模型

两只公鸡狭路相逢,即将展开一场厮杀。结果有四种可能:两只公鸡对峙,谁也不让谁;两者相斗;另两种可能是一退一进,但退者有损失。谁退谁进呢?对每个参与者来说,最好的结果是,对方退下来,而自己不退,因此,双方都不愿退,也知道对方不愿退。斗鸡博弈就是描述上述情景的博弈模型,两者如果均选择"前进",结果是两败俱伤,两者均获得−2的支付;如果一方"前进",另外一方"后退",前进者获得1的支付,赢得了面子,而后退者获得−1的支付,输掉了面子,但没有两者均"前进"受到的损失大;两者均"后退",两者均输掉了面子,获得

—1 的支付。其得益矩阵(payoff matrix)如下:

表 2-5 斗鸡博弈

甲/乙	前进	后退
前进	(−2,−2)	(1,−1)
后退	(−1,1)	(−1,−1)

该博弈有两个纯策略纳什均衡:一方前进,另一方后退;或一方后退,另一方前进。当然,该博弈也存在一个混合策略均衡,即大家随机选择前进或后退。如果博弈有唯一的纳什均衡点,那么这个博弈是可预测的,即这个纳什均衡点就是可预测的博弈结果;如果博弈有多个纳什均衡,则要预测结果就必须附加另外的博弈信息。

夫妻争吵也常常是一种"斗鸡博弈"。吵到最后,一般地,总有一方对于对方的唠叨、责骂装聋作哑,或者干脆妻子回娘家去冷却怒火。冷战期间,美苏两大军事集团的争斗也是"斗鸡博弈"。在企业经营方面,商业战争中也是斗鸡博弈,如果都选择"战斗",结果是两败俱伤;如果都"放弃",则有可能失去潜在市场;其结果往往是占有"先机"或态度更加坚决的企业赢得市场。

(三)智猪博弈模型

猪圈里有一大一小两头猪,猪圈的一侧有个猪食槽,另一侧有一个控制食槽的按钮。按一下按钮会有 10 单位的猪食进槽,按一下按钮需付 2 个单位成本。若小猪先到,则大猪吃到 6 单位,小猪吃到 4 个单位;若大猪先到,则大猪吃到 9 个单位,小猪吃到 1 个单位;若两猪同时到,大猪吃到 7 个单位,小猪吃到 3 个单位。问:大猪和小猪,谁会去按按钮?

答案是:小猪将选择"搭便车"策略,也就是舒舒服服地等在食槽边;而大猪则为一点残羹不知疲倦地奔忙于踏板和食槽之间。原因何在? 因为,小猪踩踏板将一无所获,不踩踏板反而能吃上食物。对小猪而言,无论大猪是否踩动踏板,不踩踏板总是好的选择。反观大猪,已明知小猪是不会去踩动踏板的,自己亲自去踩踏板总比不踩强吧,所以只好亲力亲为了。

表 2-6 智猪博弈

		小猪	
		按	等
大猪	按	5,1	4,4
	等	9,−1	0,0

类似的案例还有:大企业进行新产品的研究开发及市场的开拓,而小企业则

选择模仿及跟随;大股东与小股东对公司经营的监督选择等。

总之,博弈过程往往揭示了个体理性与团体理性之间的矛盾,即从个体利益出发的行为往往不能实现团体的最大利益,同时也揭示了个体理性本身的内在矛盾;从个体利益出发的行为最终也不一定能真正实现个体的最大利益,甚至得到相当差的结果。

本章小结

本章介绍了经济学的基本理论逻辑和理性假定,从信息和行为学角度分析了信息获取对行为理性的影响。从信息获取角度看,市场参与者是非理性的行为人,其行为决策依赖于信息获取的多寡和质量。另一方面,也说明信息的离散特征和获取成本限制了经济学一般范式的适用性。

基于上述限定,本章分析并介绍了消费者行为理论的基本知识,从基数效用和序数效用理论两个角度推导出了消费者的最优选择策略。在信息充分条件下,以效用最大化作为行为准则,依边际效用递减规则和边际效用均等原则构建了静态消费理论,并以此推广建立了生产者行为中的厂商理论、强调交易的贸易理论以及跨时跨期的金融、期货与证券市场等相关衍生理论。但是,上述市场逻辑建立在如下假定上:第一,消费者完全清楚消费品的市场价格并熟知该商品将带给自身的效用水平;第二,消费为一次消费,不考虑未来消费的变化和预期,即跨期消费;第三,所有的效用曲线均属于严格意义的凸性效用曲线;第四,消费者严格按照效用最大化准则。因此,我们将在后面的章节中分别考虑:

(1) 效用函数无法准确测定的不确定情况;
(2) 信息作为一种特殊商品的效用曲线不满足凸性假定时;
(3) 市场价格机制并非透明,并且考虑跨期决策时;
(4) 消费者并非以效用最大化准则作为行动标准时。

导入案例小结

托马斯·谢林认为,人们都拥有偏好、追求目标、尽可能少费力或减少尴尬、使事业或舒适程度最大化、寻找或避免伙伴,并称之为**目的性行为**。在目的性行为体系中,行为是在追求或近或远的目标时有意识的行动或适应性行动,是在所获知的信息范围内和在对如何克服所处环境的限制已达到自己目标的理解时所进行的行为。因此,**理性是目的性行为特有的一种选择标准**。

在市场环境中,市场制度或规律构成特有的约束体系,市场行为需反映个体行为的系统效应,必须考虑社会学和演进进化的动态问题。良好的市场行为秩序,应该考虑到:

第一,所有的参与主体是否具有相同的行动逻辑,即行为过程和规则的透明与合理；

第二，集体行动的逻辑，团队行动的利益差异如何协调并完成彼此之间利益诉求的表达，即信息结构，如团队理论和委托代理，政治和法律的经济学等；

第三，稳定的行为动机或解释，就是我们要讨论的行为逻辑标准，包括心理学的、宗教的、哲学和伦理的价值选择问题。

经济行为的心理学研究更关注行为的目的性、能动性、预见性、程序性、多样性和可度性。目的性就是指行为是一种有意识的、自觉的、有计划的、有目标的、可以加以组织的活动，是自觉的意志行动。能动性是指人的行为动机是客观世界作用于人的感官，经过大脑思维所做出的一种能动反映，并且人的行为不是消极地适应外部世界，而是一个能动地改造世界的过程。预见性是指人的行为方式和行为结果等是可以预见的，因为人的行为具有共同的规律。行为的多样性是指人的行为有性质不同、时间长短不同、有难易程度不同等的区别。可度性是指人的行为通过各种手段可进行计划、控制、组织和测度。

可见，经济行为或者理性市场行为，主要研究的是个体对个体行为或者社会行为的反应行为的过程，它具有如下典型特征：

① 具有明确和典型的行为动机；
② 具有相对稳定的行为选择判断标准；
③ 具有一定的信息支持。

课后习题

1. 经济学的三个基本假定是什么？在现实中，是否完全适用？
2. 哪些证据显示市场参与者并非完全理性的？请至少提出三点证据。
3. 戈森第一定律和戈森第二定律的内涵是什么？
4. 考虑到一位退休教师，他有一份固定的退休工资 S，想在北京、上海与广州三个城市中选择居住地。不考虑子女、人际关系和其他非价格因素，仅以老人的效用函数为参考标准，设效用函数形式为 $u=x_1 x_2$，这里 $x_1, x_2 \in R_+^2$。已知北京的物价为 (p_1^a, p_2^a)；上海的物价为 (p_1^b, p_2^b)，广州的物价为 $((p_1^a+p_1^b)/2, (p_2^a+p_2^b)/2)$，其中，$p_1^a \neq p_1^b, p_2^a \neq p_2^b$。若该老人为理性消费者，他会选择哪个城市生活？
5. 假定信息消费的边际效用为递增的，还存在最优的信息消费策略吗？你能想到什么样的方法去平衡？
6. 已知牛奶和咖啡都是作为早餐的饮料，一般消费者选择了牛奶就不再选择咖啡，反之亦然。如果需要在一个牛奶和咖啡的商品组合中选择最优的消费组合，其无差异曲线如何绘制？如果是 iPhone 和 APP 商店的软件下载之间的消费组合呢？

7. 某消费者游戏软件利用的效用函数满足 $u(x)=40\sqrt{x}, x\in R^+$。假定 1 元货币对应 1 单位的效用价值,对于售价 100 元的高端版本的游戏软件而言,该消费者愿意购买的游戏软件数量最多为多少?对于售价 20 元的低端版本的软件数量最多为多少?对于售价 5 元的盗版游戏软件而言呢?

8. 网络游戏体验效用依赖于网络用户群体的数量。假定游戏对用户数量的效用函数为 $u(x)=x(x+1)/2$,而游戏厂商开发软件的成本与游戏规模间也存在一定关系 $C(x)=4x$。那么游戏厂商开发出来后,最小用户规模是多少?是否存在最佳开发解?

延伸阅读

关于市场理性和经济学基本问题的研究一般的基础经济学教材都会涉及,如果需要阅读更多的细节可阅读汪丁丁的《经济学思想史讲义》或者汪丁丁与叶航合著的学术性谈话录《理性的追问》;行为经济和演化经济学部分可以阅读米塞斯的《人类行为的经济学分析》、托马斯·谢林的《微观动机与宏观行动》、董志勇编写的《行为经济学原理》、丹·艾瑞里(Dan Ariely)的《可预期的非理性》等;高级行为经济学可以参见中国人民大学刘凤良、周业安等编写的《行为经济学:理论与扩展》;博弈论部分国外的入门级是 Robert Gibbons 的《博弈论入门》与 Eric Rasmusen 1994 年的《博弈论与信息》;国内是谢识予的《博弈论》和张维迎的《博弈论与信息经济学》。更多的国外行为经济学文献可参看:Behavioral Economics Bibliography:http://www.mit.edu/people/irons/rsage/rabib.html。

参考文献

Laffont J.J., Martimort D. *The Theory of Incentives: the Principal-agent Model* [M]. Princeton university press, 2009.

Rasmusen E. *Games and Information: An Introduction to Game Theory* [M]. Basil Blackwell. 1994.

Gintis, Herber; Henrich, Joseph; Boyd, Robert; Camerer, Colin; Fehr, Ernst; Bowles, Samuel. *Foundations of Human Sociality: Economic Experiments and Ethnographic Evidence from Fifteen Small-scale Societies* [M]. Oxford New York: Oxford University Press. 2004.

Hausner M. *Multidimensional Utilities* [A]. John Wiley and Sons, Inc. 1954: 167-180.

Nash, J. F. The Bargaining Problem [J]. *Econometrica*, 1950, 18 (2): 155-162.

von Neumann, J., Morgenstern, O. *Theory of Games and Economic Be-*

havior[M]. Princeton, NJ: Princeton University Press. 1944.

Gibbons R. *A Primer in Game Theory*[M]. Harvester Wheatsheaf, 1992.

［美］加里·S. 贝克尔著，王业宇，陈琪译. 人类行为的经济分析[M]. 上海：上海三联书店，1995.

［奥］路德维希·冯·米塞斯著，赵磊等译. 人类行为的经济学分析[M]. 广东：广东经济出版社，2010.

［美］丹·艾瑞里著，赵德亮，夏蓓洁译. 怪诞行为学：可预测的非理性[M]. 北京：中信出版社，2010, 9.

［美］戴蒙德，瓦蒂艾宁著，贺京同等译. 行为经济学及其应用[M]. 北京：中国人民大学出版社，2011, 02.

［美］提勃尔·席托夫斯基著，高永平译. 无快乐的经济：人类获得满足的心理学[M]. 北京：中国人民大学出版社，2008.5.

汪丁丁. 经济学思想史讲义（第二版）[M]. 上海：上海人民出版社，2012.

汪丁丁. 理性的追问[M]. 广西：广西师范大学出版社，2003.

［美］托马斯·C. 谢林著，谢静，邓子梁等译. 微观动机与宏观行为[M]. 北京：中国人民大学出版社，2005.

［美］拉斯穆森著，韩松等译. 博弈与信息（第四版）[M]. 北京：中国人民大学出版社，2009.

平新乔. 微观经济学十八讲[M]. 北京：北京大学出版社，2000.

张维迎编著. 博弈论与信息经济学[M]. 上海：上海人民出版社，2004.

谢识予. 经济博弈论[M]. 上海：复旦大学出版社，2002.

［美］格雷夫著，郑江淮等译. 大裂变：中世纪贸易制度比较和西方的兴起[M]. 北京：中信出版社，2008.6.

第三章 不确定性、信息与风险

在这个事实不确定的时代,只有一件事是确定的:我们必须面对这个"不确定"的事实。

——加尔布雷斯:《不确定的时代》

课程目标

了解不确定性的概念及其产生原因,知道"双曲贴现"的概念并运用该理论解释相关的经济现象;熟悉期望效用理论,并能运用期望效用函数测度风险,掌握风险升水等重要概念。

本章重点

- 不确定性的类型、来源和数学描述
- 期望效用理论的基本原理和应用
- 期望效用悖论及其改进
- 风险与风险测度

导入案例

两个家族的故事

故事一:罗斯柴尔德家族的崛起

1804年,罗斯柴尔德家族三儿子内森受父亲指派,只身来到英国伦敦。当时欧洲正值拿破仑战争,内森便借机自己做起了债券和股票生意,到1815年内森已成为伦敦首屈一指的银行巨头,并购买了大量英国公债。

早在战前,罗斯柴尔德家族就非常具有远见地建立了自己的战略情报收集和传递系统。他们构建起数量庞大的秘密代理人网络,这些类似战略情报间谍的人被称为"孩子们"。这些人被派驻欧洲所有的首都、

各大城市、重要的交易中心和商业中心,各种商业、政治和其他情报在伦敦、巴黎、法兰克福、维也纳和那不勒斯之间往来穿梭。这个情报系统的效率、速度和准确度都达到令人叹为观止的程度,远远超过了任何官方信息网络的速度,其他商业竞争对手更是难以望其项背。这一切使得罗斯柴尔德银行在几乎所有的国际竞争中都处于明显的优势。

1815年6月18日,在比利时布鲁塞尔近郊展开的滑铁卢战役,不仅是拿破仑和威灵顿两支大军之间的生死决斗,也是成千上万投资者的巨大赌博。伦敦股票交易市场的空气紧张到了极点,赢家将获得空前的财富,输家将损失惨重,所有的人都在焦急地等待着滑铁卢战役的最终结果。如果英国败了,英国公债的价格将跌进深渊;如果英国胜了,英国公债将冲上云霄。

正当两支狭路相逢的大军进行着殊死战斗时,罗斯柴尔德的间谍们也在紧张地从两军内部收集着尽可能准确的各种战况进展的情报。到傍晚时分,拿破仑的败局已定,一个名叫罗斯伍兹的罗斯柴尔德快信传递员目睹了战况,他立刻骑快马奔向布鲁塞尔,然后转往奥斯坦德港。深夜时分,罗斯伍兹跳上了一艘具有特别通行证的罗斯柴尔德快船,在付了2000法郎的费用之后,他终于找到了一个水手,连夜帮他渡过了风急浪高的英吉利海峡。6月19日清晨,当他到达英国福克斯顿的岸边时,内森·罗斯柴尔德亲自等候在那里,他快速打开信封,浏览了战报标题,然后策马直奔伦敦的股票交易所。

内森先暗示家族的交易员,抛售英国公债,误导交易所的其他投资者以为是英国将军威灵顿战败,跟风大量抛售。几个小时的狂抛后,英国公债的票面价值仅剩下5%。而此时,内森又立刻示意交易员买进市场上能见到的每一张英国公债。

由于拿破仑战败的消息公布于众的时间,比内森获得情报整整晚了一天,从而使得内森这一天之内在公债投机上狂赚了20倍,一举成为英国政府最大的债权人,甚至超过了拿破仑和威灵顿在几十年战争中所得到的财富的总和。

——摘自宋鸿兵《货币战争》

故事二:亨特兄弟的白银期货交易

白银是电子工业和光学工业的重要原料,邦克·亨特和赫伯特·亨特兄弟俩图谋从操纵白银的期货价格中投机获利,最终却功亏一篑。

20世纪70年代初期,白银价格在2美元/盎司附近徘徊,随后从1973年12月的2.90美元/盎司开始启动和攀升,不到两个月价格涨到6.70美元。但当时墨西哥政府囤积了5000万盎司的白银,购入成本均在2美元/盎司以下,墨政府决定立即以每盎司6.70美元的价格抛售白银获利,墨西哥的抛售立即冲垮了市场,银价跌回4美元左右。

巨大的价格波动让亨特兄弟看到了商机,此前亨特兄弟已经持有3500万盎司白银合约,在此后4年,他们在纽约商业交易所(NYMEX)和芝加哥期货交易所(CBOT)以每盎司6至7美元的价格大量收购白银。1979年底,他们已控制了纽约商品交易所53%的存银和芝加哥商品交易所69%的存银,拥有1.2亿盎司的现货和0.5亿盎司的期货。在他们的控制下,白银价格不断上升,到1980年1月17日,银价已涨至每盎司48.7美元。1月21日,银价已涨至有史以来的最高价,每盎司50.35美元,比一年前上涨了8倍多。这种疯狂的投机活动,造成白银的市场供求状况与生产和消费实际脱节,市场价格严重地偏离其价值。

就在亨特兄弟疯狂采购白银的过程中,每张合约保证金只需要1000美元。一张合约代表着5000盎司白银。在2美元/盎司时,1000美元合10%;而价格涨到49美元/盎司时保证金比例就很少了。所以,交易所最终把保证金提高到6000美元,并对白银期货市场采取了系列措施,包括提高保证金、实施持仓限制和只许平仓交易等,大大增加了白银持仓成本。

在1980年1月17日来临之时,亨特兄弟无法追加保证金而在1980年3月27日接盘失败,白银价格开始下跌。此前,他们通过借贷来买进白银,再用白银抵押来贷更多款项;现在抵押品价值日益缩水,银行要求追加更多的抵押品。双重压力下,亨特兄弟无法应对。1980年3月25日,在纽约投资商Bache向亨特兄弟追索1.35亿美元未果的情况下,Bache公司卖出了亨特兄弟抵押的白银。

作为连锁反应,白银倾泻到市场上,价格崩溃了。亨特兄弟持有数千张合约,为清偿债务,他们需要抛出850万盎司白银,外加原油、汽油等财产,总价值接近4亿美元。此时,亨特兄弟手里还有6300万盎司白银,如果一下子抛出,市场就会彻底崩溃。另外,美国的一些主要银行,如果得不到财政部的帮助来偿还贷款,也要面临破产的危险。在权衡利弊之后,联邦政府最终破天荒地拨出10亿美元的长期贷款来拯救亨特家族及整个市场。

——改编自百度百科

案例讨论

(1) 罗斯柴尔德家族的胜利与亨特兄弟的"覆灭"体现了市场的哪些属性?

(2) 亨特兄弟的选择是理性的吗?从购入白银开始和结束两个不同时间点看,结果有何差异?为什么?

(3) 怎样看待信息不确定对决策者的影响?

(4) 谈谈对市场信息价值的理解?

在短期决策市场上,决策者总面临不确定性和信息缺乏的困扰。杰克·赫什莱弗就认为,信息经济学是经济不确定性(uncertainty)理论自然发展的结果;

肯尼思·阿罗出版的《信息经济学》论文集进一步指出,"一旦不确定性的存在是可以分析的,信息的经济作用就变得十分重要了";马斯金也认为,"不确定经济学是研究一个人怎样从直接可行的'最终'行动中做出一个最优的选择,从而适应一个给定不变的知识状态,这些选择反过来又决定了整个市场的均衡,这种均衡反映了承受风险的社会分布"。本章将分析不确定性对消费者效用函数的影响及消费者的分析,涉及不确定性来源分析和风险测算。

第一节 不确定性

一、不确定性的概念

先讲一个相关的故事:海森伯不确定性原理。19世纪时,由于牛顿引力论的成果,使得法国科学家拉普拉斯侯爵断言:宇宙是完全规律性的,应该存在一组科学定律,只要我们知道其中一时刻宇宙的现状,必能推知未来或过去任何时刻宇宙的状态——这就是科学决定论。1926年,德国科学家威纳·海森伯提出了著名的不确定性原理:在最小的测量口径下,科学家必须借助光线和投影确定粒子的位置和速度,但是粒子的位置不可能精确到所采用的光波波长范围之内,因此提高粒子位置的测度精度需要采用波长更短的光波或电磁波。但光的波长越短,频率越高,能量就越大,对粒子本身的干扰会越大,粒子的速度也会相应影响。因此,海森伯认为粒子的位置和速度不可能同时测准。虽然当时爱因斯坦反对这一说法,认为科学是严肃的,"上帝不掷骰子",但在此后一段时间,以"规律性"和完全决定论为代表的世界模型完全被推翻了:世界是由不确定性事件构成的物质体系。

波普尔对哲学决定论的批判《历史决定论的贫困》也试图说明在社会范畴内存在同样的规律。事实上,市场中总是存在着大量的不确定因素,大多数经济决策都是在不确定条件下做出的。

(一)不确定性的含义

不确定性是指在某种环境状态下,某一特定事件的概率分布处于离散状态。不确定性也可以通俗地理解为行为者对环境状态的无知程度。

1921年,弗兰克·奈特(Knight)就指出,有限理性的根基是"**根本的不确定性**(Fundamental Uncertainty)",它不同于**不完全信息**。不完全信息是指决策者知道某一变量所有可能的取值以及每一取值发生的概率;而根本的不确定性是指决策者根本不知道变量的值的分布,更不知道每一个可能值发生的概率。凯恩斯学派的经济学家称这种根本不确定性为**认识力的不确定性**(Epistemic Uncertainty)。

(二) 不确定性的来源

1. 外生不确定性和内生不确定性

按照弗兰克·奈特的观点,不确定性分为外生不确定性和内生不确定性。

① 外生不确定性

生成于经济系统外部的不确定性被称为外生不确定性。例如,对于企业主来说,消费者偏好信息、厂商技术、气候信息对消费者偏好的影响以及各种意外事故等因素,常常被认定为经济环境状态中的外生不确定性。

政策不确定性是现代经济中对经济运行具有明显影响的、特殊形式的外生不确定性,涉及经济发展、税收体制、利息率、社会公共财产的保护等方面的经济政策,对企业来说是不可忽视的不确定性。

外生不确定性的出现不可避免,没有任何经济系统可以帮助企业有效地减少外生不确定性的出现。奈特认为,外生不确定性来源于**变化**,而引起不确定性的变化因素主要有:人口、资本、生产方法、组织形式、消费欲望等,以及人口因素、心理或行为态度、偏好、货币收入与分配、个人能力、生产函数、技术水平等多个层面。

② 内生不确定性

内生不确定性生成于经济系统内部,并能影响经济系统的运作与发展。内生不确定性的变化比外生不确定性的变化更为敏感,同时也更为复杂。

内生不确定性的实质在于分工专业化。随着分工的演化和发展,每个市场参与者所知道的信息相对于全社会的知识所占比例越来越少,信息分布越来越分散,进而使得市场参与者很难获取足够多的决策信息和知识,从而使得决策处于"无知"或不确定性的状态。

2."双曲贴现"与时间偏好

对于决策者而言,时间和环境也会对决策效果产生影响。David 于 1991 年在《金蛋和双曲贴现》中提出了一个有意思的概念:**双曲贴现**(Hyperbolic Discounting)函数。David 观察到,市场参与者的偏好在不同时间节点的表现并不一致,同样的决策条件在不同的时间节点,决策者可能做出完全不同的决策结果。如在跨期决策中,实证表明人们认为自己通过学习和熟练,将来可以变得更加有效率,可以完成更多的工作,表现出更大的行为绩效;但随着时间的推移,当"将来"变成了"现在"的时候,人们的表现却并未明显提高,但是他们仍然坚定认为"将来"他们会更有效率——这就是我们常见的"拖延症"。

当引入了跨期决策的时候,决策人对于因时间而带来的不确定性的认知态度也会改变。通过设计几组两难决策供试验者选择,发现试验者面对较小短期盈利和较大长期盈利取舍时,会偏好较小短期盈利;在盈利时间都较长且两个时间相近的情况下,人们又会偏好较大盈利。举个例子,假如存在这样的三组无成本的对赌行为:

组态一:马上获得 50 万元收益与 10 年后获得 100 万元收益;
组态二:50 年后获得 50 万元收益与 60 年后获得 100 万元收益;
组态三:马上获得 50 万元收益与 1 个月后获得 100 万元收益。

当这样三组行为选择交给被试群体选择时,在第一组中绝大部分选择了前者,第二组和第三组则大部分选择了后者。如果从纯数理上分析,第一组和第二组的收益比较是无差异的。为什么会出现不同的结论呢?经济学家对此给出的解释是,行为贴现率随着时间显著的下降,未来的偏好不能等同于现在时点的决策偏好。

时间不确定性原理,很好地解释了拖延、惰性与成瘾的过程。无论吸烟者还是吸毒者或者沉迷于网络游戏的人,其实都有戒的愿望,他们也能理性地认识到,如果上瘾,长期成本肯定要比收益大得多,可实际上,理性行为并不能准确描述个体在毒品和香烟消费上的决策;人们在做事时往往都会倾向于拖延,认为未来时间仍然可以像现时一样做出同样的取舍或决策。

3. 信息不确定性

信息不确定性是因信息获取不足或信息质量不高、信息不充分等原因所引致的不确定性,即对市场的"无知"。

信息获取不足是由信息及信息传播过程本身的局限性决定的。第一,信息传播和获取的成本约束。不确定条件下,市场参与者需要额外拿出一笔费用作为信息搜集成本,因此,当成本足够大时,该信息的传播将被阻断,造成信息不足。第二,信息传播和获取的时滞约束,时滞是因为信息在传播和传递过程中相对行为发生的时间差,因而事后搜集的信息总是存在时滞而无法准确地反馈给事中的决策,如罗斯柴尔德家族的信息决策时间优势。因此,在不确定条件下,事前信息难以获取,事后信息由于存在时滞而难以对决策形成有效帮助,因而造成了信息不确定性的决策。在不确定条件下,参与者可以采用延长交易时间、增加交易步骤、订立事后补偿协议、签订决策双方的对赌协议等方式改善决策与交易。

此外,信息不确定性的程度还与信息产生的事件源头、信息所处的层级以及市场参与者因信息不对称而引发的信息扭曲程度密切相关。

① 因信息发生依赖事件的不确定性

在某些情况下,信息依赖于未来未知的不确定事件,其信息根本无法获知。如个人车祸发生的可能性、火灾与自然灾害发生的可能性等难以获知,这类决策问题不可避免地会遭遇信息不确定。

② 高层信息对不确定性的叠加效应

信息具有层级的概念。《庄子·秋水篇》中有一段经典的对话:"庄子与惠子游于濠梁之上,庄子曰:'鯈鱼出游从容,是鱼之乐也。'惠子曰:'子非鱼,安知鱼之乐?'庄子曰:'子非我,安知我不知鱼之乐?'惠子曰:'我非子,固不知子矣,子固非鱼也,子之不知鱼之乐全矣。'庄子曰:'请循其本,子曰汝安知鱼乐云者,既已知吾知之而问我,我知之濠上也。'"这段对话就体现出了信息不同的层级。低层信息和事件相关,高层信息则和描述事件的消息或信息本身相关。

在高层信息的认知中,其往往关联于若干低层级信息或同级信息,不确定性因素更多,也更加难以获得完全信息。例如,在指定的劳动市场上申请工作的个人所传递的信息,取决于他获得该工作的概率,而此概率又依赖于劳动市场上申请该工作的人数。更深入地分析,申请该工作的人数受制于以下多种因素:社会就业率(失业率)、工作技术程度、工资率、经济发展程度和提供该工作信息的传播范围和影响等。也就是说,一种信息的传递和获取可能依赖于多种信息的传递。

③ 因信息不对称而引发的信息扭曲

因信息不对称,利益相关者或信息传递者可能有意隐匿、屏蔽或扭曲信息,产生逆向选择和道德风险条件下市场价格的不完全信息。如市场(产品、劳动力或资本借贷等)中买卖商品特性的不完全信息;保险市场上有关个人从事经济活动的不完全信息;市场参与买卖的双方在长期或短期的不完全信息状态下的经济活动,如雇主与雇员在不完全的长期或短期信息环境下的经济行为。

4. Aleatory 不确定性与有限理性

凯恩斯学派的经济学家认为,根本的不确定性不是外生给定的不确定性,而是人类决策交互作用内生地产生的社会不确定性。换而言之,即使自然界完全没有不确定性,人们决策互动的后果也可能产生不确定性。凯恩斯将这种社会性内生的不确定性称为碰运气(Aleatory)不确定性。

不论是内生不确定性,还是过程理性,都说明了获取信息之后的加工处理效果不容易实现信息发布者的初始期望。1990 年,伊丽莎白·牛顿关于知识诅咒的研究具有一定说服力。

小案例

关于"知识的诅咒"

知识的诅咒是说知识的表述者和接受者之间的知识不对称引起的传播"失灵"的现象。意思是说,一个经理根据他的知识背景,要求一个员工在一个星期内提交一份建议报告,经理不能认为员工讨了大便宜,因为他平时只要两个工作日就可以解决了,所以说话的语气可能会有傲慢,甚至施舍的味道;而员工可能认为这是大难临头,甚至觉得经理太过于苛刻。这就是在管理学中为什么要强调换位思考的缘故吧。其实,关于知识的诅咒,是1990年伊丽莎白·牛顿在博士论文中提出的概念,她最初的实验是设计120个人用手拍打美国20首名曲的节奏,让另外120人来猜曲名。拍打者认为应该会有50%左右的命中率,因为他认为自己的肢体语言、节奏已经很丰富了——结果只有大约2.5%的听众命中。那么这个故事的结论是什么?就是应该以受众心态来传递知识,很简单,但是希思兄弟组织的素材却非常具有感染力:克林顿总统竞选的智囊詹姆斯·卡维尔只用了一句话,让不擅长政治辞令的克林顿在莱温斯基丑闻之后仍然当选,这句话就是"应该抓经济,蠢货",如此而已。

——希思兄弟的 Made to Stick

二、不确定性的影响

(一) 不确定性、风险与利润

凯恩斯的《论可能性》和奈特的《风险、不确定性与利润》都发表于1921年,都提出了对不确定现象的分析和改良,但观点略有不同。凯恩斯认为:"在不确定性下,不存在可以形成任何可计算概率的科学基础,我们确实不知道。"奈特则指出:"只有当变化及其结果是不可预测的时候,才可能带来特殊形式的收入,这就是利润。只有敢于创新的企业家,才可能创造出乎人们预料的收入,才能带来利润。这种不可预测的变化及其结果,就是不确定性。"

事实上,风险是可以被计量的。奈特和凯恩斯关于风险与不确定性的描述实际上没有被后来的新古典经济学所接受,经济学很大程度上只是接受了他们对于风险和不确定性的界定,但并不认为对于不确定性的定性讨论能为精确决策提供实质性的帮助。主流的经济理论实际上已不再对风险与不确定性的概念区分感兴趣,在实际讨论中风险和不确定性这两个概念很大程度上是被混用的。甚至有些学者断言,"奈特对于风险和不确定性的划分是不会有结果的"(赫什莱佛和莱利,2000)。

(二) 不确定性与行为选择

当面临不确定性时,人们所表现出的紧张、矛盾与犹豫不决,影响着决策和选择行为的结果,影响着决策过程本身,自然也会影响到经济的运行过程和效果。

当不确定性存在时,讨论人的偏好与选择对市场具有一定的预测性;如果没有变化,偏好是固定的,选择将是"预定"或"指定"的。也只有当不确定性存在时，才有预期与预测存在的必要，预期与预测又是决策的基础。而预期与预测是经济学的基础性内容，如社会经济的运行在风险与不确定性条件下呈现怎样的状态，如何来描述与解释人在风险与不确定性状态下的选择行为与社会经济的运行机理。

（三）减少不确定性的方法

奈特的《风险、不确定性与利润》第八章"应对不确定性的构建与方法：概率计算"给出了对不确定性分析的方法论：如果知道事件的事后概率排序，则可以此作为事前决策的依据，即通过样本概率估算推测整体样本概率，或者通过事后的发生概率推算事先的状态概率或分布概率（详见第四章），但直到20世纪50年代期望效用理论的广泛发展，才真正将概率分布与效用评估公理化或公式化，并建立了相对完整的不确定性经济学分析框架。

同时，奈特还提出了减少不确定性的两种方法。一是集中化，其理论基础是大数原理，保险就是这种形式的代表。保险公司利用不确定性结果的相互抵补，将众多偶然事件集中到一起，从而将投保者的较大不确定性损失转变成较小不确定性的保险赔付费用波动。二是专业化，企业的联合有助于克服不确定性。企业通过增加生产规模可以减少不确定性的控制成本，同时专业化决策能够减少控制成本的不确定性，也能产生更熟练的技能，以更好地应对不确定性。

三、不确定性的数学描述

不确定性，是指行动结果被置于一定的概率 P 之下的选择可能性。先以一个简单的例子说明不确定性数学描述的基本原理。

假定对于一个消费者购买汽车的过程，记事件 A 为购买到一款质量好的汽车；事件 B 为不购买汽车，拥有与汽车等价格的货币；事件 C 为购买到一款质量差的汽车。在上述事件中，事件 B 为确定性事件，一旦选择，发生概率为 1；A 和 C 均为不确定性事件，发生的概率分别为 P 和 $(1-P)$。同时，消费者认为 $A \gtrsim B, B \gtrsim C$；即 $u(A) \geqslant u(B) \geqslant u(C)$。

此时，消费者如何选择呢？是购买汽车，还是放弃购买？显然，如果汽车质量好的概率 P 足够大，消费者是愿意购买的。而在不确定条件下，消费者的选择行为便被称为赌博（Gamble）或博弈。

【定义3-1】 单赌（Simple Gamble）：设事件结果有 n 种可能，记 $A = \{a_1, a_2, \ldots, a_n\}$ 为可能的行动结果集，行动结果发生的概率分别为 $p_1, p_2, \ldots p_n$；记 G_s 为关于 A 的单赌集合，G_s 定义为：

$$G_s = \{p_1 \cdot a_1, p_2 \cdot a_2, \ldots, p_n \cdot a_n \mid p_i \geqslant 0, \sum_{i=1}^{n} p_i = 1\}$$

有时 G_s 也描述为 $\{p_1,p_2,\ldots,p_n;a_1,a_2,\ldots,a_n \mid p_i \geqslant 0, \sum_{i=1}^{n} p_i = 1\}$，进而表述为两个向量 $P_{1\times n}$ 和 $A_{1\times n}$ 的集合，即：$G_s = \{P_{1\times n};A_{1\times n}\}$。

【定义 3-2】 复赌（Compound Gamble）：将决策回报本身又进行另一个赌博的行为选项的赌博称为复赌。

例 3-1：以博彩为例，如果以三粒骰子博大小为例，9 点以下为小，10 点或 10 点以上为大，三个同点数为豹子，骰子点数的可能性共有 216 种，按大小的概率分别为：

大：$p_1 = \frac{105}{216} = \frac{35}{72}$；　小：$p_2 = \frac{105}{216} = \frac{35}{72}$；　豹子：$p_3 = \frac{6}{216} = \frac{1}{36}$。

如果庄家为这个游戏设置赔率，押中大小 1 赔 2，押中豹子 1 赔 10；输所押赌本归庄家。对于赌徒而言，他各有 40% 的可能押大或者小，20% 的可能押豹子，这样就构成了押点赌和骰子点数赌两个赌博的复赌模型。

表 3-1　赌徒获益的概率分布

	押大（40%）	押小（40%）	押豹子（20%）	
开大（$p_1 = 35/72$）	7/36	7/36	7/72	**35/72**
开小（$p_2 = 35/72$）	7/36	7/36	7/72	**35/72**
开豹子（$p_3 = 1/36$）	1/90	1/90	1/180	**1/36**
	2/5	**2/5**	**1/5**	

四、不确定条件下的选择公理

为了分析不确定性行为，需要对人们在不确定条件下的行为做出若干公理性假定，并称下述假定为不确定条件下的选择公理。

【定理 3-1：次序完全公理】：对于不同的结果 A 与 B，消费者的偏好要么是 $A \succsim B$；要么是 $B \succsim A$；要么是 $A \sim B$。并且，如 $A \succsim B$，且 $B \succsim C$，则必有 $A \succsim C$。

该公理是对完全性与传递性的汇总，否定了孔多塞悖论的情形。孔多塞悖论由法国著名社会学家孔多塞在 18 世纪 80 年代提出。假定有三个投票者张三、李四、王五对 ABC 三个议案进行表决。假定张三的个人偏好是 $A > B > C$，李四的个人偏好是 $B > C > A$，王五的个人偏好是 $C > A > B$。如果在 A 和 B 之间进行选择，那么肯定是 A 获胜；如果在 B 与 C 之间选择，则肯定是 B 获胜；如果在 C 与 A 之间选择，则肯定是 C 获胜。也就是说投票陷于循环之中，而无法排除选民的偏好一致性。

【定理 3-2：连续性公理】：如果 $A \succsim B$，且 $B \succsim C$，则 $\exists \alpha \in (0,1)$，使得下

式成立：$\alpha A+(1-\alpha)C\sim B$。

例 3-2：比如购买彩票，要么不购买，收益为 0；要么购买中奖获得 500 万，要么购买不中奖损失 2 元，对于大多数人来说(500 万元)>0>(-2 元)，但是一定存在一个中奖概率 p，使得：$p\cdot A(5000000)+(1-p)\cdot A(-2)\sim A(0)$。

【定理 3-3：独立性公理】：如果 $A\gtrsim B$，那么对于所有事件 C 和 $\forall\alpha\in(0,1)$，下式成立：$\alpha A+(1-\alpha)C\gtrsim\alpha B+(1-\alpha)C$。同样，当 $A>B$，$A\sim B$ 时也成立。

例 3-3：假定外出乘坐交通工具从北京到南京的方式有飞机(A 事件)和动车(B 事件)两类情况，针对二者产生的时间和消费金额，消费者的综合预期是：$A\gtrsim B$；如果北京市内交通拥堵的概率比较大，发生了市内的严重拥堵(事件 C)，则对于消费者而言，不论拥堵的概率($1-\alpha$)为多大，均有：

$$\alpha A+(1-\alpha)C\gtrsim\alpha B+(1-\alpha)C.$$

【定理 3-3'：不相等公理】：如果 $A>B$，那么对于 $G_1=p_1A+(1-p_1)B$ 和 $G_2=p_2A+(1-p_2)B$，当且仅当 $p_2>p_1$ 时，消费者严格偏好于单赌 G_2。

不相等公理是对独立性公理的一种特殊表述。

基于上述基本公理，则可以推理出两组不确定条件下单赌的优先次序。假定存在两组独立的单赌：G_s 和 G'_s，分别可以由下述定义描述：

$$G_s=\{p_1\cdot a_1,p_2\cdot a_2,\ldots,p_n\cdot a_n\mid p_i\geqslant 0,\sum_{i=1}^{n}p_i=1\}$$

$$G'_s=\{p'_1\cdot a'_1,p'_2\cdot a'_2,\ldots,p'_n\cdot a'_n\mid p_i'\geqslant 0,\sum_{i=1}^{n}p_i'=1\}$$

那么，由连续性公理，可以推出：

$$G_s=p_1A_1+p_2A_2+\ldots+p_nA_n\sim B;G'_s\sim B';$$

如果 $B>B'$，那么也可由独立性公理推出 $G_s>G'_s$。同样，当 $B\gtrsim B'$，$B\sim B'$ 时也成立。

第二节 期望效用理论

20 世纪 50 年代，冯·诺依曼和摩根斯坦(Von Neumann and Morgenstern)在公理化假设的基础上，运用逻辑和数学工具，建立了不确定条件下对理性人(rational actor)选择的分析框架，建立了期望效用函数理论，希克斯、凯恩斯、哈特等经济学家广泛运用风险和不确定性解释利润、投资决策企业结构等问题；萨维奇(Savage,1954)以及 Anseombe 和 Aumann(1963)将上述理论完善为主观期望效用理论,简称为 SEU 理论。

一、期望效用函数

期望效用(Expected Utility)是指用概率形式描述效用的表达方式。如果一个单赌 $g=(p,A,B)=pA+(1-p)B$,那么对应的期望效用函数就记为:$u(g)=pu(A)+(1-p)u(B)$。

如果 $g>g'$,那么 $u(g)>u(g')$,即 $pu(A)+(1-p)u(B)>p'u(A')+(1-p')u(B')$。

推广到一般情况时,对于 $G_s=\left\{p_1 \cdot a_1, p_2 \cdot a_2,\ldots,p_n \cdot a_n \mid p_i \geqslant 0, \sum_{i=1}^{n} p_i=1\right\}$,如果 $u(G_s)=\sum_{i=1}^{n} p_i u(a_i)$,那么我们就称 $u(G_s)$ 为单赌 G_s 的期望效用函数,也称 VNM 效用函数。即 Von Neumann-Morgenstern 效用函数。

如果事件发生的结果有 n 个可能性,即 $A=\{a_1,a_2,\ldots,a_n\}$,我们要构造期望效用函数,就需要对 $u(a_i)$ 分别赋值,一般将上述结果简化为仅由最优结果和最差结果的一种概率组合。即当 $a_1>a_2>\ldots>a_n$ 时,任一可能结果 $a_i \sim p_i a_1 + (1-p_i)a_n$。

回到例 3-1 中,假定为理性赌徒,即没有特殊的风险偏好,其期望效用等于其期望收益。那么对于押大、押小或者是押豹子而言,赌徒的期望效用均为负值。即赌徒天然就是输家,而总的期望收益的差异 $-1/6$ 就是庄家设计该赌局获得的"天然收益"。在这个情况下,投注者和庄家已经不处于平等的位置,这时的赔率可以保证庄家的赢利,其中包含了庄家的必然利润,也就是俗称的"佣金"或"水钱"。

表 3-2 赌徒的获益矩阵

	押大(40%)	押小(40%)	押豹子(20%)	
开大($p_1=35/72$)	7/36	$-7/36$	$-7/72$	$-7/72$
开小($p_2=35/72$)	$-7/36$	7/36	$-7/72$	$-7/72$
开豹子($p_3=1/36$)	$-1/90$	$-1/90$	1/20	1/36
	$-1/90$	$-1/90$	$-13/90$	$-1/6$

其实,庄家在博彩活动中存在着极大的风险。赔率 L 是庄家定的,但公式中另一个重要元素 P,即事件发生的概率,是不能主观臆定的,对于抛硬币游戏来说,这个 P 很容易从经验确定,但扩展到其他更复杂的事件,如果对于 P 的计算出现偏差,庄家就要冒赔本的风险。博彩公司的赔率制定类似保险公司的保费和赔付方案,需要依赖严谨的概率计算。

例 3-4：假定 $A=(10\text{元},4\text{元},-2\text{元})$。如果问一个消费者当 a_1 发生的概率 p 等于多少时使你认为 $a_i(i=1,2,3)$ 与 (p,a_1,a_3) 是无差异，即：$pa_1+(1-p)a_3 \sim a_i$。如果该消费者回答：

$a_1 \sim 1 \times a_1 + 0 \times a_3$，即 10 元 $\sim (1\times(10\text{元}),0\times(-2\text{元}))$；

$a_2 \sim 0.6 \times a_1 + 0.4 \times a_3$，即 4 元 $\sim (0.6\times(10\text{元}),0.4\times(-2\text{元}))$；

$a_3 \sim 0 \times a_1 + 1 \times a_3$，即 -2 元 $\sim (0\times(10\text{元}),1\times(-2\text{元}))$。

那么，我们就可以定义：

$u(10\text{元})=u(a_1)\equiv 1$；

$u(4\text{元})=u(a_2)\equiv 0.6$；

$u(-2\text{元})=u(a_3)\equiv 0$。

在分析中，我们发现确定性 4 元和不确定性 $(0.6,a_1,a_3)$ 的效用值均为 0.6，但 $E(0.6,a_1,a_3)=0.6\times a_1+0.4\times a_3=5.2$；可以看出，不确定性下的期望收入出现了"缩水"，这样的"缩水"就是对不确定性的风险规避。

例 3-5：给定上述效用函数值，比较下列单赌：

$g_1=(0.2\times 4\text{元},0.8\times 10\text{元})$

$g_2=(0.07\times(-2\text{元}),0.03\times 4\text{元},0.9\times 10\text{元})$

则：

$u(g_1)=0.2u(4\text{元})+0.8u(10\text{元})=0.2\times 0.6+0.8\times 1=0.92$；

$u(g_2)=0.07u(-2\text{元})+0.03u(4\text{元})+0.9u(10\text{元})=0.07\times 0+0.03\times 0.6+0.9\times 1=0.918$

显然，$u(g_1)>u(g_2)$，即 $g_1>g_2$，消费者偏好赌局 g_1。但对于两个单赌的期望收益而言，

$E(g_1)=0.2\times 4+0.8\times 10=8.8$；

$E(g_2)=0.07\times(-2)+0.03\times 4+0.9\times 10=8.98$。

所以，虽然 g_1 的期望收益小于 g_2，但决策者仍然选择 g_1，这是因为赌局 g_2 包含了非常坏（-2 元）的情况，并影响到消费者的期望效用。这样形成了期望收益和期望效用之间的差异，在实际的保险市场中，保险公司能通过大数原理削弱坏效果的影响，因而更关注期望收益；而消费者和决策人更关注期望效用，借此可以通过改进保险设计的结构达到双赢。

例 3-6：假设某企业拥有价值 200 万元的厂房，厂房发生火灾的概率为 0.001，不发生火灾的概率为 0.999。如果保险公司甲愿意接受该企业的风险转移，即保险事故发生时，保险公司赔付 200 万元，但该企业需交纳保费 0.24 万元；保险公司乙提出绝对免赔额度 10 万元，而交纳保费 0.23 万元。那么，企业将有三个选择：不保险，投保险公司甲，投保险公司乙。若保险公司对企业损失额度 x 的效用函数为 $u(x)=\sqrt{2000000-x}$，试比较三个保险方案。

方案 1：不保险

$E(u(X_1)) = 0.999\sqrt{2000000-0} + 0.001\sqrt{2000000-2000000} = 1412.80$

方案 2：投保险公司甲

$E(u(X_2)) = 0.999\sqrt{2000000-2400} + 0.001\sqrt{2000000-2400} = 1413.3633$

方案 3：投保险公司乙

$E(u(X_3)) = 0.999\sqrt{2000000-2300} + 0.001\sqrt{2000000-102300} = 1413.3643$

对于保险公司而言：

$E(X_1) = 0$

$E(X_2) = 0.999 \times 2400 + 0.001 \times (-2000000 + 2400) = 400$

$E(X_3) = 0.999 \times 2300 + 0.001 \times (-1900000 + 2300) = 400$

因此，乙公司保险方案在不损害保险公司收益的情况下，增加了企业的保险期望效用。

二、主观期望效用理论

1954 年，萨维奇（Savage,1954）将冯·诺伊曼和摩根斯坦提出的期望效用理论进一步完善为主观期望效用理论，简称为 SEU 理论，并提出了完整的概念描述框架。

（一）主观期望效用描述框架

萨维奇认为，主观期望可以视为"人与自然博弈"的结果。萨维奇用两个基本概念——事件（events）和结果（Consequences）来描述行动的主观期望：

> 事件是世界的状态（state of the world）的集合，一个状态就是对一种事件发生概率的分布描述，记 S 为状态空间；
> 结果是对决策者具有价值的信息或事件，记 C 为结果空间；
> 行动被定义成状态空间到结果空间的映射（function），不同的状态和结果决定了不同的行动，并构成相应的行动空间，记 A 为行动空间。

在 SEU 描述框架中，不确定性选择可以视为人与自然的生存关系以及在这种关系中形成的人与人关系的行动博弈。在行为博弈中，决策者可以选择行动（押赌），或者选择自然状态（不作为、不行动）来区别人的行为，进而对应不同的结果 C。

（二）期望效用存在定理

主观期望效用理论通过对状态空间和结果空间的定义，使得人的行为具有唯一性,或者称之为存在性。只要具备相应的状态概率分布和结果概率分布,就一定具备对这一不确定事件的期望效用,并能以此作为选择依据,即期望效用存在定理。

期望效用存在定理:在一定的假设(公理)条件下,在状态空间上存在着唯一的概率分布(满足概率公理),在结果空间上存在一个实值的效用函数(具有正线形变换性)。如果 $A > B$,当且仅当 $u(A) \geqslant u(B)$。其中,$u(A)$ 是行动 A 的期望效用,$u(B)$ 是行动 B 的期望效用。此时,决策者可以通过期望效用最大化来做出理性选择。

总之,主观期望效用理论表述了决策者理性的(Rational)的决策原则(具有期望效用的形式)和人的认知能力(le bon sens)、主客观世界之间的相互独立性以及决策者表达主观世界、客观世界以及选择对象的观念(空间)性质之间的联系。

(三)主观期望效用理论缺陷

主观期望效用函数是早期经济学家运用数学期望值最大化原则测度和比较不确定行为选择的方法,但一些实验证明了这个原则应用于经济行为是有问题的,希克斯等人也对这个决策原则的合理性进行了争论并提出了一些观点。

1. 贝努利悖论

贝努利悖论,也称圣彼得堡悖论(St. Peterburg Paradox),其研究来源于 1728 年匈牙利数学家 Necholas Bernoulli 的一次游戏。贝努利在一次宴会上设计了如下实验:

假定一人重复向上抛一枚匀质硬币直到它的正面朝上,而参与者的奖励为 2^{x-1} 元,其中 x 为第一次正面出现时已经掷的次数。如果正面出现,赌博就结束了。当问及参与者愿意支付的参与费时,很多参与者只愿意付 2—3 元。

但如果按期望收益理论,该单赌 $G_s = \left\{ \frac{1}{2} \cdot 2^0, \frac{1}{2^2} \cdot 2^1, \ldots, \frac{1}{2^x} \cdot 2^{x-1} \right\}$ 的期望收益为:$E(G_s) = \frac{1}{2} \cdot 2^0 + \frac{1}{2^2} \cdot 2^1 + \ldots + \frac{1}{2^x} \cdot 2^{x-1} = \sum_{i=1}^{\infty} \frac{1}{2^i} \cdot 2^{i-1} = \infty$;但结果并非理想结果。1738 年,贝努利将上述成果写成《对机遇性赌博的分析》,进而提出了风险度量理论。

但是,克兰姆(Cramer)提出,如果效用函数满足 $u(\omega) = \sqrt{\omega}$ 时,那么期望效用:

$$E(u(G_s)) = \frac{1}{2} \cdot \sqrt{2^0} + \frac{1}{2^2} \cdot \sqrt{2^1} + \ldots + \frac{1}{2^x} \cdot \sqrt{2^{x-1}} = \sum_{i=1}^{\infty} \frac{1}{2^i} \cdot \sqrt{2^{i-1}} \approx 1.707$$

与实验结果基本一致。因此,有学者认为贝努利悖论并没有违反期望效用理论的基本准则,直到阿莱悖论的出现。

2. 阿莱悖论

阿莱悖论(Allais Paradox)对期望效应的独立性公理提出了挑战。阿莱教授在与萨维奇(Savage)共进午餐时,给萨维奇提出了一个实验性问题,结果萨维奇发现自己的选择违背了一般的后果效应,即违背了期望效应理论要求的独立性。阿莱设计的实验如下:

假定有两组单赌选择:

G_a:100%的机会得到 100 万美元;

G_b:10%的机会得到 500 万美元,89%的机会得到 100 万美元,1%的机会一无所有(0 美元);

如果需要在 G_a 和 G_b 中做出选择,大多数参与者会选择 A,即 $A > B$。

$$u(1000000) > 0.1u(5000000) + 0.89u(1000000) + 0.01u(0)$$

利用独立性公理,两边同时减去 $0.89u(1000000)$ 后,可得到:

参照式 1:

$$0.11u(1000000) > 0.1u(5000000) + 0.01u(0)$$

同时还有两组单赌 G_c 和 G_d:

G_c:11%的概率得到 100 万美元,89%的概率一无所有;

G_d:10%的概率得到 500 万美元,90%的概率一无所有。

如果需要在 G_c 和 G_d 中做出选择,大多数参与者会选择 D,即 $D > C$。

$$0.1u(5000000) + 0.9u(0) > 0.11u(1000000) + 0.89u(0)$$

两边同样减去 $0.89u(0)$ 后得到:

参照式 2:

$$0.1u(5000000) + 0.01u(0) > 0.11u(1000000)$$

显然,参照式 1 和参照式 2 是矛盾的。后来,有经济学家如此解释阿莱悖论:在 G_a 和 G_b 的选择中,1%的机会一无所有放大了对决策者的预期,使之成为对 G_b 选择的最大障碍;而同样在 G_c 和 G_d 选择中,89%的一无所有和 90%的一无所有对决策者影响并不大,反而是 10%的概率得到 500 万美元比 11%的概率得到 100 万美元诱惑更大,因此,不确定条件下的信息背景对决策者的影响比较大。

3. 埃尔斯伯格悖论

1961 年,埃尔斯伯格(Ellsberg)提出了一个有趣的双色球问题:有两个各装有 100 个彩球的缸,只有两种颜色,红色和黑色。但第一个缸里(A)有 50 个红球和 50 个黑球,第二个缸(B)中,红球和黑球的比例不为被测者所知。实验要求被测个体判断随即抽出的彩球是从哪一个缸中抽取的。

实验发现:当抽出红球时,被测认为从 A 缸抽出的概率显著性高于 B 缸;当

抽出黑球时,被测也认为从 A 缸抽出的概率显著性高于 B 缸。显然,这从逻辑上是矛盾的。Ellsberg 自己解释说,当个体决策时,往往是含糊规避或含糊爱好的。

此后,又有大量实验或经验方法检验个体行为的含糊规避,例如,环境危害险、恐怖袭击险等风险的保险市场(Priest, 1987)、消费产品新功能的实用性(Kahn and Meyer, 1991)、新药的临床实验成功率(Curle, Young and Yates, 1989)等。

4. 框架效应

随着行为经济学的兴起,特维斯基与卡尼曼(Tversky and Kahneman)发现在很多情况下决策者都不符合期望效用理性。其中,有一个著名的疾病控制实验:假定美国正在为预防一种罕见疾病的爆发做准备,预计这种疾病会使 600 人死亡。现在有两种方案,采用 X 方案,也只可以确定性地救 200 人;采用 Y 方案,有三分之一的可能救 600 人,三分之二的可能一个也救不了。显然,救人是一种获得,所以人们不愿冒风险,更愿意选择 X 方案。

现在来看另外一种描述,有两种方案,X 方案会使 400 人死亡,而 Y 方案有 1/3 的可能性无人死亡,有 2/3 的可能性 600 人全部死亡。死亡是一种失去,因此人们更倾向于冒风险,选择方案 B。

而事实上,两种情况的结果是完全一样的。救活 200 人等于死亡 400 人;1/3可能救活 600 人等于 1/3 可能一个也没有死亡。但实验结果却出现了显著差异:

> □ 实验结果:选择 A 方案的有 72%,选择 B 方案的有 28%;但在负面描述中,22% 的人选择 C 方案,78% 的人选择 D 方案。
> □ 实验表明:仅仅由于描述方式的改变,导致人们偏好从厌恶风险的选项转向喜好风险的选项。
> □ 框架效应表明预期效用的不变性规范虽然在理论上是重要的,但在实际中往往会存在偏差。Kahneman 和 Tversky 认为要想避免框架效应,只有两种方法:
>   □ 一是采用同一程序,将任何问题的描述转换为同样规范的表达;
>   □ 二是根据实际而不是心理的结果来评价选项。

可见,不同的表述方式改变的仅仅是参照点——拿死亡还是救活来做参照点,结果就完全不一样了。这种效应称为框架效应。框架效应广泛应用于营销和媒体传播领域。

三、一般期望效用理论[*]

基于期望效用理论的缺陷,难以解释阿莱悖论、Ellsberg 悖论等现象;没有

---

[*] 本小节供学有余力的同学参考或选择性学习。

考虑现实生活中个体效用的模糊性、主观概率的模糊性;不能解释偏好的不一致性、非传递性、不可代换性、"偏好反转现象"等;现实生活中也有对期望理论中理性选择上的优势原则和无差异原则的违背;实际生活中的决策者对效用函数的估计也违背期望理论的效用函数。

另外,随着实验心理学的发展,预期效用理论在实验经济学的一系列选择实验中受到了一些"悖论"的挑战。实验经济学在风险决策领域所进行的实验研究最广泛采取的是彩票选择实验(lottery-choice experiments),即实验者根据一定的实验目标,在一些配对的组合中进行选择,这些配对的选择通常在收益值及赢得收益值的概率方面存在关联。通过实验经济学的论证,同结果效应、同比率效应、反射效应、概率性保险、孤立效应、偏好反转等"悖论"的提出对预期效用理论形成了重大冲击。

这些背离促使各种各样的新理论陆续出现。一方面出于挽救和沿用期望效用理论的分析框架,陆续提出了加权的期望效用理论(如 Allais,1979;Chew & McCrimmon,1979;Fishbum,1983)、非线性的期望效用理论(如 Machina,1982)、Dreze(1987)引入的包含道德风险和依状态偏好时的期望效用理论、依序期望效用理论(Rank-dependent Expected Utility,Quiggin,1982;Yaari,1987)、非可加期望效用理论(Non-additive Expected Utility,Shackle,1949)等(见表3-3)。

表3-3 对期望效用函数理论的修正和扩展

研究者针对以上问题提出了以下几种使期望效用理论一般化的方式:

第一,Karmark(1978)提出主观权重效用(Subjectively Weighted Utility,SWU)的概念,用决策权重替代线性概率,这可以解释 Allais 问题和共同比率效应,但不能解释优势原则的违背;

第二,扩展性效用模型(generalized utility model)。该类模型的特点是针对同结果效应和同比率效应等,放松预期效用函数的线性特征,或对公理化假设进行重新表述,模型将用概率三角形表示的预期效用函数线性特征的无差异曲线,扩展成体现局部线性近似的扇形展开。这些模型没有给出度量效用的原则,但给出了效用函数的许多限定条件。

第三,Kahneman 和 Tversky(1979)引入系统的非传递性和不连续性的概念,以解决优势违背问题;

第四,"后悔"的概念被引入,以解释共同比率效应和偏好的非传递性;如 Loomes 和 Sudgen(1982)所提出的"后悔模型"引入了一种后悔函数,将效用奠定在个体对过去"不选择"结果的心理体验上(放弃选择后出现不佳结果感到庆幸,放弃选择后出现更佳结果感到后悔),对预期效用函数进行了改写(仍然保持了线性特征)。

第五,允许决策权重随得益的等级和迹象变化,这是对 SWU 的进一步发展。

第六,非可加性效用模型(non-additivity utility model),这类模型主要针对埃尔斯伯格悖论,该模型认为概率在其测量上是不可加的。

另一方面,则完全放弃了期望效用理论,从行为经济学和实证研究出发,引入了前景理论(Kahnneman & Tversky,1979)、遗憾理论(Loomes & Sugden,

1982)、含糊规避效用理论(Yarri)等;这些新理论的一个共同之处是试图扩展主观期望效用理论的假设,建立更为一般化的理论。同时,将风险和不确定性用于对生产、消费、投资以及分配等各种经济活动,对各种经济组织结构的分析大量涌现。

经济学家在构建这些新理论的时候,涉及对主观期望效用理论理性假设的重新认识,不仅是经济学理论的根本性问题,也涉及更为一般性的哲学或伦理问题。正如 Heyek(1997)所说:"对不确定性的分析不仅仅是技术性的,同时也是哲学性的。"

第三节 风险与风险度量

一般认为概率分布描述了世界状态的不确定性,而效用函数描述了决策者的风险偏好。Amcombe 和 Aumann(1963)对概率的主观性质(主观风险态度)进行了分析,认为对同一事件的主观偏好存在差异;而 Pratt(1964)、阿罗(1965)对效用函数中蕴涵的风险进行了分析(绝对风险度量,即状态空间风险),引入对事件固有概率的分析。

一、风险的内涵

关于"风险"一词的由来,最为普遍的一种说法是,在远古时期,以打鱼捕捞为生的渔民们,每次出海前都要祈祷,祈求神灵保佑自己能够平安归来,其中主要的祈祷内容就是让神灵保佑自己在出海时能够风平浪静、满载而归;他们在长期的捕捞实践中,深深体会到"风"给他们带来的无法预测、无法确定的危险,认识到在出海捕捞打鱼的生活中,"风"即意味着"险",因此,有了"风险"一词的由来。

在早期的运用中,"风险"也是被理解为客观的危险,体现为自然现象或者航海遇到礁石、风暴等事件。大约到了 19 世纪,在英文的使用中,风险一词常常用法文拼写,主要是用于与保险有关的事情上。现代意义上的风险一词,已经大大超越了"遇到危险"的狭义含义,而是指"遇到破坏或损失的机会或危险"。随着人类活动的复杂性和深刻性,风险一词越来越被概念化,并被赋予了哲学、经济学、社会学、统计学甚至文化艺术领域的更广泛、更深层次的含义。

在经济学理论体系中,对风险与不确定性的这一区分是由奈特和凯恩斯首先提出的。一般都接受这样的定义,即**风险是指可以计算其概率的未来变化**,指我们不仅知道会发生的各种可能性结果,而且知道各种结果发生的概率;而**不确**

定性是无法知道未来会发生什么变化，从而也无法知道其发生的概率。而经济学中指经济主体对于未来的经济状况（尤其是收益和损失）的分布范围和状态不能确知。为说明风险的概念，我们引入如下案例：

例 3-7：某人从大学毕业，有两个工作岗位可供选择：一是到政府机关当公务员，每月固定收入 5000 元；一是到企业当推销员，但要根据业绩确定收入，业绩好每月 8000 元，业绩差每月 2000 元，根据以往的情况，这两种可能性的概率各占一半（$p_{good}=0.5, p_{bad}=0.5$）。以 I 表示收入，以 I_{gov} 和 I_{market} 分别表示公务员和推销员的月收入，则公务员与推销员的期望收入分别为：

$$E(I_{gov})=5000 元 \times 100\% = 5000 元$$

$$E(I_{market})=8000 元 \times 50\% + 2000 元 \times 50\% = 5000 元$$

虽然两者的期望收入一样，但人们可能做出不同的选择。风险爱好者将选择推销员的工作，因为每月有 50% 的机会拿到 8000 元。而风险回避者将选择公务员，因为每月可稳拿 5000 元，不必冒任何风险。在这种情况下，大多数人会选择公务员的工作，因为大多数人是风险回避者。为吸引人们选择有风险的工作就需付给他们更高的报酬，这部分额外的报酬就是风险的报酬。

基于此，在经济分析中运用期望效用理论建立了对客观事件和主观对象的不同分析方式，即风险客观度量和风险主观态度的度量。

二、风险的客观度量

通常以实际结果与人们对该结果的期望值之间的离差（deviations）来度量某一事件的风险程度的大小。不确定性是指事件发生的概率：

$$a_i \in A = \{a_1, a_2, \Lambda, a_n\}$$

不是 100% 的；因此，事件 A 的期望值等于一种条件概率下的值：

$$E(A) = P_1 a_1 + \Lambda + P_n a_n$$

选择 a_i 的风险则是指 $|a_i - E(A)|$。事件 A 的风险则可度量为：

$$|a_1 - E(A)|P_1 + |a_2 - E(A)|P_2 + \Lambda + |a_n - E(A)|P_n$$

在实际中，风险常常以"方差"或"标准差"来度量。记方差为 σ^2，而标准差则是方差的平方根，即 σ。这种由事件本身的离散分布带来的事件风险称为事件的客观风险。

三、风险的主观态度

（一）效用函数的凹性及风险态度

考虑效用函数 $u(x)$，这里只讨论效用函数中的自变量只有 x 一维的状态。通常假定 $u(x)$ 关于 x 是凹的，即效用函数具有凹性：

$$u'(x) > 0, u''(x) < 0$$

效用函数的凹性具有浓厚的经济含义,它是表示人们对于风险的态度是躲避的,即"风险规避"(risk averse)。

如图 3-1:假定在收入为 10000 元时,假定效用水平是 10;在收入为 20000 元时,假定效用水平为 16。收入可能是 10000 元,也可能为 20000 元,即存在着不确定性。有不确定性就会有风险。如果这两种可能各有的 1/2 可能性,则期望效用水平为

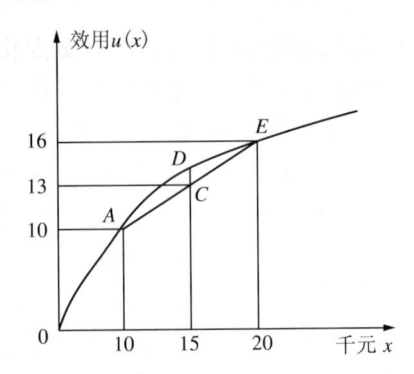

图 3-1 凹效用函数表示风险规避

$$\frac{1}{2}u(10)+\frac{1}{2}u(20)=\frac{1}{2}\times 10+\frac{1}{2}\times 16=13$$

但如果该决策者知道他可以万无一失地获得 15(千元)=1/2(10 千元)+1/2(20 千元)收入时,其效用水平会达到 D 点,而 D 点显然高于 C 点。这说明,在该决策者看来

$$u\left(\frac{1}{2}\times 10+\frac{1}{2}\times 20\right)>\frac{1}{2}u(10)+\frac{1}{2}u(20)$$

一个确定的收入 15000 元所带来的效用要比不确定的两种结果所带来的效用水平高。这说明,他是讨厌风险的,是会选择规避风险。

反之,若效用曲线是凸的,即效用函数 $u(x)$ 对于 x 呈凸性,则决策者是喜欢风险(risk loving)的。从图 3-2 中可以看出,由两种不确定的结果所带来的效用要高于一种确定的居中收入水平所带来的效用。因此,凸效用函数表示风险喜爱。

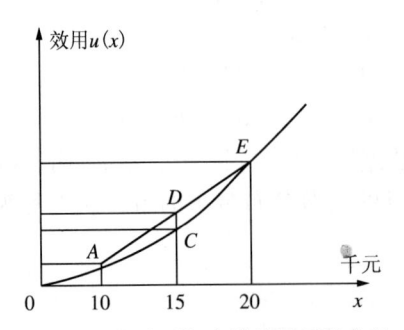

图 3-2 风险爱好者的效用函数曲线

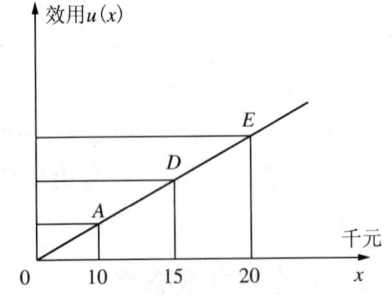

图 3-3 风险中立者的效用函数曲线

同理,线性的效用函数表示决策者对风险持中性的态度(risk neutrial)。这说明决策者对于风险持中立的态度,既不喜欢,也不讨厌。

(二) 风险态度

风险态度包括三种类型：风险规避（risk aversion）、风险中立（risk neutrality）与风险爱好（risk loving）。

设效用函数 $u(\cdot)$ 是 VNM 效用函数，对于函数 $g=(p_1a_1,p_2a_2,\cdots,p_na_n)$。那么，一个人的风险态度依照如下判断：

如果 $u(E(g))>u(g)$，则在 g 中规避风险；

如果 $u(E(g))=u(g)$，则在 g 中风险中立；

如果 $u(E(g))<u(g)$，则在 g 中喜欢风险。

显然，$E(g)$ 是指一个已给定的结果，$u(g)$ 是对一个确定的结果取效用函数，而 $u(E(g))$ 是对 n 个不确定的结果所依次对应的效用函数值加权求和。

而根据 Arrow-Pratt 绝对风险厌恶度量模型，若

$$R_a(w)=\frac{-u''(w)}{u'(w)}$$

$R_a(w)>0$，风险厌恶，$u(w)$ 凹函数，$u'(w)>0$，$u''(w)<0$；

$R_a(w)=0$，风险中性，$u(w)$ 线性函数，$u'(w)>0$，$u''(w)=0$；

$R_a(w)<0$，风险爱好：$u(w)$ 凸函数，$u'(w)>0$，$u''(w)>0$。

(三) 风险态度的影响因素

1. 弗里德曼-萨维奇曲线

弗里德曼和萨维奇（Friedman and Savage,1948）提供了一个既有凹形又有凸形的效用函数来解决人的复合风险特征。该效用函数表明随着财富水平的变化，人们对待风险的态度将发生改变，凹形部分表示风险厌恶，如可能倾向购买保险或基金这类的稳妥投资；凸形部分表示风险寻求，可能会选择购买股票和彩票等；拥有与函数拐点处及其附近区域相对应的财富水平的人会既购买保险又购买彩票。而且，随着财富累积的变化，用户的风险特征也将发生变化。马可维茨（Markowitz,1952）针对弗里德曼和萨维奇的效用函数指出，弗里德曼-萨维奇效用函数意味着穷人将永远不会购买彩票，而中等收入的人将永远不会为其中等损失保险，这与事实相悖。因此，他通过将效用函数的一个拐点放在"通常财富"的位置上，修改了弗里德曼-萨维奇函数，以"通常财富"为参考点，其两边为在"通常财富"基础上的财富增加或减少，即收益和损失，在收益和损失范围内都有

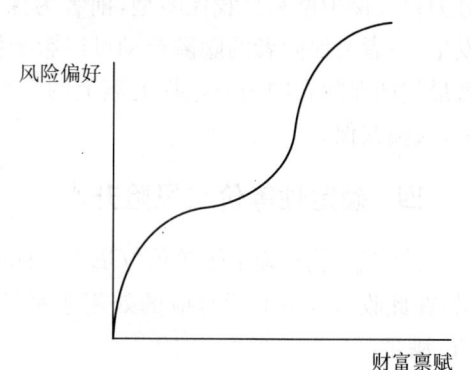

图 3-4 萨维奇曲线（风险偏好与财富的关系）

凸部和凹部。

（2）前景理论（prospect theory）

"前景理论"由期望值理论和期望效用理论发展而来。前景理论有三个基本原理，一是大多数人在面临获得时是风险规避的；二是大多数人在面临损失时是风险偏爱的；三是人们对损失比对获得更敏感。因此，人们在面临获得时往往小心翼翼，不愿冒风险；而在面对失去时会很不甘心，容易冒险；人们对损失和获得的敏感程度是不同的，损失时的痛苦感要大大超过获得时的快乐感。一般而言，个人在收益时表现为风险厌恶，在损失时却表现出风险爱好。效用函数呈S型。

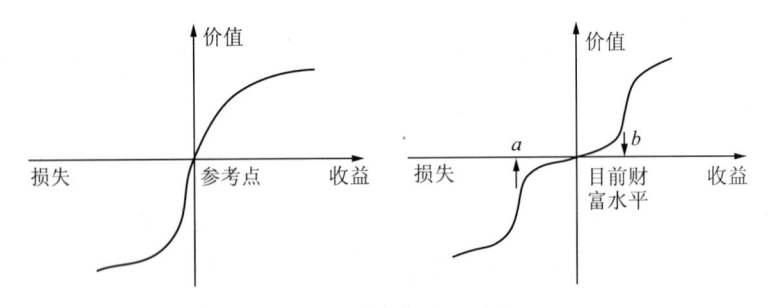

图 3-5 前景理论与风险态度

资料来源：Kahneman 和 Tversky(1979)

前景理论的典型应用包括个人所得税逃逸（Yitzhaki，1974）和保险问题。1974 年，伊特扎凯提出当纳税人是绝对的风险厌恶者时，如果逃税行为被发现时的罚款和申报时少交的税款成固定比例（如美国、泰国和以色列的税法），纳税人申报的收入对税率是递增的。但实际结果却存在大量的逃税事件。于是，艾尔夫斯和赫辛利用前景理论解释了税款预付机制下，申报的逃税额与税率之间的正相关关系（Elffers and Hessing，1997）。在保险市场上，艾利希等发现保险分为自我保护型和自我保险型，前者为保险者的隐匿行动可以影响保险事件的发生，后者为保险者的隐匿行动可以影响保险事件发生后损失的分布。那么，前者最优的保险合同为一定损失额上的全部保险；后者最优的保险合同为小损全保，大损共保。

四、确定性等价与风险升水

给定赌局 g，确定性等值"CE"（certain equivalent）是一个完全确定的收入量，在此收入水平上所对应的效用水平等于不确定条件下期望的效用水平，即 CE 满足：

$$U(CE) \equiv u(g)$$

风险升水（risk premium）是指一个收入额度 P，一个完全确定的收入 $E(g)$

减去该额度 P 后所产生的效用水平仍等于不确定条件下期望的效用水平,即 $u(E(g)-P)\equiv u(g)$。换言之,g 所含的风险相当于使一个完全确定的收入量 $E(g)$ 减少了 P 的额度。而差值也可视为承担风险的报酬,即赌局的期望值与确定性等价之间的差。

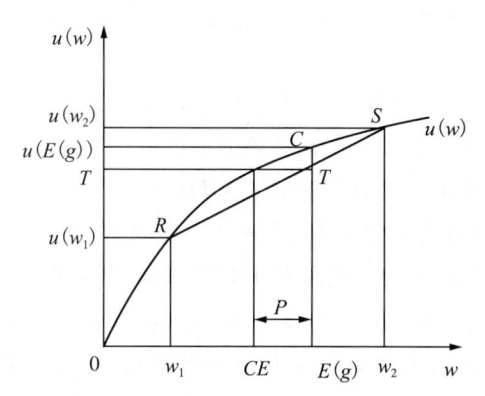

图 3-6 确定性等值(CE)与风险升水

例 3-8:假定原来资产为 W_0,对于资产收益的效用函数为 $u(w)=\ln w$,令单赌 g 赋予赢 h 与亏 h 各 0.5 的概率,求消费者对于该赌局的确定性等值和风险升水。

解:

赌局 $g=(0.5\times(w_0+h)+0.5\times(w_0-h))$

$\ln(CE)=\ln(g)=0.5\ln(w_0+h)+0.5\ln(w_0-h)=\ln[(w_0+h)(w_0-h)]^{0.5}=\ln(w_0^2-h^2)^{0.5}$

所以,$CE=(w_0^2-h^2)^{0.5}<w_0=E(g)$

$P=E(g)-CE=w_0-(w_0^2-h^2)^{0.5}>0$

本章小结

不确定性与风险是市场参与者在信息不充分条件下面临选择时,首先必须理解和刻画的理念。本章介绍了市场不确定的原因及其度量,尤其是在经济学理论中广泛采纳的期望效用理论的观点、方法、不足与改进,并且提出了风险测度的概念。通过本章的学习,能理解不确定性和风险的度量。

导入案例小结

不确定性是市场普遍存在的现象。不确定条件下只能具有短期理性或近似理性标准,尤其是对于近似理性标准衍生出广泛的期望效用理论。

课后习题

1. 不确定性产生的原因主要有哪些?

2. 不确定条件下的信息约束有哪些?

3. 如何理解时间的"双曲贴现"? 能否用双曲贴现理论解释游戏上瘾的社会现象。

4. 什么是VNM函数? VNM函数对度量不确定性事件有什么作用?

5. 什么是确定性等值? 什么是风险升水?

6. 某投资者对投注金额的效用函数为 $U(x) = x^2$,

(1) 请问该投资者是风险爱好者,还是风险规避者? 简要说明计算理由。

(2) 对于一个拥有40%可能获利10000元,60%可能一无所获的投资项目,该投资者至少要获得多少补偿才愿意放弃该项目。($\sqrt{10} = 3.162$)

7. 试计算在例3-1所设的赔付标准和赌徒属性中,如果平均每个赌徒的下注金额是1000元,那么对于一个日均5000人的赌场而言,其日均获利为多少?

8. 如果一个消费者的效用函数为 $u = w^{0.5}$,设 $w_0 = 90000$,发生火灾后的财产损失 $h = 80000$,发生火灾的概率 $a = 0.05$。那么,消费者愿意支付的保险价格 R 为多少? 保险公司在消费者支付 R 时的期望利润是多少?

9. 2011年5月到6月,长江中下游地区遭遇了严重的旱涝急转天气,严重影响了种植业和渔业。如果农民根据天气的变化选择作物耕种,雨水充沛时耕种水稻,干旱少雨时栽种小麦相对较为合理。下表为两种谷物和天气的每亩净收益情况(单位:元)。假定农民的效用函数为:$u(w) = \ln w$,w 为收入水平。长江中下游地区多雨和旱灾发生的概率均为50%。

谷物类型	雨水充沛	旱 灾
小 麦	1900	1500
水 稻	2800	1000

(1) 如果选择单一谷物播种,农民倾向栽种何种作物?

(2) 如果选择作物组合栽种的话,最佳的作物组合是怎样的?

(3) 如果可由政府出面组织农民的作物自然灾害保险,那么旱灾发生时,栽种水稻的农户愿意为每亩水稻缴纳多少保险金额? 栽种小麦的农户呢?

(4) 在上述农业自然灾险种设计中,该农业保险是否有利可图?

10*. 非法停车是城市交通管理中面临的突出问题。假定在某城市停车费按每小时10元计算,而非法停车被发现后将补交停车费并收到100元的罚单。如果私家停车司机效益函数为

$$U(x)=\begin{cases}\sqrt{x}, x>0\\-x^2, x<0\end{cases}$$

出租车司机的效益函数为

$$U(x)=\begin{cases}-\sqrt{-x}, x<0\\x^2, x>0\end{cases}$$

而非法停车被执法机构发现的概率 p 严格依赖于停车时间（忽略停车地点的影响）。设：$p(t)=1-\dfrac{1}{1+t^2}$；

(1) 私家车司机非法停车的时间最长为多少？

(2) 出租车司机非法停车的时间最长为多少？

(3) 如果城市管理当局提高处罚力度 D，即将罚款从 100 元提升到 200 元，将如何影响私家车司机和出租车司机的非法停车时间？由此可以推出处罚力度 D 和非法停车时间 t 之间存在何种关系？

(4) 如果城市管理当局将公共场所停车费 S 提高到 20 元每小时，又将如何影响私家车司机和出租车司机的非法停车时间？由此可以推出停车费 S 和非法停车时间 t 之间存在何种关系？

11*. 储备粮食问题。在粮食储备过程中主要考虑粮食的市场需求短缺和存粮损耗。假定受自然天气的影响，我国未来粮食丰收和歉收将交替出现，今年丰收 10000 万吨，明年的收成将是 8000 万吨。假定存粮的年均损耗率为 15%，不存在粮食国际贸易，此前也没有存粮。国民的粮食消费效用函数为 $u(c_1,c_2)=c_1c_2$，c_i 为第 i 年的消费量。

(1) 今年为丰收年，国民今年和明年的最佳粮食消费量为多少？

(2) 存粮损耗额为多少？

(3*) 假定考虑到稳定的粮食存储体系，

$$u(c)=\prod_{i=1}^{\infty}c_i$$

则是否存在收敛的一个固定的最佳存粮制度？或固定的粮食消费制度？【提示：前者表明每年存粮 s 是固定值，后者表示每年的粮食消费 c 是固定值。】

12*. 假定一个产品要经过 3 道工序，熟练工人在生产过程中每道工序有 1% 可能犯错而导致该产品报废，新手则有 5% 可能犯错而导致该产品报废。熟练工人每道工序的成本为 1，新手每道工序的成本为 2，假定生产过程的效用函数 $u(\cdot)=R-C$，R 为总产值，C 为损失成本。现在有两名熟练工人和一名新手，假定产品出错检测是及时而无成本的：

(1) 试比较三名工人独立操作生产线和三名工人联合生产一条生产线两种制度，哪种制度更加合理一些？或者无差异？

（2）联合生产线制度安排中，新手与生产工序的次序安排有没有最优安排？

延伸阅读

关于市场风险与不确定性的阅读，首先是奈特的《风险、不确定性和利润》，国外赫什莱弗和莱利编写的《不确定性经济学》也是学习不确定性理论的重要文献，而且关于风险的若干理论以及一些高级经济学的教程都会涉及，如北京大学平新乔教授的《微观经济学十八讲》就是一本比较受欢迎的中级经济学教材，南开大学林国春和段国斌编著的《行为金融学及博弈论应用》也介绍了大量不确定性和行为经济学的知识。

参考文献

Laffont J. J., Martimort D. *The Theory of Incentives: the Principal-agent Model*[M]. Princeton university press, 2009.

Hirshleifer J., Riley J. G. *The Analytics of Uncertainty and Information*[M]. Cambridge University Press, 1992.

Uncertainty in Economics: Readings and Exercises[M]. Academic Press, 2014.

Galatin M., Leiter R. D. *Economics of Information*[M]. Springer Science & Business Media, 1981.

Alchian A.A., Demsetz H. Production, Information Costs, and Economic organization[J]. The *American Economic Review*, 1972:777-795.

Radner R. Problems in the Theory of Markets under Uncertainty[J]. *The American Economic Review*, 1970:454-460.

Webster F., Robins K. 'I'll Be Watching You': Comment on Sewell and Wilkinson[J]. *Sociology*, 1993:243-252.

Von Neumann, J., Morgenstern, O. *Theory of Games and Economic Behavior*[M]. Princeton, New Jersey:Princeton University Press.1944.

Savage L. J. *The Foundations of Statistics*[M]. New York:Wiley. 1954.

Aumann R. J. Utility Theory without the Completeness Axiom [J]. *Journal of the Econometric Society*. 1962,30(03):445-462.

Allais. Lecomportement de l'Homme Rationnel Devant le Risque:Critique des Postulats et Axiomes de l'Ecole Americaine[J]. *Econometrica*. 1953, 21(04):503-546.

Ellsberg D. Risk. Ambiguity,and the Savage Axioms[J]. *Quarterly Journal of Economics*. 1961,75(04):643-669.

Kahneman D., Tversky A. Prospect Theory: An Analysis of Decision under Risk [J]. *Econometrica*. 1979, 47(02): 263-292.

Schmeidler D. Subjective Probability and Expected Utility without Additivity [J]. *Econometrica*. 1989, 57(03): 571-587.

Bernoulli, Daniel; Originally published in 1738; translated by Dr. Louise Sommer. (January 1954). Exposition of a New Theory on the Measurement of Risk[J]. *Econometrica*, 1954, 22 (1): 22-36.

Arrow, K. J., The theory of risk aversion, in *Aspects of the Theory of Risk Bearing*. 1965. // Yrjo Jahnssonin Saatio, Helsinki. *Essays in the Theory of Risk Bearing*[M]. Markham Publ. Co., Chicago, 1971, 90-109.

Pratt, J. W. Risk Aversion in the Small and in the Large [J]. *Econometrica*, 1964, 32 (1/2): 122-136.

Quiggin, J.. A Theory of Anticipated Utility[J]. *Journal of Economic Behavior & Organization*. 1982, 3 (4): 323-343.

[美]弗兰克·H.奈特著,安佳译. 风险、不确定性与利润[M]. 北京:商务印书馆,2010.

[美]杰克·赫什莱佛,约翰·G.莱利著,刘广灵,李绍荣主译. 不确定性与信息分析[M]. 北京:中国社会科学出版社,2000.

李纲,吴学军. 不确定性、风险与信息约束[J]. 情报理论与实践,1998,01.

郑振龙,何凯浩. 主观期望效用模型在保险产品定价中的应用[J]. 金融评论,2007,(2).

林国春,段国斌编著. 行为金融学及博弈论应用[M]. 天津:南开大学出版社(第1版),2006.

第四章 最优信息决策

> 一般认为,信息,通过改变决策者的主观意志而改变了最终的选择组合。一般决策过程就是需要分离和度量信息在决策中的作用和意义。
>
> ——赫伯特·西蒙(Herbert A. Simon)

课程目标

了解信息决策的基本原理,重点掌握信息搜寻理论的分析框架及其在具体实践中的应用。

本章重点

- 信息与一般决策过程
- 不确定性与信息离散分布
- 信息搜索模型
- 最优信息决策

导入案例

检索:最优网页浏览量

信息是逐步获取的,也是逐步被吸收和利用的。因此,在信息的获取和利用过程中会产生一个问题:"用户到底需要获取多少信息?"其实,信息获取并非单次决策问题,而是贯序决策问题。因为每获得一些信息,用户就会判断他是否已经获得足够信息或者需要更多信息。下面的一个例子就是网页最优信息检索问题。

在提交检索项后,一个搜索引擎往往会得到很多页相关信息,并且依据相关度减序排列,但是,检索者往往不会将所有的检索结果一一浏览甄别,而是在一定的时候停止浏览。1997 年,美国的 Amanda Spink 和 Bernard J. Jansen 在专著《网络搜索:网络公共检索》一书中综合研究了网络行为方面的进展。通过 Excite、AlltheWeb.com、Alta Vista 和 Ask Jeeves 1997 年到 2003 年的查询数据,用户每一次检索行为会选用 2—3 个检索词;在开放查询服务中,用户对任务的描述主要通过关键词,而不是完整的句子描述;大约 2/3 的用户习惯一次检索到位,超过 6/7 的用户不会使用 2 次以上的查询检索,平均检索查询次数是 1.6 次;有大约 8% 的用户接受或利用模糊检索来获取信息;虽然使用布尔代数和专业查询的用户呈现增加趋势(增加了 28%),但仍然只占总用户数量的 1/18,而且检索语言错误非常多,只有大约 10% 的搜索引擎提供布尔运算功能。对于检索结果而言,大多数用户只愿意阅读排名前几位的检索结果,平均浏览 2.35 页检索结果,超过 70% 的用户集中于检索结果的前 10 项。

案例讨论

(1) 为什么检索者不愿意持续检索?
(2) 你认为影响检索者获取信息的主要因素有哪些?
(3) 怎样改进用户的检索?
(4) 怎样改进搜索引擎的服务?

赫伯特·西蒙(Herbert A. Simon)倡导的决策理论,是以社会系统理论为基础,吸收古典管理理论、行为科学和计算机科学等内容而发展起来的一门边缘学科。由于在决策理论研究方面的突出贡献,他被授予 1978 年度诺贝尔经济学奖。

作为管理学科的一个重要学派,决策理论学派着眼于合理的决策,即研究如何从各种可能的抉择方案中选择一种"令人满意"的行动方案。赫伯特·西蒙是决策学派的主要代表人物。决策理论学派的理论基础是经济理论,特别是消费者抉择理论,即在一定的"合理性"前提下,通过对各种行为的比较和选择,使总效用或边际效用达到最大。决策的制定包括四个主要阶段:① 找出制定决策的根据,即收集情报;② 找到可能的行动方案;③ 在诸行动方案中进行抉择,即根据当时的情况和对未来发展的预测,从各个备择方案中选定一个方案;④ 对已选择的方案及其实施进行评价。

本章将讨论信息如何在决策中改变用户的预期,以及用户如何获取这类信息并为此而确定的信息支付额度,即信息价值。

第一节 最优信息决策模型

决策是一个复杂的过程,决策是对不确定条件下发生的偶发事件所做的处理决定。这类事件既无先例,又没有可遵循的规律,做出选择要冒一定的风险。

这是对决策概念最狭义的理解。最优信息决策理论主要探索决策者在信息不完全条件下,在信息成本与决策改进之间的平衡取舍,需要分别识别信息对决策结果的影响、信息的价值以及信息获取的成本。

一、客观信息与主观信息

最优信息决策理论首先要区分对决策有用的信息,即决策信息,具有消除不确定性的功能与倾向。1948年,美国数学家、信息论的创始人香农在题为"通讯的数学理论"的论文中指出:"信息是用来消除随机不确定性的东西。"从存在形态上,可以将决策信息理解为具有一定知识载体的**情报**(intelligence)。

从情报科学的角度看,其核心价值是有序性、有用性和一定的分布规律。严怡民教授曾经非常简洁而清晰地界定"情报":序化的有用知识。在信息经济学中,情报还包含信号、消息层面的知识片段,即凡能改变决策者主观信念的信息都是情报。情报可以是客观的信号,能反映事件的概率分布或状态信息;也可以是主观的意见或消息,影响到决策者的期望效用。

而从广义信息学的角度看,决策信息的概念理解可以从本体论层面和认识论层面两种视角来分析,即客观信息和主观信息。

(一)客观信息

客观信息,也称本体论层次的信息,可视为事物存在的方式和运动状态的表现形式,信息的存在不以主体的存在为前提,即使根本不存在主体,信息也仍然存在。这里的"事物"泛指存在于人类社会、思维活动和自然界中一切可能的对象。"存在方式"指事物的内部结构和外部联系;"运动状态"则是指事物在时间和空间上变化所展示的特征、态势和规律。

从客观信息来讲,又分为两类:技术知识和属性知识(世界银行的《1998/1999年世界发展报告——知识与发展》)。技术知识如会计知识、科学领域的生产、发明创造等,一般可作为产品或服务的信息资源以及比较容易观察和复制的信息或知识属于此类。技术诀窍的不平均分布称为知识差距(knowledge gaps)。属性知识如产品质量、借款人的信用度或雇员的勤奋度等,一般作为管理决策的信息资源以及不易观察和复制的信息或知识属于此类。将有关属性知识的不平衡性称为**信息问题**(information problems)。

因此,从本体论看,决策信息可以通过观察、甄别、发觉,甚至推理和分析获知;而信息的发送方式可以是信息的传递,也可以是利益相关者的行为。

(二)主观信息

主观信息,也称认识论层次的信息,是主体所感知或表述的事物存在方式和运动状态。主体所感知的是外部世界向主体输入的信息,主体所表述的则是主体向外部世界输出的信息。没有主体,就不能认识信息,也就没有认识论层次上的信息。

主观信息也称主观信念,信念是"事情应该是怎样的"或者"事情就是这样的"的主观判断,与"客观真理"相对,是我们认为维持世界运作的法则,是解释和支持行动或没有行动、解释和支持变化或没有变化的理由,是对于这个世界各种关系的主观逻辑定律。虽然主观信念不可观测,但主观信念可以根据行为变量进行观察。而且主观贝叶斯主义者还认为,主观信念度可以根据经验证据不断地加以修正,修正的逻辑依据是概率演算的一个定理——贝叶斯定理,这就是从经验中学习的关键。大量的实证研究表明,**主观信念(beliefs)反映了主体对客观知识和信息的理解及对行为的影响,是决策的主要依据**。因此,信念一词也已经被广泛用于包括管理决策、金融在内的与预测有关的各个学科。De Bondt(1993)在研究 S&P500 指数期货价格预测过程中的趋势推断和过度自信时,就运用了这个概念。

值得注意的是,**主观信息具有异质性**。在市场上,许多客观信息是可以共同观察的,但是,由于投资者具有不同的先验知识,他们对同样信息的解释会有极大的差异,形成不同的信念,进而导致结果差异。例如,Welch(2000)考察了 200 多位金融经济学家对股权溢价的观点,发现他们对股权溢价无论短期还是长期预测得大都不一致。

二、决策过程与决策类型

那么,获知信息后究竟如何改变理性决策人的主观信念呢?应该说信息对决策问题的影响与决策问题的类型有关。首先需要理解决策过程和决策问题的类型。

(一)决策过程

由于决策过程局限于信息的有限性,在主观概率模型中,主要是通过对不同可能事件及其发生概率的识别,进而通过期望效用最大化来解决。决策被描述为是经过有意的理性计算而产生的。纯理性和有限理性的共同点是,它们都认为决策是在根据对结果的偏好评估各备选方案的基础上产生的。而根据适当性逻辑,行动通过遵循与身份一致的规则而与情境相符合。[①] 基于结果的逻辑与适当性逻辑形成了鲜明的对比。

在决策过程的描述中,通常的描述方式是决策树。决策树是用二叉树形图来表示处理逻辑的一种工具,可以直观、清晰地表达加工的逻辑要求,特别适合于判断因素比较少、逻辑组合关系不复杂的情况。决策树提供了一种展示类似

---

① [美]詹姆斯·G.马奇著,王元歌、章爱民译,《决策是如何产生的》。北京:机械工业出版社(第1版),2013。

在什么条件下会得到什么值这类规则的方法。决策树的基本组成部分:决策节点、分支和叶子。决策树中最上面的节点称为根节点,是整个决策树的开始。决策树的每个节点子节点的个数与决策树在用的算法有关。如决策树每个节点有两个分支,这种树称为二叉树;允许节点含有多于两个子节点的树称为多叉树。每个分支要么是一个新的决策节点,要么是树的结尾,称为叶子。

1. 信息充分决策树

如果在信息充分条件下,决策过程为根节点向叶子的单向遍历。在沿着决策树从上到下遍历的过程中,在每个节点都会遇到一个问题,对每个节点上问题的不同回答导致不同的分支,最后会到达一个叶子节点。这个过程就是利用决策树进行分类的过程,利用几个变量(每个变量对应一个问题)来判断所属的类别(最后每个叶子会对应一个类别)。

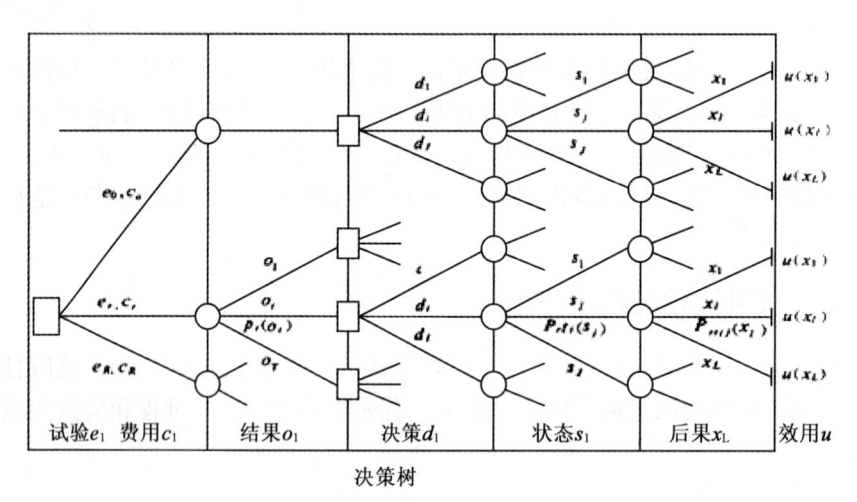

图 4-1 一个简单的决策过程

2. 信息不充分决策

在信息不充分条件下,决策过程只能根据可能性,建立期望收益模型,以期望效用函数取代效用函数,并从期望结果进行逆向推理,最终决定决策的第一步选择。例如,在医疗方案选择中,要对各类治疗风险大小做出判断,则是通过各种医疗方案的可能风险和期望效用测算总期望效用。

事实上,信息不充分或不确定条件下的预期水平取决于事件的先验概率与后验概率以及决策者对信息的主观信念。

(二)决策类型

从信息的角度看,包括确定性决策和不确定性决策,而不确定性决策又包含简单的公共信息理解和决策以及复杂的、需要主观加工的信息理解与决策。

1. 技术性信息问题

技术性信息问题理解差异较小，主要需要获取公共信息或知识来改进决策。所谓公共信息或知识是指不需要特定的自有知识背景就能理解的信息技术性知识和常识性知识，问题如：如果计算机中毒无法监测到鼠标，如何操作？

技术性问题的解决主要是两个问题。第一，**确保理性原则**，保证决策者在获得信息之后能做出科学合理的选择，即确保选择理性，主要取决于决策者自身的素质、组织结构和决策情景，如独裁是一种影响理性的组织因素。第二，**效率决策原则**，即确保决策信息的获取不超过决策预算，成本（包含时间约束）将制约决策者信息获取的程度。因此，对于公共信息的传播，整个社会应该确保公共信息的获取，推进公共信息的公开与传递，通过降低信息成本提供便利的公共信息获取，如教育普及、信息公开以及部分数字产品的共享。

2. 理解性信息问题

理解性信息问题则需要对获取的知识进行主观加工来改进决策。这类知识称为私有知识或领会知识，决策者必须对信息进行选择和加工后改进信念，因此适用于技巧性知识和私有性很强的知识的决策，如谁是最聪明的人？

信息的获取困难在于，不仅需要获取信息，而且需要鉴别信息的真假和质量。这类信息决策过程往往通过信息自鉴别机制，即从行为中获取信息的方式，如战争中的盟友选择、强盗入伙的投名状采用，使信息发送者采取一种代价较大的不可返还性成本揭示用户自身的信息类别。还有一类，则是信息接收者的自我学习机制：从干中学。在实践过程中，降低从获取信息到自有信息的成本，如中国的火箭研制、篮球队的遭遇战等。该决策过程表现为用户对信息使用价值的认知是一个渐进过程，信息商品的使用价值时间曲线与用户认知价值时间曲线的交点表现为信息商品的理想使用价值。

三、最优信息决策模型

（一）决策模型

【定义：决策模型】：一个典型决策问题包括三个要素：行动空间、状态空间和信息空间。行动空间 Ω 为一组可供选择的多种可能行动 $\Omega=\{1,2,\ldots,x\}$；状态空间或行为信念，即该状态下采取行动 x 的可能性状态组合 $S=\{1,2,\ldots,s\}$；C 为个人行为选择和自然状态的联合作用结果，π_s 为状态 s 出现的概率，显然 $\sum \pi_s = 1$。在上述定义下，决策准则即采取行动 x，使得期望效用最大，即：

$$(P): \underset{x}{Max} U(x;\pi) \equiv \sum_s \pi_s v(c_{xs})$$

其中，$v(c)$ 为效用函数或偏好函数。

用表格表示：

选择决策的状态模型

		状态(s)			
		1	2	...	S
行动(x)	1	c_{11}	c_{12}	...	c_{1s}
	2	c_{21}	c_{22}	...	c_{2s}
	...	...	...	...	...
	X	c_{x1}	c_{x2}	...	c_{xs}
信念(C)		π_1	π_2	...	π_s

决策变量

一般决策过程可以描述为:当接收到消息 m 后,一般会对概率信念做出修改而导致不同的最终行动,这一过程往往通过先验概率和后验概率来描述。首先定义并区分出先验概率和后验概率的定义:

先验概率:无条件或没有任何信息干扰的概率分布或选择倾向;

后验概率:获得消息之后的概率信念的分布或选择倾向的变更。

在修改概率信念的过程中,则可能涉及五种概率或决策变量:

π_s:状态 s 的无条件概率(先验概率)或初始概率;

q_m:获取消息 m 的无条件概率;

j_{sm}:状态 s 和消息 m 的联合概率分布;

q_{ms}:给定状态 s 下,消息 m 的概率;

π_{ms}:给定消息 m 下,状态 s 的后验概率。

联合概率分布矩阵 J、似然矩阵 L 与潜在后验矩阵 Π

在联合概率矩阵中,所有概率的加总为1,对应于给定状态 s,加总所有的消息概率(横向加总)则对应着状态 s 的先验概率;同样,对于给定状态 s 的纵向加总得到消息概率。即:

$$\sum_{s,m} j_{sm} \equiv 1; \sum_m j_{sm} \equiv \pi_s; \sum_s j_{sm} \equiv q_m$$

联合概率矩阵($J = [j_{sm}]$)

		消息(m)				状态概率
		1	2	...	M	
状态 (s)	1	j_{11}	j_{12}	...	j_{1m}	π_1
	2	j_{21}	j_{22}	...	j_{2m}	π_2
	...	...	...	...	...	...
	S	j_{s1}	j_{s2}	...	j_{sm}	π_s
消息概率		q_1	q_2	...	q_m	1.0

第四章 最优信息决策

从联合概率矩阵可以推导出两个重要的矩阵:似然矩阵 L 和潜在后验矩阵 Π。似然矩阵 $L=[l_{sm}]$ 显示在任一给定状态下任意消息的条件概率 q_{ms}。

令: $l_{sm} \equiv q_{m.s} \equiv \dfrac{j_{sm}}{\pi_s}$,从而得到似然矩阵。

似然矩阵 ($L=[l_{sm}]=[q_{m.s}]$)

		消息(m)				
		1	2	…	M	
状态 (s)	1	q_{11}	q_{21}	…	q_{m1}	1.0
	2	q_{12}	q_{22}	…	q_{m2}	1.0
	…	…	…	…	…	…
	S	q_{1s}	q_{2s}	…	q_{ms}	1.0

潜在后验矩阵 Π。令: $\pi_{sm} \equiv \dfrac{j_{sm}}{q_m}$,从而得到给定消息时任意状态的条件概率矩阵。

潜在的后验矩阵 ($\Pi=[\pi_{sm}]$)

		状态(s)			
		1	2	…	M
行动(x)	1	π_{11}	π_{12}	…	π_{1m}
	2	π_{21}	π_{22}	…	π_{2m}
	…	…	…	…	…
	S	π_{s1}	π_{s2}	…	π_{sm}
		1.0	1.0	1.0	1.0

特别地,若一个消息序列 $q=(q_1,q_2,\cdots,q_m)$ 对决策者的先验状态概率向量 $s=(s_1,s_2,\cdots,s_m)$ 的影响可以表述为:

$$\pi_s = j_{s1} + j_{s2} + \ldots + j_{sm} = q_1 \pi_{s1} + q_2 \pi_{s2} + \ldots + q_m \pi_{sm}$$

即: $\pi = \Pi q$。

类似地,$q = L^T \pi$。

例 4-1:(改编自 Hirshleifer, Jack and John G. Riley,1992):假定一片未勘测的油田,可能蕴藏着丰富的石油,参与者的行动要么投入巨资开发,要么闲置不开发,而决策依赖于对产油可能性的估计。这里的状态空间包括三种状态:状态1,地质构造理想,产油可能性 90%;状态2,地质结构一般,产油可能性 30%;状态3,地质结构恶劣,产油可能性 0。投资方最初对三种地质结构的估计为 $(\pi_1,\pi_2,\pi_3)=(0.1,0.5,0.4)$。

在做决策之前,通过勘探方式打一口试验井。试验井显示的结果有两种:湿井或干井(类似信息)。如果勘探出湿井,这则消息将如何改变投资方的地质结构期望分布,如何改变投资者的决策?如果勘探出干井呢?

解:解决该问题就是需要测算消息对投资者信念的影响。依此需分布构造似然矩阵、联合分布矩阵和潜在后验概率矩阵。

		似然概率矩阵(q_{ms})			联合分布矩阵(J_{sm})			潜在后验矩阵(π_{sm})	
		湿井	干井		湿井	干井	初始信念(π_s)	湿井	干井
状态 s	1	0.9	0.1	1.0	0.09	0.01	0.1	0.375	0.013
	2	0.3	0.7	1.0	0.15	0.35	0.5	0.625	0.461
	3	0.0	1.0	1.0	0	0.40	0.4	0	0.526
				q_m	0.24	0.76	1.0	1.0	1.0

通过上述矩阵的计算,不难发现,当钻探出湿井后,油田的地质结构概率分布(信念)由先验概率(0.1,0.5,0.4)变为后验概率(0.375,0.625,0);而钻探出干井后,油田的地质结构概率分布(信念)由先验概率(0.1,0.5,0.4)变为后验概率(0.013,0.461,0.526)。

(二)贝叶斯信念修正

从例4-1可观察出:利用钻探井"显示"的信息,决策者从先验概率到后验概率有一个概率修正的过程,我们称之为贝叶斯过程或贝叶斯信念修正、贝叶斯定理。

【定义:贝叶斯过程】:如果认为消息对状态概率的影响是无偏的(排除主观因素,是客观存在的),那么联合概率与状态概率、消息概率之间的推导过程,即条件概率的先验后验推导,称为贝叶斯过程或贝叶斯信念修正。可表述为:

$$\pi_{s \cdot m} \equiv \pi_s \frac{q_{m \cdot s}}{q_m}$$

虽然信念往往是主观的,通过处理相关消息来源得到的似然矩阵可能更具有客观性。贝叶斯过程为信息在决策过程中的作用机制提供了合理解释,进而衍生出决策过程中的贝叶斯定理。贝叶斯定理反映了消息概率分布对先验状态概率(信念)的影响程度,也隐含下列命题:

第一,先验概率的大小决定了"消息"的价值空间,在主观确定性事件中,信息价值为零;

第二,消息越丰富,消息对主观价值的修正越大,后验分布产生"变异"的可能性越大;

第三,小概率消息或称奇异消息(消息初始概率q_m较小的消息)更能造成信念修正,符合主观上人们的猎奇心态和细节的关注。

(三) 信息结构

为描述信息对决策结果的改变,并测算信息价值,需要引入一个新概念:信息结构 M(Blackwell,1952)。1952 年,布莱克威尔引入了信息结构和加噪(garbling)的概念来分析信息对决策者的影响。如果在信息结构 M 中的最优行动 x^* 优于信息结构 M' 中的最优行动 x'^*(随机占优),则决策者将偏好于信息结构 M,或者称信息结构 M 对决策者更有价值。马尔萨克在创立信息系统选择理论时,也提出了信息结构的概念,他指出信息结构是由环境变量决定的、决策者对信息信号做出反应的信息函数。

【定义:信息结构】:由状态空间、消息空间和行动空间联合构成的概率分布信息的总体结构称为信息结构,用状态集合 M 表示。

从定义中不难发现:

① 信息结构是多种概率分布和消息的集合,而不仅仅描述先验概率在状态空间的分布态势;

② 信息结构可以影响不确定条件下决策者在不同状态下的期望效用,进而可以通过不同结构下的最优行为判断信息结构的优劣。

可以这样通俗地理解信息结构,对于任意消息 m,如果能更显著地影响到决策者的决策效果,则称信息结构 M 更具有信息性。与之相对应,如果消息 m 比消息 m' 能更好地改进决策者的决策期望,则称消息 m 优于消息 m',或更有价值,这就是布莱克威尔定理;反之就认为消息 m 是消息 m' 的加噪。

特别地,信息结构理论在分析团队行为时,因为团队中多个行动者对信息价值的认识或利用不一样,最终将导致团队无法形成一致行动,即团队信息结构的分散化导致了行动失灵。类似的理论还可推广到经济体制的信息结构研究中,如果在一种经济体制中,市场参与者对同一消息产生了较大差异的理解和最优期望行动,则该体制可能因信息结构的分散而失灵。

(四) 信息价值

决策行为的基本决策规则是:

$$\max_{x} u(x;\pi) = \sum_{s} \pi_s v(c_{xs})$$

我们用消息的获得改变了决策者的信念,进而通过决策修正改变了行动结果,带来行为效用的变化。进而,该消息的服务价值可以定义为[①]:

---

① 有些学者认为,获得信息后的最优效用为决策者对应的最佳行为的效用函数,即已有决策信息条件下的确定性行动的效用函数,$v(c_s)|(c_s,\pi_s)$。可以假定经过无数真实信息的修正后的后验概率 π_s 为事件的真实概率分布,但在有限信息条件下,决策者仍无法完全选择某一行动,不能将行为者的风险或风险收益也加入到信息价值中,即决策获得中,决策价值=风险价值+信息价值;而投资价值=初始估值+决策价值。

$$\omega_m \equiv | U(x_m, \pi_{s \cdot m}) - U(x_0, \pi_{s \cdot m}) |$$

进而,信息系统或拥有特定载体的信息服务可分解为众多消息的加总,其期望价值就是所有消息服务的期望价值之和,即:

$$\Omega(I) = E\sum_m \omega_m = \sum_m [q_m U(x_m, \pi_{s \cdot m})] - U(x_0, \pi_{s \cdot m})$$

以期望效用价值改变作为消息的价值,则表明任何消息都是有价值的,带来积极意义的消息具有正向价值,带来负面意义的消息则能避免相应的损失,故取绝对值。这点与 Hirshleifer 和 Blackwell 以最终的最优行动的价值变化作为信息价值的分析方法有所不同。正如注释①所解释的,虽然风险价值的改变也来自信息,但信息的真实价值应该是期望效用的变化;最佳行动价值的变更只能作为信息表现价值。从 Hirshleifer 和 Blackwell 的分析逻辑中,已经改变决策者信念的消息仍然可能"无价值",这点与信息有用性的价值界定是不统一的。

例 4 - 2:假定在例 4 - 1 中,三种地质结构的投资收益(单位:百万美元)分别为:$R(s_1) = 4000$;$R(s_2) = 1000$;$R(s_3) = -2000$。如果一条消息显示:该油田勘探油井为湿井,则这条消息的信息价值是多少?

解:

钻探出湿井后,油田的地质结构概率分布(信念)由先验概率(0.1, 0.5, 0.4)变为后验概率(0.375, 0.625, 0)。因此,油田的期望收益从:

$$E(R) = 0.1 \times 4000 + 0.5 \times 1000 + 0.4 \times (-2000) = 100$$

变为:

$$E(R') = 0.275 \times 4000 + 0.625 \times 1000 + 0 \times (-2000) = 1825$$

所以这则消息的价值:$\omega_m = | E(R') - E(R) | = 1725$。

如果按期望效用来测量消息的价值,发现不同风险态度的决策者对信息价值的期望是不一样的。董保民证实,一个风险偏好者对信息价值的期望效用更高。

第二节 信息搜寻模型

经济学家认为,信息是人们做出决策的基础。除通过信息服务改进决策者的自身效用外,通过主动从市场搜集信息来改进自身决策也是一种可行的方式。但信息也是有代价的,获得信息要付出金钱与时间,这就是寻找信息的成本,称为信息搜寻成本。信息也会带来收益,有更充分的信息可以做出更正确的决策,这种决策会使经济活动的收益更大,这就是信息搜寻收益。因此,决策过程总是在信息搜寻的成本局限和价值度量中权衡取舍。例如,医生对病人的病情了解得越多,就越能开出对症的药方;律师对法律的案情掌握得越透彻,就越能做出正确的决定,降低败诉率,节省委托人的费用。

一、价格离散现象

斯蒂格勒(Stigler)1961年在论文"信息经济学"中首先提到价格离散现象与不同价格的市场共存。价格是决策者可获得的最重要信息之一。斯蒂格勒发现,同样的商品在不同地区甚至是同一地区的不同商店,售价并不一致(表4-1)。这种同质不同价现象,称为价格离散。

表4-1 华盛顿地区两种商品的价格离散

两种商品的价格离散程度			
雪佛兰汽车(芝加哥,1959—02)		无烟煤(华盛顿特区,1953—04)	
报价(美元)	商家数目	每吨报价(美元)	买者数目
2350—2400	4	15.00—15.50	2
2400—2450	11	15.50—16.00	2
2450—2500	8	16.00—16.50	2
2500—2550	4	15.50—17.00	3
		17.00—18.00	1
		18.00—19.00	4

通过上述市场数据,应思考下面的问题:第一,价格为什么会离散?亚当·斯密错在哪里?第二,价格离散会造成什么影响?如何评估这类影响?第三,如何应对价格离散现象?

(一)价格离散原因

统一市场价格理论是亚当·斯密在一个完全无摩擦的经济体系内测算出来的理想状态,由于价格调整周期、市场隔离、利润不确定性等多方面的因素,真实的市场价格很难形成统一价格。归纳起来,价格离散的原因主要有三方面:

第一,市场是变化和分散的,而非集中、统一和稳定的。在各个分散的市场中,价格以不断变化的形式在一定幅度内发生波动,没有人能够从这种波动的市场中获得各个买卖者在特定时间内所定出的市场交易价格。这是因为:第一,由于卖主知道买主探明所有卖主的要价需要付出高昂的成本,即使在极不正式的场合中,搜寻活动也会涉及成本问题。假使搜寻成本为零,买主探访卖主次数的有限性,也使卖主敢于而且能够按照利润最大化的要求制定自己的卖价。第二,由于市场供求条件和讨价还价的概率分布在不断变化,刚刚出现的市场平均价格可能很快就被新出现的市场平均价格所取代,从而使买卖双方刚获得的市场知识很快老化。而且,由于每个市场都将出现一批新的买主和卖主,这些新的市场进入者在进入市场的最初阶段通常并不了解市场行情,而是按照利润最大化的预期来定价,从而使市场原有买卖者的市场知识处于老化状态。结果,市场价格形成一定程度的持续离散。

第二,市场经营过程中销售条件的差别。可以将某些同质商品市场价格的离散部分地归于这个方面的原因。例如,某些著名的商场或百货公司,它们能够为顾客提供更好的服务或拥有更多的商品种类,这些因素都可能使这些商场或百货公司的同质商品价格形成离散。当然,汽车推销商或某些大公司为促进销售而开展的广告活动以及建立所谓"信誉"的活动,也有可能导致市场价格的离散。这里将广告活动也列入商品销售条件的内容之一。如果厂商对于他们的成本函数(价格竞争和非价格竞争所产生的成本费用)有不同的反应,那么,厂商制定价格的政策就有所不同,市场价格也就进一步离散。

第三,商品异质性。产品质量的不确定性导致市场价格的持续离散。具备同样功能的消费品的质量之间的差别,往往成为市场价格离散的基础和主导因素。可以推测,商品质量差别的离散程度与相应的市场价格离散程度会呈正相关。当然,我们不能因此而认为商品异质性或商品质量的不确定性是市场价格离散的唯一原因。事实上,即使在同质商品之间,市场价格也会表现出离散。被空间分离的市场(地区差)和概率性波动等也都是市场价格离散的原因。

此外,价格离散不仅与市场产品的质量或数量有关,而且与市场运行中的许多行为有密切联系。价格离散程度随着市场规模(贸易量和进入市场人数)的变化而变化。市场规模的扩大,使得人们获得价格离散程度的知识成为一种极为有利可图的行为。这样,价格离散就造就了一批专门从事搜集和经营信息或信号的企业和个人,如专业化的信息公司、咨询公司和信息经纪人等。如果市场规模缩小,人们对价格离散程度知识的需求也将降低,直至为零。在劳动力市场上,工资率的离散程度与市场规模也呈现出同样性质。

(二) 价格离散的意义

价格离散具有三个重要意义。第一,价格离散产生了市场信息的不完备性,也导致了市场代理人之间的信息差别。市场信息的不完备程度或市场代理人的信息差别程度构成价格离散幅度的另外一种可观察的形式。第二,价格离散产生了有利可图的信息搜集行为,如对市场信息的搜集、储存、传播和利用等。信息市场的出现可以看作价格离散的最具典型意义的经济后果之一。第三,价格离散诱发了信息搜寻的动机,并提供了信息搜集的可能,或者说,价格离散刺激了搜寻动机的出现。

通过对价格离散幅度的测度可以确定对市场的无知程度,即价格离散幅度可作为市场发育状况的一种显示器。价格离散幅度愈高,市场发育状态愈不成熟，愈需要人们对此进行宏观协调和管理。价格离散率是测度价格离散幅度的一种方式，它能够较为直观地反映市场价格的离散程度。市场价格离散率主要受三种因素制约：一是经营商品的商店数量 m，特别是经营商店的分类数目 n；二是价格离散幅度 D；三是价格在经营商店中离散的概率分布 $\pi(P)$。其中，最后一种因素最为重要。通过比较某些主要的同质商品在不同市场中的价格离散率，可较为准确地计算出市场之间无知程度的差别，这一点对于改善市场宏观管理具有现实意义。施蒂格勒(1962)认为，即使是那些组织得较好的市场，其价格离散程度也会达到 5%～10%。根据观察，可以认为，当市场价格离散率在 $0.05 \leqslant a \leqslant 0.1$ 之间时，市场组织的发育较为成熟。

二、信息搜寻成本

信息搜寻是一个成本递增的过程。按照斯蒂格勒(G.J.Stigler)的观点，信息搜寻成本应包括时间和"鞋底"(shoe)两个部分，前者指信息搜寻所耗费的时间；后者则指交通成本和其他查寻费用。

由于成本因素的制约，当事件所涉及的预期收益或风险损失很小时，决策者通常不会在信息搜寻方面做太多的努力；而当不确定性所涉及的经济利益较大时，则更有可能进行信息搜寻，以降低风险、减少损失，但搜寻的规模则要控制在一定的限度内。虽然信息搜寻会减少风险损失，但由此而引起的信息成本增加可能会使搜寻活动得不偿失。

市场参加者是否采取搜寻行为，与边际搜寻成本密切相关。搜寻活动与时间成本是正相关的，如果按搜寻者收入水平来衡量搜索的时间成本(R.Manning & P.B.Morgan,1982)，则随着个人收入的上升，他搜寻某种给定商品的次数将下降；若收入保持不变，搜寻成本的增加总是要降低搜寻的次数。该结论可用于解释两类典型事例：

第一，为什么讨价还价最激烈的地方是在菜市场，而不是在购买大件耐用消费品的商场。首先，在菜市场，买主与卖主之间对商品质量和成本的信息非对称程度远低于购买耐用消费品的市场，青菜萝卜质量如何，往往一眼就能看出来，电视机质量是否过关，不是凭看几眼就能判断的。其次，菜市场上的搜寻是多次重复进行的，买主通常积累了较多的搜寻和谈判经验。而在耐用消费品市场上，买主即使选择搜寻，也不会频繁进行搜寻，其对耐用消费品的搜寻经验和信息远将小于前者。最后，购买蔬菜是几乎每日都采取的交易活动，其搜寻的边际成本较低；购买耐用消费品往往只是采取一次的交易活动，搜寻的边际成本较高，因而谈判的战略地位较弱。

第二，为什么离退休的老人经常可以买到价廉物美的商品。基本原因在于离退休老人的机会成本小于在职收入人员，前者搜寻的战略地位优于后者。如果离退休老人第一次搜寻发现市场价格离散率越高,他采取第二次搜寻的可能性越大。当价格离散扩大时,搜寻到最低价格的预期收益会增加。该观点可表示为当价格离散增加时,个人的边际收益向上递增,结果,个人对信息的需求也就相应地向上移动(如图4-2所示)。

在图4-2中,C代表搜寻成本,U代表搜寻的预期收益,S代表搜寻密度或数量。在边际成本曲线MC不变的情况下,当市场

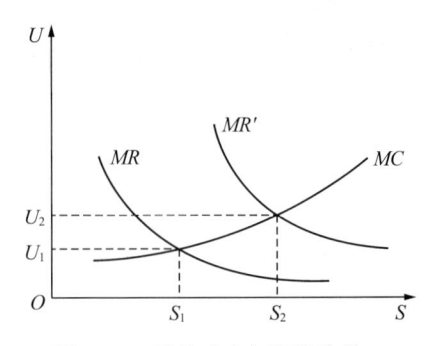

图4-2 搜寻成本与预期收益

价格离散率提高时,搜寻的边际收益曲线由MR移到MR',搜寻数量从S_1增加到S_2,搜寻效益增加(U_2-U_1)。当价格离散率固定,搜寻边际成本的下降,也导致搜寻次数的增加。相反,如果个人的搜寻密度增加,同质商品的价格离散程度将会减少。如果搜寻密度非常低,行业内的价格分布将具有明显变化的特征。例如,由于相对较高的搜寻成本和相对更高的时间等机会成本,旅游者的搜寻密度较低。因此,当旅游者在购买者中所占比例较高时,价格离散率一般较高。

戴蒙德教授 1971 年发表在《经济理论》(*The Journal of Economic Theory*)期刊上的论文"价格调整模型"(A Model of Price Adjustment)却发现:在同质同价的商店中,竞争会导致较高的垄断价格,而不是较低的竞争价格或者斯蒂格勒提出的价格分散状况。如果消费者知道企业的定价相同,那么他们就不会费力地去"搜寻"。如果没有"搜寻"过程,企业唯一所能做出的合理选择就是收取高垄断价格。这个结论被称为"戴蒙德悖论"(the Diamond Paradox)。

三、最佳搜寻次数

(一)搜寻收益与成本判定法则

最佳搜寻次数由搜寻成本和搜寻的预期收益之间的相互关系来确定,即最佳搜寻次数就是搜寻收益与搜寻成本之差最大时的搜寻次数(图4-3)。N代表最佳搜寻次数。当$n \leqslant N$时,搜寻都是经济的,我们称当$n \leqslant N$时的搜寻为经济搜寻;当$n > N$,搜寻都是不经济的,我们称当$n > N$时的搜寻为非经济搜寻。

计算表明,在耐用消费品市场上,消费者走访商店(场)的最佳搜寻次数一般在2—3次之间;从经验中可以了解到,大多数人谈恋爱的次数一般也都在2—3次之间,可以认为,搜寻2—3次是许多搜寻活动的稳定均衡点。由此看来,中国民间俗语"事不过三"含有朴素的搜寻原理。更确切地说,信息搜寻的一般化数学模型可以按如下描述:

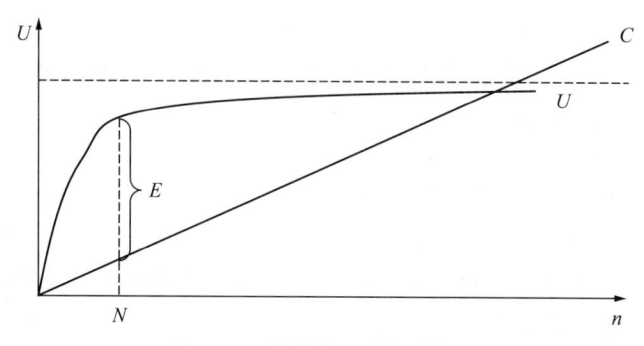

图 4-3 最佳搜寻次数的确定

设某市场中有一商品 Q 的正常价格为 p，商品的用户期望价值为 v。且市场中有 q 比例的商店对商品 Q 给予 d 的折扣，不给予折扣的商店比例为 $(1-q)$。设消费者的效用函数为 $U(x)$，满足 $U'(x)>0;U''(x)<0$。设消费者走访一家商店的成本固定为 C。这样，买主每次搜寻都承担 $U(-c)<0$ 的负效用。

买主走访商店可能出现三种结果：

首先，买主没有做出购买行动，在这种情况下，买主将承担 $U(-c)$ 的负效用；

其次，买主可能无折扣地按价格 p 购买商品，此时的总效用为：$U(v-p-c)$；

最后，买主购买到含有折扣 d 的商品，这时买主获得的总效用为：$U(v-(p-d)-c)=U(v+d-p-c)$。因为 $v-p-c<v+d-p-c$，$U'(x)>0$，所以，$U(v-p-c)<U(v+d-p-c)$。

例 4-3：设市场 M 中有 m 家商店，其中，1/2 的商店对商品 Q 给予折扣 d，开价为 $p_1=10$ 元，1/2 的商店维持原价为 $p_2=15$ 元。我们看到，随着买主搜寻次数的增加，直至 m 次搜寻，搜寻的最低预期价格在不断地下降，直至最低价格 10 元（见表 4-2）。

表 4-2 按搜寻次数不同所假设的最低价格分布

搜寻次数	最低价格的概率		预期最低价格(元)
	10.00(元)	15.00(元)	
1	0.5	0.5	12.50
2	0.75	0.25	11.25
3	0.875	0.125	10.625
4	0.9375	0.0625	10.3125
m	1.0	0	10.00

由表4-2可知,搜寻两次比只做一次搜寻将节省1.25元,而搜寻三次则可以节省4.375元。可以预想,如果市场价格离散幅度更高的话,搜寻三次比只做一次搜寻的收益将更大。

我们从上述分析可得两个结论:

第一,价格离散程度愈高,每次搜寻所获节省额就愈大,有效搜寻次数就愈多。如果商店增加给予买主的折扣,说明当商店给予的折扣增加(价格离散幅度扩大)时,买主的搜寻收益也将有所增加,且买主停止搜寻做出有利选择时的边际搜寻成本也同时提高了。

第二,购买的商品价格越高,或购买商品的数量越多,就越值得进行搜寻。因为买主用于商品的开支越高,由搜寻所得的节省额也就相应地增大,从而又刺激搜寻欲望而使搜寻次数增加。当然,如果考虑到搜寻成本所带来的负效用,搜寻不可能无限进行下去。

回到例4-3,若搜寻次数为n,单次搜寻成本为0.5元,则期望收益函数EU可表述为:

$$EU = \left[1 - \left(\frac{1}{2}\right)^n\right] \times (15 - 10) - 0.5n$$

该函数由两部分构成,前者为搜寻后价格收益的增加,后者为搜寻成本。期望收益最大化即为最佳搜寻次数3。

(二) 搜寻边际收益判定法则

边际量,是指自变量任意小的变化带来的增量变化(Marginal Change),用导数或偏导表示。令$v = v(q)$表示信息准确率为q的效用函数,信息准确率为q的成本$c = c(q)$。信息搜寻的净效用是:$u = v(q) - c(q)$。当信息搜寻净效用最大时,收益函数和成本函数的一阶导数相等。

$$\partial v / \partial q = \partial c / \partial q$$

这被称为一阶条件。这是获得效用最大值的必要条件而非充分条件。边际收益和边际成本相等时,效用可能是最大值也可能是最小值。要得到最大值,还需要达到另一个条件:随着信息准确度的进一步增长,边际收益要比边际成本下降得快,即收益函数的二阶导数比成本函数的二阶导数要小。

$$\partial^2 v / \partial q^2 < \partial^2 c / \partial q^2$$

这被称为二阶条件。二阶条件得到满足才是局部最大值。

一阶条件和二阶条件都是用来描述局部最大值,而不是全局最大值。尤其在信息消费领域,其整体价值并不能简单地由边际价值累积。我们假定一个教科书选择模型,某学生选取并浏览阅读一本教科书时,若采用边际判断准则,即从头读到他认为某一页的边际价值比读它所花费的边际成本要低的那页为止。那么,这个学生很可能停止得过早,因为也许过了这特殊而沉闷的一页后,后面

第四章 最优信息决策

的内容非常有趣且具有启发性,因而局部最大值并不能成为全局最大值的等价命题,只有产品价值均匀分布或分布具有一定规律时,决策人才能以局部价值判断"代替"全局价值判断。事实上,在经济判断中,即便决策人对产品的价值分布规律并不清楚,由于决策人的信息有限,无法获得全局判断的所有信息,所以往往只能采用局部最大化代替全局最大化,作为次优决策。

具体到搜寻问题,最佳搜寻次数可由搜寻边际成本和搜寻的预期边际收益之间的相互关系来确定,即最佳搜寻次数就是搜寻的边际成本等于预期的边际收益时的搜寻次数(如图 4-4 所示)。在图 4-4 中,CC' 代表搜寻边际成本曲线,DD' 代表搜寻边际收益曲线,搜寻的边际成本等于预期的边际收益时的搜寻次数即最佳搜寻次数。

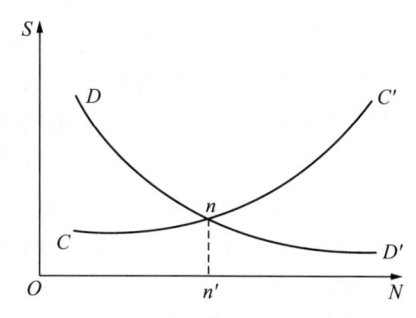

图 4-4 最佳搜寻次数的确定

例 4-4:在例 4-3 中,假定商品的价格分布离散程度并不大,位于 [12,13] 之间波动,而一个需求量为 1000 件商品的买主,他每次搜寻成本为 10 元,则他的最佳搜索策略是怎样的?

依照边际分析思路,该买主第 $(n+1)$ 次搜索的边际收益为:

$$MU = 1000 \times \left(1-\left(\frac{1}{2}\right)^n\right) \times (13-12) - 1000 \times \left(1-\left(\frac{1}{2}\right)^{n+1}\right) \times (13-12)$$

即:

$$MU = 1000 \times \left(\frac{1}{2}\right)^{n+1}$$

而边际成本为固定的 10 元,因此最佳搜索策略为:$MU=MC$,代入可得到:

$n=5.64$,最佳搜索 6 次。

价格正态分布的搜索模型。同样的边际分析思路,当价格满足正态分布,平均值为 M,均方差为 σ 时,也可通过边际搜寻成本和边际搜寻收益计算最佳搜索次数。

搜寻次数	预期最低价格	搜寻次数	预期最低价格
1	M	6	$M-1.267\sigma$
2	$M-0.564\sigma$	7	$M-1.352\sigma$
3	$M-0.846\sigma$	8	$M-1.423\sigma$
4	$M-1.029\sigma$	9	$M-1.465\sigma$
5	$M-1.163\sigma$	10	$M-1.539\sigma$

四、工作搜索模型

20世纪60年代,经济学家在研究就业市场的劳动者搜寻工作机会时,引入了搜寻模型。工作搜寻存在着机会成本与潜在收益,求职者总在综合均衡与评估中选择最佳的工作搜寻策略。

(一)斯蒂格勒搜寻模型

1962年,斯蒂格勒将"搜寻理论"应用到劳动市场研究中,考察了工资分散的作用。斯蒂格勒搜寻模型与市场中的买家搜寻策略一样,总是在工作搜寻的边际成本与边际收益中寻求策略均衡。斯蒂格勒的工作搜寻模型假定:求职者对好工作与差工作的潜在收益及其概率分布信息完全了解,并能准确做出评价;求职者进入工作无须等待、学习等过程,求职者的成本仅仅是工作搜寻成本。

基于上述假定,求职者总能获得一个关于搜寻次数或搜寻时间 t 的联合收益函数 $f(S_{high}, S_{low}, \rho_s, t)$,而搜寻成本则是依赖于搜寻次数或时间的成本函数 C_t,因此,求职者的边际求职收益和边际求职成本分别为:

$$MB = \frac{\partial f(\cdot)}{\partial t}; \quad MC = \frac{d C_t}{d t}$$

工作搜寻最优次数的决策遵循边际收益法则,边际收益递减,边际成本递增,当边际收益等于边际成本时,即当 $MB = MC$ 时就达到了工作搜寻的最优次数 N^*。

由于研究的结论是通过搜寻次数,也即搜寻的企业数量来决定,该理论也称为"最优样本规模法则理论"。即寻访者以追求最高工资期望值与寻访成本的差额最大化为目标,在每一

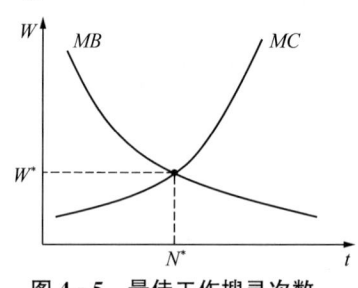

图 4-5 最佳工作搜寻次数

家厂商提供不同的工资条件下,选取最适的厂家数量作为寻访的对象,然后根据新古典的最优化理论,人们将持续的寻访到这一数量,使得进一步寻访的边际收益将等于边际成本,这样,寻访者接受可以得到的其中最好工作条件的岗位。

(二)麦考尔搜寻模型及其拓展模型

1965年,麦考尔(McCall)在兰德公司报告中提出了另外一种工作搜寻策略:劳动者/求职者在进行工作搜寻的过程中,首先会存在着一个心理上的"保留工资(reservation wage)",它表示劳动者可以接受的最低工资,一般来说,最低工资由劳动者的生活费用所决定,在理论的分析过程中等同于劳动者失业时的闲暇价值。求职者以一个最佳的保留工资,作为工作搜寻时接受或者拒绝的依据,若企业提出的工资等于或者大于保留工资,则接受;反之,则拒绝。

1. McCall 基本搜寻模型

McCall 基本搜寻模型讨论了工资率分布水平与搜寻时间的关系。McCall

假设:每多搜寻一个工作的成本是固定的;寻找的工作若不接受,则继续搜寻;求职者对当前市场的工资分配是已知的。若工资率满足一定的分布水平 $f(w)$,而求职者的保留工资水平为 W^*,搜寻策略则是以搜寻企业的概率 p 来确定,p 值越大,反映搜寻次数越多。其搜寻模型如图所示:

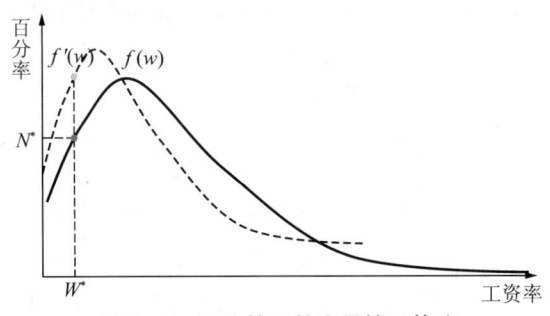

图 4-6　工作搜寻的序贯搜寻策略

随着不同的工资率分布,则求职者搜寻工作的时间和机会成本是不一样的。与斯蒂格利茨将搜寻策略取决于内生决策而言,McCall 工作搜寻模型的工资水平是外生的,也意味着求职者工作搜寻的自主性较弱。

McCall 工作搜寻理论采取了序贯决策(Sequential Decision Rule)的分析方法,而搜寻的停止则取决于优先采用或搜寻过程中形成的判断标准,因此 McCall 工作搜寻策略也称为序贯搜寻策略或"最优中止法则"。相比于最优样本规模法则,最优中止法则更加具有现实意义。例如,契约一旦在现实生活中发生,那么必须在签订雇佣合同不久之后履行,而不是等到所有的厂商都已经寻访完毕之后,再决定是否接受这一雇佣合同,而且了解工资报价水平的分布可能本身就是工作寻访过程中的一个组成部分。

2. 无限期序贯搜寻模型

1976 年,李普曼和麦考尔(Lippman and McCall)假定:求职者的工作搜寻期限是无限制的;求职者目前正处于失业状态;求职者的成本假定固定不变;求职者依据其保留工资来判断是否接受厂商所提供的工作机会,一旦接受,工作契约立即生效,没有工人反悔或厂商撤回等情形,若拒绝只能等待下一个机会;求职者被假定为风险中立者,提出了最基本的无限期序贯搜寻模型。

该模型假定求职市场中,某一阶段市场将提供报价报酬为 X_i 的工作机会,而 X_i 为满足累积分布函数为 $F(\cdot)$ 的随机变量,X_i 为相互独立,且 $E(X_i) < \infty$。假定求职者在搜寻 n 次后,停止工作搜寻并接收最高报价的工作。因此,构建一个搜寻次数与预期报酬之间的关系:

$$Y_n = \max(X_1, \cdots, X_n) - nc$$

其中,c 为每次工作搜寻的成本。因此,无时限序贯搜寻模型的问题就是寻

找一个最大化 $E(Y_n)$ 的随机停止策略 n。

令：ω 为以最优停止规则获得工作时的期望收益，那么，该工作搜寻者将依下列规则选取搜寻策略：

如果 $X_i \geq \omega$，则接受该工作报价；反之，当 $X_i < \omega$ 时，选择继续搜寻。

这里，ω 称为保留工资(reservation wage)。此时，对于工作搜寻者而言，每一次搜寻行为可以描述为：$E\max(X_i, \omega) - c$。

而根据保留工资的定义，应该存在：
$$\omega = E\max(X_i, \omega) - c$$

而：$E\max(X_i, \omega) = \omega \int_0^\omega \mathrm{d}F(x) + \int_\omega^\infty x\mathrm{d}F(x) = \omega + \int_0^\infty (x - \omega)\mathrm{d}F(x)$；

因此，$c = \int_0^\infty (x - \omega)\mathrm{d}F(x) = H(x)$。 显然，$H(x)$ 满足单调递减规则，工作搜寻者仅需考虑单次搜寻的边际成本与边际期望工资收益之间的关系即可。

随后的拓展模型分别放松其五个假设条件，例如：

（1）限期序贯寻访模型，由格诺纳(Gornau,1971)最早提出，认为寻访者的工作生涯有限，单位寻访成本随着时间的延长而上升。因此，随着失业期间的延长，保留工资会逐渐降低；

（2）在职寻访模型，由巴特(Burdett,1978)提出，认为在劳动力市场中除了存在失业者对工作的寻访外，大部存在在职寻访的情况，且开始将寻访强度的概念引入分析的框架；

（3）学习型寻访模型，寻访者在寻访之前并不确切知道工资的条件概率分布，而是在寻访的过程中不断地了解和学习市场中工资条件的具体分布，从而不断调整"保留工资"水平；

（4）回溯型寻访模型，由李普曼和麦考尔(Lippman & McCall,1976)提出，如果当期放弃某一项工作机会，往后寻访仍然可以回溯而选择最适合的工作。

（三）伯德特和莫腾森内生工资分布搜寻模型

1998 年，Burdett 和 Mortensen 提出了一个工人可以自由选择就业或工作搜寻策略进行比较的研究模型。该模型考虑了一个由工人和厂商构成的竞争性劳动市场，厂商提出工资 w 在竞争的劳务市场上招聘工人，w 是一个连续随机变量，其累积分布函数 $F(\cdot)$ 由模型内生的地决定。设 w_L 和 w_H 分别为最低与最高工资，即 $F(w_L) = 0$，$F(w_H) = 1$。设厂商以工资 w 能雇到工人数为 $l(w)$，则在单位时间内所获利润为：

$$\pi(w) = (B - w)l(w)$$

其中，B 为每个工人的产出，厂商以利润最大化为其决策目标。

工人有在职 E 和失业 U 两种状态，若 $S = E$，则工人收入 $y = w$；以 $G(\cdot)$ 表

示在职工人工资累积概率分布，则 $G(\cdot)$ 与 $F(\cdot)$ 相关但未必一致，且 $G(w_H)=1$。在职人员可能被解雇或自动跳槽，失业工人在寻找工作时可能要等待；被解雇工人数、跳槽工人数与遇到新职位的失业工人数都是 Poisson 过程，三个 Poisson 过程的强度分别为 b、q 和 a；依据 Poisson 过程的性质，从 $t=0$ 到 t 这段时间内，在职人员被解雇的概率为 $1-e^{-bt}$，被留用的概率为 e^{-bt}；b、q 和 a 反映单位时间内被解雇工人数、跳槽工人数与遇到新职位的失业工人数。

厂商选择 $l(w)$ 使对任何的 w 都达到利润最大化，而在完全竞争上，同质厂商都获最相同的平均利润，因而 $\pi(w)=\pi(w_0)$，于是：

$$l(w)=\frac{B-w_0}{B-w}l(w_0)$$

如果求职者对整体工资的变化不会引发对就业规模的影响，那么在均衡状态下，若劳务市场中就业总数为 L，失业总数为 U，那么对于给定的工资水平 w，在单位时间内：

新加入的在职工人数量 $N_1=aUF(w)$；

在职工人被解雇数量 $N_2=bLG(w)$；

从低工资水平跳槽到高工资水平的工人数量 $N_3=qLG(w)(1-G(w))$。

当就业市场达到均衡时，就业总量与失业总量保持不变，即 $N_1=N_2+N_3$，代入可得：

$$aUF(w)=bLG(w)+qLG(w)(1-G(w))$$

以 $w=w_H$ 代入，得到 $aU=bL$，可由此推出均衡的失业率：

$$u=\frac{U}{U+L}=\frac{b}{a+b}$$

即对于企业而言，一旦确定了工资率，则就业水平和失业水平也就决定了；对于工人而言，则面临跨期决策目标，而且工资率的分布函数 $F(\cdot)$ 在某种程度上决定了工人的工作搜寻动机和策略。

第三节　信息搜寻与决策案例分析[*]

一、选择信号准确度：彩票游戏

2007 年，Urs Birchler 和 Monika Bütler 设计了一个信号准确度的最优选择

---

[*] 本节为选修课程，主要节选自 Urs Birchler，Monika Bütler 的《信息经济学》教程，供学有余力的同学参考。

规则模拟市场消费者的购物过程。一个人被邀请来玩/拒绝彩票游戏：接受彩券,中奖概率为 p,一旦中奖将获得奖金 x 美元($x>1$);损失1美元的概率为 $1-p$;拒绝接受则收益为0。在接受和拒绝彩券之前,这个人能够观察到准确度为 q 的预测彩券中奖结果的信号。这个人能够取得任何准确度为 $0<q<1$ 的信号,且取得 q 的代价为:

$$C(q)=\beta\frac{q-\frac{1}{2}}{1-q}，其中 \beta 为比例因子。$$

首先,需要计算信号价值和成本。信号价值取决于其所花费的代价是大于还是小于奖金 x。如果拒绝彩票游戏,则信号价值为0;如果接受彩票游戏,信号 q 的准确率预测中奖,在信号机制下,存在两种情况:

第一,能够准确预测结果,这样的收益为: $v(x,q)=pqx-(1-q)(1-p)$。

第二,不能准确预测,仍然可以通过避免损失带来收益:

$$v(x,q)=(1-p)q-(1-q)px$$

不论何种情况,信号的边际价值可以表示成 q 的函数,即:

$$\frac{\partial v}{\partial p}=px+(1-p)$$

准确度 q 的边际成本为:

$$\beta\frac{\partial c}{\partial q}=\frac{\beta}{2(1-q)^2}$$

然后,利用边际决策准则判定最优信号准确度。最优的信号准确度设为 q^*,它满足一阶条件(边际价值＝边际成本):

$$px+(1-p)=\frac{\beta}{2(1-q)^2}$$

由此可得出:

$$q^*=1-\frac{\beta}{\sqrt{2(px-p+1)}}$$

当 $x=1,\beta=0.1$ 时,得到最优准确度 $q^*=0.777$。

二、中央银行的通货膨胀率预测（Radner 和 Stiglitz 模型）

假设中央银行的最终目标是使通货膨胀率为0。中央银行通常会向市场发送预测的通货膨胀率,显然预测值与真实值之间的偏差将对市场进行误导,进而带来经济负面影响——假设用偏差的平方代表破坏。如果仍然选取选择最优准确度决策原则,那么中央银行也能够选择它的通货膨胀预测准确度来确定对市场的影响。但准确度越高,其花费也越高,因此,中央银行需要在准确度和花费上进行权衡。

那么,它最优的通货膨胀预测准确度是多少呢?可运用到 Radner 和 Stiglitz(1985)的模型,即如何选择有代价的信号准确度。

(一) 模型描述

假定经济的真实状态表示为 s,指在不受外在银行政策影响下未来的通货膨胀率。中央银行的政策行为用 a 表示,即中央银行预测通货膨胀率将为 a。那么,预测偏差表示为:$a-s$。

当最终的经济状态为 s 时,中央银行从行为 a 中得到的效用为:

$$u(a) = -(a-s)^2$$

中央银行在准确获知 a 之前,必须选择它的政策行为。假设此前中央银行收到了对状态 s 进行预测的一个信号 y(对通货膨胀率的预测)。y 和 s 都是具有零均值和等方差的正态分布的随机变量,即:

$E(s)=E(y)=0, Var(s)=Var(y)=1(Var$ 表示方差)

当信号 y 与真实状态 s 相关时,y 具有很大价值。我们设相关度 ρ 满足:

$$Corr(y,s) = \rho$$

中央银行能够通过衡量相关度 ρ 来表示信号的质量,设 $0<\rho<1$,即 ρ 为 0 时,信号无意义;ρ 为 1 时,为完美信号。

提高信号质量是要花费成本的。我们设质量为 ρ 的信号的成本为 $C(\rho)$,$C(0)=0, C'>0$。

(二) 中央银行面临的问题解

假设中央银行得不到任何信息,即 $\rho=0$,花费成本也为 0,其遭到损失 $Var(a-s)=1$。在没有这个信号时,最优的政策行为是:$a^*(0)=E(s)=0$。

若中央银行不准备在信号上投资,则其期望效用水平为:$E(u(a,\rho=0))=-1$。

显然,上述并非中央银行的最优解。假定最优信号准确度选择即最大化期望效用,那么中央银行有两个变量:信号质量 ρ 和行动 a。中央银行的问题解为:

$$\max_{a,\rho} E(u(a,\rho)) = E(-(a-s)^2 - C(\rho))$$

银行的决策是贯序决策。一般而言,银行会首先选择 ρ,在观察到了信号 y 后,然后决定采取行动 a。而在该问题解中,中央银行将决策过程颠倒过来:银行必须首先决定最优行动。假设中央银行现在观察到了信号 y,y 与真实情况 s 的关联度为 ρ,此时,最优的行动 $a^*(\rho)$ 为真实经济状态 s 的期望值,即:

$$a^*(\rho,y) = E(s\mid y) = \rho y$$

最优信号准确度 ρ^*,是通过均衡准确度成本和政策负效应的损失得出的。进而,逆推出政策负效应的损失期望值为:

$$\begin{aligned}E((a^*(\rho,y)-s)^2) &= E((\rho y-s)^2)\\ &= E((\rho y)^2 + s^2 - 2\rho ys)\\ &= \rho^2 + 1 - 2\rho \underbrace{Cov(y,s)}_{=\rho} = 1-\rho^2\end{aligned}$$

当银行对任何信号 y 做出的最优回应为 $a^* = \rho y$ 时,政策负效应的损失期望值为 $1-\rho^2$,那么中央银行期望效用为:

$$Eu(\rho) = \rho^2 - 1 - C(\rho)$$

其中 ρ^2 可以解释为与真实经济状态 s 相关度为 ρ 的信号 y 的价值,是不考虑信号成本情况下,中央银行期望效用超过没有信号时的期望效用(即 -1)的效用。

考虑到准确度越高,信号成本越大,最优的信号质量满足一阶条件:

$$(Eu(\rho))' = 2\rho - C'(\rho) = 0$$

如果我们设定信号质量成本为 $C(\rho) = \rho$,那么最优的 ρ 值为:$\rho^* = 1/2$。

三、Cukierman 等待价值模型

等待也是一种搜寻策略。1980 年,Cukierman 提出了一个新工厂最优规模的等待价值模型。该模型认为,如果有一个企业家想建一个新工厂,而工厂的最优规模不确定,企业家的选择要么是现在建造,要么是等待得到更多需求信息后建造。推迟决策能够提高工厂的效率;同时等待需要花费成本,不仅获取信息要花费资源,而且企业家也可能错过市场机会。

(一) Cukierman 模型

一个风险中立的企业家考虑建造一个规模为 a 的工厂。假定未来最优的工厂规模为 s。如果 a 与 s 不相同的话,企业家就会遭受损失。如果最优规模为 s,而实际建立工厂规模为 a,企业家的收益为:$u = -(a-s)^2$。

假定企业家具有关于 s 的先验概念满足正态分布,零均值,方差值 $\sigma^2 = 1$。同时在等待中可以获知与 s 相关的信号 y,y 与 s 有同样的分布:$y \sim N(0, \sigma)$。y 与 s 的关联系数为 ρ——信号准确度。但企业家不能够通过直接的经济代价买到信号的准确度。相反地,假设可以通过等待得到更多的信息来改善信号的质量,即 ρ 是严格时间依赖的信号质量,并随着时间 t 增长,假定:

$$\rho^2(t) = \frac{\lambda t}{1 + \lambda t}$$

t 表示搜集信息的时间,λ 表示等待效用,即通过时间积累的信息搜集。该函数满足两个条件:第一,信号质量 ρ 的极限值为 1;第二,满足边际效用递减,即信号质量的边际效用随着企业家等待的时间长度 t 递减。等待效用 λ 则反映了市场信号获取的难易水平,λ 越高,信号质量 ρ 接近 1 就越快。λ、ρ 能够间接度量市场信号的质量。

假设单位时间的等待成本是不变的 c,即:

$$C(t) = ct$$

(二) 等待期望效用和信号期望效用分析

首先,企业家要考虑到先验误差的影响,需解决问题:

$$\max_{a,t} u(s,a,t) = -(a-s)^2 - ct$$

当信号 y 被观察到后,a 的最优选择是 ρy(即 $Ey = Es = 0$)。等待时间 t 后企业家的净收益为:

$$V(t) = \rho^2(t) - \sigma^2 - ct$$

至此,Cukierman 得到第一个结论:先验不确定性(Prior uncertainty)对于投资有负面影响(σ)。如果负面影响足够大,可能投资所得还不足以补偿等待最优时间 t 的成本,因此,先验不确定性足够大时,可能直接阻止投资活动。

第二,企业家所获取信息质量的效用。信息质量效用可用信号准确度 ρ 以及信号等待效用 λ 表述,信号-时间函数代入企业家收益函数可得:

$$V(t) = \frac{\lambda t}{1+\lambda t} - \sigma^2 - ct$$

一阶最优条件为:

$$\frac{\lambda}{(1+\lambda t)^2} - c = 0$$

得到最优等待时间 t 满足:

$$t^* = \frac{\sqrt{\lambda}-\sqrt{c}}{\lambda\sqrt{c}} = \frac{1}{\sqrt{\lambda c}} - \frac{1}{\sqrt{\lambda}}$$

由上式可知,最优等待时间 t 随等待成本 c 递减,即等待成本越高,最优等待时间越短。但 λ 对最优等待时间的影响并不清晰:一方面,更多的准确度高的信息值得等待;另一方面,相对较快获取更高准确度的信息会终止等待。第一种影响使人推迟投资,第二种影响使人加快投资。

虽然用 λ 来衡量信息准确度的提高,对于投资时间的影响还不明确,但提高投资决策质量可以用 $-(a-s)^2$ 来衡量。代入时间信号函数,得到最优信号为:

$$\rho(t^*) = \sqrt{1 - \frac{\sqrt{c}}{\sqrt{\lambda}}}$$

积累信息最优量的质量 ρ(即与正确情况的相关度)随着信息搜集的"促进作用" λ 递增,随着信息等待成本 c 而递减。

(三) 分析结论

Cukierman(1980)模型证明了"不确定性对于投资的负面效应"的规律,因此,Cukierman 告诫道:"有时候政府不明确地反对投资和耐用消费品增长时,这种不确定性反而自动阻止了投资和耐用品的投资。"因此,有时政府需要主动发布关于未来的信息,并提高未来信息质量,来加快投资增长速度。

同时,第二个结论的存在,又使得我们理解在股票市场或金融交易市场,过多和过于频繁的信号公布,反而让投资者明确了等待的价值,进而减少投资和降低资金流动。因此,信息与决策并非简单的"是非"问题,而是同时存在两种潜在的完全不同的价值。这个模型后来被 Dixit 和 Pindyck(1994)运用到选举决策模型。

此外,很多社会现象也可以运用决策和搜寻模型解释。例如,女性比男性更喜欢逛街;消防员只需知道街道名称,而不需要像邮递员一样记住详细的门牌号码;图书分类检索系统只需大类和分类大致相当即可,而地图标注则需要详尽而准确;老年人兼职的工资离散程度大大高于年轻刚入职员工的工资水平。

本章小结

本章主要分为两部分:最优决策理论与信息搜寻模型。

最优信息决策理论主要探索决策者在信息不完全条件下,在信息成本与决策改进之间的平衡取舍,需要分别识别信息对决策结果的影响、信息的价值及信息获取的成本。首先通过对决策信息和决策类型的分类,提出了不同的决策策略;其次,通过对行动空间、状态空间和信息空间以及相关决策变量的界定,构建了联合概率分布矩阵 J、似然矩阵 L 与潜在后验矩阵 Π,并分析了其在决策过程中的影响,最终提出了贝叶斯信念修正和信息结构、信息价值的概念。

斯蒂格勒(Stigler)1961 年在论文"信息经济学"中首先提到价格离散现象与不同价格的市场共存。信息搜寻理论则是通过对信息搜寻成本和信息收益的界定,通过不同的策略解决最优信息利用的问题。在信息经济学的领域,可应用于预测精确度、最优序贯搜索等问题。同时,本章介绍了信息搜寻领域最经典的 Stigler 模型及其等待模型,同时对阅读、游戏、投资等问题进行了实例分析。

导入案例小结

对于检索者而言,从第一页结果中找到想要的信息的机会概率是 1/2,第二页是 1/4,第三页是 1/8,依次类推。图 4-7 中堆叠的条柱显示了这些逐渐减小的边际概率。

从图 4-7 中我们可以看出这些边际概率总和为 1。多查看一页检索结果能够增大检索的成功概率,但效用总和则会减少(因为会有察看代价),这里假

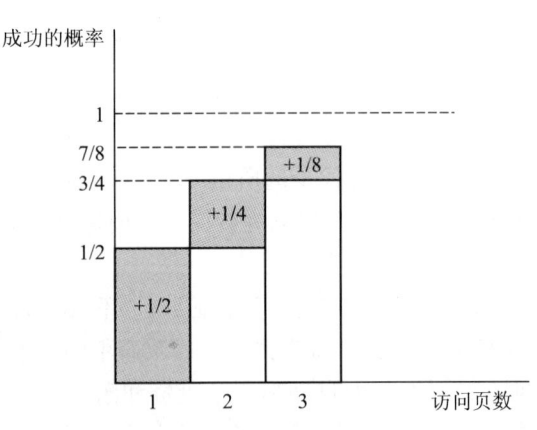

图 4-7 网络搜索结果

设效用会减少一半。如果检索结果页数无限大,那么,我们找到所有想要的相关信息的概率就是1。

我们假设得到正确信息资源的收益与5分钟的时间等价。那么,从前三页结果中得到的收益期待值分别是 $5/2=2.5, 5/4=1.25, 5/8=0.625$。如果浏览所有潜在的结果(很大的数量),花费这5分钟是值得的(检索到所有相关信息的概率达为1)。

达到完美的检索结果是代价太昂贵。浏览大量的网站需要花费大量的时间和精力。假设检查一页结果信息(包括其链接)要花费一分钟的时间。图4-8显示了这里最优的决策是浏览第一页和第二页的结果,不是第三页:第二页结果的边际收益大于1分钟,而第三页则小于1分钟。

这里设定的参数是任意的,但也不是完全没根据的:一般来说,人们只会关心第一页的检索结果,偶尔才会看第二页。

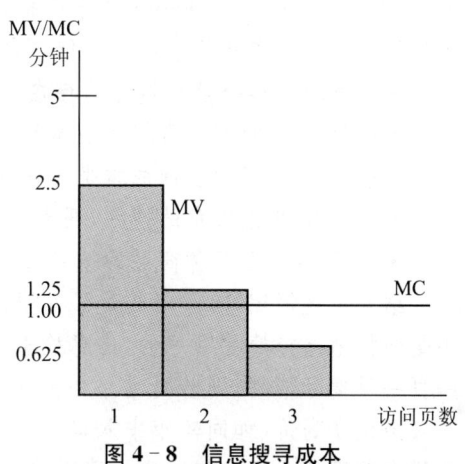

图4-8 信息搜寻成本

注释:搜寻的边际成本和信息的边际价值都用搜寻的时间分钟数来衡量,信息最优量在两者交集处取得。图中可以看出,访问第一页和第二页的信息是值得的。

课后习题

1. 假定信息搜索成本随时间变化。先考虑两种情况:一种是学习效应,随着时间的推移,搜寻的边际成本递减,那么信息搜寻的次数或均衡价格会受何影响?还有一种是受时间限制的搜寻,如求偶或求职,单位寻访成本随着时间的延长而上升,则均衡水平如何变化?

2. 试从劳动者和雇主的角度分析在双向搜索市场中供求双方的搜寻差异,并进而分析信息搜索能力的改进(搜索成本降低)将如何影响其在市场中讨价还价的能力。

3. 市场无知者(不知市场价格的分布)和市场专家(知晓市场价格信息分布)的两类参与者的市场成交价格有差异吗?市场专家是否存在额外的信息租?假定市场是二元分布的$\{a,b,\theta\}$(a的概率分布为θ),搜寻成本为函数为$C(n)$。

4. 卖者最优问题。1961年,Stigler在搜索成本分析的同时,提到了卖者最优问题:卖者面临投机交易的激励。卖者可以提出一个高价,如果买者没有进行市场搜寻就成交则卖者获得额外收益;或者卖者提出一个较低的价格,对于搜寻买者将提供较高的成交量。但斯蒂格勒没有深入建模和分析。1971年,Peter Diamond提出了一个简化分析模型:假设市场上只有两名卖者,一名卖者将价格定于垄断价格,另一名卖者将价格定于竞争价格。通过分析,Diamond 得到均衡价格与搜寻成本相关:当存在非常大的搜寻成本时,买者最终均衡价格或成交价格为垄断价格,并且买者将直接放弃搜寻;如果搜寻成本为 0,买者最终均衡价格或成交价格为竞争价格,所有买者也将放弃搜寻。由此得到一个与 Stigler 模型相悖的状态:在均衡状态下,既不存在价格分散,也不存在搜寻。这个结果也称为 Diamond 悖论。Diamond 悖论也说明:搜寻成本存在一个临界区间,即市场均衡价格介于垄断价格和竞争价格之间。

结果发现价格分散和搜寻的存在基于以下几个假设:
- 假设 1:不同的买者搜寻成本是不一样的;
- 假设 2:卖者的生产成本是不一样的;
- 假设 3:相比随意的搜寻,买者更倾向于按顺序搜寻;
- 假设 4:存在多种商品的搜寻(Multi-commodity Search)。

结合上述假定,有学者构建了互联网商业的概念模型。在网络搜索中,顾客不是随机地选择搜寻顺序的,信息检索的结果根据相关度高低分页排好,用户则一页一页搜寻下去,则首页结果中的公司是最经常被用户查看的——这些公司一般会设立高价(如同集市中入口处的头几家)。一些搜索引擎公司也因此对这些排在前面的公司收取一定的费用。

根据上述描述,试说明搜索引擎排名定价的原理。

5. 假定批发市场上皮草的价格符合正态分布,平均价格为 800 元,均方差为 120 元。预期搜寻效果如下:

搜寻次数	预期最低价格	搜寻次数	预期最低价格
1	M	6	$M-1.267\sigma$
2	$M-0.564\sigma$	7	$M-1.352\sigma$
3	$M-0.846\sigma$	8	$M-1.423\sigma$
4	$M-1.029\sigma$	9	$M-1.465\sigma$
5	$M-1.163\sigma$	10	$M-1.539\sigma$

(1) 对于需要购买 1 件皮草的普通消费者,不考虑机会成本,如果每次的搜索成本为 20 元,该消费者理想的搜索次数为多少次?简要书写计算推理过程。

(2) 如果一个皮草商人,每次从代理商以 800 元/件的成交价格进货 100 件,代理商人为促成交易需投入 2000 元的交易费用,代理商每次搜索成本 500 元,代理商有无可能获得 10% 的利润?要保证 10% 的利润,该代理商至少应完成多少次搜索?

6. 在择偶问题上,单身女生面临不止一次"艰难的决定":到底要不要接受追求者的表白？过早接受表白可能会错过优秀者，犹豫不决又可能拒绝好男生；而同样对于男生，过早表白被拒的可能也越大，但晚了又可能被别人捷足先登。从女生的角度来分析，则是一个面临优秀男生和男生潜力未知分布的"搜寻"与决策。假定：只允许男生向女生表白，女生会在她 17—28 岁之间遇到一生中所有的 N 个追求者，而且追求者到来时间近似服从均匀分布；所有追求者类似于排队的方式向女生告白，不能同时表白，而女生只能选择接受或拒绝策略，不考虑与已拒绝者二次选择。求女生的最佳择偶策略是什么？即女生搜寻的样本数量 k 与 N 之间应满足什么关系时，女生找到所有追求者中的优秀者的概率最大？

延伸阅读

关于最优选择和信息搜寻理论的阅读，可以选择 Stigler 的《信息经济学》和马尔萨克的信息系统选择理论，国内陈禹教授、乌家培先生等的《信息经济学教程》也是学习信息搜寻理论的文献。信息系统经济学理论是从统计决策的角度出发的研究，已经去世的前美国经济学会会长雅各布·马尔萨克和著名经济学家肯尼思·阿罗在这个领域建树独特。目前，美国部分大学管理学院中开设的信息经济学课程，多有介绍马尔萨克的理论。1984 年，阿罗将其在 1949 年到 1981 年间发表的 18 篇论文汇集成册，作为个人选集第 4 册以《信息经济学》为题出版，国内已经在 1989 年翻译出版。其他代表人物还有马歇尔·约维茨以及日本的野口悠纪雄等经济学家。

在信息搜寻和工作搜寻领域，Brian P. McCall and John J. McCall 编著的《搜寻经济学（*The Economics of Search*）》（Routledge 出版社）是最重要的文献。此外，Sargent 的《动态宏观经济理论》第二章关于"搜寻（Search）"提供了比较丰富的模型和方法；Sapsford 所著的《劳动经济学前沿问题》有一章是关于工作搜寻理论。

参考文献

Birchler U., Bütler M. *Information Economics*[M]. Routledge, 2007.

De Bondt, WFM, Thaler, R. H.. Betting on Trends: Intuitive Forecasts of Financial Risk and Return[J]. *International Journal of Forecasting*, 1993, (9): 355 - 371.

Eckstein Z., Van den Berg G. J. Empirical Labor Search: Asurvey[J]. *Journal of Econometrics*, 2007, 136(2): 531 - 564.

Kuhn P., Skuterud M. Internet Job Search and Unemployment Durations[J]. 2002.

Lippman, S.A. and McCall J.J. . The Economics of Job Search: A Survey, Part Ⅰ and Ⅱ[J]. *Economics Inquiry*, 1976, Vol.14: 155 – 189.

Lucas, R.; Stokey, N. *Recursive Methods in Economic Dynamics*[M]. Cambridge: Harvard University Press. 1989.

Luce R.D., Raiffa H. *Games and Decisions: Introduction and Critical Survey*[M]. Courier Corporation, 2012.

McCall, J.J. The Economics of Information and Optimal Stopping Rules [J]. *Journal of Business*. 1965, Vol.38: 300 – 317.

McCall, J.J. Economics of Information and Job Search[J]. *Quarterly Journal of Economics*. 1970, 84 (1): 113 – 126.

Mortensen D.T., Pissarides C.A. New Developments in Models of Search in the Labor Market[J]. *Handbook of Labor Economics*, 1999, 3: 2567 – 2627.

Mortensen, D. Job Search and Labor Marketanalysis [J]. //In Ashenfelter, O.; Card, D. *The Handbook of Labor Economics*. Amsterdam: North-Holland. 1986: 849 – 920.

Mortensen, Dale; Pissarides, Christopher. Job Creation and Job Destruction in the Theory of Unemployment[J]. *Review of Economic Studies*. 1994, 61 (3): 397 – 415.

Pissarides, Christopher. *Equilibrium Unemployment Theory* (2nd ed.) [M]. MIT Press. 2000.

Stigler, George J. Information in the Labor Market[J]. *Journal of Political Economy*. 1962, 70 (5): 94 – 105.

Stigler, George J. The Economics of Information[J]. *Journal of Political Economy*. 1961, 69 (3): 213 – 225.

Varian H.R., Repcheck J. *Intermediate Microeconomics: a Modern Approach*[M]. New York: W.W. Norton, 2010.

Varian H.R. *Microecnomics Analysis*[M]. New York, W.W. Norton & Company, 1992.

［美］肯尼思·J.阿罗著,何宝玉等译.信息经济学[M].北京:北京经济学院出版社,1989.

［美］杰克·赫什莱佛,约翰·G.莱利著,刘广灵,李绍荣译.不确定性与信息分析[M].北京:中国社会科学出版社,2000.

［美］詹姆斯·G.马奇著,王元歌,章爱民译.决策是如何产生的[M].北京:机械工业出版社(第1版),2013.

世界银行编著,蔡秋生等译.1998—1999年世界发展报告:知识与发展[M].

北京:中国财政经济出版社,1999

陈禹.信息经济学教程[M].北京:清华大学出版社,2011.

谢康.信息经济学原理[M].长沙:中南工业大学出版社,1998.

谢康.微观信息经济学[M].广州:中山大学出版社,1995.

韩建新.信息经济学[M].北京:北京图书馆出版社,2000.

张维迎.博弈论与信息经济学[M].上海:上海人民出版社和上海三联书店,1996.

谢识予.经济博弈论[M].上海:复旦大学出版社,1997.

董保民著,王勇编.信息经济学讲义[M].北京:中国人民大学出版社.2005.

第五章　信息不对称与机制设计理论

> 世上最遥远的距离,不是生与死的距离,不是天各一方,而是我就站在你面前,你却不知道我爱你。
>
> ——张小娴:《荷包里的单人床》

课程目标

掌握信息不对称的表现和理论类型以及对市场交易的影响,明确委托代理关系的概念和构成内涵,了解委托代理分析的基本原理和方法。掌握逆向选择、道德风险的基本概念和应用,明确信号机制的基本逻辑和分析过程,了解上述问题的对策分析,并能熟练应用于社会经济现象的分析和解释。

本章重点

- 信息不对称理论
- 委托代理理论
- 逆向选择
- 道德风险
- 信号机制

导入案例

案例一:淘宝网虚假交易

家住丰台青塔地区的王小姐一直通过互联网卖化妆品,上个月刚开始经营手机充值卡。2009年12月8日,一个网名叫"卡卡推广"的买主表示要一次性购买1800元充值卡。王小姐准备好充值卡与对方交易时,对方告诉她已将货款全部按照规定付给了支付宝,只等着发货,可是王小姐交易界面显示的仍然是"未付款"字样。

"再不发货我就投诉了!"对方边催发货边威胁。同时,一个网名显示为"淘宝网在线纠纷调解员"的人在网上称:王小姐的店铺被投诉,要求王小姐立即发货,否则就将封店。这下王小姐可紧张了,立即将1800元充值卡密码发送给了

"卡卡推广"。随后，对方又以王小姐"发送信息超时"为由，要求"必须另外再发送充值卡密码才行"。就这样，王小姐在尚未收到任何货款的前提下，先后分4次将总价值12900元的充值卡密码发送给了"卡卡推广"。

事后王小姐感觉不妙，与"淘宝网"客服电话联系才得知：根本就没有设立在线纠纷调解人员这样的职位。她慌张向丰台公安分局报警。警方根据事主王小姐提供的嫌疑人使用过一个外地的手机号码，将福建男子陈某等4人抓获。经审讯得知，陈某等利用淘宝网新店主害怕被投诉、封店的心理，专门注册了"淘宝网在线纠纷调解员"等网名，设下圈套作案。

案例二：二手车质量虚假

林先生在广州广园路附近的一家路边二手车经营公司发现一辆1998年上牌的老车，由于价格比较低。他简单试了一下，就买下了。但车开了两天后，林先生就感觉越来越不对劲，先是刹车不是很好，有时候会踩空；车门感觉明显变形，发出怪声，而且变形的幅度随着使用次数增多越发明显，后来根本就不可能关好；还有里程表，他认为对方绝对调过，1998年的车17万公里？！最严重的还是车顶漏水！由于当时购车时天气很好，没办法测试会不会漏雨，在车行洗车时，他虽看到有水滴到座位上，但销售者告诉他是车窗没有关好，冲水的时候溅进去，他也看见车窗有一条缝没有关严实，就没有过分在意。后来经过仔细检查，他发现水就是从车门上面的细缝滴下来的。在下雨天时，后备箱简直就成了一个小水池。使用中，轮胎也发现有问题，那种外面看起来很新的车胎，经检查，其实内侧都是修补过的。在购买时，对方却声称都是新换的轮胎。经维修点检修，林先生发现需要更换修理的部分加起来，花费了5000多元。其中，车门花了1000多元，后备箱就花了900多元，轮胎换了三条，花费近1000。于是他将车开去与对方理论，但对方坚持不能换。

案例讨论

（1）上述案例说明在交易中普遍存在什么现象？
（2）你有什么方法削减这类现象的影响吗？

传统经济学总是在完全信息条件下考虑市场的供给和需求均衡，即考虑的是一种参与者不投机、不作弊的无摩擦经济环境，但在更多情况下，市场参与者往往因为掌握信息优势而谋求额外的利润，即信息租金；或利用信息不对称做出对自己有利而对他人不利的选择；或最终影响市场价格或产出。本章将介绍信息不对称及其类型、信息租金、逆向选择、道德风险、信号机制以及委托-代理的基本概念和典型应用。

第一节 信息不对称理论

信息不对称理论为很多市场现象如股市价格波动、就业与失业、信贷配给、商品促销、商品的市场占有等提供了解释,并成为现代信息经济学的核心,被广泛应用到各个领域。

一、信息不对称的内涵

对称信息是指在某种相互对应的经济关系中,参与双方都掌握有对方所具备的信息,也就是说双方都了解对方所具有的知识和所处的环境,而社会劳动分工和专业化发展使得个人拥有完全信息的假定不能成立,所以,信息不对称是社会经济发展的常态,它是社会劳动分工和专业化在经济信息领域的具体表现。所谓不对称信息,就是**在相互对应的经济人之间不作对称分布的有关某些事件的知识或概率分布**。这种不对称可以表现为:

(1) 静态所掌握的状态信息不一致,或因部分内生信息不易观测并具有不可验性,或因所处市场结构或知识结构的差异,使得对信息的获取成本形成显著差异;

(2) 对共同信息的价值认知不一样,或者称对信息的反应函数不一样,对于同样的信息或市场信号,不同的参与者具有不同的价值判断和效用水平,这就是Chatterjee 和 Samuelson 提出来的在讨价还价过程中,买卖双方的估价是否对称和均匀分布;

(3) 对未知信息的动态获取或预知期望显著差异,也能形成信息不对称。

信息不对称的例子普遍存在。如地主将自己的土地委托给佃农耕种,而与土地收成相关的生产条件,佃农往往比地主更为熟知(张五常《佃农理论》);一个客户委托某个律师为他辩护,而案件辩护难度往往也只有律师清楚,进而形成对辩护佣金的信息不对称;投资者将自己资产的经营权委托给经纪人,而后者更了解投资前景;股东将企业的日常决策权和管理权委托给企业经理,只有经理了解企业的经营状况;保险公司向客户提供保险,只有投保人自己知道被保物品的信息,等等。

二、信息不对称理论的类型

信息不对称对市场交易的影响以及信息不对称条件下的交易和效率提升是

信息经济学和制度经济学研究的主要问题。早在1945年,哈耶克就指出:"在实践中,每一个个人都对其他人有着信息上的优势,因为他掌握着某种独有的信息,要利用这种信息,就必须二者择一,或者将依据这种信息做出的决策留给掌握信息的人来做,或者得到他的积极合作。"(哈耶克,1989)。20世纪70年代,阿克洛夫、斯蒂格利茨和斯宾塞分别从二手商品交易、金融市场和劳动力市场三个不同领域研究了信息不对称现象,最后得出"市场不是万能的""信息是有价值的""信息本身也是市场""市场中存在摩擦和交易成本"等制度问题。信息不对称理论不仅要说明信息的重要性,更要研究市场中的人因获得信息渠道的不同、信息量的多寡而承担的不同风险和收益。

信息不对称具有时间和发生机制两个描述内涵,阿罗(1985)将这两类问题分别称为"隐蔽风险"问题和"隐蔽行为"问题。我们根据划分角度的不同,将信息不对称性划分为两种:

(1) 不对称发生的时间。从不对称发生的时间看,非对称性可能发生在当事人签约之前,也可以发生在签约之后,分别称为事前不对称和事后不对称。

(2) 信息不对称的发生机制。从信息不对称的发生机制看,信息不对称可能是指某些参与人的行动不可预知,也可能是某些参与人的知识和信息难以获取,分别称为隐藏行动和隐藏信息。

根据上述划分标准,信息不对称理论可以从四个领域描述,并提炼出五种典型理论模型:逆向选择模型、信号传递模型、信息甄别模型、隐藏行动的道德风险理论以及隐藏信息的道德风险模型(表5-1)。

表5-1 信息不对称理论的类型

	隐藏行动	隐藏信息
事　前		逆向选择模型 信号传递模型 信息甄别模型
事　后	隐藏行动的道德风险模型	隐藏信息的道德风险模型

第二节　委托-代理关系

委托-代理关系是信息不对称理论的基础概念,是分析社会契约及其制度经济的重要基础。社会是由众多不同的个体依靠社会契约来协调组成的集合,而契约结构的有效性是制度有效性的重要指标。社会契约如何达成,它们发挥的效率如何，以及人们如何改进和限制契约的经济作用等，都是委托-代理理论所关心和探讨的问题。

一、委托-代理关系的概念

委托-代理关系是信息不对称的市场参加者之间可执行的相互关系，其契约关系构成可执行的合同。因此委托-代理理论也称为契约理论、合同理论等。一般而言，委托-代理关系的构成有三个核心要件：

（一）参与者之间存在信息不对称

委托-代理关系的产生是基于信息不对称，以及由于信息不对称造成的委托人和代理人对于任务（市场行为）的不同效率。因此，有效的委托-代理关系可视为在信息不对称或不充分条件下，市场参与者局部进行的配置优化和效率改进，对参与者也是双赢关系。一般认为，合同签订前，掌握信息多或具有相对信息优势、行动优势的市场参加者称为代理人；掌握信息少或具有相对信息劣势、行动劣势的市场参加者称为委托人。委托人和代理人通过建立或签订某种合同，建立委托-代理关系。

（二）参与者均为具有行动能力的理性经济人

参与人具有行动能力，即委托人具有付酬能力并拥有固定付酬方式和数量的权利，即委托人在代理人选择行为之前，就可能与代理人确定某种合同，该合同明确规定代理人的报酬是委托人代理行为结果的函数。代理人的行动能力表现在确实具有高出委托人的市场行为能力。

参与者均为理性经济人，即假定双方建立委托-代理关系的出发点和归宿均是自身利益最大化，因而合同是建立在一定约束条件下的效用最大化。委托-代理关系的建立对于参与双方而言，均为可接受的效率改进，即存在约束条件下的均衡解；或者通过额外的附加协议，使得二者最终结果均能得到改进或至少不受损。

（三）委托-代理均衡存在为可执行合同

委托-代理关系的建立，一是要委托-代理均衡存在，即约束条件下的委托-代理函数存在均衡解；二是均衡解的最终表现合同具有可执行性，即结果具有可执行性或明确的责任归属。

契约和书面合同是委托-代理关系的典型形式，而口头约定、政策法令、买卖中介等也可视为委托-代理关系。如公民与政府官员、基金购买者与基金管理者、政府与垄断企业、企业雇主与雇员、股东与经理、证券投资者与经纪人、保险公司与投保人、批发商与零售商、医生与病人等，都可以构成委托-代理关系。

表 5-2　委托-代理类型举例

模型	委托人	代理人	行动、类型或信号
隐藏行动的道德风险	地主 股东 住户 公民 社会	佃农 经理 房东 政府官员 犯罪	耕作努力 工作努力 房屋修缮 廉洁或贪污 偷盗的次数
隐藏信息的道德风险	雇主 股东 原告/被告	雇员 经理 代理律师	任务的难易/工作努力 市场需求/投资决策 赢的概率/办案努力
逆向选择风险	雇主 保险公司	雇员 投保人	工作技能 感染艾滋病病毒
信号传递和信息甄别	雇主 买方投资	工人 卖方	技能和教育 产品质量和保修

由于委托人和代理人独立行动，因此，委托人和代理人双方之间是否真实了解对方的行动能力，以及合同签署后代理人是否真实地履行自己的行为能力，都会影响合同的执行效果。上述问题即构成信息经济学中的信息不对称和道德风险的核心命题，委托代理的合同订立则属于典型的博弈问题，因为合同参与的任何一方在采取行动时，都不可避免地要考虑到另外一方的反应。由此而产生的契约寻租、契约监管则构成契约的契约问题，变得更加复杂了，也即委托-代理关系可以是多重委托代理，也可以是多人委托代理。

二、委托-代理理论的分析思路和框架*

（一）基本模型

代理人：代理人的行动 a 和自然状态 θ 一起决定某些可观测的结果 x。A 表示代理人所有可选择行动的组合，风险规避或中性。a 是代理人的一个特定行动；努力的边际负效用是递增的。其效用函数：$u(s(x)-c(a))$；

委托人不能观测到代理人行动本身 a 和自然本身 θ，只能观测到结果 π，结果 π 也是与代理人行动和自然本身具有一定的关联，其效用函数为：$v(\pi - s(x))$；

自然状态 θ 为外生变量；Θ 是 θ 的取值范围；θ 在 Θ 上的分布函数和密度函数分别为 $G(\theta)$ 和 $g(\theta)$。$x(a,\theta)$ 由 a,θ 决定的一个可观测结果。$\pi(a,\theta)$ 由 a,θ 决定的一个可观测货币收入（产出），π 是 θ 和 a 的严格递增的凹函数，即工作越努力，边际产出越高，较高的 θ 代表较有利的自然状态。因而，$v' > 0, v'' \leqslant$

---

* 本节供学有余力的同学参考或选择性学习。

$0; u' > 0, u'' \leqslant 0; c' > 0, c'' \geqslant 0$。

委托人的问题是:设计一个激励合同以诱使代理人从自身利益出发选择对委托人最有利的行动。设计一个激励合同 $s(x)$,根据观测到的 x 对代理人进行奖惩。风险规避或中性。该问题就变为:$s(x)$ 应具备什么特征?

(二) 分析方法

方法一:状态空间模型化方法

假定 θ 的分布函数 $G(\theta)$、生产技术 $x(a,\theta)$ 和 $\pi(a,\theta)$ 以及效用函数都是共同知识,就是说,委托人和代理人在有关这些技术关系上的认识是一致的。$x(a,\theta)$ 是共同知识意味着,如果委托人能观测到 θ,也就可以知道 a,反之亦然。

委托人的期望效用函数为:

$$(P) \quad \int v(\pi(a,\theta) - s(x(a,\theta)))g(\theta)\mathrm{d}\theta$$

委托人的问题是选择 a 和 $s(x)$ 最大化上述期望效用。但是,委托人这样做时面临来自代理人的两个约束:

参与约束:代理人从接受合同中得到的期望效用不能小于不接受合同时能得到的最大效用。代理人不接受合同时,能得到的最大期望效用由他面临的其他市场机会决定,可以称为**保留效用**,用 $\bar{u}$ 表示。参与约束又称为理性约束:

$$(IR) \quad \int u(s(x(a,\theta)))g(\theta)\mathrm{d}\theta - c(a) \geqslant \bar{u}$$

激励相容约束:给定委托人不能观测到代理人的行动 a 和自然状态 θ,在任何激励合同下,代理人总选择使自己的期望效用最大化的行为 a,因此,任何委托人希望的 a 只能通过代理人的效用最大化行为来实现。换言之,如果 a 是委托人希望的行动,$a' \in A$ 是代理人可选择的任何行动,那么只有当代理人从选择 a 中得到的期望效用大于从选择 a' 中得到的期望效用时,代理人才会选择 a。

$$(IC) \quad \int u(s(x(a,\theta)))g(\theta)\mathrm{d}\theta - c(a) \geqslant \int u(s(x(a',\theta)))g(\theta)\mathrm{d}\theta - c(a'),$$
$$\forall a' \in A$$

总结:

委托人的问题是选择 a 和 $s(x)$ 最大化期望效用函数 (P),满足约束条件 $(IR)(IC)$,即:

$$\max_{a,s(x)} \int v(\pi(a,\theta) - s(x(a,\theta)))g(\theta)\mathrm{d}\theta$$

$$s.t.(IR) \quad \int u(s(x(a,\theta)))g(\theta)\mathrm{d}\theta - c(a) \geqslant \bar{u}$$

$$(IC) \quad \int u(s(x(a,\theta)))g(\theta)\mathrm{d}\theta - c(a) \geqslant \int u(s(x(a',\theta)))g(\theta)\mathrm{d}\theta - c(a')$$
$$\forall a' \in A$$

方法二：分布函数的参数化方法（莫里斯等）

这种方法是将上述自然状态 θ 的分布函数转换为结果 x 和 π 的分布函数。给定 θ 的分布函数 $G(\theta)$，对应每一个 a，存在一个 x 和 π 的分布函数，这个新的分布函数的关系可以通过生产技术 $x(a,\theta)$ 和 $\pi(a,\theta)$ 从原分布函数导出。用 $F(x,\pi,a)$ 和 $f(x,\pi,a)$ 分别代表导出的分布函数和对应的密度函数。委托人的问题是选择 a 和 $s(x)$ 最大化期望效用函数（P），满足约束条件（IR）（IC），即：

$$(P) \quad \max_{a,s(x)} \int v(\pi - s(x))f(x,\pi,a)\mathrm{d}x$$
$$s.t. \quad (IR) \quad \int u(s(x))f(x,\pi,a)\mathrm{d}x - c(a) \geqslant \bar{u}$$
$$(IC) \quad \int u(s(x)f(x,\pi,a)\mathrm{d}x - c(a) \geqslant \int u(s(x))f(x,\pi,a')\mathrm{d}x - c(a'),$$
$$\forall a' \in A$$

方法三：一般化分布方法

代理人在不同行动之间的选择等价于在不同分布函数之间的选择，可以将分布函数本身当作选择变量，消掉 a。令 p 为 x 和 π 的一个密度函数，P 为所有可选择的密度函数的集合，$c(p)$ 为 p 的成本函数。

$$(P) \quad \max_{a,s(x)} \int v(\pi - s(x))p(x,\pi)\mathrm{d}x$$
$$s.t. \quad (IR) \quad \int u(s(x))p(x,\pi)\mathrm{d}x - c(p) \geqslant \bar{u}$$
$$(IC) \quad \int u(s(x)p(x,\pi)\mathrm{d}x - c(p) \geqslant \int u(s(x))p'(x,\pi)\mathrm{d}x - c(p'),$$
$$\forall p' \in P$$

假定产出是可观测变量，$x = \pi$，委托人对代理人的奖惩只能根据观测的产出 π 做出，则：

$$(P) \quad \max_{a,s(\pi)} \int v(\pi - s(\pi))f(\pi,a)\mathrm{d}\pi$$
$$s.t. \quad (IR) \quad \int u(s(\pi))f(\pi,a)\mathrm{d}\pi - c(a) \geqslant \bar{u}$$
$$(IC) \quad \int u(s(\pi)f(\pi,a)\mathrm{d}\pi - c(a) \geqslant \int u(s(\pi))f(\pi,a')\mathrm{d}\pi - c(a'),$$
$$\forall a' \in A$$

第三节　信息租金抽取

信息租金是指代理人由于占有更多的信息优势而可以从市场中额外获得的收益；而信息租金抽取则是讨论在委托-代理关系中，代理人在多大程度上具有隐瞒信息从而获得更优合同的倾向，即代理人可以通过隐瞒信息获得的利益多寡。

一、基本模型

（一）技术、偏好和信息

考虑一个消费者或一个企业委托给一个代理人生产 q 单位的商品，委托人从 q 单位商品中得到的效用是 $S(q)$，其中 $S'(\cdot)>0; S''(\cdot)<0, S(0)=0$，即该商品满足边际效用为正，但随着购买商品的增加而严格递减。委托人无法观察到代理人的生产成本，但下列信息是公共的：产品具有固定成本 F，边际成本 $\theta \in \Theta, \Theta = \{\underline{\theta}, \bar{\theta}\}$。代理人可能是高效率的（$\underline{\theta}$），也可以是低效率的（$\bar{\theta}$），其概率分别为 v 和 $(1-v)$。换言之，代理人的成本函数符合下列分布：

概率 v 的成本为：$C(q,\underline{\theta}) = F + \underline{\theta}q$；

以概率 $1-v$ 的成本为：$C(q,\bar{\theta}) = F + \bar{\theta}q$，

称 $\Delta\theta = \bar{\theta} - \underline{\theta} > 0$ 为边际成本的不确定性幅度。

企业可以自行决定自己的产量 q 以及代理人获得转移支付 t。

（二）完全信息下的最优契约

在完全信息条件下，有效的产出水平可以由委托人的边际效用等于代理人的边际成本时得到。即：

$$S'(\underline{q}^*) = \underline{\theta}, \quad S'(\bar{q}^*) = \bar{\theta}$$

在有效产出水平带来的社会福利：$\underline{w}^* = S(\underline{q}^*) - \underline{\theta}\underline{q}^* - F$ 以及 $\bar{w}^* = S(\bar{q}^*) - \bar{\theta}\bar{q}^* - F$。

根据假设，高效率代理人创造的社会福利 $\underline{w}^*$ 要大于低效率的代理人，同样的最优产出水平也满足 $\underline{q}^* > \bar{q}^*$。

由于固定成本 F 作为公共信息仅具有参考作用，不妨设其为 0。假定代理

---

* 本节供学有余力的同学参考或选择性学习。

人的效用水平 $U=t-\theta q$；委托人的效用水平 $V=S(q)-t$。通过最优契约分析，可以由图 5-1 表示：

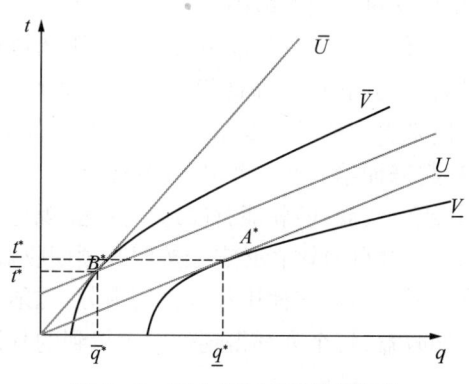

图 5-1 完全信息下的最优契约

(三) 激励相容与参与约束

假设边际成本 θ 时代理人的私人信息，委托人提供一组契约 $\{(\underline{t}^*,\underline{q}^*);(\bar{t}^*,\bar{q}^*)\}$，期待高效率的代理人选择契约 $(\underline{t}^*,\underline{q}^*)$，而低效率的代理人选择契约 $(\bar{t}^*,\bar{q}^*)$。

所谓参与约束，就是代理人能获得正的效用，即

$$\begin{cases} \underline{t}-\underline{\theta}\underline{q} \geqslant 0 \\ \bar{t}-\bar{\theta}\bar{q} \geqslant 0 \end{cases}$$

激励相容约束是指高效率代理人选择契约 $(\underline{t}^*,\underline{q}^*)$ 的效用水平显著优于契约 $(\bar{t}^*,\bar{q}^*)$ 的水平；反之亦然。

$$\begin{cases} \underline{t}-\underline{\theta}\underline{q} \geqslant \bar{t}-\underline{\theta}\bar{q} \\ \bar{t}-\bar{\theta}\bar{q} \geqslant \underline{t}-\bar{\theta}\underline{q} \end{cases}$$

关于激励相容和参与约束，可这样理解：代理人以行动效用最大化原则选择预期操作行动，即所谓激励相容，在代理人执行该均衡合同后，委托人所获得收益最大化，采用其他合同都不能使委托人收益超过或等于执行该合同所取得的效用，是为收益最大化条件；在没有"自然"干涉的情况下，代理人履行合同责任后所获得的收益不能低于某个预定收益额，是参与约束。

参与约束条件说明：代理人履行均衡合同后所获得收益不能低于某个预定收益额。或者说，代理人接受委托人合同的预算收益不能低于他在等成本约束条件下从其他委托人处获得的收益水平。有一则西方幽默故事直观地说明了该原则。某日，母亲对其儿子小汤姆说："如果你每天练琴，我就每天给你 1 美元。"

然而，小汤姆却说："我不如不练钢琴，邻居阿姨说，我如果每天不练钢琴，她就给我 2 美元（因为练钢琴太吵）。"按照参与约束条件，如果母亲想让小汤姆自动自觉地练钢琴，她必须至少支付 2 美元给小汤姆。

激励相容条件说明：代理人以行为效用最大化原则选择具体的操作行动，代理人获得预期效用最大化的同时，也保证使委托人预期收益最大化。我们也可以借助一则简单的事例来直观地说明该原则。如果两个都很贪婪的人瓜分一块月饼，又不能让他们吵起来而给管理者增添不必要的麻烦，怎么办？事实上，只要建立下列简单机制（或游戏规则）就能解决这个问题：规定分月饼的人后挑选，不分月饼的人先挑选。这样分月饼者必定会按照其预期收益最大化的方式分月饼，即将月饼切得两边一样大，至于他用什么办法去分，无须管理者考虑。结果，管理者获得最大化预期收益，每个人都得到他们应得到的月饼份额。

（四）信息租金

在完全信息下，代理人获得的效用水平为 0，如果一个高效率的代理人模仿低效率的代理人可能获得的效用水平，满足：

$$\bar{t} - \underline{\theta}\bar{q} = \bar{t} - \bar{\theta}\bar{q} + \Delta\theta\bar{q} = \bar{u} + \Delta\theta\bar{q}$$

即使委托人按充分信息条件的契约令低效率代理人 $\bar{\theta}$ 的保留效用 $\bar{u}$ 为零；高效率代理人仍然能从模仿低效率的代理人中获得效用 $\Delta\theta\bar{q}$。该收益称之为代理人运用信息优势获得的收益，即信息租金。

综上所述，一个有效的契约就是既满足激励相容和参与约束，而且付出尽可能少的信息租金。

（五）委托人的最优规划问题

通过上述规定，委托人的规划问题为：

$$(P): \underset{\{(\bar{t},\bar{q});(\underline{t},\underline{q})\}}{Max} \ v(S(\underline{q}) - \underline{t}) + (1-v)(S(\bar{q}) - \bar{t})$$

$$s.t. \begin{cases} \underline{t} - \underline{\theta}\underline{q} \geq 0 \\ \bar{t} - \bar{\theta}\bar{q} \geq 0 \end{cases} ; \quad \begin{cases} \underline{t} - \underline{\theta}\underline{q} \geq \bar{t} - \underline{\theta}\bar{q} \\ \bar{t} - \bar{\theta}\bar{q} \geq \underline{t} - \bar{\theta}\underline{q} \end{cases}$$

将 $\underline{U} = \underline{t} - \underline{\theta}\underline{q}$ 及 $\bar{U} = \bar{t} - \bar{\theta}\bar{q}$ 代入可得到：

$$(P): \underset{\{(\bar{U},\bar{q});(\underline{U},\underline{q})\}}{Max} \ v(S(\underline{q}) - \underline{\theta}\underline{q}) + (1-v)(S(\bar{q}) - \bar{\theta}\bar{q}) - (v\underline{U} + (1-v)\bar{U})$$

该规划分为两个部分，前半部分为交易所得的期望配置效率，后半部分表明信息租金。下面考虑一种次优解的情况，低效率的代理人获得的期望效用为零时，委托人的规划达到一种相对的最优解，运用 SB 表示。

$Q\bar{U} = 0; \underline{U} = \Delta\theta\bar{q}$，代入规划问题，可以将规划问题仅仅变为以产出水平 q 为

控制变量的规划为题：

$$(P'): \underset{\{\bar{q}, \underline{q}\}}{Max} v(S(\underline{q}) - \underline{\theta}\underline{q}) + (1-v)(S(\bar{q}) - \bar{\theta}\bar{q}) - v\Delta\theta\bar{q}$$

在该规划问题的分析中，可得：

在不对称信息下，一组最优的契约具有以下特征：

① 对于高效率的代理人，不存在阐述水平的扭曲，即：$\underline{q}^{SB} = \underline{q}^*$；而对于低效率的代理人，产出水平向下扭曲，即 $\bar{q}^{SB} < \bar{q}^*$，且满足：$S'(\bar{q}^{SB}) = \bar{\theta} + \frac{v}{1-v}\Delta\theta$；

② 只有高效率的代理人得到严格正的信息租金，为：$\underline{U}^{SB} = \Delta\theta\bar{q}^{SB}$；

③ 次优契约的转移支付分别为：$\underline{t}^{SB} = \underline{\theta}\underline{q}^* + \Delta\theta\bar{q}^{SB}$ 和 $\bar{t}^{SB} = \bar{\theta}\bar{q}^{SB}$。

从图 5-2 中可知，契约 (B^*, C^*) 满足高代理人获得租金为 $\Delta\theta\bar{q}^*$。

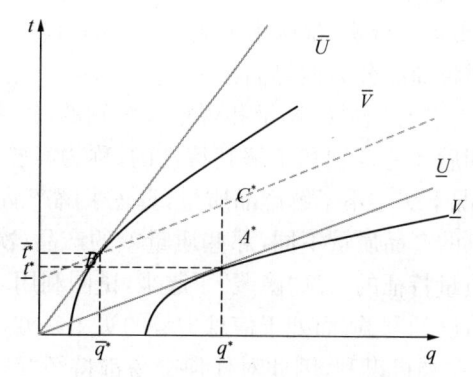

图 5-2 不完全信息下的次优契约

二、理论应用

马斯金和莱利（Maskin & Riley, 1984）提出了垄断者的非线性定价模型。委托人是私人物品的卖方（垄断者），其生产成本为 cq。而他面对的买方代理人具有连续分布的类型。委托人的效用函数为 $V = t - cq$，而具有不同评价的买方效用函数为 $U = \theta u(q) - t$，其中 q 是消费量，t 是转移支付。假设买方的类型参数从 $\Theta = \{\underline{\theta}, \bar{\theta}\}$ 中独立抽样，其概率分布分别为 $1 - v$ 和 v。这样就构建了一个委托代理和信息租金的例子。

穆萨和罗森（Mussa & Rosen, 1978）则构建了一个买方不清楚质量分布，卖方通过价格差异反应产品质量差异的分析模型。

第四节 逆向选择

所谓"逆向选择",是指事前隐藏信息的行为。据 Akerlof(1970)在"次品市场"一文中的论述,逆向选择是与完全竞争市场均衡中的选择相反的一种均衡,由于信息不对称,完全竞争市场的条件不能满足,市场选择的结果是"劣胜优汰",而不是如亚当·斯密对市场所描述的,市场竞争的结果会使优等的资源淘汰劣等的资源。所以,逆向选择的含义应该是,由于信息不对称,市场最终会选择劣质资源淘汰优质资源的结果,这与传统理论是不相符的。Akerlof(1970)通过对次品市场的分析提出了逆向选择(adverse selection)的概念后,逆向选择在其他众多领域得到了应用,如 Spence(1973)对劳动力市场的分析,Stiglitz and Weiss(1981)对信贷市场的分析,都应用了逆向选择的概念。

信息经济学习惯将商品分为搜寻商品和经验商品。一般说来,商品的有关特性可通过用户在购买时的触摸、掂量和观察来辨别的,称为搜寻商品,而那些需要在使用一段时期后才能辨别和了解其特性的,称为经验商品。在经验商品的交易中,在许多情况下买主不了解产品质量,真正了解产品质量的是卖主。不同的卖主(厂商)提供的产品质量不同,那些质量差的产品(次品)的卖主为了自己的利益将标志着质量特征的信息"隐藏"了起来,试图利用对方的"无知",侵害对方的利益而谋求自己的利益;而处于信息劣势的买主一方,也并不一定轻易地被欺骗,他知道对方在乘机谋利,因此对任何交易都持怀疑态度,他只能根据对整个市场的估计决定购买数量及决定支付价格。在好产品与次产品被顾客以同样方式对待时,次品在成本上具有优势,从而可能在销售上占有优势。当买主发现所购产品并非自己估计的那样好时,他们会进一步降低对产品质量的估计水平,降低顾客支付的价格。此时,则可能将成本高的好产品淘汰出市场,使好产品在竞争中失败,而次品却留在市场中,从而违背市场竞争中优胜劣汰的选择原则。

基于对上述问题的认识与分析,阿克洛夫在1970年提出了旧车市场模型。

一、阿克洛夫旧车市场模型

阿克洛夫模型分定性描述和定量描述两个部分。

(一) 阿克洛夫定性分析模型

假设旧车市场上有优、劣两种质量,分别服从概率为 q 和 $(1-q)$ 的概率分布,该市场的需求取决于两个因素,一是汽车价格 p,二是市场上的平均质量 μ,

即 $Q^d = D(p,\mu)$；旧车的供给和平均质量均取决于价格，即 $\mu = \mu(p), S = S(p)$。其中，

$$\frac{\partial D(p,\mu)}{\partial p} > 0, \frac{\partial D(p,\mu)}{\partial \mu} > 0, \mu'(p) > 0$$

旧车市场均衡由 $S(p) = D(p,\mu(p))$ 决定，当 $p\downarrow$ 时，$\mu(p)\downarrow, S(p)\downarrow$，而需求也可能因质量下降而萎缩，最终导致整个市场完全萎缩，没有质量好的旧车在低价成交。

(二)阿克洛夫定量分析模型

阿克洛夫定量分析模型由期望效用理论提出了一个简要定量分析模型。该模型如下：

假定市场上有两类交易者：集团1和集团2，并且所有的参与者都是风险中性的，并且满足线性效用函数，在消费或交易中均满足 VNM 期望效用函数最大化判定准则，并且不考虑边际效用递减的消费性质。即用户不因旧车市场中平均质量的变化而效用函数发生变化，同时，消费第2辆车与第 n 辆等质量的车的效用水平一样。假定集团1的效用函数满足：

$$U_1 = M + \sum_{i=1}^{n} x_i$$

其中，M 为其他商品的消费(除旧车外)，x_i 为第 i 辆车的质量情况，n 为旧车市场的汽车总量。

同样的，集团2的效用函数为：

$$U_2 = M + \sum_{i=1}^{n} \frac{3}{2} x_i$$

进一步设定：其他商品的消费(除旧车外) M 为固定值，集团1拥有 n 辆旧车，服从固定的质量分布 $x \in [0,2]$；集团2拥有旧车为0。集团1拥有总收入为 Y_1 用于购买旧车，集团2拥有总收入为 Y_2 用于购买旧车，旧车总的需求为集团1和集团2的需求之和。

集团1的需求函数如下：

$$D_1 = \begin{cases} \dfrac{Y_1}{p}; \text{当} \mu > p \\ 0; \text{当} \mu < p \end{cases}$$

集团1的供给函数如下：

$$S_1 = \frac{pN}{2}, p \leqslant 2$$

而且旧车市场上的汽车平均质量为：$p/2$。

类似地，对于集团2而言，需求函数如下：

$$D_2 = \begin{cases} \dfrac{Y_2}{p}; \text{当} \dfrac{3\mu}{2} > p \\ 0; \text{当} \dfrac{3\mu}{2} < p \end{cases}$$

集团 2 的供给函数如下：

$$S_2 = 0$$

这样，整个市场的整体需求为：

$$D(p,u) = \begin{cases} \dfrac{(Y_1+Y_2)}{p}; p < \mu \\ \dfrac{Y_2}{p}; u < p < \dfrac{3\mu}{2} \\ 0; p > \dfrac{3\mu}{2} \end{cases}$$

因此，当价格为 p 时，市场上的平均质量为 $p/2$；而此时并不会有交易发生。

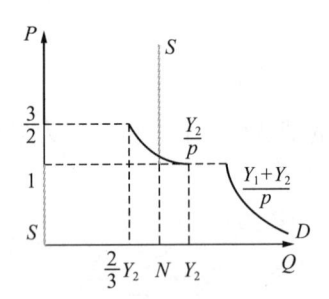

图 5-3 旧车市场质量分布

二、阿克洛夫模型的逆向选择过程

阿克洛夫在"The Model for 'Lemons': Qualitative Uncertainty and the Market Mechanism"一文中并没有明确解释和说明逆向选择的过程，平新乔对该模型做了完整的说明：

按照阿克洛夫对质量 q 的分布假定，μ 为平均质量，q 在 $[0,2]$ 上满足均匀分布，集团 1 可近似看为卖者，集团 2 为买者。对于买者而言，其买入期望价格为：

$$p < \dfrac{3}{2}\mu$$

而 $\mu = E(q) = 1$，所以买者的最高出价为 $\dfrac{3}{2}$。当卖者获知此信息后，质量 q 的分布将会从[0,2]上的均匀分布退化为[0,3/2]上的均匀分布,进而构成第一次逆向选择,即卖主会主动根据市场情况选择交易与否或是否退出市场。

在第二个交易回合中,$\mu^{(2)}=E(q^{(1)})=\frac{3}{4}$,进而买者第二轮的最高出价为$\frac{9}{8}$,那么质量$q$的分布将会出现第二次退化,从[0,3/2]上的均匀分布再次退化[0,9/8]为上的均匀分布。

如此反复下去,好质量的旧车将完全退出该市场,出现劣等车淘汰优等车的过程。但如果质量q的信息是公开的,那么当$p\in\left[q,\frac{3}{2}q\right]$时,买卖双方的交易是可行的。

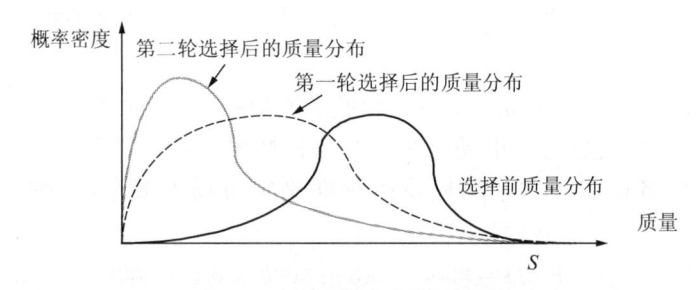

图 5-4 逆向选择与质量分布

同时,也应该看到并不是所有的逆向选择市场都会完全萎缩(0交易),这还取决于买卖双方的效用函数和旧车质量分布情况。平新乔认为只是在阿克洛夫的特例中出现了完全萎缩,如果买者对旧车的效用函数变为:

$$U'_2=M+\sum_{i=1}^{n}3x_i$$

那么,该市场则不会受到大的影响。同样,如果q服从$[t,2]$,最终的成交质量和价格也不会完全萎缩。Rasmusen 也构建了四种不同的市场类型,得到非对称信息市场上依赖于质量的分布函数和买卖双方评价的差异程度,国内张维迎(p.545)、陶长琪(p.53)都完全采纳了该分析过程,平新乔(p.265)、马费成(p.40)还构建了一部分缺乏市场弹性的卖者的二手市场。

三、逆向选择改进模型*

阿克洛夫模型提出后,因为对效用函数和价格萎缩的过程均语焉不详,Salop、Stiglitz、Rasmusen 及其他国内外学者陆续改进了该模型。

---

* 本节供学有余力的同学参考或选择性学习。

假定有多个潜在的卖者与买者,卖者知道自己出售车的质量 θ,买者不知道 θ,但是买者知道 θ 的分布函数 $F(\theta)$;买者对质量是 θ 的车的评价为 $v(\theta)$,这里 $v(\theta)$ 其实也就是买者从质量是 θ 的车中得到的总效用。卖者对质量是 θ 的车的评价为 $u(\theta)$。如果接受,卖者的效用为 $\pi_S = p - u(\theta)$;买者的效用为 $\pi_B = v(\theta) - p$。根据市场交易的基本条件,假定 $v(\theta) \geqslant u(\theta), v'(\theta) > 0, u'(\theta) > 0$,卖者和买者均为风险中性。

(一) 买卖双方具有相同的偏好,只有两类卖主

假定市场上有两种车的可能类型:优质商品的 $\bar{\theta} = 8000$,劣质商品 $\underline{\theta} = 4000$,每种产品分布的概率为 0.5。如果买卖双方都知道哪一辆车是高质量的,哪一辆是低质量的,即他们对于旧车市场的信息是对称的,那么就会出现两个分离的市场。高质高价,低质低价,这将接近一个社会有效的结果,即所有的贸易收益都可以实现。

如果市场无规制,买者又不能区分商品质量,无道德原则的低质商品所有者就会选择在高质量商品市场出售。在这种情况下,卖者完全知道车的质量信息;而消费者仅能按照平均质量的预期确定市场上旧车的(理性)预期价格,即:

$$\mu = E(\theta) = 8000 \times 0.5 + 4000 \times 0.5 = 6000$$

在这种情况下,卖者对优质商品 $\bar{\theta} = 8000$ 的估价高于买者的平均估价 μ,因此会主动放弃交易,退出市场,在封闭的市场中,市场上优质旧车完全退出该市场,以致市场的平均质量假定;买者也因为预期到旧车质量的降低,而下调其质量预期 μ。

在开放的市场中,优质商品是逐渐退出的,或吸引更多的低质商品进入市场。此后,市场上产品质量的分布概率将发生变化(图 5-5),进而变为高质量产品 0.25 概率,低质量产品 0.75 的概率,买者的预期:

$$\mu' = E(\theta) = 8000 \times 0.25 + 4000 \times 0.75 = 5000$$

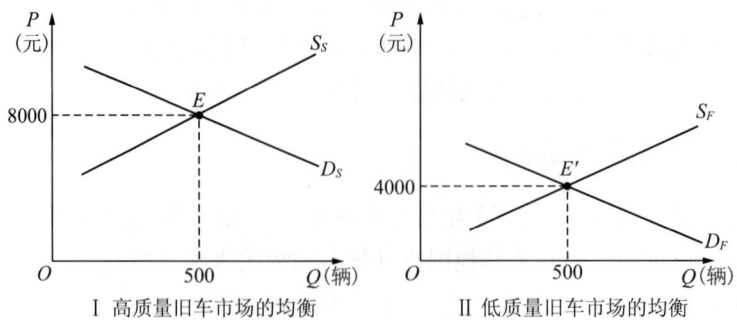

Ⅰ 高质量旧车市场的均衡　　Ⅱ 低质量旧车市场的均衡

图 5-5　信息对称时的旧车市场

进而进一步出价5000,如此逐步将优质商品逐出市场。

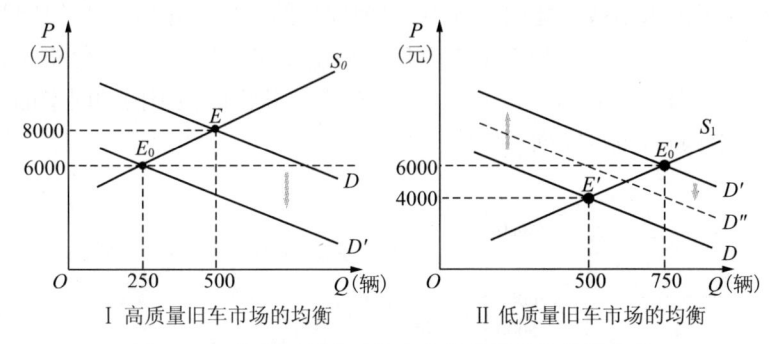

图 5-6 信息不对称时旧车市场上需求曲线的变动

不论何种情况,优质商品的卖者都会退出市场,而市场上只剩下低质车——"柠檬",市场选择了一个对自己极为不利的结果。由此可见,信息不对称是导致市场逆向选择的原因,逆向选择是信息不对称条件下市场运行的后果。如一本学术杂志总是发表低质量的学术论文,真正有水平的学者就不会向这个杂志投稿,导致该杂志的平均学术水平更差,最终低质量的文章将高质量的文章逐出这本杂志。

(二)买卖双方具有相同的偏好,但卖主类型连续分布

假定市场上有两种车的可能类型:优质商品的$\bar{\theta}=8000$,劣质商品$\underline{\theta}=4000$,产品质量在[4000,8000]之间连续均匀分布,密度函数如下:

$$f(\theta) = \begin{cases} \dfrac{1}{8000-4000} = \dfrac{1}{4000} & \theta \in [4000,8000] \\ 0 & 其他 \end{cases}$$

买者预期的质量为$\theta=6000$,愿意支付的价格也是6000,但只有$\theta \leqslant 6000$的卖者才愿意出售,所有$\theta > 6000$的卖者退出市场。平均质量从6000下降到5000,愿意支付的价格也从6000下降到5000。如此下去,均衡价格只能是$p=4000$,所有$\theta > 4000$的车退出市场。上述结论用供求曲线表示:

市场需求曲线为:$P = \bar{\theta}$

市场的供给曲线为:

$$\bar{\theta} = \dfrac{\dfrac{1}{4000}\int_{4000}^{P}\theta d\theta}{\dfrac{1}{4000}\int_{4000}^{P}d\theta} = \dfrac{p}{2} + 2000, \theta \in [4000,8000]$$

上述供给曲线表示,尽管市场上出售的车的平均质量虽价格上升而上升,但平均质量上升的幅度小于价格上升的幅度。图中供给曲线的斜率为2,唯一的

交点是4000。与通常一样,供给曲线向上倾斜,价格越高,供给量越多。与通常不同的是这里需求曲线可能向上倾斜,因为较高的价格诱导出较高的质量,从而诱导出较多的买者。传统经济学需求理论假定质量是给定的,与价格无关。但在这里,质量与价格有关,一般来说,需求曲线的形状依赖于两种因素的共同作用,可能向上倾斜,也可能向下倾斜。

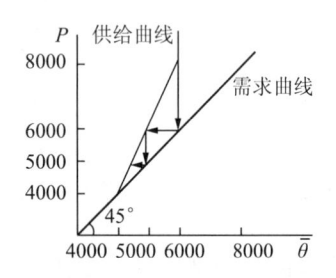

图 5-7 偏好相同,卖主为连续分布时的旧车市场

(三) 买者对车的评价高于卖者

一般来说,交易之所以成交,是因为买者对同一物体的评价高于卖者。当买者的评价高于卖者的时候,假定 $V(\theta)=b\theta>U(\theta)=\theta$,对给定质量的车,买者的评价是卖者的 b 倍($b\geqslant 1$)。那么交易带来的净剩余为:

$$\pi_B - \pi_S = (b\theta - p) - (p - \theta) = (b-1)\theta$$

买卖双方的讨价还价决定这个净剩余的分配。假定买者的人数多于卖者的人数,从而卖者占有全部剩余。此时,供给曲线与前面图 5-7 相同:

$$\bar{\theta}=\frac{p}{2}+2000, \theta \in [4000,8000]$$

但需求曲线为 $p(\bar{\theta})=b\bar{\theta}$,而不是原来的 $P=\bar{\theta}$。将 $p(\bar{\theta})=b\bar{\theta}$ 代入下式:

$$\bar{\theta}=\frac{p}{2}+2000=\frac{b\bar{\theta}}{2}+2000$$

$$\left(1-\frac{b}{2}\right)\bar{\theta}=2000, \Rightarrow \bar{\theta}=\frac{2000}{1-\frac{b}{2}}$$

整理可得均衡价格和均衡质量分别为:

$$p^*=\frac{4000b}{2-b} \quad (b \leqslant 1.33,否则 p=6000b)$$

$$\bar{\theta}^*=\min\left(\frac{4000}{2-b},6000\right)$$

若 $b=1$,与前例相同;$b>1$ 时,则均衡价格和均衡质量都高于前例中的均衡价格和均衡质量,且均衡价格和均衡质量都是 b 的增函数。买者与卖者的评价差距越大,均衡价格越高,交易量越大。

当 $b=1.2$ 时,均衡价格等于 6000, $\theta \leqslant 6000$ 的车进入交易, $\theta > 6000$ 的车都退出交易,市场上出售的车的平均质量为 5000。

当 $b > 1.33$ 时,所有的车都成交,平均质量为 6000,平均价格为 $p=6000b$。

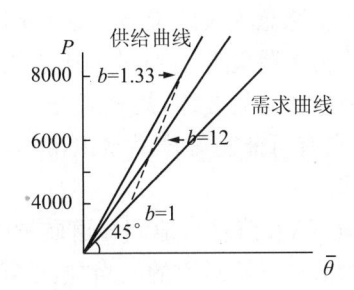

图 5-8 买者评价高于卖者,市场部分存在

(四) 卖者对车的评价不同

假定卖者对车的评价为 $U(\theta)=(1+\varepsilon)\theta$,其中 ε 为均值为零的随机变量。当且仅当 $U(\theta) \leqslant p$ 时,卖者才会卖车。一般地,给定 ε,市场上出售的车的平均质量为:

$$\bar{\theta}(P,\varepsilon) = \frac{\frac{1}{4000}\int_{4000}^{P/(1+\varepsilon)} \theta d\theta}{\frac{1}{4000}\int_{4000}^{P/(1+\varepsilon)} d\theta} = \frac{P}{2(1+\varepsilon)} + 2000$$

假定 ε 为 $[-\alpha,\alpha]$ 上的均匀分布,那么供给函数为:

$$\bar{\theta}(P) = \frac{1}{2\alpha}\int_{-\alpha}^{\alpha}\left(\frac{P}{2(1+\varepsilon)} + 2000\right) = \frac{P}{4\alpha}\ln\left(\frac{1+\alpha}{1-\alpha}\right) + 2000$$

进而推出,卖者评价不同时市场的均衡情况:

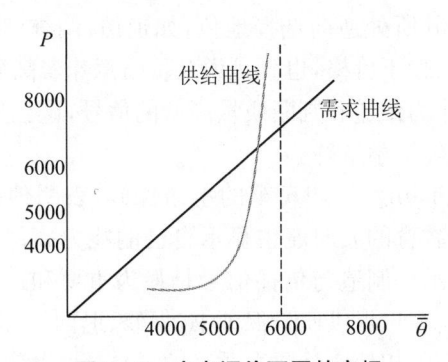

图 5-9 卖者评价不同的市场

此外,关于卖者的价格弹性不一样时,也会出现不同的均衡(详见课后习题 1)。

四、逆向选择的治理

(一) 逆向选择行为对市场的危害

通过前面对旧车市场上逆向选择问题的分析可以看出最终的结果是：市场上出售旧车的质量下降，买主愿意支付的价格进一步下降，更多较高质量的旧车退出市场。在旧车市场，价格下降意味着质量迅速恶化，随着价格的下降，消费者购买量也迅速下降，最终导致市场萎缩，甚至消失。逆向选择说明了假冒伪劣产品对市场的破坏作用。它有可能将好产品挤出市场，并最终摧毁消费者对市场的信任，导致市场的萎缩。

同时，厂商（卖主）具有"私人信息"，他们知道质量的内情，而顾客不具有此信息，这时关于产品质量的信息是不对称的。当"质量"的信息被隐藏起来时，一些企业可以通过非价格的竞争手段（不是通过提高生产效率来降低成本，进而降低价格来进行竞争），他们利用消费者无法将他们的产品同其他企业的好产品区别开来这一点，通过降低产品质量来降低成本，从而在价格上占据竞争的优势。实际上这不是真正的价格竞争，这种行为对市场也是有害的。

最后，从资源配置和社会福利角度看，逆向选择不是有效的市场组织方式。

(二) 逆向选择的治理对策

解决逆向选择问题的两种方法是：买卖双方中拥有信息优势的一方，通过传递某种信息来防止逆向选择发生的方法叫作"信息传递"；而在买卖双方中缺乏信息的一方，想办法从对方获得某种信息的方法叫作"信息筛选"。具体而言，可有：

① 直接获取信息，以消除信息不对称。逆向选择产生的根本原因是市场参与者的信息不充分，通过搜索或其他信息行为获取额外信息，能有效削减或弱化逆向选择的影响，如保险业的精算与调查。搜寻（seeking）也是消费者通过自身进行信息搜寻来改变其所处逆向选择地位，如走访、调查、观察等。在非对称信息环境中，商品质量依赖于价格，也就是说高价格意味着高质量。或者更进一步讲，我们可以将价格作为传递和判断质量高低的信号，这也是市场参加者以价格判断商品质量的信息经济学解释。

② 信号显示（signaling）。如卖车的承诺保修，表明他的车质量好，否则的话，他不敢承诺；接受教育的人向雇主显示自己的能力高；"退货三包"的承诺改进对该产品的质量显示。制造与传播信号是最为重要和最为常用的手段，主要通过品牌、广告或者向客户提供质量保证书、保修、退回等办法，来使消费者把他的产品与"柠檬"区别开，相信产品是高质量的。

③ 信息甄别（screening），如保险公司向投保人提供不同的合同选择，投保人根据自己的特征选择合同；厂商用非线性价格区别具有不同需求强度的消

费者。

④ 声誉机制,品牌是让生产者说真话的机制,因为品牌意味着,欺骗将受到惩罚;个人的名声也是一种品牌。

⑤ 政府规制(regulation),通过第三方(政府)的质量规范或信息甄别来保障交易的进行,如市场准入、政府批准、认证机构、教育培训市场等。政府、消费者协会等建立质量合格标准,并通过这个标准来保证产品的质量。

⑥ 中介。中介利用专业知识为买方提供信息,撮合买卖双方,如券商、经纪人等,当然中介所获收益取决于其提供信息的质量。

此外,还有下列方法:

保证书:大多数耐用消费品附带保证书以向买者保证产品具有某些预期的质量,即卖方承担了风险而不是买方。如商场承诺的售后三包。

品牌效应:不仅可以显示产品的质量,而且可以在产品质量与预期不符时,向消费者提供一种报复的手段,即消费者可以减少未来的消费。新产品也经常与老品牌相关联,因此,品牌也可以向它的潜在消费者保证产品的质量。

广告:向消费者提供产品信息和品质承诺。

连锁经营:与品牌具有类似的作用,如连锁旅店和连锁餐厅。

许可认证/准入制度:可以减少质量的不确定性,如医师许可证、律师许可证等。

第五节 道德风险

一、道德风险的概念与内涵

道德风险即败德行为,是指参与者通过个人独占的私人信息采取有利于自己而损害他人的行为。《新帕尔格雷夫经济学大辞典》对道德风险的定义:道德风险是指从事经济活动的人在最大限度地增进自身效用时,做出的不利于他人的行动。由此,我们给出道德风险(败德行为)的定义:道德风险是指经济代理人在使其自身效用最大化的同时,损害委托人或其他代理人效用的行为。或者说,道德风险主要是投保人在投保后降低了自身的防损减损措施为保险公司造成的风险。还有一种简单的界定方法:研究事后非对称信息的模型称为道德风险模型(moral hazard)。

我们先通过几个例子来了解一下道德风险。

例一:美国一所大学学生自行车被盗比率约为10%,几个有经营头脑的学生发起了一项对自行车的保险,保费为保险标的15%。按常理,这几个有经营头脑的学生应获得5%左右的利润。但该保险运作一段时间后,这几个学生发现自行车被盗比率迅速提高到15%以上。何以如此?因为自行车投保后学生们对自行车安全防范措施明显减少,迅速增加了自行车的被盗比率。在这个例子中,投保的学生由于不完全承担自行车被盗的风险后果,因而采取了对自行车安全防范的不作为行为。而这种不作为的行为,就是道德风险。

例二:医疗保险市场的道德风险。投保人一旦获得医疗保险,理性的投保人就将增加自己这方面的开支,要求医生开一些不必要的贵重药品,实则增加了医疗保险支付的数量,即增加了社会成本。这样会导致社会风险服务和医疗服务的低效率。

例三:劳动力市场的道德风险。雇主和雇员签订劳动合同后,雇员的工作努力程度信息在雇主和雇员之间是不对称的。如果雇主无法从雇员的工作绩效中推测出其工作努力程度,同时,雇员的收益与雇主的效用无关,雇员就会有偷懒的动机,不会努力工作。因为努力工作要付出相应的脑力和体力,导致身心疲惫,对于雇员来说是负效用的,但这种努力有利于雇主的效用的提高。这种情况下,雇员就会选择一个对自己有利但对雇主不利的较低努力水平,从而出现道德风险,导致生产的低效率。

此外,像"南郭先生""大锅饭"都是道德风险的例子。可以看出,在市场经济中道德风险是一种普遍的现象,道德风险与人类行为的道德水准的高低没有密切关系,它是市场参与者针对自身的隐蔽信息而采取的理性反应,这种理性的选择仅仅是基于其自身利益最大化的实现。

那么,产生道德风险的原因是什么呢?道德问题通常是行为主体一种故意的,违背道德规范的行为,但道德风险并非是刻意的道德扭曲,仅仅是以自身利益最大化为目标,而可能导致其他利益主体的利益受到损坏的现象。例如,有人买了一辆汽车之后,他就面临汽车被盗从而遭受损失的危险。如果此人对汽车没有投保的话,就会非常小心,采取诸如安装防盗锁之类的防护措施。如果此人对汽车投了保险,在汽车丢失后会得到保险公司的全额赔偿,这时他就不会采取相应的防盗措施,结果汽车被盗的概率就增加了,保险公司理赔的概率也相应增加了。

所以,道德风险的根本原因在于信息不对称。由于一些内生变量的影响,他们对代理人的生产水平产生正的影响,同时也带来负效用。例如,一块土地的收益依赖于承租人在选择作物上所花的时间或者他所创收的质量。类似的,一个司机遭遇车祸的概率依赖于他的驾驶水平,并同时影响他对保险的需求。当代理人与委托人有着同样的目标函数时,道德风险不会成为一个问题;当代理人与委托人发生行为冲突,并且代理人的行为具有不可验证性时,就会产生道德风险。

用模型化的语言描述,道德风险产生的原因主要有三个:① 委托人和代理人的目标函数是不均匀的,即不对称或不能用简单的函数关系描述;② 代理人的行为委托人无法监督,或者监督成本非常高昂,即代理人的内生私有信息具有不可验性;③ 代理人通过不公开信息能获得额外的信息租,或者隐匿信息相对公开信息是绝对占优策略。

从本质上讲,道德风险的存在,将破坏市场均衡或导致市场均衡的低效率。如道德风险可能导致社会福利的定量配给,以及保险、金融资本等市场的不完备性。所以,道德风险使完备的经济刺激难以达到最优的资源配置。为此,就需要有信息激励机制,使非对称信息条件下的市场能够产生更优的经济效率,并最终接近对称信息条件下的最优状态。

二、道德风险的应用模型

(一) 保险市场中的道德风险

假设某厂商产品仓库价值为 \$100000,厂商采取防火措施的成本为 \$50。采取防火措施后小心谨慎,发生火灾概率为 0.005;没有防火措施且疏于防范,发生火灾概率为 0.008。又假设保险公司以预期火灾损失:

$$\$100000 \times 0.005 = \$500$$

作为保险费用出售保险单。在这种环境下,如果厂商向保险公司投保后,就可能不会有动力继续执行防火措施,并可能疏于防范,结果,发生火灾的概率从 0.005 上升到 0.008,保险公司的实际预期损失为:

$$\$100000 \times 0.008 = \$800$$

结果,每出售一张保险单平均会损失 \$300。因此,这种保险单设计对保险公司来说是不可行的。

(二) 团队模型中的道德风险

霍姆斯特罗姆(Holmstrom,1982)提出的团队理论是现代企业理论的主要基础。由于企业所采用的团队模式进行生产,而且每一个成员的努力程度不可精确度量,因此导致存在一部分员工产生"搭便车"式的机会主义行为,产生团队模型中的道德风险。即在团队工作环境下,员工究竟倾向于自身努力最大化的勤奋工作,还是倾向努力与收益平衡的"不作为"、偷懒以搭便车的行为?为此,经济学家提出了如下可选择的解决方式:

第一,设立监督者并对监督者和员工同时进行激励,即严格的奖金制度,仅取决于个人绩效产出。霍姆斯特罗姆(Holmstrom,1982)证明,监督者激励的作用,并不能严格观察到个人的所有工作细节和努力程度,一是因为个人工作努力程度的细节具有不可观测性;二是因为过度监测将超过监督者观察能力的范畴。

但设立监督者并进行绩效激励,仍然是有效的激励机制,因为监督者打破预算平衡(breaking budget)的方法,使得员工自身具有主动努力工作的动机,以获取更优的收益水平。霍姆斯特姆的模型证明,满足预算平衡约束时的努力水平严格小于帕累托最优的努力水平。

第二,委托人团队监督。在麦克阿菲和麦克米伦(McAfee and McMillan, 1991)的模型中,他们证明不论委托人是观测团队产出,还是观测个人贡献,均衡结果是无差异的,也即监督个人并不是消除偷懒的必要手段,以团队为激励基础仍可以达到努力水平的改进。伊藤(Itoh, 1991)也提出,委托人更关心的问题是,能否诱使每个代理人除了在自己的工作上努力外,也花一定的精力来帮助同伴以提升整个团队的生产能力。委托人诱使专业化的激励机制是每个人的工资只依赖于自己的工作业绩,诱使高度团队工作的激励机制是每个人的工资主要依赖于团队产出。伊藤证明,如果代理人自己工作的努力和帮助同伴付出的努力在成本函数上是独立的,但在工作上是互补的,用激励机制诱使"团队工作"是最优的;即使代理人对来自别人帮助的最优反应是减少自身努力,诱使"团队工作"仍然是最优的。决定团队工作是否最优的两个主要因素是代理人之间战略的依存(互补还是替代)和他们对工作的态度。

第三,代理人保证金制度。委托人在事前收取代理人一定的保证金,但麦克阿菲和麦克米伦发现保证金的高低会产生逆向选择问题。当保证金过低时,不具有事实上的监督约束作用;当保证金过高时,委托人则有动机故意破坏生产,使代理人违约以获取保证金。因此,更好的方法是让委托人监督代理人,而不是收取代理人的保证金;在监督的情况下,代理人的产出越高,其实委托人的剩余或获益也越多。

(三) 长期合同中的道德风险

有学者认为,道德风险主要源自信息不对称导致短期或单次消费产生的欺诈成本不可返还性,如果置于长期、重复消费模型中,道德风险将得到极大缓解。

拉德纳(Radner, 1981)和鲁宾斯坦(Rubbinstein, 1979)使用重复博弈模型证明,如果委托人和代理人保持长期的关系,贴现因子足够大,那么在长期的关系中:其一,委托人可以相对准确地从观测到的变量中推断代理人的努力水平,代理人不可能用偷懒的办法提高自己的福利;其二,长期合同某种程度上向代理人提供了"个人保险"(self-insurance),委托人可以免除代理人的风险。即使合同不具法律上的可执行性,出于声誉的考虑,合同双方都会各尽义务。后来,罗杰森(Rogerson, 1985)和 Lambert(1983)以及 Roberts(1982)和 Townsend(1982)都试图证明长期的关系可以更有效地处理激励问题,长期合同优于一系列的短期合同,如 NBA 的球员合同。但是,弗得伯格(Fudenberg, 1990)等证明,如果代理人可以与委托人在同样的利率条件下进入资本市场,长期合同可以被一系列的短期合同所取代,即二者并无明显差异。

但当代理人的行为很难甚至无法证实,显性激励机制很难实施时(无法提供精确的未来的短期合同),长期的委托代理关系就有很大优势,长期关系可以利用"声誉效应"(reputation effects)对代理人的行为进行约束。明确提出声誉问题的是法玛(Fama,1980)。法玛认为,激励问题在委托代理中被夸大了,在现实中并不需要大量精确的合同体系,由于代理人市场对代理人的约束作用,"时间"可以解决很多监督和努力观察问题。他提出了"事后清付"(ex post settling up)的概念,并认为在竞争的市场上,经理的市场价值取决于其过去的经营业绩,从长期来看,经理必须对自己的行为负责。因此,即使没有显性的激励合同,经理也有积极性努力工作,因为这样做可以改进自己在经理市场上的声誉,从而提高未来的收入。霍姆斯特罗姆(Holmstrom,1982)模型化了法玛的思想,当经理人是风险中性,不存在未来收益贴现时,声誉效应在一定程度上可以解决代理人问题。声誉模型告诉我们,隐性激励机制可以达到显性激励机制同样的效果。

(四) 棘轮效应模型中的道德风险

还有一类道德风险源自代理人对未来长期行为恶化的恐惧而故意形成的隐瞒或不努力行为,学者将这类行为称为"棘轮效应"。

"棘轮效应"一词最初来源于对苏联式计划经济制度的研究(魏茨曼,1980)。在计划体制下,企业的年度生产指标根据上年的实际生产不断调整,以致越是好的表现越会带来更具挑战性的后果,近似隐性的"惩罚",于是"聪明"的人用隐瞒生产能力来对付计划当局。在中国,类似的现象被称为"鞭打快牛"。

委托人倾向将同一代理人过去的业绩作为标准,因为过去的业绩包含着有用的信息,包括代理人的能力以及未来可能的产出水平。问题是,过去的业绩与经理人的主观努力相关。代理人越是努力,好的业绩可能性越大,自己给自己的"标准"也越高。当他意识到努力带来的结果是"标准"的提高,而收益并没有相应提高,或者意识到这类"标准"的提高幅度不可避免地随着边际效用而递减时,代理人努力的积极性就会降低。这种"标准"业绩上升并逐步放大的倾向被称为"棘轮效应"。

霍姆斯特罗姆(Holmstrom)和Ricart-Costa(1986)的模型证实,经理和股东之间风险分担存在着不一致性:经理将投资结果看成是其能力的反映,而股东把投资结果看成是其金融资产的回报。当股东在高收益时,认为是资本的生产率高,从而在下期提高对经理的回报要求;当经理认识到自己努力带来的高收益的结果是提高自己的标准时,其努力的积极性就会降低。因此,同样是在长期的过程中,棘轮效应会弱化激励机制。

（五）工作合同中的道德风险

工作合同中的道德风险，是指当员工接近退休年龄时，会缺乏自身激励而产生的消极怠工行为。国外学者提出了"强制退休"(mandatory retirement)制度来解决资深或老年员工的道德风险问题。莱瑟尔(Lazear,1979)证明，在长期的雇佣关系中，"工龄工资"可以遏制偷懒的行为。雇员在早期阶段的工资低于其边际生产率，二者的差距等于一种"保证金"。当偷懒被发现时，雇员被开除，损失了保证金。因此，偷懒的成本提高，努力的积极性提高。该模型解释了强制退休：到了一定的年龄，雇员的工资将大于其边际生产率，当然不会有人愿意退休，因此，此时必须强制退休。

三、道德风险的治理

（一）道德风险对市场的危害

道德风险的产生不利于市场机制发挥作用，使市场机制的运行受到破坏。在保险市场上最容易出现道德风险，假如每一份投保人都存在严重的道德风险，保险市场就不可能存在。如果保险市场中人人都存在道德风险，投保事件发生的概率就大大增加了，保险公司被迫增加保费，但是在保险公司增加保费之后则产生逆向选择，只有投保风险更大的人会继续投保，迫使保险公司再次增加保费，这样循环下来，保险公司会收取100%的保费，就不会有人投保，市场也将不复存在。

（二）道德风险的治理对策

要解决道德风险，需要代理人产生高努力水平的自我激励，要么对其败德行为产生足够的长期负面影响；要么在短期合同中对其败德行为给予一定损失。

在长期约束中，主要是通过信任机制、长期合同等构成影响。信任机制是指在长期的经济交往过程中，交易双方彼此掌握的控制对方和克制自己的机制。在现代市场经济中，信任机制的惩罚措施是有效地降低道德风险的方式。长期合同机制：大多长期合同有助于市场交易双方建立起较强的相互约束的机制。长期合同机制与声誉密切相关，建立声誉需要耗费大量成本，从而加大了道德风险的机会成本。

在短期合同约束中，抵押机制、部分保险和风险分摊机制是相对有效的方式。大多在信息不对称的情况下，分担风险是有效地降低道德风险的方式。如在汽车保险市场上，保险公司对被盗汽车不进行全额赔偿，而是只赔偿一部分，比如说70%，这样就会促使投保人自己增强防盗设施，从而减少了道德风险行为的出现。再如，有人利用商场"无条件退货"的承诺在需要的时候先把衣服买下来，使用完之后再去商场退货，从而实现免费穿衣的目的。如果商场规定退货要支付折旧也可以避免这种现象的发生。此外，通过设立保证金、押金等抵押机制也能减少道德风险的发生。

第六节　信号机制

信号是市场上信息多的一方通过某种方式将信号传递给信息少的一方,即向市场发送信号。生产质量较高、较可靠的产品的厂商就通过提供质量保证或售后服务的方法来使消费者明白他们出售的产品是可靠的。因此,消费者就能将保证书视为高质量的信号,并愿意支付一定溢价来取得质量的保证。

一、斯宾塞信号传递模型

信号传递模型(Signaling Model)是经济学家迈克尔·斯宾塞(A. Michael Spence)于1974年提出的,旨在说明一个人接受教育的程度在劳动就业市场上的作用。该模型的一个基本假定是:一个人如果能干的话,则意味着其在升学、毕业的竞争过程中也可轻而易举地成功;反之,如果一个人在升学、毕业的竞争过程中遭到淘汰,则说明这个人的能力有问题。因此,一个具有较高生产率的人会选择攻读高学位作为其信号,向雇主显示自己具有较高的生产能力,从而使雇主向其支付较高的工资。

（一）教育成本

假定"教育成本"仅指一个人为了完成某一个项目,获得毕业证书所付出的努力成本,而不包括学费。能力强的人学习的机会成本较低。反过来,能力弱的人或者要投入相当于别人几倍的精力,或者必须全脱产全身心投入学习,因此牺牲了工资收入。

（二）模型的假设条件

劳动力市场有两类人,生产能力可分为高低两个档次。生产能力强意味着做什么事情都轻松。雇主根据生产能力支付工资,高能力者的企业贡献为2,低能力的劳动者的企业贡献为1,为此,企业通过劳动力市场的竞争达到标准工资水平,为高能力者支付工资2,向低能力者支付工资1。

由于信息不对称,企业在雇佣工人时,并不能观察劳动者的能力,只能凭借可信的信号来识别劳动者的能力。

假定低能力(θ_L)比例为q,高能力(θ_H)的比例为$(1-q)$;雇主不知道应聘者的具体能力类型,只能根据市场的平均水平给定工资,那么工资按生产能力给定:

$$w = q \cdot \theta_L + (1-q) \cdot \theta_H = q + (1-q) \cdot 2 = 2 - q$$

这样就构成了典型的逆向选择问题。如果能有劳动者传递市场信号,将如何改变上述问题呢?假定劳动者传递信号的成本随着能力差异而不同:

对于低能力者,信号的获取成本为:$C(e)=e$;

对于高能力者,信号的获取成本为:$C(e)=ke$,其中 **0<k<1**。

即高能力者相对低能力者能更轻松地获得学位信号。

劳动者如果获得工作,得到工资 w,则其得益为工资减去教育成本,记为:$w-C(e)$;企业如果雇佣一名职员,职员的贡献为 y,那么企业的得益为:$y-w$。企业希望市场提供一个完美的教育信号 e^*,使得 $e<e^*$ 的教育者是低能力的,从而付给工资 1;反之为高能力者,企业付给工资 2。

由于只有两档工资,劳动者也会根据自身利益选择教育情况:如果 $e<e^*$,那么工资为 1,则雇员的得益为 $1-C(e)$,所以雇员会选择 $e=0$;如果 $e>e^*$,工资为 2,则雇员得益为 $2-C(e)$,所以雇员会选择 $e=e^*$。

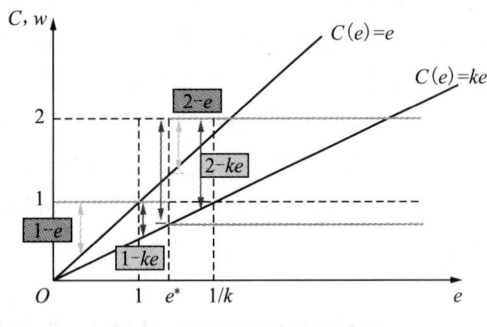

图 5-10 文凭的信号功能

(三) 文凭的信号作用

如果上述信念得到证实,那么企业希望高能力者更倾向获取 $e=e^*$ 的教育信号,而低能力者选择 $e=0$ 的教育信号。那么由激励相容约束条件可得到:

$$\begin{cases} 2-ke^* > 1-k \cdot 0 \\ 1-0 > 2-e^* \end{cases}$$

所以,当 $1<e^*<1/k$ 时,高能力者和低能力者对学习的预期存在显著差异。当这一条件满足时,企业的愿望和信念将得到实现:所有选择 $e>e^*$ 的人都是高能力者,反之为低能力者。

理解文凭信号作用的关键是不同类型的人传递信号的成本不同,作为教育门槛的教育成本必须满足下列条件才有可能传递信号:

第一,能力高的人将来可能获得的工资(可能的产出水平)显著高于教育成本,而能力低的人的预期工资低于教育成本时,能作为劳动力市场信号;

第二,能力高和能力低的教育成本差异足够大;

第三,教育文凭的真实性和信誉。

该模型假定信号传递的例子在生活中是很多的。例如,美国大学留学申请首先要看申请者的 TOFEL 和 GRE 的成绩,第二是他们(她们)的 GPA,第三是推荐信。他们当然不可能知道每个中国学生能力的高低,到底适不适合研究经济学,能否做出成就;但他们必须根据中国学生所提供的材料做出录取与否的选择,而 TOFEL 和 GRE 成绩(以及其他材料)就可能起到传递申请者能力以及学习意愿等作用。

而从劳动经济学角度看,教育究竟是作为信号机制存在,还是人力资本的投入存在,则存在争论。持信号观点的人可能会指出,大学毕业生比大学中途退学学生能够获得较高的收益率就足以证明学校教育是一个信号系统。他们认为,在学校所学到的东西与在学校所花费的时间是成比例的,而对某一文凭所支付的额外奖金(收益率)正是对信号假设所提供的一种证据。而那些认为学校教育提高了一个人的人力资本的人则可能会提出相反的意见,即上完四年大学之后毕业的人可能比那些刚进大学就退学的人所学的东西多出四倍。他们认为,退学者更有可能是能力较差的学生,他们起初过高地估计了自己可能从大学教育中获得的收益,而一旦他们发现了自己的这种错误,他们便会退学。这样,他们所获得的较低的收益率不是与他们的退学行为联系在一起的,而是与他们退学的原因联系在一起的。

再举一个例子来看,赞成教育的人力资本观点的人指出,大学毕业生和高中毕业生之间的工资报酬差距会随着年龄的增加而不断扩大这一事实支持了他们的观点。如果学校教育仅仅是一个信号系统,那么雇主可能在一开始时会对它有所倚赖,但是当他们从经验中积累了一些关于雇员工作情况的信息之后,学校教育在雇员工资决定中所占的比例就很小了。而支持信号假设的人则可能会提出这样的相反看法,即工资报酬差距的不断扩大和学校教育与工资报酬之间所存在的一直不断的这种联系,恰恰说明了受教育程度是一个成功的信号系统。

二、价格作为质量信号模型

该模型由萨洛普(Salop)于1977年提出。该模型认为:在同一时期内,消费者对于同一商品的信息不均匀,知道商品质量信息的人可以对不知道质量信息的人发出具有正外部性的质量信号,可以迫使供应者改进质量。该模型描述如下:

设在一时期内,有 ρ 的消费者完全知晓商品信息,ρ 为外生变量。假定消费者的偏好为:$u = \theta s - p$。s 为逻辑变量,取值 0 或者 1,0 表示为劣质商品,1 表示优质商品。不同的商品具有不同的生产成本,优质商品的生产成本 $c_1 >$

0，劣质商品的生产成本$c_0 \in (0,1)$。θ为优质商品的市场期望价值，一般地，$\theta > c_1$。

对于知晓商品信息的消费者ρ，当他们发现$s=1$时会选择购买，并且$p=\theta$；当$s=0$时就将放弃购买；而另外$1-\rho$的不知情者，只能在购买并体验商品后才知道商品的质量。假定垄断者的索价为$p \in [0,\theta]$，如果知晓商品信息的消费者ρ完全购买，表明该商品为优质商品，那么垄断者获利$\rho(p-c_1)$；对于不知道商品信息的消费者，有两种消费主张：

第一，不消费。那么垄断者唯一的获利来源是知晓商品信息的消费者，那么从厂商利润最大化角度出发，垄断者的最优策略是提供优质商品，否则，利润为0。而在这种情况下，不知道商品信息的消费者虽然不清楚商品质量的分布，但是知道垄断者的博弈过程和规则，他们可以推断出垄断者必将提供优质商品，进而期望购买。

第二，消费。这样垄断者的利润将变为：

提供优质商品：$\rho(p-c_1) + (1-\rho)(p-c_1) = (p-c_1)$，

提供劣质商品：$(1-\rho)(p-c_0)$。

这样，可知要让垄断者提供优质商品的策略优于劣质商品提供策略，需满足：

$$(p-c_1) \geqslant (1-\rho)(p-c_0)$$

即：

$$p \geqslant \frac{(c_1 - (1-\rho)c_0)}{\rho}$$

从上面的价格结论可知：

（1）当价格足够高时，垄断者有动力提供优质商品，即改进商品质量。因此，高价商品在某种程度上意味着优质商品的信号；

（2）从消费者角度看，可接受的最高价格为θ，那么，代入得到消费者对商品的期望价值θ越高，垄断者越有可能提供优质商品；

（3）对于知晓商品信息的消费者ρ的比例越大，则垄断者越有可能提供优质商品，即在一个全民都精通的市场中，提供优质商品是更好的策略。

在具体的分析中，如海外代购和电商的定价问题是典型的萨洛普模型分析问题。如果对于知晓产品质量受众较多的海外知名品牌产品，其价格机制相对透明，卖家则倾向以较高价格提供优质商品；反之，对于小众品牌，则卖家倾向通过各种促销提供非优质商品。

三、信息甄别

罗斯柴尔德和斯蒂格利茨（Rothschild and Stiglitz，1976）进一步发展了阿克洛夫(1970)、斯宾塞(1973,1974)的研究成果,提出通过一定合同的安排,缺乏信息的一方可以将另一方的真实信息甄别(筛选)出来,实现有效率的市场均衡,即信息甄别模型。

信息甄别(screening)是市场交易中没有私人信息的一方为了减弱非对称信息对自己的不利影响,能够区别不同类型的交易对象而提出的一种交易方式、方法(或契约、合同)。例如,在保险公司设计保险合同时,投保人知道自己的风险,保险公司不知道;保险公司针对不同类型的潜在投保人制定了不同的保险合同,投保人根据自己的风险特征选择一个保险合同。

下面构建一个可分离的自选择模型。**模型的假设条件**:

(1) 保险市场有两类投保人,高风险和低风险,出事故概率分别为 q 和 r,于是 $0<r<q<1$。

(2) 两类人都有财产 w,发生事故都会损失 L。保费为 P,自赔为 D。

(3) 信息不对称,保险公司不知道某个具体的投保人是高风险还是低风险。

设所有的投保人都有财产 w。一旦发生事故,会损失 L。因此,如果不买保险,消费者的最终财产或者为 w,或者为 $w-L$。一旦买了保险,其必然要付出保险费,记为 P。同时,保险公司还规定有一部分损失应由投保人自负,自负损失记为 D。所以,如买了保险,消费者的最终财产或者是 $w-P$(如果事故没有发生),或者是 $w-P-D$(如果事故发生)。根据上述假定有:

财产	概率	
	低风险投保人	高风险投保人
$w-P$	$1-r$	$1-q$
$w-P-D$	r	q

假定低风险的顾客与高风险的顾客具有同样的效用函数,这个效用函数呈凹性,因为在这里,顾客是规避风险的。风险低的顾客的期望效用取决于自负部分 D,保险价格 P 与事故概率 r。其期望效用为:

低风险投保人:$EU(D,P)=ru(w-P-D)+(1-r)u(w-P)$;

高风险投保人:$EU(D,P)=qu(w-P-D)+(1-q)u(w-P)$。

保险公司不知道保险人属于何种性质,但可以通过设置不同的 P 和 D 的组合,让消费者自我选择,进而区分出不同的消费者。对于谨慎的顾客而言,自己出事故的概率较低,他会选择较高的自负保险部分 D 和较低的保险价格 P;反之,冒失的顾客会选择较低的自负保险部分和较高的保险价格。这两类保险顾客对于 D 和 P 的偏好可以描述为图 5-11:

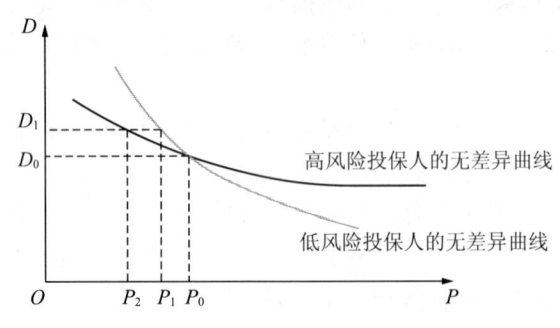

图 5-11 不同投保人的无差异曲线

在图 5-11 中,高风险顾客的无差异曲线比较平坦,而低风险顾客的无差异曲线比较陡峭。基于上述讨论,我们来分析保险政策的筛选功能。保险公司对 D 与 P 可以有各种搭配,但基本原则是让自负损失 D 与保险价格 P 之间存在替代关系,如图 5-12。图中画出了四条无差异曲线,对每一种类型的消费者都各画出两条。注意,由于 D 与 P 对投保人都意味着损失,所以,无差异曲线越接近于原点,则越是代表高的效用水平。

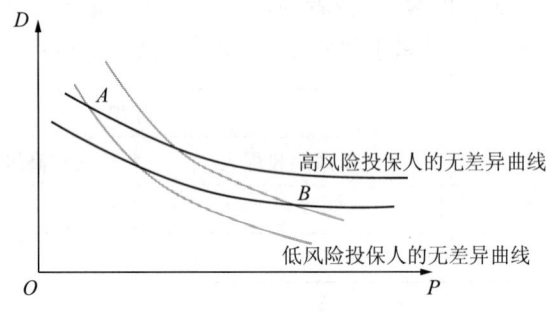

图 5-12 保险政策的信息甄别

在信息甄别模型中,要想产生分离均衡,甄别者(没有私人信息的一方)所提的同一交易合同对不同的被甄别者必须有不同的收益(效用);而在信号传递模型中,同一信号对不同发送者必须产生不同的交易成本,才能产生分离均衡。信息甄别与信号传递的差异还在于,在信息甄别机制中,没有私人信息的一方先行动,而在信号传递机制中,有私人信息的一方先行动。

本章小结

市场大多具有信息不对称的特点,市场上总有一部分参与者比其他的市场参与者拥有更多的有关某些事件的知识或概率分布。由于信息不对称的存在,产生了委托人和代理人的角色差异,并构建了依托合同或契约的委托代理关系。

一般认为,掌握信息多,或具有相对信息优势、行动优势的市场参加者称为代理人;掌握信息少,或具有相对信息劣势、行动劣势的市场参加者称为委托人。而有效的委托-代理关系可视为在信息不对称或不充分条件下,市场参与者局部进行的配置优化和效率改进,对参与者也是双赢关系。

由于委托人和代理人独立行动,因此,委托人和代理人双方之间是否真实了解对方的行动能力,以及合同签署后代理人是否真实地履行自己的行为能力,都会影响合同的执行效果。上述问题即构成信息经济学中的逆向选择、道德风险以及信息甄别等核心命题。其中:

"逆向选择"是事前隐藏信息的行为,是由于信息不对称市场最终会选择劣质资源淘汰优质资源的一种市场选择机制,其主要理论贡献者是阿克洛夫。

道德风险是研究事后非对称信息的模型,是指参与者通过个人独占的私人信息采取有利于自己而损害他人的行为,其主要理论贡献者是斯蒂格利茨,并在保险、企业治理理论中广泛应用。

信号传递模型(Signaling Model)是经济学家迈克尔·斯宾塞(A. Michael Spence)于1974年提出的,旨在说明一个人接受教育的程度在劳动就业市场上的作用,揭示了人们应如何利用其所掌握的更多信息来谋取更大收益方面的有关理论。信息甄别(screening)是市场交易中没有私人信息的一方为了减弱非对称信息对自己的不利影响,能够区别不同类型的交易对象而提出的一种交易方式、方法(或契约、合同)。

导入案例小结

案例说明了交易过程中普遍存在的信息不对称现象,这种信息不对称既有事前的产品信息不对称,也有事后的行为信息不对称。由于信息不对称的存在,市场中存在投机者,或者故意通过隐瞒信息造成信息不对称来获取额外暴利的市场行为,这要么损害了消费者利益,形成不良影响;要么降低了整个市场的信用,会影响消费者未来在该市场中持续消费的预期,形成市场萎缩。

这种现象是逆向选择问题,应该通过相应的逆向选择治理对策予以改善。通过本章介绍可知,解决逆向选择问题的两种基本方法是"信息传递"和"信息筛选",具体形式包括:信息搜寻等直接获取信息、信号显示(signaling)机制、信息甄别(screening)机制、声誉机制、政府规制(regulation)和市场中介等办法。

课后习题

1.(马费成,2004)在旧车市场有 q 比例的旧车买主由于出国或其他原因而不得不卖掉旧车,而且旧车质量较好;另有 $1-q$ 比例的旧车买主只是为了占便宜才卖旧车。如果买者出价为 p,则购车的概率为:

$$Q(p)=q+(1-q)\text{Prob}\{v\leqslant p\}=q+(1-q)\frac{p}{10000}$$

那么该市场的均衡价格为怎样的水平?

2. (大学生选课的逆向选择问题)将选课看成一个市场交易的活动,商品为课程,θ 代表课程的质量,商品的价格 P 即学生付出的时间和精力。买者为学生,卖者为老师。模型假设如下:

H1:老师拥有课程的私人信息,并能充分理解课程的好坏,而学生由于身份的限制对于将要选择的课程不能掌握完全的信息。

H2:由于学生为典型的风险厌恶者,则其对课程需求函数一阶导数应大于0,二阶导数小于0。

H3:老师提供的课程质量不一,其类型呈现连续分布,对于可选的课程,假定课程的质量 θ 在[0,100]上均匀分布。

H4:学生和老师对于课程的效用评价不同。

同时将个人选课过程描述如下:老师判断课程的价值为 $V(\theta)$,并给出其货币价值 $P1$。学生根据观察到的课程的信息,根据自身的特性对课程进行效用评价 $U(\theta)$,并提出一个自身愿意承受的最高价格 $P2$。在市场中如果 $P2>P1$,则选课行为发生,否则行为不发生。

通过与30位大学生交流,发现学生在选课时,对课程价值的考量,不仅局限于对课程质量的评价,更多的是考虑这门课程的难易程度,是否容易学习,学习这门课程存在的机会成本,即在学习此门课程的同时需要放弃的成本是多少。而老师对这门课程的效用的评价,完全根据其本身的质量而定。学生对课程价值的评价函数为 $V(\theta)=(1+\varepsilon)\theta$。通常来说,学生的评价受其他因素的影响,在 θ 较小时,由于此时较易获取学分,机会成本较少,ε 大于0,但随着 θ 的增大,由于学生选课心理影响,对课程的评价与其本身的价值偏离,ε 逐渐减小,变为负数。需求曲线为 $P=(1+\varepsilon)\theta$。老师对课程评价的函数为 $U(\theta)=\theta$,供求曲线表示市场上平均质量和价值的关系。根据老师对课程评价,市场的供给曲线为 $P=2\theta$,表明尽管市场上的课程质量随着价格的上升而上升,但是平均质量上升的幅度小于价格上升的幅度。选课市场中的供给和需求曲线,$P0$ 表示对于选课愿意付出的最高价格,A 表示均衡点,$\theta<\theta A$ 的课程可能被选择,而逆向选择使得 $\theta>\theta A$ 的课程选择人数过少,退出市场。该模型的缺陷是:为方便分析将提供的课程质量假设为均匀分布,而现实中的分布并不如此,更倾向于正态分布。

试通过上述描述分别绘制大学课程的供给和需求曲线,并分析该选课市场的均衡情况。针对该均衡,谈谈如何改进。

3. (固定地租问题)假定土地产量为 $f(x)$,承租人的努力成本为 $c(x)$,产量受天气不确定因素影响,努力成本函数符合前面的假定。不论丰收与否,土地所有者(地主,委托人)按一定固定价格 R 向劳动者收取地租,劳动者(佃农,代理人)获得缴纳地租 R 后的所有产量,即

$$s(f(x)) = f(x) - R$$

劳动者的总效用满足:

$$u = f(x) - c(x) - R$$

因此: $R = f(x) - c(x) - u$

从劳动者角度出发,他的最优策略为:

$$\underset{x}{Max}:(f(x) - c(x) - R)$$

如果产量存在随机分布,意味着代理人将不得不承担随机因素引发的所有风险,而委托人可以无风险地获得固定价格 R 的地租。试问:在此合同框架下,劳动者有无最优行动策略?

4.(劳动工资问题)委托人规定一个单位劳动工资率 W,代理人(劳动者)的工资结构为:一部分是一次性总付报酬或固定收入 K;一部分是按不变工资对代理人的每单位劳动支付的报酬,或"按劳分配"工资,因此,该激励机制的形式为:

$$s(x) = w(x) + K$$

这里,工资水平 W 等于代理人在最优水平 x^* 上的边际产值 $MP(x^*)$。换句话说,W 需要确定在这样一个程度上,使代理人恰好愿意付出 x^* 水平的劳动。此时,常数 K 被 W 唯一确定,即满足参与约束,于是,劳动者的效用函数 $s(f(x)) - c(x)$ 的最大化转为:

$$\underset{x}{Max}:w(x) + K - c(x)$$

(1) 那么这种情况下,企业最优的工资支付水平是多少?

(2) 在分成制度下,代理人与委托人双方都按一定比例从收益中获得各自的利润。假设代理人的份额采取:

$$S(x) = af(x) + F$$

的形式,其中,F 为常数,$a < 1$。这样,由于代理人最大化问题:

$$\underset{x}{Max}:af(x) + F - c(x)$$

请问在分成制中,员工和企业能否改进获益?

5.(最优教育信号问题)如下图所示,假设雇主现在要求想进入工资为 2 的工作岗位的人必须在高中毕业后还要接受 e^* 年的正规学校教育,那么如果他们想要将这一雇用标准进一步提高到 e',情况又将是怎样的呢?那些教育成本沿着直线 C 延伸的人仍然会发现,从他们的最大利益出发,保持高中后教育年限为零是最好的选择。而那些教育成本是沿着 $C/2$ 延伸的人则会发现,投资于所

要求的 e' 年教育是有利可图的(这是因为距离 $B'F'$ 大于距离 AO)。然而，如果要求那些被挑选来从事高工资工作的人具有更高的学校教育年限，那么这会给他们带来更高的成本(对于整个社会来说也是如此)。所以，将 e' 高中后学校教育作为所要求的信号并非一项最优的社会选择。按此分析逻辑，可否求解对于上述两种工人能力的市场，最优的教育信号是高中后接受多长的继续教育？

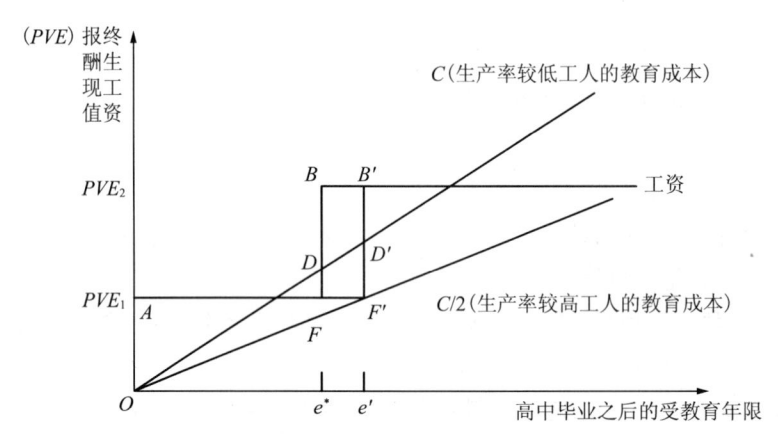

要求过高的教育信号可能只会增加成本而不会带来收益

延伸阅读

  主流微观经济学教材中一般都会涉及不对称分析和信息经济的基本模型和原理，专门的信息经济学教材中会有深度的剖析。由于信息经济学和机制设计多次获得诺贝尔经济学奖，本领域的经典文献非常多，理论研究与应用研究也非常多。可以从二次文献、综述或教材着手，把握不对称信息经济学的基本原理与应用，着重分析思路的应用。

参考文献

  Akerlof G. The Market for Lemons：Uncertainty and the Market Mechanism[J]. *Uncertainty in Economics*，1970，volume 79(3)：235，237-251.

  Chol.K.and Kreps D.M. Signaling Games and Stable Equilibria[J]. *Quarterly Journal of Economics*.1987,102(2)：179-221.

  Gibbons R. *A Primer in Game Theory*[M]. Harvester Wheatsheaf，1992.

  Gjesdal F. Information and Incentives：The Agency Information Problem[J]. *Review of Economic Studies*，1982，49(3)：373-390.

  Grossman S. J.，Hart O. D. An Analysis of the Principal-Agent Problem[J]. *Econometrica：Journal of the Econometric Society*，1983：7-45.

Laffont J. J., Martimort D. *The Theory of Incentives: the Principal-agent Model*[M]. Princeton University Press, 2009.

Luce R. D., Raiffa H, Teichmann T. Games and Decisions[J]. *Physics Today*, 1958, 11(13):93-105.

Mailath G.J. Incentive Compatibility in Signaling Games with a Continuum of Types[J]. *Econometrica*. 1987,55(6):1349-1365.

Milgrom P. and Roberts J. Limit Pricing and Entry under Incomplete Information: An Equilibrium Analysis[J]. *Econometrica*. 1982,50(2):443-460.

Millon M. H., Thakor A. V. Moral Hazard and Information Sharing: A Model of Financial Information Gathering Agencies[J]. *The Journal of Finance*, 1985, 40(5):1403-1422.

Myers S.C., Majluf N. S. Corporate Financing and Investment Decisions When Firms Have Information that Investors Do Not Have[J]. *Journal of Financial Economics*, 1984, 13(2):187-221.

Myerson R. B.. Incentive Compatibility and the Bargaining Problem[J]. *Econometrica: Journal of the Econometric Society*, 1979:61-73.

Pauly M. V. The Economics of Moral Hazard: Comment[J]. *The American Economic Review*, 1968:531-537.

Salop S. The Noisy Monopolist: Imperfect Information, Price Dispersion and Price Discrimination[J]. *The Review of Economic Studies*, 1977:393-406.

Spence A.M. *Market Signaling: Informational Transfer in Hiring and Related Screening Processes*[M]. Cambridge: Harvard University Press, 1974.

Spence M. Job Market Signaling[J]. *Quarterly Journal of Economics*. 1973. 87(3):355-374.

Stiglitz J.E., Weiss A. Credit Rationing in Markets with Imperfect Information, Part I[J]. *American Economic Review*, 1981, 71(3):393-410.

Stiglitz J.E.. Information and Economic Analysis: A Perspective[J]. *Economic Journal*, 1985, 95(377):21-41.

Varian H.R., Varian H.R. Intermediate Microeconomics: a Modern Approach./V. R. Varian. [J]. *Intermediate Microeconomics A Modern Approach*, 1993.

E.曼斯菲尔德.微观经济学:理论与应用[M].北京:中国金融出版社,1992.

陈禹,谢康.信息经济学及其应用[J].改革,1998,2:95-101.

陈禹.信息经济学教程[M].北京:清华大学出版社,2011.

Google 搜索,每天 57.24 亿次搜索;
Gmail 邮箱应用,9 亿用户每月使用;
YouTube 视频网站,13 亿用户每月使用;
Google Maps,超过 10 亿用户每月使用;
Android 操作系统,14 亿用户每月使用——不包括中国 Android 用户;巨大的用户流带来了丰厚的广告收益。Google 每个季度的营收增长速度一直保持在 10% 以上(图 6-1)。

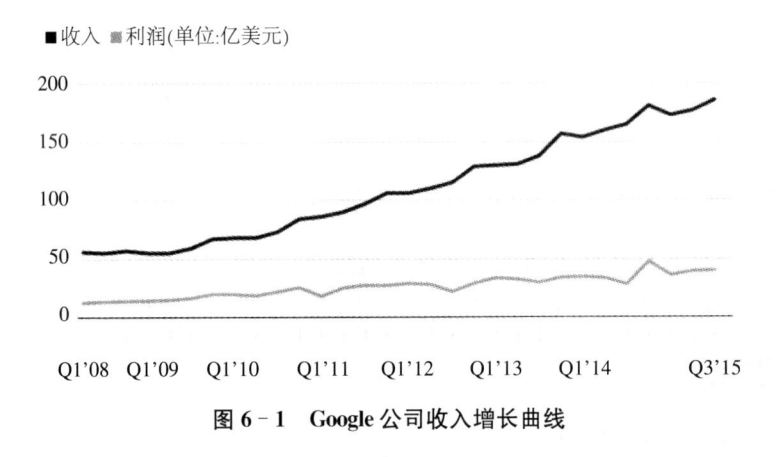

图 6-1 Google 公司收入增长曲线

2015 年 8 月,Google 变身为 Alphabet——成为一个个子公司的合集,囊括所有互联网服务的 Google 只是其中之一。仅 2015 年 7 月至 9 月,Alphabet 公司总收入 186.75 亿美元,比起去年同期增长 13%;账上有 600 亿美元流动资金,广告收入占总收入的。受此影响,Alphabet 市值达到 4500 亿美元,成为仅次于 Apple 的互联网公司。

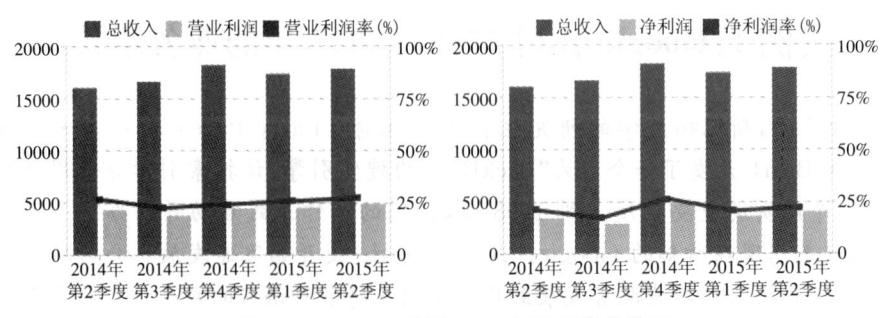

图 6-2 Google 公司 2015 年财务营收情况

案例2：苹果公司2015年财务报告

财报显示：2015年第4季苹果营收515.01亿美元，同比去年增长22%；净利润111.24亿美元，同比去年增长31%。去除制造成本的毛利率也达到了39.9%。

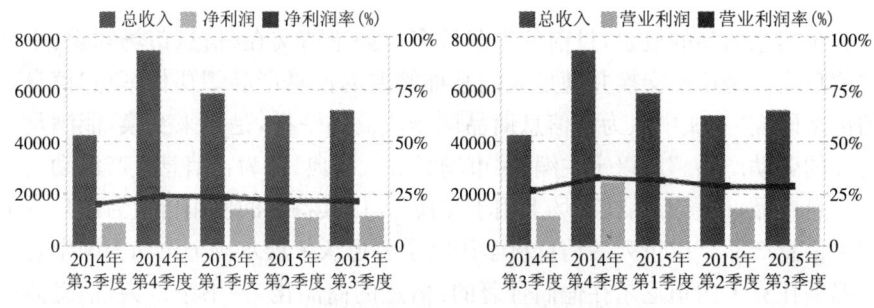

图6-3 苹果公司2015年财务营收情况

具体到产品上，苹果公司2015第四财季一共售出4804.6万部iPhone，比去年同期的3927台增长了22%，营收322.09亿美元，比去年同期增长36%；一共售出988.3万台iPad，比去年同期的1231.6万台下滑20%，实现营收为42.76亿美元，亦比去年同期下滑20%；一共售出570.9万台Mac电脑，比去年同期增长3%，实现营收为68.82亿美元，比去年同期增长4%。而苹果的新产品Apple Watch，苹果并未单独公布其销量，而是将其纳入其他产品类别，当季，来自于其他产品的营收为30.48亿美元，比去年同期的18.96亿美元增长61%。除此之外，特别值得一提的是苹果在大中华区营收为125.18亿美元，比去年同期的62.92亿美元增长99%。（注：文中图片来自Google财经）

案例讨论

(1) 为什么Google公司和Apple公司的业务能够快速增长？
(2) 数字产品与传统物质商品相比，有何不同？
(3) 数字企业面临的主要问题有哪些？

信息商品是一类与传统物质商品显著不同的商品类型，20世纪90年代兴起的"新经济"和"信息经济"研究关注其特有的商品特征和市场规律。本章将简要介绍信息商品的内涵、价值特征和价格策略。

第一节　信息商品概述

一、信息商品的概念

关于信息商品的概念，目前的表述很多。如于清文在《信息市场知识》中认为："信息商品是用来交换并满足人们某种需要的信息产品。"郑长军在"信息商品的价格研究"一文中认为："信息商品同物质商品一样，是用来交换，能满足人们需要的劳动产品。"厉以宁主编的《市场经济大辞典》认为："信息生产活动的成果是信息产品，信息产品在市场上用于交换，并以其特殊的使用价值为用户服务就成了信息产品。"以色列的信息科学研究学者尼沃·埃尔科金伦和美国学者尼尔·温斯托克·内坦尼尔在他们合著的《信息的商品化》一书中认为，信息商品是用来交换并能满足人们某种需要的信息产品。

事实上，信息商品的定义包含两重基本含义：信息商品具有商品的基本属性，但信息商品不是信息价值实现的唯一方式。

（一）信息商品的商品基本属性

信息商品也是商品，因而信息商品也应具备商品所应具备的三个基本条件：

① **信息本身是劳动产品（具有价值属性）**。价值属性是信息商品存在的必要基础，也是信息商品交换的重要依据。在物质商品中，马克思认为商品价格和价值的一致性是市场存在的内在逻辑；在信息商品中，虽然信息价格和信息价值之间存在更大的风险和波动，但信息价值仍然是信息商品交换的重要基础。

② **信息能满足人们的某种需要（具有使用价值属性）**。使用价值是信息商品交换的内在动力。美国著名经济学家肯尼思·J·阿罗在其著作《信息经济学》中写道："人们可以花费人力及财力来改变经济领域以及社会生活的其他方面所面临的不确定性，这种改变恰好就是信息的获得。不确定性具有经济成本，因而，不确定性的减少就是一项收益。所以，把信息作为一种经济物品来加以分析，既是可能的，也是非常重要的。"信息通过对不确定性的减少来降低成本，提高经济效益，并获得了自身的市场价值。因而，有价值的信息具有了用于交换的商品条件。

③ **信息是用来交换的**。信息生产的目的是用于交换。有些信息是作为最终的信息服务、知识产权、咨询产品或竞争情报用于转移和交换；有些信息可能是出于竞争需要的过程产物，最终体现于与先进产品相结合的技术优势。为了提高自己企业的竞争力而组织开发的独占性信息产品，并不用于交换的，不属于

信息商品范畴；信息产品的商品化，是信息产品进入商品交换市场，最大化信息产品潜在价值的过程。

(二) 信息商品的价值实现

信息商品不是信息产品价值实现的唯一方式。信息商品作为一种特定的信息产品，一般具有明晰的可预期价值，收益显著高于成本，同时具有可交付的商品交换方式和确定的产权归属。因此，产品价值不清晰、外部属性显著、不易交割的信息产品不宜作为信息商品。

第一，公益性信息产品不宜进入信息商品范畴。一些信息产品是为满足政府决策需求和公民的公益性需求而生成，具有公益属性，不能以交换为目的进入商品市场，或者如果以信息商品形式推动公益信息产品的交换，反而会阻碍整个社会的经济效率。但这种划分并不绝对，具体实现过程中仍存在少量公益信息的私人供给，如英国的天气预报和气象信息服务。

第二，与物质产品具有高关联性的信息产品不宜商品化。一些信息产品是为物质商品服务的，它对物质商品具有很强的依附性，如果商品化，将产生供求不平衡矛盾，如物质商品的说明书、心理医生的心理辅导等。一般而言，产品说明书是附在物质商品上的，如果将产品说明书与物质商品分离，将其作为商品拿到市场上卖的话，那么势必会影响该物质商品的销售情况，影响消费者的购买欲。但随着网络技术的发展，说明书和各种技术手册，甚至操作系统软件可以便利地无成本获取，这类依附性或关联性信息产品可以便捷地进行与物质产品的分割，但一般仍然不作为独立信息商品而出现。更一般地，产品技术信息会呈现不同的版本，在免费基础版本的基础上，提供收费的加强版本或个性化版本。

第三，产权属性复杂，商品化比不商品化更加麻烦的信息商品。如众创产品，用户贡献内容(UGC)以及社交类/社群类产品，可以通过声誉机制或第三方补偿来实现其价值，而不是信息产品的直接贩售。

此外，还有部分商品化的信息产品，如网络新闻产品和数字阅读产品，其商品化的本质不是信息内容本身，而是因内容关注而产生的注意力和传播力。因此，信息产品不能全部商品化，信息商品只是信息产品中的一部分；信息商品既有直接的信息内容贩售，也有因信息传播和扩散而衍生的二次商品，不能简单地等同于物质商品的表现形式。而信息产品的商品化问题，实质上是允许信息产品进入商品交换市场进而产生经济效益的理念。

二、信息商品化过程

(一) 信息商品与物质商品的分离

信息商品最初蕴含于物质商品，不以独立信息商品形式进行交换和价值转移，表现为统一的商品属性，如书籍、器物等。随着商品经济的发展，信息商品的内容价值逐渐超过其载体价值,且内容表现形式逐渐多样化,逐步演变成独立的商品形态。

信息商品与物质商品具有共同的商品起源。物质商品在生产之初,其中已经包含有一定的信息成分,只不过信息所占的比重很小,人类对其信息价值的认识还比较有限。起初,人类活动主要集中在满足生存需要的物质层面,物质资料短缺与需求的矛盾是主要矛盾,人类生产和消费主要集中在物质领域,因而物质商品中所含的信息成分及其意义并未引起人们的重视。

随着社会分工的细化,体力劳动和脑力劳动分离,专门从事信息生产的职业开始形成,在教育、艺术、宗教等领域逐渐形成了一些专门的劳动者,开始注重对商品中信息内容的专门开发。同时,物质需求随着生产技术的进步得到一定缓解,大量物质条件较好的社会阶层开始寻求非物质层面的消费需求,也促进了信息商品的发展。随着商品中信息的比重逐渐增大,信息商品脱离了物质商品,从物质商品的附属成分演变成为一种独立的商品形态。很多学者认为,15 世纪著作权和专利制度的确立是信息商品正式得到社会认可的标志。

进入现代社会,社会分工进一步细化,信息活动体现得更加多样化和多元化,市场参与主体需要获取更多外部知识产品和信息产品的支持,活跃了信息产品的交换和传播。而且随着现代通信技术和网络技术的发展,扩大了信息商品化的深度和广度,信息商品的地位也得到了充分认可,不仅在从业比例和消费比例上占有重要地位,而且对其他产业的渗透和引领作用也日益明显。以信息商品流转为基础的创新力,越来越成为衡量一国竞争能力和发展质量的重要标志。

(二) 信息产品的商品化过程

从历史发展的宏观角度来看,信息商品化是现代社会发展的必然趋势。在经济活动中,信息的不完全和非对称,使得信息具有了价值,也使得信息能够作为一种特殊的商品存在。

尽管现在我们可以从网络上获得许多我们所需要的免费信息,但免费信息提供方的目的也是为了进行交换,是用免费信息交换消费者的眼球和消费者的隐私。人们在获得这些免费信息的过程中,要么付出了自己的隐私信息,要么付出了自己的注意力,所以也为这些免费信息付出了成本。这些免费信息实质上也是人们通过交换获得的,所以,这些免费信息也符合商品的三个条件,也属于信息商品。

(三) 信息商品的泛化与扩散

在信息产品的商品化程度上,即信息商品的品种和数量都不断增加,不仅专利技术、非专利技术、市场信息成为商品,而且科研信息、文化信息、政策信息等也具备形成商品的基本形态。理论上讲,只要市场对某一信息商品产生需求,就应该有该信息商品的生产与经营。

信息商品按照加工的深度不同,可以分为一次信息商品、二次信息商品和三次信息商品。信息商品按照载体可分为两大类:有形的信息商品和无形的信息商品。前者又分为出版物、机读产品、研究报告和声像产品;后者又分为文献服务、检索服务、咨询服务等类型。

信息商品数量的增加不同于物质商品的批量生产,而是指某一商品在知识产权等法律约束下的反复提供,以扩大信息的共享范围,从而实现信息产品商品化的目的。而信息服务和信息咨询,由于其载体性不明确,往往也纳入信息商品的范畴。

第二节　信息商品特征

信息商品是非物质产品,具有与物质商品不同的经济特征;作为商品也具备有用性、价值性和稀缺性等一般商品的基本属性。信息商品的特殊属性导致信息商品在生产、交换和消费中,不同于传统物质商品的普遍经济现象和经济规律。

一、信息商品的信息特征

(一) 非物质性

信息的非物质性是指信息价值与信息内容相关,而与载体形式无关。无论信息存在于何种物质载体内,都表现为非物质的信息状态,信息内容都是等价的。例如:磁带、CD、MP3 等不同存储形式的音乐产品,对于消费者而言,音乐带来的娱乐和消费享受本身是无差别的,而且并不因载体形式的变化而影响原内容的需求。

在信息商品消费过程中,消费者对信息内容的体验是无差异的,如阅读精装书籍和平装书籍对一般阅读者内容是无差异的;从电视上、网络上或电影院观看电影的内容是无差异的。这时,我们将这类信息商品定义为:能独立于原物质载体而独立转移,信息产品可以交换,而其原来的物质载体不需随其移动,即纯信息商品、信息内容商品。还有一类信息商品,与物质载体融为一体,必须随其原有的物质载体转移,我们称之为体验性信息商品或体验产品。如电影院的电影和 DVD 电影对观众的环境感知差异很大;正版图书和盗版图书的阅读效果差别也比较大;追求时尚的苹果手机和一般廉价的山寨手机,虽然通讯功能是一致的,但用户体验效果差别较大。

（二）消费无损耗性

物质商品具有消耗性，物质商品一旦消耗，就不再具有原来的使用价值，就会发生价值转移和流逝。物质商品在消费和使用中是以自身的消耗和磨损为代价的。人类的消费行为将产品的独立形式毁掉，使之失去原来的使用价值，完成其作为商品的功能。这就是物质商品的消耗性。而信息商品在使用和消费中表现为信息内容从一种物质载体转移到另一种物质载体，无论怎样转移，信息商品的使用价值和效用都不会消失。这就是信息商品的消费无损耗性或称非消耗性。

与非消耗性对立的信息商品的无形损耗。这种损耗并不是由于信息商品本身的消费和利用而引起的，而是由于更为先进的同源产品的出现而使得原来的信息商品价值下降。科技含量较高以及时效性较强的信息商品的无形损耗尤为突出。

具体地，信息内容商品无论怎样转移和使用，都不会失去使用价值和效用。体验性信息商品由于必须随其原有的物质载体转移，所以当物质载体损害时，信息商品本身也不存在了，但由实体表现的思想却保留下来，作为再创造的源泉。

（三）非占有性

非占有性也称共享性、非排他性，信息的共享性表现为信息的价值不会因为消费数量的增加而衰减。运用经济学术语解释，信息的价值并非严格的边际递减。例如：苹果一旦被两个人分享，每个人只拥有半个苹果；而知识被分享，则两个人能同时无差异地拥有全部被共享的知识。也就是说，物质商品的消费表现为占有和消耗，商品拥有者和潜在消费者之间呈现严格的排他关系；信息商品在消费和使用中表现为扩散和载体转换，在转换中，商品的信息内容并不会因此而损耗。信息商品经过市场交换后，结果不是独占，而是更广范围内的价值扩散与倍增。

由于信息的非占有属性，信息的潜在社会价值可以无穷大，教育普及和信息资源共享正是利用了信息的这一属性。

（四）累积性与再生性

物质商品是可消耗的，在消费和使用中，其独立的物质形式和使用价值将最终消失，因此，物质商品不会在使用中再生。而信息具有非消耗性，生产出来后，通过保存、积累、传递，达到累积，后人仍可消费利用；在量累积的基础上，还可以通过创新生产出新的信息商品，实现信息商品的再生。如操作系统、软件版本的升级，信息资源的开发利用。信息内容商品可以保存、积累、传递，达到时间点上的延续，满足后代的需要。

信息商品在满足人们需要和利用的同时，必然会生产出新的信息产品，信息商品利用越多越广，效用发挥越充分，创造出的新信息商品就越多。

(五) 时效性

时间依赖性或易逝性,是信息产品区别于物质产品的另一重要属性。内容性信息产品具有很强的时效性,如新闻、证券、外汇、股票信息等。许多在线游戏在一段时间内很受消费者欢迎,但不久就会有更受欢迎的游戏替代它们。通常网络上的某些实时信息,需要消费者通过付费来获取,而相对滞后的相应信息,则只需支付较低的费用,甚至免费就可获取。

(六) 多样性

作为对象的信息与作为消息的信息满足一个蜕变过程,即符号-数据-信息-知识-智慧(DIKW链)。所以,信息的存在状态和价值表现可以是多元的。一般认为,所谓信息是指各类信息源所发出的各种信号和消息经过释放和传递或转换而被人们所感知、接受、认知、理解和利用之内容的总称。不同的信息表现形式,不同的信息理解层次,进而具有不同的信息成本,体现为不同的产品形态。

此外,数字化的信息商品还具有一些不同于传统信息资源的特殊属性,如机器依赖性、物理生命周期短、媒体脆弱性、强流动性等。

二、信息商品的特有经济特征

作为商品,信息商品具有一般商品的经济共性,如价值、使用价值、稀缺性和产权属性;同时,具备信息商品特有的高固定成本低可变成本、体验性、锁定等相关属性,并进而延伸出外部性、公共物品属性、非对称性和垄断属性。后面四种属性将在第八章详细介绍。

(一) 稀缺性

需求和稀缺性具有相对性。"稀缺"并不以"给定的资源"或"资源有限"为前提条件,而是从人类的欲求出发,与选择、偏好密不可分。因而,稀缺由主观需求所决定——消费者对某样东西无需求,它数量再少也构不成"稀缺";反之,如果具有需求,再"充沛"的物品也能形成"稀缺性"。

以阳光为例,阳光无限与否并不重要,重要的是阳光并非均质地撒到每个人身上;而且每个人对阳光的欲求也不同——爱白的女性躲之唯恐不及,热爱健康的人不仅爱晒日光浴,而且偏爱阳光,对于后者阳光显然是稀缺的;房地产销售中,同样的房型由于对阳光的承受面积和范围不同,不同的楼层、不同的朝向,就产生了因阳光而导致的价格差异。

信息商品亦如此。互联网上有海量信息,但每个人的需求不一样,这才有了门户网站、学术网站、行业网站、游戏网站等不同的信息内容服务中介,才有了因信息稀缺性带来的买者竞价。目前,数字信息资源总量急剧膨胀,但组织无序,存取效率并不高,从利用角度看,优质而有序的信息资源仍然是"稀缺的"。

（二）高固定成本低可变成本

高固定成本低可变成本，是信息产品的重要成本特征。信息产品的成本不同于物质产品，当第一份信息产品生产出来以后，多复制一份的边际成本几乎为零。

信息产品的固定成本主要是前期投入的研发成本以及投放市场之前的营销和促销成本。沉没成本是指一旦投入就无法挽回的费用，一般是在开始生产前预付的，如不能完成商品的转化和投放，沉没成本将无法回收。信息产品的高额的、固定的初始投资成本，基本上都是沉没成本，即一个产品的开发，一旦中途停止，将前功尽弃。

信息产品的可变成本的特点是：一是边际成本极少；二是产品复制和转售过程中质量不会递减，没有折旧率。例如，一家软件公司生产 10 份与生产 10 万份的单位成本几乎相同。例如，微软公司历时 3 年，花了 10 亿美元才生产出当时 Windows2000 的第一张光盘，一旦第一张光盘生产出来，其复制成本不到 1 美元，微软公司正是因为这种低增量成本和大规模运作才得到 92% 的毛利率。

信息产品的高固定成本、低增量（可变）成本的特点，易于产生巨大的规模经济，即生产越多，生产的平均成本越低。产品的边际成本递增效应并不显著，导致了传统经济学中关于供求关系和市场均衡理论的失灵。

（三）体验性或用户依赖性

经济学家将产品和服务分成三类：确定性产品、经验性产品、信任性产品。所谓经验性产品是指消费者要在使用过产品或服务后，才知道它们的性质，如在线金融服务等。信息产品是一种经验性产品，也就是说，在消费信息产品之前，用户很难判断其真正价值。

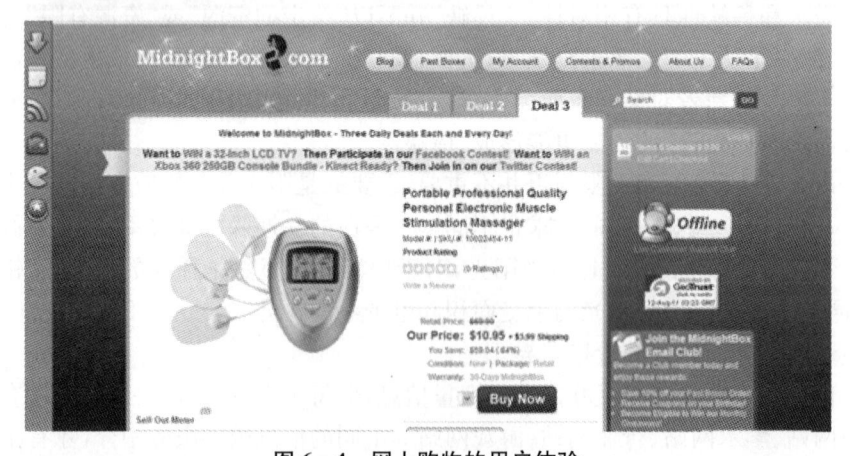

图 6-4 网上购物的用户体验

一方面，信息产品的价值和载体相互独立，用户不能根据信息产品的外观直接判断其真正价值；另一方面，信息产品的价值一般是体现在消费后，由于对用户知识结构的补充或改变，而对用户产生指导作用。信息产品对用户产生或正或负效果的过程需要一定时间，使其体验性更为明显。厂商可以在提供测试版本或试用版本，让消费者免费试用体验，从而使经济性产品变为确定性产品，即在使用之前就可以明确获知其性质的产品。

信息商品的销售也依赖消费者体验，因而有必要根据消费者类型或其他身份信息进行产品定制和差别定价，根据消费者的评估反馈或边际支付意愿而不是边际成本来制定产品价格。

（四）锁定效应

当信息商品交易完成以后，经常存在消费者被厂商锁定（lock-in）的现象。例如，巴西政府曾经进行办公软件的招标采购，结果非微软系列的产品中标，但巴西教育部坚决反对，理由是他们使用的教育软件全是微软的产品，如果换成非微软的产品，转移、融合和再开发的代价太大，几乎不可能。信息产品具有很强的用户锁定效应，这是信息产品区别于传统的工业制成品的又一显著特性。

多数信息产品都处于某个更大的信息系统中，单件产品只有与其他产品相互配合才能发挥作用。因此，用户在购买了某件产品之后，通常还要购买配套的硬件和软件，并且学习产品的使用方法，才能充分发挥其效用。此时，一旦用户向某种特定的系统投入各种补充和耐用的资产，就会产生锁定。锁定程度的大小与早期的投入，即转移成本有关。投入越多，则锁定程度越高。锁定的原因主要是由于体验性的累加能创造额外的附加价值，使得产品体验能提升用户对信息产品的预期。

在信息产品和服务中，锁定主要有三种形式：

第一，基础设施的固定性，即信息产品的基础设施，或耐用性投入，会在相当长的时间内使用，有一定的投资回收期；

第二，配套产品的周期性更新，即信息产品效益发挥的过程受关联配套产品革新的影响；

第三，用户的使用习惯，即用户在某种产品上投入了大量的学习时间，已经养成了使用习惯，不宜变更。

当新厂商进入已经存在的信息产品市场时，就面临着如何打破老厂商对顾客的锁定问题。如联通早先推广CDMA手机时，就面临如何克服中国移动对高价值客户的锁定。转移的核心是转移成本，即顾客更换供应商所付出的代价，它衡量了供应商对顾客的锁定程度，如下表所示。

锁定的类型	转移成本
合同义务	补偿或毁约损失
耐用品的购买	设备更新,随着耐用品的老化而降低
针对特定品牌的培训	学习新系统,既包括直接成本,也包括生产率的损失,随时间而上升
信息和数据库	把数据转换为新格式,随着数据的积累而上升
专门供应商	支持新供应商的资金,如果功能很难得到维持,会随时间而上升
搜索成本	购买者和销售者共同的成本,包括对替代品质量的认知
忠诚顾客计划	在现有供应商处失去的任何利益,再加上可能的重新积累使用的需要

小案例

键盘的寓言

　　我们目前所使用的计算机标准键盘,其字母排列的基本结构是从19世纪70年代的打字机键盘延续下来的。打字机键盘上方第一排字母的左边是按照QWERTY排列的,因而叫QWERTY键盘。这些字母为什么要这样排列,以及这种排列形式的键盘为什么能够延续下来?我们所知道的是,以前的打字机键盘就是这样的,这种键盘的字母排列比其他键盘更加流行而被长期固定下来,但这一问题引起了美国经济史学家保罗·A.戴维(Paul A. David)的注意。1985年,戴维在《美国经济评论》发表了论文"QWERTY的历史与经济学",对QWERTY键盘生存和发展史进行了经济学分析。

　　打字机键盘起源于19世纪60年代末70年代初的美国。当时,威斯康星州密尔沃基市的一位印刷工肖尔斯(Christopher Latham Sholes)在朋友的帮助下,装配了一种原始的打字机,并于1868年获得专利。但这种打字机存在一个严重缺陷:打字员在连续快速打字时,打字机的铅字连动杆常常相互碰撞,造成堵塞。因此,肖尔斯花了六年时间来完善他的打字机,对原来键盘的字母顺序进行重新排列,以减少打字连接杆碰撞的机会。结果就产生了接近于目前使用的四行排列键盘。1873年3月,肖尔斯将这种打字机的制造权转让给了当时著名的武器制造商雷明顿父子公司(E. Remington and Sons)。雷明顿的工程师对机器进行了改进,最终完成了QWERTY键盘。这些修改包括某些键盘设计的调整:"R"被放在了以前安排句号"."的位置,与其他字母组成一排。其目的是为了使销售员在向顾客推销时,能够迅速打出该机器的商标名:TYPE WRITER,以给顾客留下深刻印象。

然而,由于19世纪70年代的经济不景气,这种价格为125美元的办公设备上市的时机并不好。1878年,当雷明顿公司推出这种打字机的改进Ⅱ型时,企业已经处于破产的边缘。因此,虽然销售开始缓慢上升,1881年打字机的年产量上升到1200台,但QWERTY在其早期发展中远没有获得稳固的市场地位。19世纪80年代的10年期间,美国的QWERTY打字机的总拥有量不超过5000台。而且有很多方法把其他打字机改装成QWERTY打字机。美国市场上第二种打字机的发明者克兰德尔(Lucien Stephen Crandall),把铅字安放在圆柱套上(1879),从而完全避免了铅字连动杆的堵塞问题。后来出现的Blickensderfer打字机则根本没有采用这种铅字杆,而是使键盘的排列远比QWERTY更合理。这种叫作"Ideal"的键盘将构成70%英语单词的字母按照DHIATENSOR顺序放在打字机主行(Home Row)上。

19世纪80年代,打字机市场开始繁荣起来,出现了很多键盘与QWERTY键盘竞争。然而,又过了一个15年,就在QWERTY的技术原理优势要被打字机工程学的进步所取代时,美国的打字机产业迅速倒向QWERTY键盘,使之成为打字机的"通用键盘"。

图 6-5 早期打字机宣传画

在QWERTY键盘成为"通用键盘"过程中,被认为起关键作用的事件是1888年7月25日在美国辛辛那提举行的一场打字比赛。比赛中,一个来自盐湖城的法庭速记员麦古瑞(Frank McGurrin),使用QWERTY键盘和触摸打字方法,以绝对的优势战胜对手陶布(Louis Taub)获得冠军。麦古瑞显然是第一个熟记这种键盘并使用触摸打字的人。陶布使用的是一台由72个键组成的能够提供信件上下抬头格式的Caligraph打字机,采用的是看着键盘打字的方法。戴维(1985)认为,这一事件绝对地确立了雷明顿(Remington)打字机技术上更先进的看法。麦古瑞选择雷明顿打字机可能是随意的,但却为这种标准的确立做出了贡献。

看上去,这种键盘的字母排列完全没有规律,没有专门学过打字的人往往需要看着键盘才能使用。那么,为什么要坚持这种莫名其妙的字母排列方式呢?为什么不采取一种更有规律的排列方式呢?如按照字母顺序进行排列。那样岂不是可以很容易地就实现了目前需要训练才能达到的"盲打"吗?

早就有人想过这方面的问题。不过,他们经过研究以后发现,按照字母顺序进行排列不是一种好的方式。应该按照字母的使用频率进行排列。首先,要把使用频率较高的字母放在中间,因为食指是最灵活的;其次,左右手的负荷最好相差不大,假如把那些经常使用的字母都放在一侧,不免会造成一手忙一手闲的局面;第三,最好尽可能频繁地实现左右手和不同手指之间的交替,使得各个手指能够轮换使用,这样可以最大限度地节省时间,减少疲劳,提高打字的效率。

直接按照字母顺序排列的键盘显然不会恰好满足这些要求,所以,高效率的键盘一定是精心设计的结果。那么,QWERTY键盘怎么样呢?

一个广泛流行的说法是:QWERTY键盘当然不是一种高效率的键盘,甚至可以说,这种键盘就是以低效率为设计目标的。为什么这么说呢?QWERTY键盘是从机械打字机那里继承而来的。机械打字机的工作方式是通过按键驱动一个个长柄杆,长柄杆的头部是字母,头部像盖戳一样扣在纸上,这样实现打字。由于初期的机械加工水平较低,如果打字速度过快,一个个长柄杆就会飞快地抬起落下,其间就很难避免缠在一起,导致打字机无法使用。因此,要通过混乱的键盘设计使得打字员无法快速打字,以尽量避免机械故障。可是,随着机械打字机技术水平的提高,后来已经可以避免长柄杆缠在一起,不需要限制打字员的速度了。而对于计算机键盘来说,打字速度则是越快越好,根本无须考虑机械方面的问题,但是,这种导致低效率的QWERTY键盘设计却一直流传了下来。

针对QWERTY键盘的低效率,早就有人精心设计了一种新的键盘,名为Dvorak键盘。Dvorak是这种新型键盘发明者August Dvorak的名字。他在1936年取得了这种键盘设计方案的专利。这种键盘又被称为Dvorak简化键盘(Dvorak Simplified Keyboard),简称DSK。二战期间美国海军的实验表明,DSK比QWERTY键盘的效率高得多。虽然因为转换,需要付出一些培训成本,但可以在短短十天的使用中通过效率的提高收回培训成本。

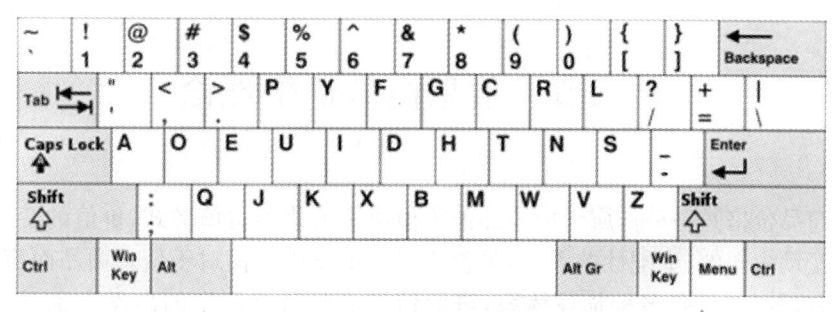

图 6-6 DSK 键盘

尽管存在上述优势,但直到 1975 年 Dvorak 去世,DSK 键盘也没有被市场所接受。虽然不久后,苹果 II 计算机从 QWERTY 转向 DSK 键盘,并且通过商业广告劝说人们放弃 QWERTY 键盘,但这种做法显然没有产生效果,因为今天我们的计算机仍沿用这种 QWERTY 键盘。重要的是,键盘的使用完全是市场自发运转的结果,并没有发现政府干预的情形。似乎可以得出结论,至少在这个问题上,市场的自由运转没有产生高效率,反而被困在了低效率的局面中不能自拔。这看来是一个市场失灵的典型例子。

在键盘的问题上市场为什么会失灵?或者说,在人们自由选择的条件下,为什么一种更优的标准没有被最终采用?对此的正式解释是:即使新的标准优于旧的标准,但是由于旧标准的使用者数量众多,少数尝试着使用新标准的人会发现自己将付出过大的成本。比如,即使一个打字员熟练地掌握了 DSK,并且有着更高的打字速度,但他在充满 QWERTY 键盘的办公环境中也没有用武之地。而冒险生产 DSK 的厂商面临着同样的困境。虽然他们的产品更好,但是绝大多数 QWERTY 键盘的使用者因为不愿意落到这个打字员的境地,所以不会选择它们的产品。理论上,QWERTY 键盘的使用者可以彼此约好,同时转向更好的 DSK。但这种情形仅仅存在于理论上,在分散的市场中,大量使用者彼此协调一致,成功实现同时转向的可能性几乎没有——交易费用太高。概括来说,一个已经确立的标准对挑战者拥有持久的优势,除非市场之外的某种力量介入,可能只有由政府出面,实施某种善意的强制,强行推广新的更优标准——DSK,这样才可以使得整个社会摆脱不能自拔的低效状态,实现更高的效率。

简单而言,这个故事讲的是:QWERTY 键盘的专利建立于 1868 年,雷明顿公司 1873 年购得了这项专利,并开始了打字机的商业生产。1888 年进行了一场著名的打字比赛,世界上第一个掌握了快速盲打技术的人——弗兰克·麦谷瑞赢得了比赛的胜利。麦谷瑞偶然地选择了雷明顿打字机,于是,QWERTY 键盘就此确立了优势地位。而且这种地位一旦确立,就再也无法动摇了。

第三节 信息商品价格理论

商品价格是一种从属于价值并由价值决定的货币价值形式,价值的变动是价格变动内在的、支配性的因素,是价格形成的基础。但对于信息商品而言,其价值表现形式具有多种描述体系,进而信息商品价格制定的出发点也具有多元性。

一、信息商品的价值

(一) 效用价值

效用代表着心理满足。信息效用是信息商品使用价值的表现形式,指货币化的使用价值,即利用和不利用信息两种情况下,产生的决策后果在经济所得上的比较。可以这样定义:

信息商品 i 为消费者带来的效用 $U_i = f(I_i)$;货币 m 为持有者带来的效用 $U_m = g(M_m)$;f、g 均为单调函数,效用同质,当 $U_i = U_m$ 时,可以得到 $M_m = h(I_i)$,即信息量 I_i 的效用价值为货币量 M_m。

效用价值理论存在一个默认前提,就是所有消费者对单位商品的评价是一致的,即每个消费者,包括生产者也接受一个公认的价格体系。但是,信息消费是基于知识背景的消费行为,而且信息消费效用依赖于信息消费过程,消费者知识结构不同,消费者获取和消费信息的过程不同就造成了信息消费效用的不同。因而,很难保证同样数量的信息消费对不同消费者形成的信息效用一致,即信息效用价值仅仅局限于个体信息消费分析,对于信息市场分析具有较大的局限性;同时,在信息商品交换过程中,也可利用这一差异性进行差别化的定价。

(二) 费用价值或劳动价值

与所有商品一样,信息商品的价值形成过程与生产该信息商品的劳动过程密切相关。商品的价值是生产该商品过程中所耗费的物化劳动和活劳动构成,其价值构成公式为:

$$W = C + V + M$$

式中,W 为商品的价值,C 为变资本(也称转移价值),包括生产信息商品时消耗的全部物化劳动投入,V 为可变资本(也称必要劳动),包括信息劳动者的体力劳动和脑力劳动,M 为剩余价值(较难测算)。

与一般物质商品不同,构成信息商品劳动价值的三部分包含了更为复杂的难以计量的内容和成分。其中 C 部分既包括了信息生产过程中的物化劳动部分,也包含了信息累计价值和相关的学习费用等信息必要成本;V 部分既包含体力劳动,也包含价值远大于体力劳动的脑力劳动部分,即 $V_{脑}$;剩余价值部分则体现得更为复杂,信息商品的 M 部分是远大于 $C+V$ 部分的巨大价值。

因此,可将信息商品的价值构成用公式 $W=C_1+C_2+V_{体}+V_{脑}+M$ 来表示。

(三) 效益价值

信息商品的效益价值指信息商品的效用与费用的比较,实质上是信息商品的效用与耗费之差。从量上说,相当于劳动价值中的剩余价值 M 部分。但两者的差别在于,效益价值是用来计算信息商品的经济所得,而信息商品劳动价值中的 M 还体现着信息商品生产过程中人与人之间的关系。

二、信息商品价格的本质

商品的价格既是由商品本身的价值决定的,也是由货币本身的价值决定的,因而商品价格的变动不一定反映商品价值的变动。价格理论是揭示商品价格的形成和变动规律的理论,反映了商品生产消费和流通过程中的变动规律。信息商品的价格也应反映信息商品的生产消费过程和市场变动规律,要符合信息商品自身的发展规律,正确看待信息商品价格在信息商品流通中的作用。

(一) 劳动价值论学派

劳动价值论学派认为,商品价格决定于生产商品的代价(如生产成本、劳动、社会必要劳动等)。劳动价值、效用价值和效益价值都可作为信息商品价格形成的基础。如果按照劳动价值论的观点,信息商品与物质商品一样,其价格由价值决定,价值由生产商品所耗费的社会必要劳动时间决定,即:

$$P=W,$$
$$而 W=C+V+M;$$

其中 W 为商品价值,C 为不变资本(也称转移价值),包括生产信息商品时消耗的全部物化劳动投入,V 为可变资本(也称必要劳动),包括信息劳动者的体力劳动和脑力劳动,M 为剩余价值。体现在不同的信息商品类型上,剩余价值的比例也不一样。一般说来,一次信息商品的创新性复杂劳动所含比例较大,可变资本和剩余价值都不宜测量,因而价格往往决定于效用或效益等其他因素;二次信息商品是对一次信息商品的简单再加工,因而比较适用以劳动价值为基础形成费用价格;三次信息商品则同时包含再加工和再创作两个过程,因而要综合考虑其劳动价值和效用价值。

(二) 边际效用学派

边际效用学派认为,商品价格决定于商品的效用,尤其是边际效用。边际效用学派的理论基础是边际效用价值论。依照这个理论,商品价值是一种主观心理现象,表示人对物品满足人的欲望能力的感觉和评价;价值来源于效用,又以物品稀缺性为条件,由其参与生产的最终消费品的边际效用决定。因此,物品市场价格是买卖双方对物品效用主观评价、彼此均衡的结果,如果其他商品价格不变,则某一商品的价格只由该商品供求双方的主观评价来调节,并由能使供求达于均衡的边际评价来决定;如果考察所有商品在相互影响和制约条件下的价格决定,则各商品的价格之比应等于它们的边际效用之比。

按照边际效用理论,信息商品的价格是信息消费者在消费成交所能接受的最后边际效用决定的。在信息商品价格领域,马尔萨克和肯尼思·阿罗主张效用价值理论,认为由于信息商品的生产是非重复性的,其生产不存在平均化的社会必要劳动时间,不能参与同其他商品的比较和社会平均,所以信息商品中没有一个稳定的价值实体,信息商品的价值不能作为比较的统一尺度和共同标准,不具备价值决定价格的条件。因此,信息商品的价格只能借助于它提供的效用来决定,信息商品的效用成为信息商品价格形成的基础。

阿罗在分析决策状态的信息时,将它定义为有信息和无信息两种情况下,拥有一定资产的决策者进行优化决策时所得到的最大期望效用的差值。他认为,由于在市场交换中,总是存在着供求双方,因此效用可以理解为:信息商品供求双方根据经验或测算而估定的信息商品使用后可能产生的效用。阿罗还证明了,在效用函数采取对数形式的条件下,信息商品的效用等于该信息所含的信息量。马尔萨克、凯利等人还从信息供给的角度证明了信息商品的供给(成本)价值恰好等于该信息所含的信息量。总之,效用价格论认为,信息商品的价格由信息商品使用后可能产生或实际产生的效用来确定。

按照效用价格论,$P(I) \leqslant \sum P_i J_i - \sum Q_R H_R$,其中:

Q_R:使用信息 I 前事件发生的概率,

H_R:使用信息 I 前可能的收益,

P_i:使用信息 I 后事件发生的概率,

J_i:使用信息 I 后可能的收益。

(三) 供求均衡价格学派

供求均衡价格学派认为,商品价格是由商品的供给和需求双方的均衡点决定的。均衡价格则是指一种商品的需求价格和供给价格相一致时的价格,也就是这种商品的市场需求曲线与市场供给曲线相交时的价格。需求价格是买者对一定数量的商品所愿付的价格,是由该商品的边际效用决定的;供给价格是卖者为提供一定数量商品所愿接受的价格,是由生产商品的边际成本决定的。均衡价格理论认为,商品的均衡价格能显示商品的价值,按照该理论,信息商品的价格是市场上供给和需求的均衡价格。

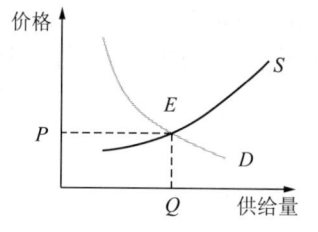

图 6-7 信息商品的均衡价格

(四) 斯拉法价格学派

斯拉法价格学派的代表人物是斯拉法。斯拉法认为,商品价格是由生产投入-产出关系和劳资分配关系决定的要素价格。

在其他条件不变和边际生产力递减的前提下,一种生产要素的价格取决于其边际生产力、厂商使用要素的边际成本等因素。当使用要素的边际成本和要素的边际生产力(边际收益)相等时,厂商才能在要素使用上达到利润最大化。同时,要素供给也是决定要素价格的一个重要方面。

按照斯拉法的价格体系以及关于信息要素思想的发展,认为信息是作为一种要素参与生产过程,而信息商品价格则是要素供给充分时,信息要素的要素价格。用数学表达式表示为:

$$P_I = \frac{\partial F(L, K, G, E, I)}{\partial I}$$

其中,F 为生产函数,L 为劳动力要素,K 为资本,G 为土地,E 为企业家才能,I 为信息。

(五) 垄断价格理论

垄断,就是指当市场上只剩下一家生产厂商提供产品,且该生产厂商通过限制产量提高产品价格的手段来获得超额利润时,使消费者福利受到实质性损害。垄断价格就是垄断组织在销售商品或购买生产资料时,凭借其垄断地位所规定的、旨在保证最大限度利润的市场价格。垄断价格由商品的生产成本加上垄断利润构成的,一般高于在自由竞争条件下形成的生产价格。垄断企业为了竞争的需要,有时也压低商品的销售价格,但其最终目的仍然是为了占领市场,提高商品的价格,保证最大利润量。

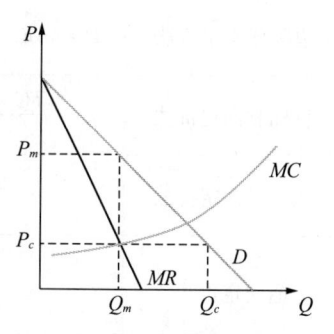

图 6-8 信息商品的垄断定价

在图 6-8 中,当垄断厂商将产量从整个产业的全部产出点 Q_c 下降到 Q_m 时,市场价格从 P_c 上升到 P_m,这时,市场上的供给减少,价格上涨,消费者剩余

（福利）下降，垄断给消费者带来福利的净损失。

而一般认为，信息商品在市场上具有一定的垄断属性，因此，垄断定价是信息商品经常采用的定价方式。

三、信息商品定价方法

（一）信息商品基本定价方法

信息商品基本定价方法可以归纳为成本导向、需求导向和竞争导向三类。以信息商品的成本为主要依据制定价格的方法统称为成本导向定价法，是一种卖方意图定价的方法，主要考虑到生产过程中的成本回收和利润回报。需求导向定价法是指根据市场需求状况和消费者对产品的感觉差异来确定价格的定价方法。竞争导向定价法是企业通过研判竞争对手的生产条件、服务状况、价格水平等因素，依据自身的竞争实力，参考成本和供求状况来确定商品价格，也称参考定价或跟踪定价法。

表 6-1 信息商品基本定价方法

定价方式	公式	说明
总成本加成定价法	$P = c \times (1+r)$	按产品单位成本加上一定比例的毛利定出销售价
可变成本保本定价法	$P = VC + FC \times r$	按商品可变成本加上一定固定成本的折旧定出销售价格，是一种微利或保本定价方式
盈亏平衡定价法	$P_c = \dfrac{C + V \times Q_c}{(1 - T_r) \times Q_c}$	运用损益平衡原理实行的一种保本定价法
边际成本定价法	$P = MC \times (1+r)$	以信息企业的边际成本为基础的价格制定方法
目标利润定价法	$p = \dfrac{TC \times (1+r)}{Q_c}$	根据信息企业总成本和预期销售量，确定一个目标利润率，并以此作为定价的标准
认知导向定价法		根据消费者对企业提供的产品价值的主观评判来制定价格的一种定价方法
逆向定价法		依据消费者最终价格，扣除中间商成本及正常利润后，逆向推算出的中间商的批发价和生产企业的出产价格
习惯定价法		按照市场长期以来形成的习惯价格定价
随行就市定价		将本企业某产品价格保持在市场平均价格水平上，利用这样的价格来获得平均报酬

续表

定价方式	公式	说　　明
产品差别定价		通过不同营销努力,使同种同质的产品在消费者心目中树立起不同的产品形象,进而根据自身特点,选取低于或高于竞争者的价格作为本企业产品价格
密封投标定价		标的物的价格由参与投标的各个企业在相互独立的条件下来确定

（二）差别定价策略

差别定价,也称价格歧视(Discrimination Pricing),一般是指针对不同用户的支付能力,制定不同的收费价格,通过细分产品市场从而最大化产品收益的定价策略。价格歧视包括完全价格歧视和不完全价格歧视。完全价格歧视是指向每一位消费者收取其刚好愿意支付的价格,被经济学家称为"完全价格歧视"。不完全价格歧视又分为二级价格歧视和三级价格歧视。二级价格歧视是通过间接的选择机制,让消费者根据自身消费计划的不同情况而自选,不同的消费计划付不同的价钱。三级价格歧视是通过直接的信号来区别对待消费者,利用直接信号垄断厂商把消费者分为不同的消费群体,不同消费群体采用不同的价格水平。

歧视定价类型包括基于消费者的价格歧视和基于产品差异的价格歧视两种基本类型。基于消费者的价格歧视是指根据顾客的身份及收入水平实施价格歧视,例如集团用户定价与个人用户定价、批发定价与零售定价、多重定价等,又如杂志出版商针对大学图书馆、教授和学生制定的三种不同价格,而实际上成本是一样的。多重定价得以实施的关键条件是有效分割市场并限制消费者的套利活动,一般通过市场独占和强力监管实现。比如雅虎等著名搜索引擎在收取广告费用时采取了不同的策略,与一定搜索关键词相联系的定向广告的收费比没有针对性的批量广告收费高很多（表6-2）。

表6-2　搜索引擎广告费率(美分/浏览)

站点	访问率	批量广告	定向广告	费率增量
Yahoo!	40%	2.0	3.0	50%
Infoseek	23%	1.3	5.0	285%
Excite	15%	2.4	4.0	67%
Lycos	15%	2.0	5.0	150%

＊资料来源:Information Rules (1999)以及 Neilsen (1999).

基于产品差异的价格歧视是指通过较小成本提供差异化的产品,从而实现用户对集成性产品的分块取用,典型如版本划分策略。版本划分是提供一个产品系列,由消费者自己选择产品。版本划分成功的关键在于识别出信息商品中那些对某些顾客有极高价值、而对其他顾客不太重要的因素,然后信息商品的供应商可以对不同的消费群体提供有差别的版本,并实行差别定价。

小案例

Windows Vista 被划分为两大类、七个版本

Windows Vista 被划分为两大类、七个版本。与此前的 Windows XP 系统相同,Vista 也将分为"家庭版"和"企业版"两大类。其中家庭版有四个版本,Windows Vista 初级版(Windows Vista Starter Edition)、Windows Vista 家庭基础版(Windows Vista Home Basic Edition)、Windows Vista 家庭高级版(Windows Vista Home Premium Edition)和 Windows Vista 终极版(Windows Vista Ultimate Edition)。

而企业版包括三个版本,分别为 Windows Vista 小企业版(Windows Vista Small Business Edition)、Windows Vista 专业版(Windows Vista Professional Edition)和 Windows Vista 企业版(Windows Vista Enterprise Edition)。

据微软内部文件称,之所以提供不同版本的 Windows Vista,主要是为了更好地满足不同客户群的各自需求。

版本划分的具体策略为:根据不同的顾客需求提供不同的版本,一个完整的产品系列使所提供的信息商品的总价值达到最大化;版本设计突出不同顾客的需求特征,每位顾客可以选择最适合其需求的版本。产品定制是通过收集用户信息,将用户需求反映到产品设计中,不同的设计按不同的价格水平交易的一种价格策略。

从定价机制看,有效的方法是对产品进行质量划分,并通过与价格的不同组合引发消费者进行自选择。由此看来,版本划分的依据主要有:

1. 基于产品功能的版本划分策略

基于产品功能的版本划分策略一般是指供应商通过减少信息产品的某些功能实现产品在质量方面的差别化。这种情况在在线软件供应商、内容服务商、数据库和图书的定价策略中比较常见。通过用户定制化策略,用户会选择具有昂贵的完整版本或相对廉价的简装版本,从而完成版本划分,同时满足高端用户和低端用户的满足需要。典型的例子如数据库服务商的灵活定价策略,既有全库定价,也有分库定价;既有包年定价,也有按篇次、点击量/下载量的定价策略。

图 6-9 基于功能的版本划分

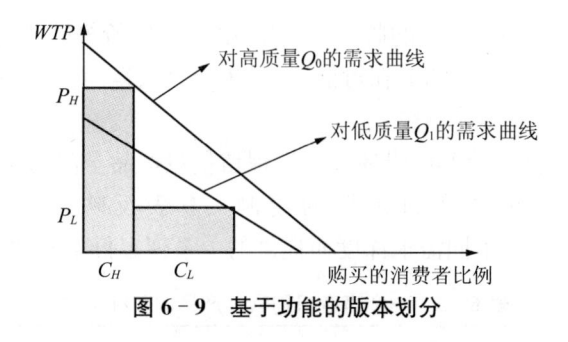

如图 6-9 所示,在功能版本划分中,高端消费者与低端消费者互不影响,两条需求曲线不相交,并且代表低端消费者支付意愿的消费曲线全部位于高端消费者消费曲线的下方,从而形成两个平行的消费市场。基于功能的二级差别定价不会改变对具备所有功能信息产品的需求模式,而是通过减少部分功能吸引低端消费者购买。同时,由于减少低端版本功能需要花费成本(有时甚至非常高昂),这种版本划分模式可能造成部分社会福利损失。

2. 基于产品性能的版本划分策略

基于产品性能的版本定价模式在不改变产品结构,根据技术性能或运行环境差别将产品划分为不同版本,典型应用为硬件和通信设备、商业软件等。其与产品功能版本划分的区别在于:产品功能划分是平行产品市场策略,而产品性能版本划分策略则具有市场的交叉;产品功能划分中同一消费者不会进行二次消费或重复消费,而产品性能版本划分中的消费者则可能存在交叉消费或重叠消费。厂商对同一件信息商品具有不同的性能划分策略,划分标准包括时滞、系统界面、使用权限、计算速度、服务协议、结构性能、广含性、功能数量等。

比如对于压缩软件,供应商可以针对高端和低端消费者提供两种不同版本,一种可以压缩 80%,而另一种只能压缩 30%;另一种选择是设定不同的压缩速度。比较典型的是音像和图像产品可以用这种方法划分成不同的版本,对影音、图像效果要求高的高端消费者将为此支付更高的价格。

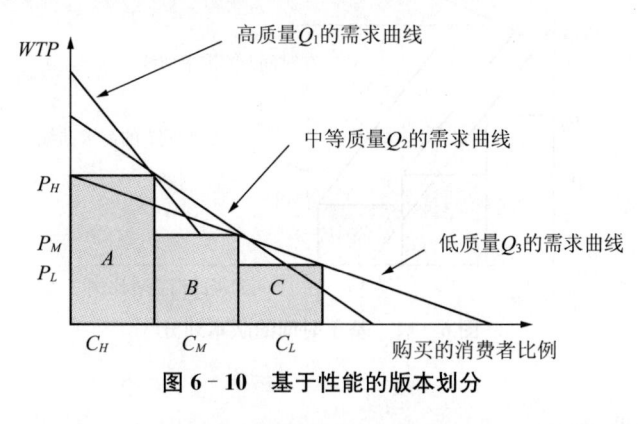

图 6-10 基于性能的版本划分

如图6-10,与基于功能的版本划分相比,这一定价模式下存在改变支付意愿模式与吸引新的消费者的潜在可能,如果进行有效运用,有可能比前者实现更多的潜在利润。

基于性能进行版本划分,供应商可以保留信息产品全部的功能,而通过降低性能实现对不同消费者目标群的定制。下表反映了 Kurzweil Applied Intelligence 公司针对不同需求深度而提供的一系列定价不同的版本(表6-3)。

表6-3 一个声音识别软件产品的多种版本

版本	价格	词汇
Voice Pad Pro	79美元	2万一般词汇
Personal	295美元	3万一般词汇
Professional	595美元	5万一般词汇
Office Talk	795美元	商务
Law Talk	1195美元	法律
Voice Med	6000美元	医药
Voice Ortho	8000美元	特种医药

资料来源:Versioning:The Smart Way to Sell Information,1998.

3. 基于时间的版本划分策略

对于生命周期较长(时间敏感性较弱)的信息产品来说,时间或延迟也是用于差别定价的划分方式之一。由于对"新鲜"的消费意愿存在差别,电影院得以对最新上映的电影收取较高的价格,而更有耐心等待的人花较低的价格在稍后的时间走进影院,再过一段时间,电影出现了可供租或卖的光盘版,之后会出现在收费频道上。显然,在时间版本划分中,其产品的消费形态与产品功能划分类似,但同时具有历时消费特点(图6-11)。

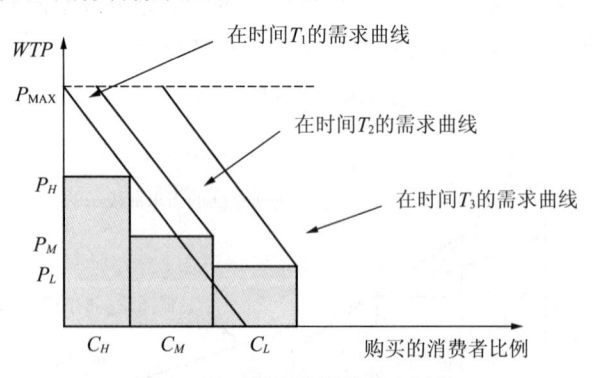

图6-11 基于时间的版本划分

一般而言,在时间或延迟差异版本划分中消费者的消费曲线不相交,但产品的总收益是通过不同价格在跨期消费中实现的。比如,股票信息服务是基于"及时程度"划分版本的典型产品,路透社(Reuters)既提供即时的股票市场信息,同时也以较低价格提供对应延迟信息。与之类似,Quote.com 向互联网用户提供北美股票、期权、实物期货等金融市场的信息及研究报告,也为实时的与延迟的服务提供不同的价格。

此外,还有一种逆向的时间版本定价策略:版本升级策略:先以低价推出低质量版本,甚至免费送出样品性质的版本,然后不断推出升级版本进行持续的内容调整与质量改进。偶尔使用的消费者将满足于某个低质量、低价的版本,而对信息产品评价高的消费者会愿意为升级版本支付更高的价格,从而形成有效的版本划分与自选择机制。

有效版本划分的关键是保证目标消费群间的效用差距(utility gap)可以促使消费者都像被期望的那样选择产品版本。表 6-4 的例子中显示了对信息产品质量等级所进行的非对称划分。

表 6-4 网络服务器的差别定价

	Professional Web Server	Small Group Server	Single User Web Server
现价格	$700～$1000	$250	免费下载
用户人数	不限	10	1

(三) 捆绑与搭售

捆绑(Bundling)是一种可以有效实现差别定价的销售机制。当不同的产品被打成一个包裹以同一价格出售时,就可称之为捆绑。因此,捆绑定价指将两种或两种以上的相关商品,捆绑打包出售,并制定一个合理的价格(小于单独出售的价格)。捆绑销售可实现销售商的收益最大化,同时可降低用户的搜寻成本、使用难度和交易成本等。例如 Office 组件(相互之间的兼容性很好):Word、Excel、Access、Frontpage 、Outlook 、Powerpoint 等。

1. 组件捆绑

捆绑是传统信息产品市场中常见的现象。多产品厂商对多个产品进行捆绑通常可以产生范围经济效应,运用捆绑可以最大化消费者支付意愿。耶伦(Adams Yellen,1976)证实,在独立估价和消费的产品捆绑过程中,组件捆绑有效增加了厂商利润。该模型如下:

假设有一组信息产品,不同消费者对任何一件信息产品的需求都是线性的,估价分布在 0～1 之间;且假设任何一位消费者对某件信息产品的支付意愿与其他任何一件信息产品的支付意愿不相关。当被捆绑销售的信息产品从两件变成更多时时,可以看出需求曲线与利润区间的变化(图 6-12a,图 6-12b)。

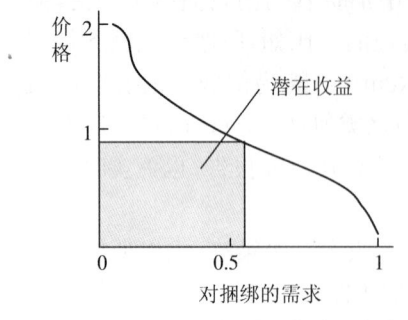

图 6-12a 2件信息产品捆绑的需求曲线 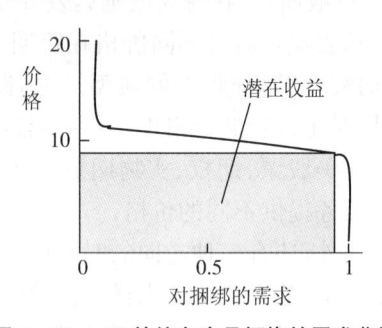　　图 6-12b 20件信息产品捆绑的需求曲线

从图 6-12a 中可以看出相对于单个信息产品的线性需求曲线，两件信息产品被捆绑以后，在价格 1 附近的需求曲线变得更加平坦，也更具弹性，而在极端值价格 0 和价格 2 附近，则变得更加陡峭；当更多彼此需求不相关的信息产品被捆绑时（与有形产品相比，这样做并不会产生很大的成本），这种变化趋势更加明显。当支付意愿比较分散时，如果把大量信息产品捆绑在一起，根据大数定律，对捆绑总的支付意愿也将会变得非常接近，很高或是很低的评价将被排除掉。在图 6-12b 中的需求曲线下，供应商可以把捆绑价格定为 10，这时几乎所有消费者都会觉得这个价格是合理的，显然这样比以 0.5 的价格单独售出每一件产品或是以定价 1 售出两产品捆绑的潜在收益都大，即更多地获取了消费者剩余，也减少了需求曲线右下方的福利损失。

2. 定制捆绑

随着信息技术与网络应用的发展，定制捆绑也成为一种现实可能。除了供应商提供捆绑的集群性产品，也可以按用户的需求意愿进行组合销售或定制捆绑。供应商提供可选择捆绑菜单，消费者从中选取设计自己要购买的捆绑产品。比如，多信息产品供应商共有 N 种产品，允许消费者自选 n 件并支付固定的价格 P_n。网上音乐供应商就可以允许消费者自己从其数据库中挑选一定数量的歌曲，再由供应商捆绑制作成一张独一无二的音乐光盘。这种定价策略将确保更高的利润，因为当消费者"定制"捆绑时，所有被捆绑产品已经显示了自己的支付意愿信息，为供应商提供了进一步差别定价的机会。现在的微信阅读、定制化阅读和教育 App 产品就是个性化产品的定制捆绑。

实行定制捆绑的前提是原先还有多部分组件的信息产品实现组件记价销售（component selling）或称反捆绑（unbundling），互联网技术大大降低了信息产品的传送成本与交易成本，加上微支付系统（micropayment system）预示着大量组件记价销售的出现（比如，单首歌曲、一条新闻或廉价网络内容产品在网上实现销售）。

同样,网络市场同时也为形成新的产品组合进行捆绑提供了很大的机会,只是重新形成的捆绑具有定制捆绑的特征。在网络信息产品市场中,出现了捆绑→组件记价销售→定制捆绑的发展趋势,由于组件记价销售与定制捆绑可能同时存在,也就是说同一件信息产品可能单独出售,也可能被捆绑出售,多种销售安排中将存在大量的差别定价的机会。网络环境下,信息产品低廉的数字化制造与储存成本可能会极大刺激信息产品供应商应用捆绑,从而发掘其中的成本节约与差别定价效应。在网络信息产品市场,利用差别定价提高收入将是运用捆绑的主要动机。

3. 搭售

搭售(Tying)也被称为附带条件交易,即一个销售商要求购买其产品或者服务的买方同时也购买其另一种产品或者服务,并且把买方购买第二种产品或者服务作为其可以购买第一种产品或者服务的条件,构成一种形式上的"捆绑"。在这种情况下,第一种产品或者服务就是搭售品(tying product),第二种产品或者服务就是被搭售品(tied product)。搭售是通过实施价格歧视策略增加利润的便利方法。其道理可用传统的复印纸和复印机的例子加以说明。复印机通常按统一价格出售。如果能够强迫复印机的买主从复印机的卖主处购买全部复印纸,那么就可以根据复印机的使用强度对复印纸实行歧视价格。

搭售与捆绑又有异同。一般而言,强制性搭售(requirement tying)要求购买者必须以被搭售品作为搭售品购买的先决条件,就构成了实质的捆绑。但从搭售的产品结构看,搭售与捆绑又略有不同:第一,搭售产品是不平衡的,一般搭售品与被搭售品是不对等的,搭售品是"捆绑"的主体产品;第二,搭售比捆绑更加灵活,搭售可以采用开放式策略,比如数量促销或让利形式,让消费者主动选择搭售,而不是被动接受捆绑。

(四)自然垄断定价与拉姆齐价格

如同前一节图 6-8 所示,自然垄断定价是指居于市场垄断或主导地位的厂商,以高于产品边际成本的某一垄断价格获得自身利益最大化的定价方法。比如具有垄断地位的技术企业或占有核心内容资源的网络服务商,通常采用自然垄断定价方法。

拉姆齐价格则拓展了垄断价格的范畴,是指凡是能通过改变自身价格获得更大收益的定义方式,普遍适用于垄断定价、寡头定价、竞争性较弱以及供需双方议价能力严重不对等的行业定价,比如房地产产业。正如垄断价格对于创新或高沉没成本行业具有积极作用,拉姆齐定价通过一系列高于边际成本的最优定价,能获得额外的收益并资助商品和服务的提供。当某一水平内或服务的价格提升所产生的净损失小于运用额外收入所产生的净收益时,经济效率就提高了,社会总福利增加,因而是一种有效定价。

以公共有线电视为例，接入价格为50元时，用户数量为52万户；接入价格为60元，接入用户51万户。那么，有线电视台净收入将增加460万元，其中用户从价格提升中损失515万元（ABC＋BCFE）的消费者剩余。如果这些收入被电视台用来购买更加优良的电视节目成本为510万元，而这些电视节目可以给用户带来550万元的新增观赏收益。

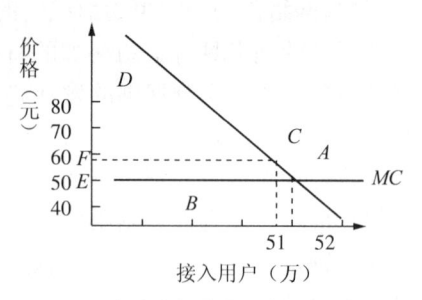

图6-13 有线电视收费的拉姆齐定价方案

这样一来，用户损失了515万元的消费者剩余，却从额外的电视节目中得到了550万元的收益，也就是说，公共有线电视用户以5万元的净损失从"额外的"电视节目那里"购买了"40万元的净收益。在支付"额外的"电视节目导致接入费用上升后，用户从中获得了35万元的净收益。

拉姆齐定价与垄断定价虽然结构相似，但实施目的和过程有所不同。首先，拉姆齐定价机制运用高于边际成本的价格，从信息机构的一般业务中获取一定的资金，并用其资助生产函数更高的核心业务的建设，从而为消费者赢得更多的利益，即拉姆齐定价的目的是反馈或再投资于同一产品领域，这点与垄断价格单纯榨取利润形成鲜明对比。其次，拉姆齐定价机制资助发展的业务具有较高的生产效用和社会效应，在同等投入下具备弥补高价产生的效率损失，并提高消费者剩余的能力。

本章小结

信息商品或信息服务具有价值有用性，并且蕴涵了一定价值的劳动，是一种特殊的商品。与一般商品相比，信息商品具有共享性和非损耗性的特点。信息商品的产生源于劳动的社会分工，分工产生的物与物的交换中就蕴涵了信息交换的成分，只是信息的成分不多，没有引起社会的专门关注。随着社会分工越来越细，信息工作、信息服务逐渐出现，信息产业将成为国民经济的重要组成部分和推动力量。

信息商品的价值有效用价值、费用价值和效益价值三种度量方式。效用价值是指其货币化的使用价值，即有信息和无信息两种情况下产生的决策结果在经济所得上的比较；费用价值是指信息商品中所凝聚的劳动价值；效益价值是指信息商品的效用与费用的比较差异。信息的生产是一个高固定成本低可变成本的生产过程，高固定成本形成了信息商品的自然垄断属性，是信息市场中的供求机制形成的一种垄断与管制的市场格局；低可变成本使信息商品的复制和产权侵犯泛滥，造成信息生产的负激励作用。信息商品的价格策略一般采用价格歧视,采用主流化市场推广策略。

导入案例小结

谷歌与苹果公司的成功与数字产品的成本结构和消费特点密切相关。首先,从成本结构看,数字产品的复制成本极低,保证了产品收益将随产品规模显著增加;其次,从市场结构看,数字产品的构建有一定的技术独有或知识产权屏障,形成市场垄断,具有获得高额的垄断收益的可能;再次,从消费特点看,数字产品极易成功锁定消费者,形成用户持续而忠诚的消费。综上所述,数字产品容易促成业务快速增长。

与一般商品相比,数字商品是一类特殊的商品:一方面它具有商品的基本属性,另一方面其成本特征及消费特点与物质商品具有很大不同。由于面临快速变革与创新,数字产品企业既面临巨大的市场机遇,也面临市场风险。

课后习题

1. 信息商品的基本条件是什么?
2. 信息商品的信息特点有哪些?
3. 如何理解信息商品的公共物品属性?
4. 阿罗是怎样理解信息商品的价值的?
5. 为什么在功能版本定价模型中,代表高端用户和低端用户的两条需求曲线不相交?
6. 清华知网目前的期刊数据库流量价格如下:

数据库\计费标准\卡种		标准价格	会员卡(100元—1000元)	5000元机构年卡	10000元机构年卡
期刊全文	常规数字出版	0.5元/页	标准价	标准价7折优惠计数	标准价5折优惠计数
	独家数字出版(新产品)	1元/页	标准价	标准价7折优惠计数	标准价5折优惠计数
	优先数字出版(新产品)	价格/篇	标准价	标准价	标准价

请说明,清华知网采用了哪几种价格组合策略?试说明该价格组合策略是否存在改进空间?简要说明你的改进思想。

延伸阅读

关于信息价值和信息效用的早期文献可以阅读阿罗的《信息经济学》论文集

(1984),阿伦贝特、兰伯顿的相关论文。在数字信息经济和网络经济领域，Shapiro & Varian 1999 年完成的著作《信息规则》是信息商品理论和信息价格策略分析的经典读本，而 Varian 在伯克利的个人网站一直是信息经济学和信息产品分析的重要网站，拥有大量相关文献。此外，奥迪莱泽克（Odlyzko）和奥兹·夏伊（Oz Shy）的数字经济和网络经济分析也提出了大量互联网价格策略，提出了个性化定制、版本划分、捆绑和价格歧视政策来获取垄断利润的方案。Santiago J. Villasis 有一篇经典论文专门讨论了价格歧视和版本划分策略。

在国内，马费成、靖继鹏、陶长琪、桂学东等学者编写的《信息经济学》教材都涵盖了信息商品一章。

参考文献

Varian H. R. Buying, Sharing and Renting Information Goods[J]. *The Journal of Industrial Economics*, 2000, 48(4): 473-488.

Odlyzko A. A Modest Proposal for Preventing Internet Congestion[J]. 1997.

Shy O. *The Economics of Network Industries*[M]. Cambridge University Press, 2001.

Rochet J. C., Stole L. A. Nonlinear Pricing with Random Participation[J]. *Review of Economic Studies*, 2002: 277-311.

Mussa M., Rosen S. Monopoly and Product Quality[J]. *Journal of Economic Theory*, 1978, 18(2): 301-317.

Maskin E., Riley J. Monopoly with Incomplete Information[J]. *The RAND Journal of Economics*, 1984, 15(2): 171-196.

Shapiro C., Varian H. R. Versioning: the Smart Way To Sell Information[J]. *Harvard Business Review*, 1998, 107(6): 107.

Bakos Y., Brynjolfsson E. Bundling Information Goods: Pricing, Profits, and Efficiency[J]. *Management Science*, 1999, 45(12): 1613-1630.

Varian H. R. Pricing Information Goods[J]. 1995.

Varian H. R. *Markets for Information Goods*[M]. Institute for Monetary and Economic Studies, Bank of Japan, 1999.

Varian H. R. Differential Pricing and Efficiency[J]. *First Monday*, 1996, 1(2).

阿罗.信息经济学[M].北京:北京经济学院出版社,1989.

靖继鹏.信息经济学[M].北京:科学出版社,2007.

靖继鹏.应用信息经济学[M].北京:科学出版社,2002.

乌家培.信息经济学[J].经济学动态,1997,08:3-5.

陶长琪.信息经济学概论[M].北京:机械工业出版社,2009.

骆正山.信息经济学[M].北京:机械工业出版社,2007.

王宪磊.信息经济论[M].北京:社会科学文献出版社,2004.

[美]斯蒂格利茨著,纪沫等译.信息经济学[M].北京:中国金融出版社,2009.

岳泉,谭华军,施云.信息经济,知识经济与网络经济[J].图书情报工作,2000,10:9-12.

龙鹫.信息商品及其经济特性再探析[J].图书情报工作,2001,10:17-20.

吴宏亮.论信息商品价格概念及其形成机制[J].情报理论与实践,2001,2:94-97.

张军,姜建强.信息产品的共享及其组织方式:一个经济分析[J].经济学,2002,03:937-952.

毛彦妮,王刊良,王龙伟.信息产品的捆绑定价问题研究[J].情报理论与实践,2003,3:217-220.

沈红芳.国内外信息商品价格问题研究评述[J].图书情报工作,2000,5:76-80.

白云峰,靖继鹏.信息商品价格理论与实证研究[J].情报学报,2003,5:626-631.

张小兰.论信息产品定价的理论基础[J].社会科学研究,2002,03:31-33.

王春晖,姚瑜琳,钮继新.网络信息产品市场的差别定价模式研究[J].马钢职工大学学报,2004,13(3):50-54.

第七章　信息市场均衡与效率

> 如果市场上价格信息是充分传递的,那么,市场均衡是不存在的;如果获取信息是需要付出代价的,将不存在通常意义上的竞争均衡。它说明完全的信息并不能有效地提高市场效率,相反,有可能会阻碍市场效率的发挥。
> ——格罗斯曼,施蒂格利茨:《论信息效率市场的不可能性》

格罗斯曼与施蒂格利茨在 1980 年发表的文章"论信息效率市场的不可能性"(On the Impossibility of Informational Efficient Markets)中提出了被称为"格罗斯曼-施蒂格利茨悖论"(Grossman-Stiglitz Paradox)的一个重要结论,这个结论是由两个被证明相互矛盾的命题构成的:① 如果市场上价格信息是充分传递的,那么,市场均衡是不存在的;② 如果获取信息是需要付出代价的,将不存在通常意义上的竞争均衡。上述两个结论所导出的均衡悖论,彻底否定了传统经济学中所隐含的信息是充分传递的这样一个前提。它说明完全的信息并不能有效地提高市场效率,相反,有可能会阻碍市场效率的发挥。

课程目标

了解信息商品需求和供给的基本定义,明确影响信息商品需求和供给的因素,能够在具体实践中分析商品经济的演变趋势。同时对信息商品市场的组织结构和特点有一定了解,知道信息商品市场失灵的原因和管制措施依据。

本章重点

- 信息商品的需求与供给
- 信息市场均衡及其影响因素

导入案例

新闻 1:传媒行业:数字出版 5 年 CAGR49%

《2014—2015 中国数字出版产业年度报告》显示:2014 年我国数字出版收入超过 3300 亿元,同比增长 33.36%;数字出版产业收入占新闻出版产业收入的比重由 2013 年的 13.9%提升至 17.1%。在整体产业中,互联网广告 1540 亿元、网络游戏869.4亿元、移动出版(包括手机彩铃、移动游戏等)784.9亿元,占据收入榜前三位;电子书收入45亿元、在线音乐52.4亿元、网络动漫38亿元。此外,互联网期刊、电子图书增长幅度均超过17%;多媒体互动期刊产品规模从2011年的1.26万种,降至2014年的0.1009万种,降幅为91.99%;电子图书产品规模从2011年的90万种,增至2014年的160万种,增长率为77.78%;互联网原创作品的产品规模从2011年的175.7万种,增至2012年的214.43万种,再降至2013年的175.78万种,又增至2014年的201万种。

新闻2:电影产业2015年破400亿

《2015中国电影产业研究报告》指出,2010年我国电影票房为101.72亿元,经过5年的发展,截至2015年12月3日,电影票房突破400亿元,增长293.73%。其中国产故事影片产量618部,全年总票房296.39亿元,其中国产影片票房占总票房的54.51%,同比增长70.9%;城市影院票房观影人次为11.4亿;截至11月底,全国银幕总数接近3.1万块。

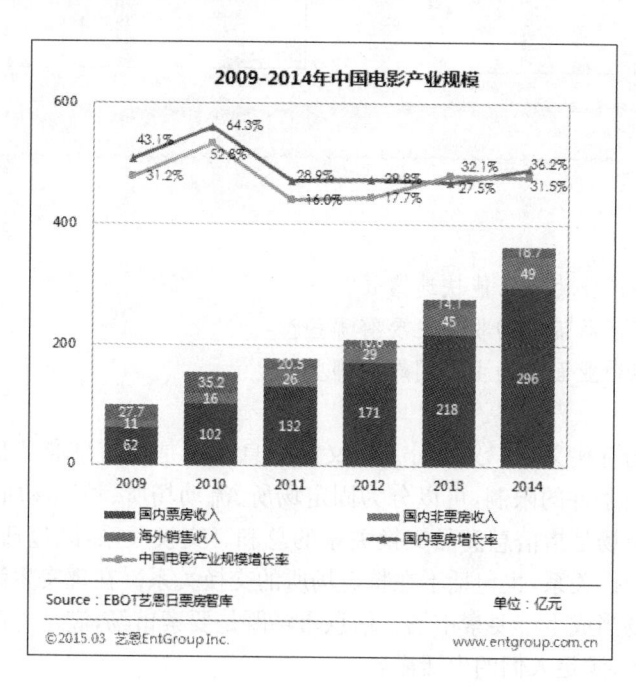

2009—2014年中国电影产业规模

Source:EBOT艺恩日票房智库　　单位:亿元

©2015.03 艺恩EntGroup Inc.　　www.entgroup.com.cn

新闻3：中国网络经济稳定增长，移动网络经济占比稳步上升

根据艾瑞咨询统计的数据显示，2014年中国网络经济整体营收规模达到8706.2亿元，较去年同比增长47.0%，未来几年网络经济将继续保持较快增速，预计到2018年网络经济规模将突破2万亿，达到20202.6亿元。其中，PC网络经济规模6477.3亿元，同比增长32.0%，移动网络经济规模为2228.9亿元，同比增长119.9%，移动网络经济增速远远高于PC网络经济。预计2018年移动网络经济规模将达到11868.2亿元，高于PC网络经济的8334.5亿元。

案例讨论

（1）数字产业为什么能快速增长？
（2）数字产品带来的收益主要有哪些？
（3）数字企业面临的主要问题有哪些？

信息市场有狭义与广义之分。狭义的信息市场是指信息商品交换的场所，受时间和空间条件的限制，可以分为固定场所、流动场所、长期场所、临时场所。广义的信息市场是指信息商品交换关系的总和。交换关系，既包括买卖双方在特定场所的交换关系，也包括不在特定场所的交换关系。在现实生活中，人们习惯将信息市场当成生产要素市场。信息市场既是要素市场，满足生产需要；也是一般商品市场，满足人们的生活需要。

第一节　信息商品需求分析

一、信息商品的需求

需求(Demand),是指在一定的时期内,消费者愿意并且能够购买的商品数量。为了与需要(want、require)、必需品(needs)等相关概念区别,马歇尔提出用"有效需求"来界定需求概念。消费者对很多消费品都有需求,但并非所有的需求都能产生购买行为,这与消费者的购买能力、产品取得难易有关,因而有效需求特指能产生购买行为的需求。从范畴来看,需求又可分为个体需求和市场需求。个体需求指单个消费者对某种商品的需求;市场需求是指消费者全体对某种商品需求的总和。

不同的产品领域都能产生相应的需求,信息需求是指信息消费者在一定价格条件下对信息商品的有效需求,是人们对信息商品需求意向和消费需求的本质反映。简而言之,信息商品需求隐含两层内涵:

第一,信息消费者愿意购买,即消费者具有主观上的信息消费愿望;

第二,信息消费者有支付能力,能够完成信息消费过程。

与需求密切相关的概念是需求量。在某一特定价格下,消费者愿意购买的某一货物的总数量称为需求量。在不同价格下,需求量会不同。值得注意的是,需求和需求量是不同的概念:需求反映商品需求量与价格之间的对应关系,是在不同价格下对商品的需求量,是一组对应关系;需求量特指某一价格对应的需求数量。因而,二者的描述形式和影响因素并不相同。

二、信息商品需求的描述

从描述和表现方式上,经常采用需求表、需求曲线以及需求函数来描述。

（一）需求表

需求表(demand schedule)是用来描述某种商品的价格与需求量相互对应关系的表格。表7-1是描述某一市场一定时期对某种商品的需求状况的个人需求表和市场需求表。它描述了某一市场某种商品在各种不同价格下的个人需求量和市场需求量的变化状况。

表 7-1　软件市场的个人需求与市场需求

价格(元)	个人购买量(套) 甲	乙	丙	……	市场需求量(套)
90	1	0	0	……	11000
80	2	1	0	……	13000
70	3	1	2	……	15000
60	4	2	3	……	17000
50	5	4	3	……	19000

（二）需求曲线

根据上述需求表中给定的需求量和商品价格之间关系的数据,可以在坐标图上绘出需求曲线。因此,需求曲线(demand curve)是在坐标上用来描述商品需求量与价格相互对应关系的曲线,如图 7-1 所示。图中横坐标 Q 代表需求量,纵坐标 P 代表商品价格,D 为需求曲线,从图中可看到需求曲线呈现出向右下方倾斜的特征。

具体地,在上面提到的软件需求例子中,满足线性分布,如图 7-2 所示。

软件市场需求曲线

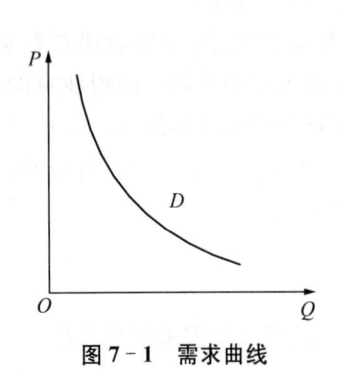

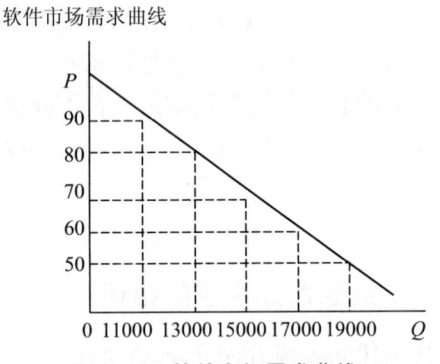

图 7-1　需求曲线　　　　图 7-2　软件市场需求曲线

（三）需求函数

需求函数(demand function)表示一种商品的需求数量和影响该需求数量的各种因素之间的相互关系。需求函数的因变量是需求数量,自变量是影响需求数量的诸因素,如需求商品的价格、消费者的趣味和偏好、消费者的收入水平、相关商品的价格、消费者对将来价格、收入和产品有用性的预期、对消费者有用的商品和劳务的服务范围、潜在消费者的数目以及其他影响需求数量的因素。假定所有其他决定需求数量的因素不变,只单纯地研究价格与供给数量之间的关系,以 P 代表价格,把商品的价格作为自变量,把商品的需求量作为因变量,则可用函数关系来表示价格与需求量之间的关系,这种函数就是需求函数,可表示为:

$$Q_d = f(P)$$

在这种函数形式下,只有价格是影响商品需求量的因素,其他影响商品需求的因素被假定不变。

事实上,影响商品需求的因素有许多,如用 $a,b,c,\cdots,n$ 代表影响需求的诸因素,则需求函数可表示为:

$$Q_d = f(a,b,c,d,\cdots,n)$$

值得注意的是,在论述需求函数时,一般都假定商品的价格和相应的需求量之间的变化具有无限可分性。正因为如此,需求曲线才能成为一条光滑的连续的曲线。需求函数和需求曲线可以是线性的,也可以是非线性的。

为简明起见,经济分析中大多用线性需求函数和线性需求曲线。线性需求函数的通常形式为:

$$Q_d = \alpha - \beta \cdot P$$

式中,α、β 为常数,且 α、$\beta > 0$,α 表示需求曲线在横轴上的截距,$-\beta$ 表示需求曲线相对于价格轴的斜率,$-\beta = \frac{\Delta Q_d}{\Delta P}$,或者 $-\beta = \lim_{\Delta P \to 0} \frac{\Delta Q_d}{\Delta P} = \frac{\mathrm{d}Q_d}{\mathrm{d}P}$。

习惯上,一般把单独与价格相联系的需求数量的变动称为"需求量变动";而把除价格以外的所有其他因素决定的需求数量变动称为"需求变动"。前者一般不涉及需求函数方程式的改变,因而需求数量变动表现为由既定需求方程式决定的需求曲线上的点移动;后者则要涉及需求函数方程式的改变,因而需求数量变动表现为需求方程式改变以及由此所决定的需求曲线本身的位置移动。

应该注意的是,需求函数是一个瞬时概念:第一,它反映的不是需求影响因素与需求量在不同时期的对应关系,而是在某一时点上的对应关系;第二,在某一确定时点上,这种对应关系中只有一种关系能够变为现实。需求函数可以用来表示个别消费者的需求状况,也可以用来表示整个市场的需求状况。在后一种场合,各个个别消费者的需求量都分别加总成为一个总量,因而称为总量需求函数或市场需求函数。作为一种分析工具,需求函数是有用的。

三、影响信息商品需求的因素

在信息商品市场上,影响该商品的需求的因素一般包括价格、收入水平、相关商品和服务的价格以及消费者偏好和习惯等。

(一) 价格

一般而言,商品的价格与需求量呈反方向变动,这一特征称为需求规律,即当影响商品需求量的其他因素不变时,商品的需求量随着商品价格的上升而减少,随着商品价格的下降而增加。

存在一类特殊商品:**吉芬物品**(Giffen Goods)。在某种特殊情况下,商品需求量与价格"表现"为同向变化。典型事例是英国经济学家吉芬在1845年爱尔兰发生灾荒时,观察到作为主要食品的土豆的价格与其需求量呈同方向的变化。也有学者认为,吉芬物品更像一种经济现象,而非违反需求定律。以爱尔兰饥荒中的土豆市场为例。土豆是西方人的一种廉价主食,假定当时穷人的生活一般没有结余,即用恒定的资金完成一定的消费组合,比如土豆与肉类的组合;而消费目的就是温饱,以食物总热量值为考核。当土豆和肉类价格恒定时,穷人消费资金有限,因而大量消费土豆;一旦土豆价格下降,花比原来更少的钱就可以买到和原来一样多的土豆,他们按原来的消费结构就会产生一定结余,于是很可能会选择减少土豆消费量,转而购买比土豆昂贵的肉类。比如,原来一天吃10个土豆和1块肉正好吃饱;现在土豆降价了,正好买8个土豆和2块肉,如果仍然买10个土豆,也能剩下钱买更多肉,但可能吃撑(假定原来的消费结构刚好吃饱)。因此,当土豆价格下降时,土豆需求量反而少了。在此后,如土豆价格反弹,那么穷人马上又回到原来的消费结构,又出现了土豆价格上升同需求量增加的同方向移动。

值得关注的是,**吉芬物品**同向移动现象并不稳定,因为当土豆价格高到一定程度,需求量仍然会开始下降,仍然满足需求定律。所以,吉芬物品并不是需求曲线永远向上,而是需求曲线带有这种反常现象的商品。一般而言,这种现象的发生出现在作为必需品的低端商品领域,但有学者指出中国的房地产市场领域也具有典型的吉芬物品属性。

(二) 收入水平

当消费者的收入变化时,会带来需求量的变化。一般来讲,消费者的收入与需求量是同方向变动的。收入增加,商品的需求量也增加;收入减少,商品的需求量也随之减少。

不同的商品,其需求量随收入变化的程度是不一样的。在经济分析中,需求收入弹性被用来表示消费者对某种商品需求量的变动对收入变动的反应程度。以 E_m 表示需求收入弹性系数,Q 代表需求量,ΔQ 代表需求量的变动量,I 代表收入,ΔI 代表收入的变动量,则需求收入弹性系数的一般表达式为:

$$E_m = \frac{需求量变动的百分比}{收入变动的百分比} = \frac{\Delta Q/Q}{\Delta I/I} = \frac{\Delta Q}{\Delta I} \cdot \frac{I}{Q}$$

需求收入弹性系数为正值的商品,被称为正常品(normal good),说明这种商品的需求量将随着收入的增加(减少)而增加(减少)。而正常品又按 E_m 的大小,可以进一步划分:需求收入弹性系数介于0和1之间的商品,需求量变动的幅度小于收入变动的幅度,称为必需品,如粮食、服装等需求量与收入的需求收入弹性系数大致满足这一范围;需求收入弹性系数大于1的商品称为奢侈品,如珠宝、香水、高级时装等需求量变动的幅度一般大于收入变动的幅度。

需求收入弹性系数为负值的商品被称为劣等品(inferior good),或称为次货商品,说明这类商品的需求量将随着收入的增加(减少)而减少(增加),如土豆、玉米面、高粱米、仿冒商品或山寨产品等。

在信息商品领域,盗版商品是一种奇怪的"劣等品"。约翰·冈茨发现盗版产品在质量和效果上远次于正版产品,但是并没有出现明显的收入效应。印度、南非和欧洲的盗版情况和规模并没有太大的差异性①。

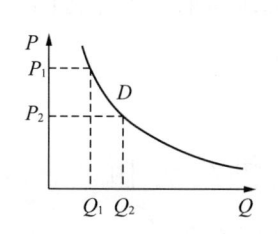

图 7-3a　价格对需求的影响　　图 7-3b　收入对需求的影响

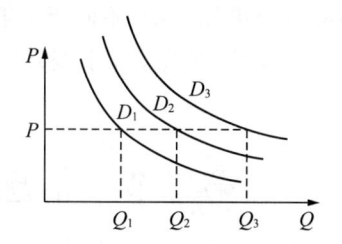

(三) 相关商品和服务的价格

当一种商品本身价格不变,而其他相关商品价格发生变化时,这种商品的需求量也会发生变化。

对于两种物品,如果一种物品价格的上升引起另一物品需求的增加,则这两种物品被称为替代商品(Substitute Goods)。替代品是指两种产品存在相互竞争的销售关系,即一种产品销售的增加会减少另一种产品的潜在销售量,反之亦然(如牛肉和猪肉)。替代品是否产生替代效果,关键是看替代品能否提供比现有产品更大的价值/价格比。若 A 商品与 B 商品互为替代品,A 商品价格上升,顾客们就会去寻求相较于 A 商品更便宜的,并且能带来相似满足度的 B 商品。例如,在火车票价格持续上涨到一定的高度时,人们会转向乘坐飞机。或者在牛奶价格上涨时略微少购买一些牛奶,这欠缺的一部分需求转以奶粉来代替。

互补品(Complement Goods)是指两种商品之间存在着某种消费依存关系,即一种商品的消费必须与另一种商品的消费相配套。一般而言,如果两种商品互补,一种商品价格上涨,就会导致其需求量减少,同时导致其互补商品需求量减少;反之,一种商品价格下降,需求量增加,同时导致其互补商品需求量也增加,体现出互补品价格与商品需求呈反方向变动的规律。典型的互补商品如打

---

① [美]约翰·冈茨(John Gantz),[美]杰克·罗切斯特(Jack B. Rochester)著,周晓琪译,《数字时代盗版无罪?》。北京:法律出版社,2008。

印机及墨盒、刮胡刀及刀片、汽车与汽油等。

(四) 消费者数量、兴趣及偏好

当消费者对某种商品的偏好程度增强时,该商品的需求量就会增加,相反偏好程度减弱,需求量就会减少。同时,当消费者预期某种商品的价格即将上升时,社会会增加对该商品的现期需求量,因为理性的人会在价格上升以前购买产品;反之,就会减少对该商品的预期需求量。

(五) 其他因素

此外,社会经济的发展、信息商品市场发育程度、信息消费者的素质等因素都会对信息商品的需求产生影响。比如潜在信息需求会经常向显性信息需求转化,信息商品细分更加详细,不同于一般商品需求量的概念,因国家、地区、时代和用户的不同而产生的信息需求差异性较大等。

第二节　信息商品供给分析

一、信息供给的内涵

供给是指在某一特定时期内,在每一价格水平时,厂商(生产者)愿意而且能够出售的商品量。与需求相类似,理解供给这一概念需要把握好以下几点:

第一,供给不同于供给量,供给量是在某一既定的价格下,生产者愿意而且能够出售的数量。而供给则是不同价格下所对应的不同供给量的统称,即价格与其供给量之间数量对应关系;

第二,供给需要同时具备两个条件:一是生产者愿意出售,二是生产者有供给能力;

第三,供给分为个人供给和市场供给,个人供给是指单个厂商对某种商品的供给,市场供给则是指该商品市场所有个人供给的总和。

信息供给是指信息企业、信息营销部门或信息经纪商在一定时期内,以一定价格向信息市场提供信息商品。其内涵也包含两个假定:第一,信息生产者愿意出售相关信息商品;第二,信息生产者在一定价格下的信息商品出售能够实现。

二、信息供给的描述

从描述和表现方式上,供给也与需求描述相对应,可以采用供给表、供给曲线以及供给函数三种方法来描述。

(一)供给表

将某种商品每一可能价格下与之相对应的供给量排列起来,可以得到一个表列。这种表示供给量和商品价格之间关系的表格即供给表(supply schedule)。如表 7-2 所示,在一定时间内,某个企业对一种产品的供给称个别供给;某市场所有企业对这种产品的供给称市场供给。市场供给是个别供给的水平加总。供给表显示:随着打印机价格的上升,打印机企业将增加它的供给量。

表 7-2 打印机市场的个人供给与市场供给

价格(元)	供给数量		
	个体供给量(百套)		市场供给量(百套)
	甲	乙 ……	
900	150	100 ……	19000
800	120	80 ……	16000
700	80	40 ……	13000
600	50	20 ……	10000
500	0	0 ……	0

(二)供给曲线

供给曲线(supply curve)是在坐标图上描绘的商品供给量与商品价格相互对应关系的曲线。如图 7-4 所示,横坐标表示供给量,纵坐标表示价格,供给曲线为 S。通常情况下,供给曲线呈现出向右上方倾斜的特征。供给曲线可以是直接型,也可以是曲线型的,在微观经济分析中通常使用直线型供给曲线。

具体地,上面提到的打印机的例子可以用图 7-5 表示。

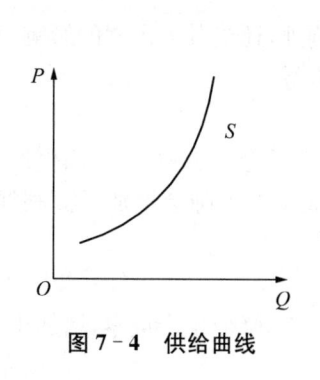

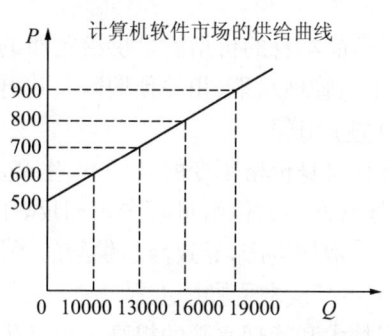

图 7-4 供给曲线

图 7-5 计算机软件市场的供给曲线

(三)供给函数

供给的概念表明,在其他条件不变的情况下,供给只涉及两个变量,即供给量和商品价格。如果把商品的价格作为自变量，供给量作为因变量，则可用函数关系表示商品价格和供给量的关系，这种函数就是供给函数(supply function)，可表示为：

$$Q_s = f(P)$$

在这种函数形式中，只有商品价格是影响供给量的因素，其他影响供给的因素被假定不变。事实上，除价格外，还有许多因素会影响商品的供给。如用 a，b，c，…，n 代表影响供给的诸因素，则供给函数可表示为：

$$Q_s = f(a, b, c, \cdots, n)$$

供给函数可以是线性的，也可以是非线性的，但常用线性的供给函数的一般形式为：

$$Q_s = -\delta + r \cdot P$$

式中，$-\delta$ 表示供给曲线的延长线在横坐标上的截距，即价格为零时的供给量。它意味着能使生产者愿意生产的价格需要满足 $P > \dfrac{\delta}{r}$，r 表示供给曲线相对于价格轴的斜率，即 $r = \dfrac{\Delta Q_s}{\Delta P}$，或者 $r = \lim\limits_{\Delta P \to 0} \dfrac{\Delta Q_s}{\Delta P} = \dfrac{\mathrm{d}Q_s}{\mathrm{d}P}$。

三、影响供给的因素

影响供给的因素包括影响企业供给愿望与供给能力的各种经济与社会因素。一般商品的供给量是随着其价格的变化而同方向变化的，即供给曲线在一般情况下是一条向右上方倾斜、斜率为正值的曲线。它表示价格上升时，供给量会增加，价格下降时，供给量会减少。供给量与商品价格同方向变化的依存关系被称为供给规律。供给规律是由厂商追求利润最大化目标决定的。供给规律也有例外情况，如劳动的供给、证券与黄金等，这些物品的供给不符合一般的供给规律。

除了商品本身的价格满足供给定律的影响外，还受其他因素的影响，如生产成本、技术与管理水平、相关预期以及政府政策等。

（一）生产成本

在商品自身价格不变的条件下，生产成本上升会减少利润，从而生产者会减少生产，导致商品的供给量减少。相反，生产成本的下降会增加厂商利润，从而促使生产者增加生产，导致商品供给的增加。

（二）生产技术和管理水平

生产技术和管理水平的提高会提高生产效率，降低生产成本，增加生产者的利润，从而导致商品供给量的增加。

（三）相关商品的价格

其他商品价格的变化会改变商品间的相对价格，使生产者改变生产经营决策,从而导致该商品供给发生变化,如作为生产要素的土地、人力资源的价格上升。

(四) 生产者对未来的预期

如果生产者预期某种商品价格将要上涨,就会扩大生产规模,增加未来的产品供给。但如果其囤积居奇,待价而售,则会使目前的供给减少,如果生产者预期未来的商品价格下降,则会减少产品未来的供给。

(五) 政府的经济政策

政府通过税收或补贴等政策手段调节某些产品的生产,也会影响产品的供给。

第三节 信息市场均衡

一、信息均衡价格

均衡一般是指在一定条件下,经济事物受多种因素制约的过程中,变化趋于平稳,并且各参与因素没有改变意愿的状态,如均衡价格、均衡产量、均衡就业水平、均衡国民收入、均衡经济增长速度等。而一种商品的均衡价格是指该种商品的市场需求量和市场供给量相等时的价格,那么,在均衡价格水平下的相等的供求数量被称为均衡数量。

根据均衡的作用范畴和表现形式,有局部均衡和一般均衡之分。局部均衡是就单个市场或部分市场的供求与价格之间的关系和均衡状态进行分析,多用于产品、行业或产业市场分析;一般均衡是就一个经济社会中的所有市场的供求与价格之间的关系和均衡状态进行分析,可应用于更广泛的社会经济、国民经济和福利经济分析。

商品的均衡价格表现为商品市场上需求和供给两种相反力量共同作用的结果,它是在市场的供求力量的自发调节下形成的。当实际价格偏离均衡价格时,市场上总存在着变化的力量,最终达到市场的均衡或市场出清。

上述结论同样可用数学模型求得。根据上述线性需求函数与线性供给函数的一般形式,再加上一个均衡方程式,即可构成一个完全竞争市场模型的基本方程式:

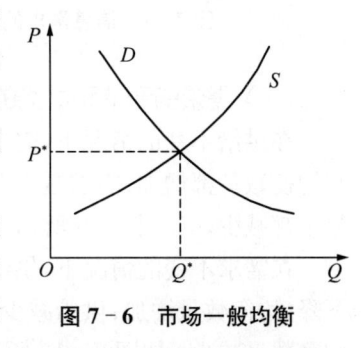

图 7-6 市场一般均衡

$$\begin{cases} Q_d = \alpha - \beta \cdot P \\ Q_s = -\delta + r \cdot P \\ Q_d = Q_s \end{cases}$$ 求得均值价格 $P_e = \dfrac{\alpha + \delta}{\beta + r}$

均衡数量 $Q_e = Q_d = Q_s = \dfrac{\alpha \cdot r - \beta \cdot \delta}{\beta + r}$

二、需求与供给变化及其对均衡价格的影响

（一）需求曲线的移动

需求量的变动是指在其他条件不变时，由信息商品的价格变动所引起的该商品的需求数量的变动。在几何图形中，需求量的变动表现为商品的价格——需求数量组合点沿着同一条既定的需求曲线的运动。

需求的变动是指在某商品价格不变的条件下，由于其他因素变动所引起的该商品的需求数量的变动。在几何图形中，需求的变动表现为需求曲线的位置发生移动。如图7-7所示。

（二）供给曲线的移动

供给量的变动是指在其他条件不变时，由某商品的价格变动所引起的该商品供给数量的变动。在几何图形中，这种变动表示为商品的价格——供给数量组合点沿着同一条既定的供给曲线的运动。供给的变动是指在某商品价格不变的条件下，由于其他因素变动所引起的该商品的供给数量的变动。在几何图形中，供给的变动表现为供给曲线的位置发生移动。如图7-8所示。

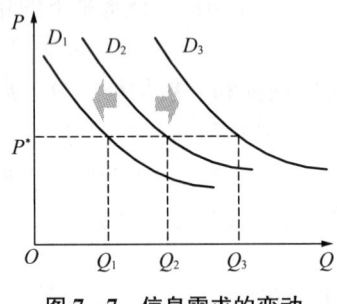

图7-7 信息需求的变动　　图7-8 信息供给的变动

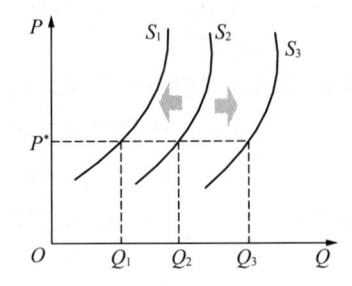

（三）需求的变动和供给的变动对均衡价格和均衡数量的影响

在供给不变的情况下，需求增加会使需求曲线向右平移，从而使得均衡价格和均衡数量都增加；需求减少会使需求曲线向左平移，从而使得均衡价格和均衡数量都减少。如图7-9所示。

在需求不变的情况下，供给增加会使供给曲线向右平移，从而使得均衡价格下降，均衡数量增加；供给减少会使供给曲线向左平移，从而使得均衡价格上升，均衡数量减少。如图7-10所示。

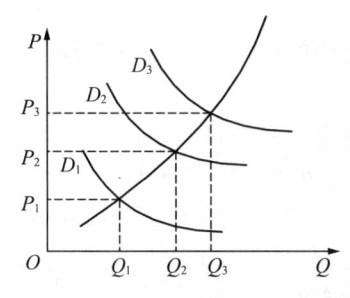

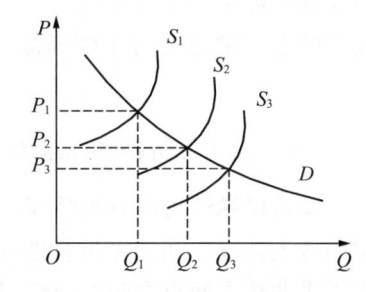

图 7-9　需求变动对信息均衡价格的影响　　图 7-10　供给变动对信息均衡价格的影响

综上所述,可以得出下述结论:在其他条件不变的情况下,需求变动分别引起均衡价格和均衡数量的同方向变动;供给变动分别引起均衡价格的反方向的变动和均衡数量的同方向变动。这就是西方经济学中的"供求规律"。

三、信息商品的供给和需求弹性

（一）弹性的一般定义

弹性（elasticity）的一般公式为：

$$\text{弹性系数} = \frac{\text{因变量的变动率（百分比）}}{\text{自变量的变动率（百分比）}}$$

弹性系数表达的含义是,自变量变动一定的程度（用比例或百分比表示）所引起的因变量变动的程度之比值。如设两个经济变量的函数关系为 $Y = f(X)$,则具体的弹性公式为：

$$e = \frac{\frac{\Delta y}{y}}{\frac{\Delta x}{x}} = \frac{\Delta y}{\Delta x} \cdot \frac{x}{y}$$

式中,e 为弹性系数；Δx、Δy 分别为变量 x、y 的变动量。

若经济变量的变化量趋于无穷小时,弹性的公式还可表示为：

$$e = \frac{\frac{\Delta y}{y}}{\frac{\Delta x}{x}} = \frac{\Delta y}{\Delta x} \cdot \frac{x}{y}$$

通常将第一个式子称为弧弹性公式,将第二个式子称为点弹性公式。

（二）信息商品的需求弹性

需求弹性（elasticity of demand）是用来表示影响需求的各种因素发生变动后,需求数量所变动的程度大小的概念。需求弹性主要有三种,即需求的价格弹性、需求的收入弹性和需求的交叉弹性。这里主要介绍价格弹性。

信息商品需求的价格弹性(price elasticity of demand)是指在一定时期内,信息商品的需求量变动对于该商品的价格变动的反应程度或敏感程度。其公式为:

$$需求的价格弹性系数 = \frac{需求量变动率(相对变动)}{价格变动率(相对变动)}$$

需求的价格弹性可以分为弧弹性和点弹性。需求的价格弧弹性表示信息商品需求曲线上两点之间的需求量的变动对于价格的变动的反应程度。简言之,它是指需求曲线上两点之间的弹性,其计算公式为:

$$e_d = \frac{\frac{\Delta Q}{Q}}{\frac{\Delta P}{P}} = -\frac{\Delta Q}{\Delta P} \cdot \frac{P}{Q}$$

当需求曲线上两点之间的变化量趋于无穷小时,需求的价格弹性要用点弹性来表示。也就是说,它表示需求曲线上某一点上的需求量变动对于价格变动的反应程度。需求的价格点弹性的公式为:

$$e_d = \lim_{\Delta P \to 0} -\frac{\Delta Q}{\Delta P} \cdot \frac{P}{Q} = -\frac{dQ}{dP} \cdot \frac{P}{Q}$$

为了避免不同的计算结果,通常取两点之间的平均值来代替公式中的 P 和 Q 的数值,即需求的价格弧弹性应采用下式计算:

$$e_d = \frac{\Delta Q}{\Delta P} \cdot \frac{\frac{P_1 + P_2}{2}}{\frac{Q_1 + Q_2}{2}} = -\frac{\Delta Q}{\Delta P} \cdot \frac{P_1 + P_2}{Q_1 + Q_2}$$

上面的公式又被称为需求的价格弧弹性的中点公式。

对于一般商品而言,影响需求价格弹性的因素包括:消费者对商品的需求强度,如必需品的需求弹性小,奢侈品的需求弹性大;商品的替代品数目和可替代程度,替代品越多、可替代程度越高,需求弹性越大;商品用途的广泛性,用途越广,需求弹性越大;时间、地域差别、消费习惯、商品质量、售后服务等。

由于信息商品具有不同于一般商品的特征,因此,信息商品的需求弹性影响因素就不同于一般商品的影响因素。它还包括:

① 信息商品有效时限的长短。一般来说,信息商品的有效期越长,其需求弹性就越大,反之,其有效期越短,需求量就少,故其需求弹性就越小。

② 信息商品被需求程度的大小。若是某种信息商品能满足消费者的某种欲望,这种能满足的程度越大,其需求弹性就大;反之,能满足的程度越小,其需求弹性就小。

③ 信息商品效用价值的大小。用户在使用了某种信息商品后所获得的利

润比没有使用信息商品所获得的利润要多,这就表明该信息商品有效用价值,而且上述利润的差额就是其效用价值的大小,自然,效用价值越大,其需求弹性也越大。

④ 信息商品的支出在消费者总支出中所占比例的大小。显然,这种比例越大,表明消费者较多地使用了该商品,则该商品的需求量较大,故其需求弹性大。

同时,由于信息商品的特殊性,商品的需求还会受到消费者的职业、教育及知识水平、经济收入、个人志趣、信息意识及其智力发展等因素的影响。

(三) 信息商品供给弹性

供给弹性包括供给的价格弹性、供给成本弹性、供给的交叉弹性和供给的预期价格弹性等。这里主要介绍供给的价格弹性。

供给的价格弹性(price elasticity of supply)通常被简称为供给弹性,是指在一定时期内一种商品的供给量的变动对于该商品价格变动的反应程度,是商品供给量的变动率与商品自身价格的变动率之比值。供给的价格弹性也分为弧弹性和点弹性。供给的价格弧弹性表示某商品供给曲线上两点之间的弹性。供给的价格点弹性表示商品供给曲线上某一点的弹性。设供给函数为 $Q_s=f(P)$,e_s 表示供给的价格弹性系数,则供给的价格弧弹性的公式为:

$$e_s=\frac{\Delta Q}{\Delta}\bigg/\frac{\Delta P}{P}=\frac{\Delta Q}{\Delta P}\cdot\frac{P}{Q}$$

供给的点弹性公式为:

$$e_s=\frac{\mathrm{d}Q}{Q}\bigg/\frac{\mathrm{d}P}{P}=\frac{\mathrm{d}Q}{\mathrm{d}P}\cdot\frac{P}{Q}$$

一般情况下,商品的供给量和商品自身价格是呈同方向变动的,所以供给的价格弹性系数为 e_s 正值。供给的价格弹性根据 e_s 值的大小也可以分为五种类型:$e_s>1$ 表示供给富于弹性;$e_s<1$ 表示供给缺乏弹性;$e_s=1$ 表示供给单一弹性或单位弹性;$e_s=\infty$ 表示供给完全弹性;$e_s=0$ 表示供给完全无弹性。

影响信息商品供给弹性的因素。一般而言,影响商品供给弹性的因素包括:时期的长短,生产规模和规模变化的难易程度,生产的难易程度与生产周期的长短和生产成本的变化。在信息商品供给弹性的定义中,信息商品的供给量主要是信息商品的种类数量,因此,供给弹性的影响因素从以下几个方面来考虑:

① 信息商品的种类。一般来说,商品的种类越多,其供给量就越大,供给弹性就大;反之,商品种类偏少,供给量就小,供给弹性也就小。

② 信息商品销售商的商品来源渠道的多寡和信息商品质量的好坏。显然商品来源渠道越多,商品的种类就多,同时,商品质量越好,需求量就大,供给量也随之增大,则供给弹性就大,反之亦然。

③ 信息商品生产成本高低。由于信息商品生产过程劳动消耗的特殊性,其

生产成本的确定并不好分析，一般都是由间接的方式或由经验来确定信息商品生产成本。当然生产成本低的信息商品供给弹性就大，反之则小。

显然，信息商品供给弹性的影响因素还有很多，如生产者和销售商所处的社会环境、资本、税收等，这些因素的影响比较复杂，但总的来说不能脱离商品的数量、质量和价格的质量。信息商品销售商在推销其商品时，应具体分析商品的需求和供给，制定合理价格，在满足用户最大需求的同时，自己也获得最大的利益。

四、供给和需求弹性对市场均衡的影响

（一）供给价格弹性的影响

富有供给弹性的产品需求量的移动，市场需求的增加导致市场均衡供给量的增加 ΔQ，而 ΔP 很小；反之，缺乏供给弹性的产品需求量的移动，产品价格增加量 ΔP 较大，而市场均衡供给量的增加 ΔQ 很小。

（二）需求价格弹性的影响

富有需求弹性的产品供给量的移动，产品供给的变化引起销售量的增加 ΔQ，而产品价格降幅 ΔP 很小；缺乏需求弹性的产品供给量的移动，产品价格降幅 ΔP 很大，而产品供给量增幅 ΔQ 很小。

总之，供给弹性和需求弹性对商品供求影响具有如下规律：需求曲线或供给曲线愈有弹性，则市场均衡总量相对于价格的变化就愈大；需求曲线或供给曲线弹性愈小，则市场均衡总量相对于价格的变化就愈小。

本章小结

信息市场的发展、信息的商品化，对社会经济的发展起着明显而重要的作用：一是为社会生产和流通提供大量有效的信息资源，有利于促进经济发展；二是为企业提供必要的市场需求信息，有利于提高企业的竞争能力和应变能力；三是为消费者提供有关商品供应信息，是促进销售的有力手段。信息市场发挥着中介作用，是沟通产、供、销的桥梁，信息是企业经营管理的重要资源。

本章主要从信息商品的供给和需求着手，在完全竞争市场上的供给和需求研究，确定了信息需求和供给的影响因素，并讨论了信息市场均衡及需求和供给弹性对市场均衡的影响。

导入案例小结

目前，信息内容产业已经成为全球最具活力的新的经济增长点。信息内容产业的迅猛发展和广阔前景，已经引起世界各国的极大关注与高度重视，许多国家或地区纷纷制定本国或本地区的发展战略和推进政策。

发展信息内容产业有利于改变我国高耗低效的经济增长方式，建设资源节

约型社会;推动传统产业改造,促进经济结构优化,实现经济可持续发展。一方面,信息资源是一种可共享、可复用、无消耗、无污染的资源,生产过程中信息资源投入的增加,信息化程度的提高,可以降低物质资源的投入量;产品或服务中信息、知识的含量增加,附加价值就会大大增加,因而信息内容产业是高知识含量、高附加值的产业。另一方面,信息内容产业的产业群体庞大、产业链条聚长,发展信息内容产业可以拉动信息技术产业、文化产业、服务产业等相关产业的发展。第三,发展信息内容产业可以广泛地传播中华民族的文化和价值观,增强我国的"软实力"。

课后习题

1. 信息商品需求的影响因素有哪些?
2. 下列哪个因素不影响图书阅读的需求?(　　)

   A. 消费者收入增加　　　　　B. 该图书的手机阅读版本发布

   C. 图书印刷技术的进步　　　D. 图书降价促销
3. 由于《暗算》《潜伏》等间谍题材的电视剧的成功,导致现在市场上关于间谍的剧本"一本难求",而同名小说也一直位于畅销榜前列。这充分说明了信息商品的(　　)。

   A. 非物质性　　　　　　　　B. 非损耗性

   C. 非占有性　　　　　　　　D. 累积性
4. 影响信息商品供给的主要因素有哪些?
5. 考虑电视机、DVD 和电影院门票市场的情况。

   (1) 对每一对物品,请回答它们是互补品还是替代品。① DVD 和电视机,② DVD 和电影票,③ 电视机和电影票。

   (2) 假设技术进步降低了制造电视机的成本。画一个图标注均衡点的变化,并说明电视机市场会发生什么变动。

   (3) 画图说明电视机市场的变动如何影响 DVD 市场。

   (4) 画图说明电视机市场的变动如何影响电影票市场。
6. 市场研究显示出以下有关图书市场的信息:需求表可以表示为方程式:$Q_d = 1600 - 300P$,这里 Q_d 是需求量,P 是价格。供给表可以表示为方程式:$Q_s = 1400 + 700PQ$,这里 Q 是供给量。计算巧克力棒市场的均衡价格和数量。
7. 已知某一时期内某商品的需求函数为 $Q_d = 50 - 5P$,供给函数为 $Q_s = -10 + 5p$。

   (1) 求均衡价格 P_e 和均衡数量 Q_e,并作出几何图形。

   (2) 假定供给函数不变,由于消费者收入水平提高,使需求函数变为

$Q_d = 60 - 5P$。求出相应的均衡价格 P_e 和均衡数量 Q_e，并作出几何图形。

(3) 假定需求函数不变，由于生产技术水平提高，使供给函数变为 $Q_s = -5 + 5p$。求出相应的均衡价格 P_e 和均衡数量 Q_e，并作出几何图形。

8. 假设工人的劳动供给曲线为 $LS = 20w$，劳动力的需求是 $LD = 120 - 20w$；其中 LS 表示工人的供给数量，LD 表示工人的需求数量，w 代表工资率。

(1) 自由市场情况下，劳动力市场均衡的工资率和均衡就业量是多少？

(2) 如果政府设定的最低工资为5元/小时，那么现在有多少人处于失业状态？

9. 假设食物需求的收入弹性为0.5，价格弹性为-1.0，若某位消费者每年食物支出为10000元，食物价格 $P = 2$ 元，收入是25000元。

① 若某种原因使食物价格增加一倍，那么食物消费会有什么变化？

② 假设他得到5000元的补助，食物消费如何变化？

延伸阅读

马费成、靖继鹏、陶长琪、桂学东等学者编写的《信息经济学》教材都涵盖了信息市场一章。原始文献可阅读阿罗的《信息经济学》论文集(1984)及阿伦贝特、兰伯顿的相关论文。

参考文献

Varian H. R. Buying, sharing and renting information goods[J]. *The Journal of Industrial Economics*, 2000, 48(4): 473-488.

Campbell Tims, Kracaw W. A. Information production, market signalling, and the theory of financial intermediation[J]. *The Journal of Finance*, 1980, 35(4): 863-882.

Allen F. The market for information and the origin of financial intermediation[J]. *Journal of Financial Intermediation*, 1990, 1(1): 3-30.

Hanson R. Combinatorial information market design[J]. *Information Systems Frontiers*, 2003, 5(1): 107-119.

Grover V., Teng J. T. C. E-commerce and the information market[J]. *Communications of the ACM*, 2001, 44(4): 79-86.

阿罗. 信息经济学[M]. 北京：北京经济学院出版社，1989.

靖继鹏. 信息经济学[M]. 北京：科学出版社，2007.

靖继鹏. 应用信息经济学[M]. 北京：科学出版社，2002.

乌家培. 信息经济学[J]. 经济学动态，1997，08：3-5.

陶长琪. 信息经济学概论[M]. 北京：机械工业出版社，2009.

骆正山. 信息经济学[M]. 北京:机械工业出版社, 2007.

王宪磊. 信息经济论[M]. 北京:社会科学文献出版社, 2004.

陈雨露. 斯蒂格利茨:信息经济学领域的智慧大师——评《斯蒂格利茨经济学文集》[J]. 中国金融, 2007(6):84-85.

胡昌平. 论信息市场活动与信息市场发展[J]. 图书情报工作, 1995, 39(3):1-6, 22.

查先进. 论信息市场失灵与政府干预[J]. 中国图书馆学报, 2000(4):27-29.

董毅青. 信息市场的需求分析与思考[J]. 情报科学, 1999, 1:40-43.

马费成, 龙鹫. 信息经济学(二)第二讲 信息市场均衡与经济效率[J]. 情报理论与实践, 2002, 25(2):156-160.

马费成, 裴雷. 信息资源共享的市场规制[J]. 中国图书馆学报, 2004, 30(3):5-10.

第八章　信息市场失灵与治理

"私人利益和货币成本"(正如一个想靠建灯塔发财的人所看到的)与真正的社会利益和成本(将被保全的生命和货物,与灯塔的总成本和让更多的船只看到警告灯塔的额外成本相比较)之间是存在差异的。哲学家和政治家一般都承认在"私人利益和社会利益存在外部经济差异"的情况下政府的必要作用。

——保罗·萨缪尔森

课程目标

了解信息市场失灵的原因和类型,掌握外部性、垄断、公共物品的概念和内涵,明确信息商品市场失灵的原因和管制措施依据。

本章重点

- 信息市场失灵
- 外部性、公共物品和垄断
- 信息失灵治理

导入案例

微软公司的反垄断案

微软公司于1975年成立,目前是全球最大的软件商。微软在全球PC机操作系统等软件市场占有巨大的市场份额,经常被推上反垄断法庭。2006年7月,欧盟委员会正式宣布,因微软未执行该委员会2004年的反垄断裁决,对微软处以2.8亿欧元(3.57亿美元)罚款。近年来,微软公司一直诉讼不断,1997年10月,美国司法部起诉微软公司将网络浏览器与"视窗"捆绑在一起销售。2000年6月,杰克逊法官做出将微软一分为二的判决,微软随后提出上诉。2001年6月,美国哥伦比亚特区联邦上诉法院做出裁决,驳回地方法院法官杰克逊做出的将微软一分为二的判决,但维持有关微软从事了违反反垄断法的反竞争商业行为的判决,判决微软利用在操作系统市场上的垄断力量打击竞争对手、与电脑制造商和软件开发商签订一些排他性合同违法。面对微软在全球电脑操作系统市场上的巨大垄断,美国联邦上诉法院为何否决将微软一分为二的判决,而仅仅判决微软的市场行为违法?

美国司法部官员认为,微软捆绑销售视窗软件和网络浏览软件,排挤了竞争对手,并在视窗软件市场中占据了几乎百分之百的份额,毫无疑问成了一个垄断者。比尔·盖茨认为微软公司的行为没有违反反垄断法,它的行为只是众多市场竞争行为中的一种,并给消费者带来了净福利的不断增加。美国麻省理工学院的知名经济学者、产业组织理论专家 Richard Schmalensee 认为,如果说微软实施了其垄断力量,视窗 98(Windows98)的销售价格可定在高达 2000 美元一件的水平上,但事实上微软的定价远在此之下。这就是说,一个拥有垄断实力的厂商没有实施其垄断力量,因此,至少从经济学上说不能将之等同于传统意义上的垄断厂商。

为什么微软不按其市场实力实行垄断定价呢?Schmalensee 回答说,这正是新经济中竞争行为的一个特点。软件产品供给的一个特点是,除了有通常意义上的固定成本外,其边际成本往往是低的,即多生产一件拷贝的成本几乎是微不足道的。不过,这一点本身并不表明定价是否为垄断定价,因为只要厂商按照边际成本曲线相交于边际收益曲线的定价原则,不管是否由于较低的边际成本而使这个交点出现在一个较低的价格水平上,该厂商都可以被视为在实行垄断定价。在 Schmalensee 看来,软件业现在成了熊彼特式产业的一个典型代表。所谓"熊彼特式产业",不再仅仅指一个产业中的企业通过相互杀价展开竞争,更重要的是指一个产业中的竞争者或潜在竞争者通过不停的创新和发明来摧毁旧的产品和企业赖以生存的基础。微软公司正是这种竞争性企业中的一个。它将产品价格定在一个较低水平上,力图在短期内大面积占领市场,同时,又将大量资源投入到新产品开发中,不断更新自己的成熟产品,并通过这种不停的创新活动来阻止竞争者或潜在竞争者的进入。

案例讨论

(1) 微软究竟是不是一家有效率的企业?
(2) 微软给信息经济带来哪些影响?
(3) 政府需要怎样处理微软与市场的关系?
(4) 如果需要制定相关政策,应该有怎样的市场取向?

不论处于什么样的交易平台,信息的特殊性都很容易导致市场失灵现象。也就是说,信息市场在借助其自身内在的运行机制配置信息资源、维持市场正常运行的同时,经常会出现资源配置和市场运行偏离预期结果的情况。当产出的社会效率水平偏离竞争市场均衡时,市场失灵(Market Failures)就出现了,市场不能达到所谓的竞争市场均衡。本章讨论由信息商品和信息服务的外部性、公共物品属性、垄断性、非对称信息与不完全信息引起的市场失灵。

第一节　信息外部性

一、外部性

外部效应,又可称为溢出效应、外部影响或外差效应,就是指商品在生产或消费时对其他组织或个人产生附带的成本或收益。

外部性包括正负两个方面,正外部性是说明生产的成本高于它应当支付的成本(社会成本),或者商品生产的收益低于它应当得到的收益(社会收益);负外部性是指在商品生产的过程中会对社会和环境产生的负效应,从而使社会的边际成本大于企业的边际成本,或者社会得到的边际收益小于企业得到的边际收益。

小案例

什么是外部性?

一家新开的饭店要给第一个顾客赠送价值100元的免费晚餐作为优惠酬宾。如果张三和李四两个人去竞争第一的位置,每个人有50%的机会赢得免费餐,所以他们的预期收益是50元。如果王五也决定参与竞争,那么,每个人的胜出机会就降为1/3。所有参与者从参与中获得的平均期望收益将为33.33元。如果获得第一顾客的机会成本是40元,显然王五的出现改变了所有参与者的决策。虽然从社会的观点看,总的社会福利水平没有变化,总和仍为100元。

二、外部性对市场的影响

个人通常会倾向于具有负外部性的消费行为,因为消费带来的成本不需要个人承担(如污染),经济上称这种现象为"过度消费(over consumption)";而由

第八章 信息市场失灵与治理

于正外部性商品带来的收益并不能被个人独占,个人通常在一定程度上不愿意做出"外部经济"的消费行为(如教育),则为"不充分消费(under consumption)"。因此,商品正外部性会导致商品的供给不足,商品负外部性会导致商品的供应太多。

(一) 正外部性与供给不足

当存在外部性时,市场对商品的配置是缺乏效率的。具有正外部性的产品,市场供给不足。因为个人或厂商在决定生产多少时,只考虑自己获得的收益,而不考虑是否会给别人带来好处。这样,具有正外部性的产品生产,其私人收益就低于社会收益,从而由私人边际收益和边际成本决定的私人最优产量(市场供给)就低于由社会边际收益和边际成本决定的社会最优产量。

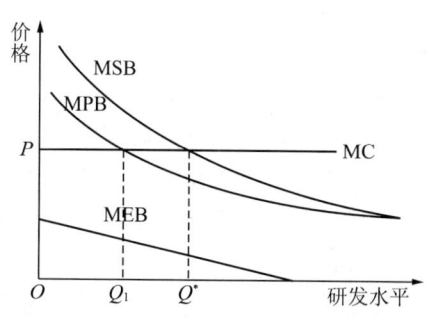

图 8-1 信息商品的正外部性与供给不足

(二) 负外部性与过量供给

与市场对于具有正外部性的产品供给不足相反,市场对于具有负外部性的产品供给过量。因为生产者在决定生产多少时只考虑自己实际面对的成本(private cost,私人成本),不考虑给别人造成的成本(损害)。这样,具有负外部性的产品生产,其私人成本就低于社会成本(social cost,经济中所有个人所承担的成本),从而由私人边际成本和边际收益决定的私人最优产量(市场供给)就高于由社会边际成本和边际收益决定的社会最优产量。

总之,当外部效应存在时,市场失灵使得产出的社会效率偏离均衡水平。庇古(Arthur Cecil Pigou)在其1920年出版的《福利经济学》一书中指出,在经济活动中,如果某厂商给其他厂商或整个社会造成不需付出代价的损失,那就是外部不经济。这时,厂商的边际私人成本小于边际社会成本。当出现这种情况时,依靠市场是不能解决这种损害的,即所谓市场失灵,必须通过政府的直接干预手段解决外部性问题。

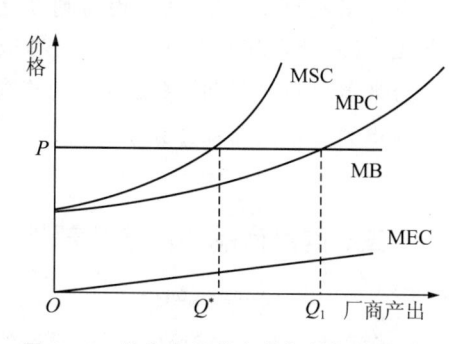

图 8-2 信息商品的负外部性与供给过剩

小案例

火车与农田的外部性问题

20世纪初的一天,列车在绿草如茵的英格兰大地上飞驰。车上坐着英国经济学家 A. C. 庇古(A. C. Pigou)。他边欣赏风光,边对同伴说:列车在田间经过,机车迸出的火花(当时是蒸汽机车)飞到麦穗上,给农民造成了损失,但铁路公司并不用向农民赔偿。这正是市场经济的无能为力之处,称为"市场失灵"。

1971年,美国经济学家乔治·斯蒂格勒(G. J. Stigler)和阿尔钦(A. A. Alchian)同游日本。他们在高速列车上想起了庇古当年的感慨,就问列车员,铁路附近的农田是否受到列车的损害而减产。列车员说,恰恰相反,飞速驰过的列车把吃稻谷的飞鸟吓走了,农民反而受益。当然铁路公司也不能向农民收"赶鸟费"。这同样是市场经济无能为力的,也称为"市场失灵"。

同样一件事情在不同的时代与地点结果不同,两代经济学家的感慨也不同。但从经济学的角度看,无论火车通过农田结果如何,其实都说明了同一件事:市场经济中外部性与市场失灵的关系。列车对农田的影响就是存在外部性的情况。在庇古所看到的情况下,铁路公司列车运行对农业生产带来的损失并不由铁路公司和客户承担,而由既不经营列车,又不用列车的农民承担,即存在负外部性,存在外在成本或社会成本。类似这种情况的还有化工厂、造纸厂对河流或空气污染,吸烟者对环境和非吸烟者的危害。在斯蒂格勒和阿尔钦所看到的情况下,列车运行在客观上起到了"稻草人"的作用,给农业生产带来好处,但铁路公司并不能对此收费,利益由与列车运行无关的农民无偿获得。这就存在正外部性,存在外在收益或社会收益。类似的例子如养蜂人到果园放蜂采蜜,同时免费为果园实现了授粉,果园主不用交费;大学培养出人才,这些人才对经济增长所作出的贡献被全社会分享。

三、信息商品和网络外部性

(一) 信息商品外部性

信息商品是一种存在广泛外部性的商品,比如有线电视收费或者信息商品,在交易过程中很难阻止买者不将信息商品转交给其他用户,因而信息商品的实际市场交易规模总是小于其消费规模,进而导致信息市场往往因市场外部性而失灵。

1. 高等教育外部性案例

高等教育接受者往往会为了消费这一私人物品支付大量的学费、资料费、大学学习期间的生活费以及放弃的收入,这些构成了大学教育的个人成本;个人会在接受大学教育中收获自己的个人收益,即提升自己的文化素养、专业知识以及就业竞争力等。

大学教育也给社会带来了一定的社会收益,如:

(1) 接受过高等教育的人往往在社会中拥有较高的经济收入,因而增加了政府税收收入,另一方面也减少了政府的福利救济、医疗补助以及失业救济等公共福利支出;

(2) 大学教育往往会向大学学子灌输政治、哲学等共同的文化准则和道德准则,这些准则可以降低社会交易成本,减少社会冲突的发生,降低犯罪率,增强社会凝聚力;

(3) 接受大学教育的社会成员往往具有较高的文化素质和政治觉悟,这有利于他们更好地服务和影响社会;

(4) 提高公民特别是妇女的受教育水平有利于提升新生人口素质和家庭教育水平,更好地完善我国的人口结构。这些都是高等教育给社会带来的正外部性。

但是个人并没有从这些社会外部性中得到任何经济补偿,即这些有积极意义的外部效用没有通过市场价格机制计入个人的边际收益中。因此,个人在对高等教育消费量进行抉择的时候,只是基于个人边际收益(MPB)和个人边际成本(MPC)的考量,这样整个社会教育的消费数量将在 Q_1 达到均衡,而社会的需求量则是 Q^*,在 Q_1 与 Q^* 之间时,社会边际收益大于社会边际成本(MSB > MSC),这时继续提供高等教育服务对社会是有效率的,但是这时的个人边际收益低于个人边际成本(MPB < MPC),因此,个人从自身的收益-成本出发便不会继续扩大对高等教育的消费数量,这样便造成了有效供给的不足,其中引起的社会效率损失是图中三角形的面积。

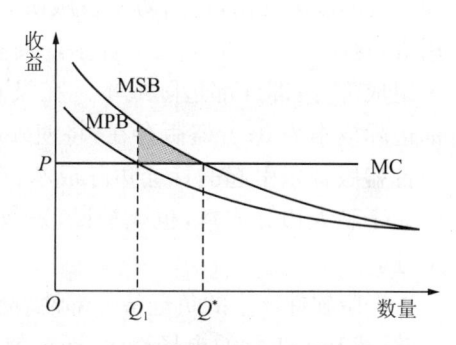

图 8-3 高等教育的社会效率损失

2. 盗版唱片和软件外部性案例

对于消费者而言,盗版音乐可能会给其带来正的外部性(或者说盗版音乐会导致消费者剩余的增加),因为消费者花费很少的钱就可以买到盗版音乐,如果不是买到那种根本不能使用的盗版,则消费者同样可以从盗版中获得所需的音乐和享受。然而,盗版会使正版音乐厂商的利润减少,也会使整个社会福利水平下降,即对于正版生产者和政府来说,盗版的存在会给其带来负的外部性。

表8-1　盗版唱片价格分布

唱片品种	正版价格（元/张）	盗版价格（元/张）
五大唱片公司欧美原装进口版	132	5
BMG唱片公司日本原装进口版	77	5
港台地区原装进口版	99	5
国产引进中价版	58～68	5
国产高价版	48～68	5
NAXOS唱片公司原装进口版	38	5
国产引进低价版	15～20	未见盗版
国产低价版	10	未见盗版

盗版音乐给消费者带来的正外部性将远远少于给正版音乐厂商和政府带来的负外部性。假设盗版生产者多复制一首盗版音乐，这将使正版音乐厂商生存环境恶化，为了消除这种环境恶化的影响，维持原有销量，正版音乐厂商必须追加一定的成本支出，包括防止盗版研究加密技术的费用、调查取证和诉讼的费用等，这种成本支出是正版音乐厂商多生产一首作品所引起的全部成本的一个组成部分，即外部边际成本。在没有盗版音乐，即不存在外部性的场合，外部边际成本为0；若盗版存在，将使外部边际成本大于0，则盗版生产者多生产一首盗版音乐引起的社会边际成本（等于私人边际成本与外部边际成本之和）将大于私人边际成本，也就是说，盗版音乐的存在将会给整个社会带来负的外部性。

盗版软件产生的负经济外部性表现为：一方面，它损害软件开发公司的合法利益，扰乱了正常的市场秩序，严重削弱我国软件产业长期发展的潜力；另一方面，对于消费者而言，由于盗版软件的质量问题，其给用户计算机带来的风险率远比正版要高很多。例如，电脑黑屏严重，盗版软件导致重要数据的丢失，甚至会带来病毒，等等，都给使用者带来无法挽回的损失。而且一旦出现问题，用户根本不能从软件公司得到技术支持。

（二）网络外部性

网络外部性是一种特殊的信息外部性，是典型的正外部性。以信息网络为例，网络本身的规模对网络价值形成一种特殊的倍增效应，称为网络正外部性或网络效应。当一种产品对用户的价值随着采用相同产品或可兼容产品的用户增加而增大时，即出现了网络外部性。网络外部性意味着原有用户得到了产品中所蕴含的新增价值而无须为这一部分价值提供相应的补偿，因而是属于经济学中所阐述的正的外部性的一个特例。

网络外部性可以从不同的角度来理解,经济学家 Katz 和 Shapiro 认为网络外部性是当消费同样产品的其他使用者人数增加时,某一使用者消费该产品所获得的效用增量,并将网络外部性分为两种：

① "通过消费相同产品的市场主体的数量所导致的直接物理效果"而产生的外部性。

② "随着某一产品使用者数量的增加,该产品的互补品数量增多、价格降低而产生的价值"。

我们可以一般性地这样理解：网络外部性是通过其他人购买或使用某种产品或服务而授予此产品或服务的消费者的收益。网络外部性并不总是正的,消费者也可能增加外部成本,如超过一定点网络规模扩大会降低网络用户的效用。以通信网络 E-mail 为例,如果使用它的人增多,它的价值就提高,老用户就可以得到额外的收益,这时 E-mail 就体现出正的网络外部性;但是如果大家都在大量使用这种通信方式,又有可能出现堵塞,E-mail 使用者就有可能会因为速度太慢而苦恼,这时就出现了负的外部性。

小案例

传真机与电子邮件案例

传真机的发明之早让人出乎意料。莫尔斯发明电报机 5 年后的 1843 年,英国人贝恩(Alexander Bain)就发明了传真机的原型,这比贝尔发明电话机的时间还要早 30 多年。1925 年,美国电报电话公司(AT&T)的贝尔实验室采用真空管技术和光电管技术研制出了实用型的传真机,并且在第二年开办了横跨美洲大陆的有线图片传真业务。但传真技术出现后,其销售量一直增长缓慢。其原因是：传真双方都必须拥有传真机,否则就毫无意义。因此,使用传真机的收益严重依赖于传真机使用用户的人数,即其他人使用传真机的情况。

到了 20 世纪 50 年代,传真机的制造者们瞄准了一些市场机会,包括与机场连接起来的飞行服务站。这些站点使用传真设备在彼此之间传递每小时的气象报告。这对于商用飞行和飞行调度来说都是非常有好处的。但是传送一页纸几乎要花一小时的时间。所以,在很长的一段时间内,这项技术都无法拓展到这一市场之外去。到 20 世纪 70 年代,一种被称作"mojo"的类似传真机的装置诞生了,它可以达到 17 分钟/页的速度。试想,谁愿意以这样的速度往芝加哥办公室传真一份多达 455 页的合同呢？你夹着合同直接飞过去,速度都会比发传真快。

1982 年之后,传真机突然就流行开来。为什么呢？传真机的速度已经得到了相当大的提高,大概达到了三分钟/页。不久,传真机制造公司就在传送速度上展开了竞争,看谁的机器每分钟传送的页数多。这也是传真机在80年代获得爆炸性增长的原因之一。他们将更多的精力投入到那些能大量购买传真机、营造内部网络的客户身上,如飞行服务站或报社。这些速度更快的机器打开了企业、法律和医疗市场,因为所有这些行业都需要快速传送大量文件。因此,传真机的制造商集中精力向一些大公司成批销售传真机,这些公司拥有多个办公地点,而且分散在各地。随着用户数量的增加,传真机的需求也增加了。一个网络化的市场诞生了。到1987年,美国大多数企业都用上了传真机;而在1981年,几乎没有一家公司使用传真机。这是第一个被后来的电脑制造商称之为"垂直起飞"的例子。在这个例子中,其他用户对传真机的使用直接影响了传真机的市场价值。

富有戏剧性的是,从1998年到2002年,全球传真的发送总页数又从3.5亿页锐降到1.7亿页,总数削减了50%以上。原因是大量的普通用户离开了传真机而开始习惯于使用电子邮件,只剩下那些有特殊需要的,例如寄送发票和订单的用户还没有抛弃传真机。为什么其他的用户会抛弃传真机呢?原来越来越多的用户,主要是公司和家庭办公者逐渐认识到,通过 e-mail 完全可以实现传真所包含的功能,并且没有成堆的纸张,没有高额的电话费,也不用经常放下手头的工作,守在传真机旁等着文件到来,等等。这说明电子邮件也对传真机的使用价值产生了负面影响。

四、外部性纠正

那如何降低和消除外部效应所带来的效率损失呢?主要有两种方法:一种是由市场机制本身来解决,如外部效应内部化、明确界定产权、社会道德制裁等方式;另一种是政府干预的方法,如税收、补贴、罚款、制定法令等。

(一)外部效应内部化

外部效应内部化也称一体化、集团化方针,私人市场可通过扩大企业规模,组成一个足够大的经济实体来将外部成本或收益内部化,从而纠正外部效应的效率损失。

如本章习题提到的蜂农与果农的纠纷,如果果农能够同时养蜜蜂,则能够解决外部性问题;一家小餐馆对一家洗衣店造成了污染,则由政府出面,以适合的价格将洗衣机卖给这家餐馆,通过合并,外部成本内部化。

又例如:企业经济信息的收集和分析具有明显的正外部效应,因此企业担心信息服务商提供劣质信息,信息服务商则不清楚企业需要何种质量的信息,于是无休止的讨价还价和"信息隐藏",最终使得信息服务效率低下,效果不突出。不少大型企业又迫切感到信息的有用性,就在企业内部设立情报资料部门,对与企业相关的竞争情报加以收集、加工、整理,为企业决策提供咨询参考,以此解决信息服务商担心的信息服务的转手传递等负外部性问题。

(二) 产权界定

产权通常是指某种资源的所有权、使用权以及自由转让权等。1960 年,美国经济学家、1991 年诺贝尔经济学奖获得者、芝加哥大学教授科斯(Ronald Coase)发表了著名的论文"社会成本问题"。他在该文中证明,在交易费用为零的条件下,理性的主体总会将外溢成本和收益考虑在内,社会成本问题从而不复存在。科斯认为,外部性的产生并不是市场制度的必然结果,而是由于产权没有界定清晰,有效的产权可以降低甚至消除外部性。科斯将上述观点进一步拓展为著名的**科斯定理**,即产权不明是外部效应的根源,如果产权是明确定义的,且协商是毫无成本的,那么在有外部效应的市场上,交易双方总能通过协商达到某一帕累托最优配置,而不管产权划归哪一方。

可见,科斯认为,解决问题的关键是,只要交易费用为零和产权界定明晰,私人之间可以达成协议,从而使经济活动的边际私人净产值和边际社会净产值相等,导致外部性存在的根源就会消除。举个例子,张山、李斯同住一间宿舍,张山喜欢安静,而李斯喜欢听音乐。显然李斯的行为对张山造成了外部不经济,假定张山被吵闹或李斯无法听音乐的效用损失等价于 100 元。如果李斯购买耳机,价格为 10 元。根据科斯定理,假如学校规定张山有权享受安静,他可以向学校有关部门的报告,要求李斯不干扰他,否则学校将采取更严厉的措施,使李斯的损失超过 100 元,即超过听音乐的效用。这时,李斯为了能继续听音乐,只好自己花 10 元购买耳机。但如果学校规定,李斯有权听音乐,那么张山在不堪忍受噪音的情况下,他可能会选择花费 10 元钱给李斯买一个耳机来达到市场均衡。

类似的政策实践如英国的《居民噪音法》。该法规定午夜 12 点以前,居民有娱乐的权利自由;午夜 12 点以后,居民则有享受安静休息的权利。

(三) 罚款和征税

政府的政策能够在外部性场合通过政府行为使外部成本内部化,使生产稳定在社会最优水平,进而解决由外部效应而导致的市场失灵问题。庇古提出:如果每一种生产要素在生产中的边际私人净产值与边际社会净产值相等,同时它在各生产用途的边际社会净产值都相等,就意味着资源配置达到了最佳状态。在边际私人净产值与边际社会净产值相背离的情况下,依靠自由竞争不可能达到社会福利最大,因此应由政府采取适当的经济政策消除这种背离。政府应采取的经济政策是:对边际私人净产值大于边际社会净产值的部门实施征税,以迫使厂商减少产量;对边际私人净产值小于边际社会净产值的部门实行奖励和津贴，以鼓励厂商增加产量。庇古认为，通过这种征税和补贴，就可以实现外部效应的内部化。这种政策建议后来被称为"庇古税（Pigou Tax）"。

(四) 补贴

由于政府采取补贴措施，使得企业生产成本降低，引起供给量的增加，供给曲线右移，市场均衡数量可能达到帕累托最优点。

此外，还可以通过加强管制，如规定法定的排污标准，对生产程序进行规定等；完善法律措施，加强用户的市场道德教育或对不道德行为进行市场制裁等予以纠正。

第二节 公共信息物品

一、公共物品

公共物品是相对于私人物品而言的，是指公共使用或消费的物品，其典型特点是在消费时存在非竞争性和非排他性。

(一) 排他性和竞争性

通俗地讲，一种物品具有排他性是指该物品具有的可以阻止一个人使用它的特性。一种物品具有消费中的竞争性是指一个人使用该物品将减少其他人对它的使用的特性。而与之对应，非竞争性是指某人对公共物品的消费并不会影响别人同时消费该产品及其从中获得的效用，即在给定的生产水平下，为另一个消费者提供这一物品所带来的边际成本为零。非排他性，是指某人在消费一种公共物品时，不能排除其他人消费这一物品（不论他们是否付费），或者排除的成本很高。以此为标准，物品可分为四类。

表 8-2 不同类型的物品

	排他性	非排他性
竞争性	私人物品：牛奶、面包、巧克力	共有资源：海洋中的鱼、放牧的草地
非竞争性	准公共用品：消防、有线电视、收费道路	公共用品：灯塔、国防、公共道路

(二) 公共物品

以排他性和竞争性为分类标准，公共物品基本上可以分为三类：第一类是纯公共物品，即同时具有非排他性和非竞争性；第二类公共物品的特点是消费上具有非竞争性，但是却可以较轻易地做到排他，有学者将这类物品形象地称为俱乐部物品（club goods）；第三类公共物品与俱乐部物品刚好相反，即在消费上具有竞争性,但是却无法有效地排他,有学者将这类物品称为共同资源或公共池塘资源物品。

俱乐部物品和共同资源物品通称为"准公共物品",即不同时具备非排他性和非竞争性。准公共物品一般具有"拥挤性"的特点,即当消费者的数目增加到某一个值后,就会出现边际成本为正的情况,而不是像纯公共物品,增加一个人的消费,边际成本为零。准公共物品到达"拥挤点"后,每增加一个人,将减少原有消费者的效用。公共物品的分类以及准公共物品"拥挤性"的特点为我们探讨公共服务产品的多重性提供了理论依据。

二、公共物品对市场的影响

在我们的经济中,大部分物品是在市场中配置的,买者为得到这些东西而付钱,卖者因提供这些东西而得到钱。对这些物品来说,价格是引导买者与卖者决策的信号。但是,当一些物品可以免费得到时,在正常情况下,经济中配置资源的市场力量就不存在了;或者当一种物品没有价格时,私人市场不能保证该物品生产和消费的适当数量。这就是公共物品,因此,公共物品不能或不能有效通过市场机制由企业和个人来提供,而主要由政府来提供。

(一)灯塔效应

灯塔效应,也称搭便车(free rider)现象。搭便车者(free-rider)是指得到一种物品的收益但回避为此支付的人。灯塔常被作为必须由政府提供而不是由私人企业提供的物品的一个例子,由于不可能向受益于灯塔的船只所有者收取可靠的费用,任何私人或企业建造和维修灯塔就不可能赢利。国外的经济学教科书经常以小镇焰火的故事为例。

美国一个小镇的公民喜欢在7月4日看焰火。根据经验,全镇500个居民中的每个人对观看焰火都给予了10美元的估价。放焰火的成本为1000美元。由于5000美元的利益大于1000美元的成本,小镇居民在7月4日看焰火是有效率的。

但是,私人市场能提供有效率的结果吗?也许不能。设想这个小镇的企业家艾伦决定举行一场焰火表演。艾伦肯定会在出售晚会门票时遇到麻烦,因为他的潜在顾客很快就会想到,他们即使不买票也能看焰火。焰火没有排他性,因此,人们有一种搭便车者的激励。搭便车者是得到一种物品的收益但避开为此支付的人。

如果艾伦举行焰火表演,就给那些不交钱看表演的人提供了一种外在收益。艾伦决定是否举行焰火表演时,他没有考虑到这种外在收益。尽管从社会角度来看焰火表演是有效的,但从私人角度来看无利可图。结果,艾伦就会做出不举行放焰火表演的决策。尽管私人市场不能提供小镇居民需要的焰火表演,但解决小镇问题的方法是显而易见的：当地政府可以赞助7月4日的庆祝活动。镇委员会可以向每个人增加2美元的税收，若用这种收入雇佣艾伦提供焰火表演。小镇上每个人的福利都增加了8美元——焰火收益10美元减去税收2美元。尽管艾伦作为一个私人企业家不能做这件事，但作为公共雇员，她可以帮助小镇达到有效率的结果。

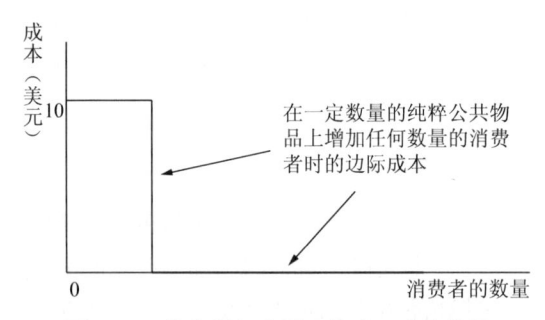

图8-4 焰火搭便车居民的边际成本曲线

（二）公地悲剧

1968年，英国加勒特·哈丁教授（Garrett Hardin）在《科学》杂志上发表了一篇题为"公地的悲剧"（The Tragedy of the Commons）的文章，首先提出"公地悲剧"理论模型。哈丁设置了这样一个场景：一群牧民一同在一块公共草场放牧。一个牧民想多养一只羊增加个人收益，虽然他明知草场上羊的数量已经太多了，再增加羊的数目，将使草场的质量下降。牧民将如何取舍？在公共草地上，每增加一只羊会有两种结果：一是获得增加一只羊的收入；二是加重草地的负担，并有可能使草地过度放牧。经过思考，牧羊者决定不顾草地的承受能力而增加羊群数量。于是他便会因羊只的增加而收益增多。看到有利可图，许多牧羊者也纷纷加入这一行列。由于羊群的进入不受限制，所以牧场被过度使用，草地状况迅速恶化，悲剧就这样发生了。

公地作为一项资源或财产有许多拥有者，他们中的每一个都有使用权，但没有权力阻止其他人使用，从而造成资源过度使用和枯竭。过度砍伐的森林、过度捕捞的渔业资源及污染严重的河流和空气，都是"公地悲剧"的典型例子。之所以叫悲剧，是因为每个当事人都知道资源将由于过度使用而枯竭，但每个人对阻止事态的继续恶化都感到无能为力，而且都抱着"及时捞一把"的心态加剧事态的恶化。公共物品因产权难以界定（界定产权的交易成本太高）而被竞争性地过度使用或侵占是必然的结果。

实际上，公地悲剧产生的原因是公共物品和外部性的共同作用。当一个家庭的羊群在公地上吃草时，它降低了其他家庭可以得到的土地质量。由于人们在决定自己有多少羊时并不考虑这种负外部性，结果羊的数量过多。如果预见到了这种悲剧,镇里可以用各种方法解决这个问题。它可以控制每个家庭羊群的数量,通过对羊征税将外部性内在化,或者拍卖有限量的牧羊许可证。但是,土地的这个例子还有一种较简单的解决方法。该镇可以把土地分给各个家庭。每个家庭都可以把自己的一块地用栅栏圈起来,并使之免于过分放牧。用这种方法,土地就成为私人物品而不是共有资源。17世纪英国圈地运动时期实际就出现了这种结果。

因此,公地悲剧有一个一般性结论:当一个人使用共有资源时,他减少了其他人对这种资源的享用。由于这种负外部性,共有资源往往被过度使用。政府可以通过管制或税收减少共有资源的使用来解决这个问题。此外,政府有时也可以将共有资源变为私人物品。

三、公共物品的供给和需求

公共物品与外部效应有着密切的关系。在某种意义上,公共物品不过是带来外部效应的产品的一种极端情况,其产生的外部成本或收益遍及所有社会成员。正是由于公共物品产生外部效应,所以公共物品的属性会扰乱市场机制的功能,导致市场失灵。由于公共物品的特殊性,导致市场机制决定的公共物品供给量远远小于帕累托最优状态。

(一) 私人物品和公共物品的需求

私人物品需求就是加总某一时间内市场上所有消费者在各种价格水平上对该种物品的需求量,得到对该种纯粹私人物品的市场需求。个人需求曲线水平相加就是私人物品的需求曲线。

而公共物品对所有消费者而言,消费者同时消费同样数量的纯粹公共物品,消费者无法调整其对纯粹公共物品的消费量到 $P=\mathrm{MB}$ 的水平,所愿意支付的价格(MB)是不一样的。图形上表现为个人需求曲线垂直相加。

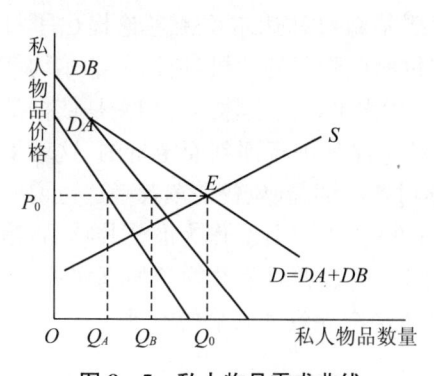

图 8-5 私人物品需求曲线

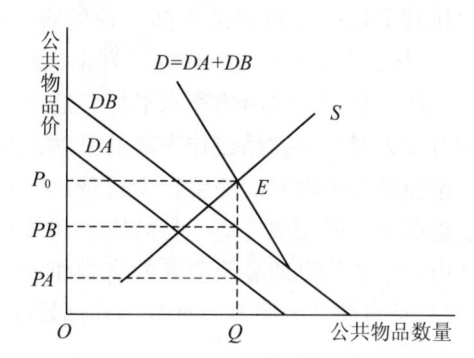

图 8-6 公共物品消费与林达尔均衡

（二）公共物品的均衡

1. 林达尔均衡

林达尔均衡(Lindahl Euilibrium)是1919年瑞典经济学家林达尔(Lindahl)提出的。林达尔均衡是公共产品理论最早的成果之一,林达尔均衡模型实际上是在维克塞尔工作基础上建立的,通过一个新的定价方法来建立起一个类似于私人物品竞争性均衡的公共物品的均衡模型,称为林达尔均衡。林达尔认为,公共产品价格并非取决于某些政治选择机制和强制性税收,恰恰相反,每个人都面临着根据自己意愿确定的价格,并均可按照这种价格购买公共产品总量。处于均衡状态时,这些价格使每个人需要的公用产品量相同,并与应该提供的公用产品量保持一致。因为每个人购买并消费了公用产品的总产量,按照这些价格的供给恰好就是各个个人支付价格的总和。林达尔均衡使人们对公共产品的供给水平问题取得了一致,即分摊的成本与边际收益成比例。

其内涵可表述为：如果每一个社会成员都按照其所获得的公共物品或服务的边际效益大小,来捐献自己应当分担的公共物品或服务的资金费用,公共物品或服务供给量可以达到有效率的最佳水平。

2. 林达尔均衡条件

林达尔均衡的实现必须满足两个条件：第一,每个社会成员都愿意准确披露自己可以从公共物品或服务的消费中获得的边际效益,而不存在隐瞒或低估其边际效益从而逃避自己应分担的成本费用的动机。第二,每个社会成员都清楚地了解其他社会成员的嗜好以及收入状况,甚至清楚地掌握任何一种公共物品或服务可以给彼此带来的真实的边际效益,从而不存在隐瞒个人边际效益的可能。

林达尔均衡从理论上论证了公共物品(包括信息商品)的市场均衡价格原理与私人物品的市场均衡价格原理之间的差异,为进一步探讨信息商品的价格问题找到了强有力的理论依据。1969年,萨缪尔森对林达尔均衡理论提出了批评,指出：因为每个人都有将其真正边际支付愿望隐藏的动机,所以林达尔均衡产生的公共产品供给均衡水平将会远低于最优水平。由于林达尔均衡是依据消费者个人对公共物品或作为准公共物品的信息商品进行评判而定价的,这就不可避免地会出现有的消费者少付费,甚至不付费的情况(免费乘车者),这也说明信息商品不能采取普通商品的成本和效用定价方式。因此,作为准公共物品,信息市场中的信息商品及服务的有效供给依赖于消费者对公共物品的真实评价；同时,信息商品及服务所具有的外部效应性也经常导致其供给的不足。

四、信息商品的公共物品属性

在信息市场中,由于信息商品和服务具有公共物品的属性,所以在进行信息供求均衡分析和经济效率评价时,不能完全采用竞争市场分析。在信息商品中,如教育、天气预报和民生信息的供给具有典型的公共物品属性,私人提供容易偏离物品本身的属性。如教育市场化后,对技能知识和专业知识的学习变得急功近利,而对大学精神和综合素养的考虑就降低了,弱化了大学教育的最终质量。此外,电信基础网络建设以及网络信息内容的提供,具有典型的公共物品属性,虽然也可以通过接入收费或其他补偿性收费来补充,但不足以充分发挥市场的总价值。

(一)信息商品的非竞争性与非排他性

根据非竞争性的界定,由于信息商品具有共享性和非物质损耗性,其消费并不会影响别人同时消费该产品及其从中获得的效用。同时,信息商品存在高固定成本、低可变成本的成本特征,使得一定水平下为另一个消费者提供这一物品所带来的边际成本为零,因而具有典型的非竞争性特征。

非排他性是指某人在消费一种公共物品时,不能排除其他人消费这一物品(不论他们是否付费),或者排除的成本很高。信息消费普遍存在的搭便车现象及可共享性使之具有典型的非排他性。

信息资源具有许多其他资源无法替代的经济功能,其中共享性以及消费无损耗性是信息资源的两个重要特征,这也决定了信息具有公共物品的非排他性和非竞争性的特点。同时,信息的生产具有高的首稿成本和低的边际成本,使得任何一个消费者都可以指望"搭便车",排斥"免费乘车"的行为十分困难,或者说排他的费用是昂贵的。因此,信息明显地具有一定的公共性,进而决定了信息商品和服务的公共物品属性。

随着科学技术的不断进步,通过定制、技术加密、产品封装、专有性设备以及后期的知识产权侵权追溯等方式逐步实现了一定程度的排他性,排他成本也日益降低,缓解了信息产品的公共属性困境。典型的例子如有线电视设备和收费电视、具有帐号登录的信息内容服务等。在实际的信息资源开发利用之中,信息资源的创造者或所有者主要通过以下两种手段来限制信息的使用人群,实现消费的排他:

(1)技术手段。通过技术手段来进行排他,主要是利用信息加密技术将信息进行加密,或者设置使用口令,并仅向特定人群提供解密方法或设备,这样其他人即使能获得信息,也无法从中提取出可用的信息内容。这样的例子包括加密电视节目、共享软件等。

(2)法律手段。最典型的诸如对于专利、出版物以及其他具有版权的信息资源,版权保护法律都规定了未经版权所有者的许可,任何人都不能够使用这些信息资源。

于是在信息商品和服务中,纯粹的公共物品越来越稀少,对公共物品的特征判断愈发集中于非竞争性特点。同时,非竞争性的含义也得到了扩展:当边际生产成本和边际拥挤成本急剧降低时,其非竞争性增强了。

(二)具有拥挤效应的信息共用品

共用品是指公共物品在一定范畴内是非排他性、非竞争性的产品。共用品一旦被提供,除非能够花费无限成本,否则不能排除用户对它的使用,这是它的非排他属性;还有非竞争性,一个用户对共用品的消费不会降低任何用户对该物品的消费数量。

1. 拥挤与拥塞

按照共用品的服务用户数量,可以划分为纯共用品和非纯共用品。前者指共用品可以服务于任意数量的使用者;后者指在使用过程中可能发生拥挤的情况。所谓拥挤,就是对共用品的使用足够多时,会最终导致效用函数的下降。如公园和道路,在畅通条件下,每个人的效用都是足额的,一旦达到一定的数量就形成了拥挤,用户的效用将降低。因而共用品的效用函数是关于供给水平的增函数,而关于使用量的减函数,拥挤情况严重到用户的边际成本超过其边际效用时,称之为拥塞。

信息资源,尤其是数字化信息资源是一种典型共用品,它的拥挤表现在同时链接和使用该信息资源的峰值拥塞。也存在这样一种情况,这种拥挤不是表现为"接近"该信息资源时众多用户的等待与排队,而是在"获取"该信息资源的过程中所耗费的等待与用户相对的稀缺时间形成的拥挤。比如,在学位论文写作中需在图书馆借用专有的一本书籍,但是图书馆的 5 本存量都已经于本月借出,最早也要等待 30 天才能获得这本书,到时可能写完论文就超过论文答辩时间了,于是我被"拥塞"了,至少就大学的图书馆而言是拥塞了。

2. 萨缪尔森规则

拥塞的解决就是萨缪尔森规则:让所有用户的边际替代率之和等于共用品与私用品的边际转换率时,就形成帕累托最优供给。同样是上面的例子,假定在毕业论文写作前的借阅欲望是 10%,论文写作过程中的借阅欲望是 30%,用户一共有 40 名,那么这样的书平均备存就应该有 8 本了,考虑到峰值需求,12 本的备存才能保证不"拥塞"。而现有的图书馆资源采购很多是按均值计算,所以在信息资源利用领域容易被"拥塞"。

关于用户数量和共享规模就是拥塞解决的对偶问题。图书馆文献资源利用是先有用户数量,后确定资源储量;而信息资源的共享规模则是先有资源数量,后有用户规模。如果有一个读书俱乐部有 4 本这样的书,那么这个读书俱乐部就不要多过 12 个需求用户了。如果这样的用户存在概率是千分之一,那 12000 就是共享最佳规模了。利用稀缺时间的核算,也存在一个均衡值。这个算法 Kingma 教授在分析网络拥塞的时候已经提出了:将用户的拥塞时间按用户的平均工资率转化为时间成本,而拥塞时间又是用户数量的增函数,也就是单个用户的成本函数是用户数量的增函数;而用户收益函数是不变的。因而,必定存在一个均衡点满足个人成本等于收益,这一点所对应的用户规模就是该信息资源共享的最佳用户规模。瓦里安的俱乐部最佳规模的分析也是这个思路。

3. 共用品的私人供给

关于作为共用品的信息资源的私人供给问题,安德瑞尔尼是最佳回答者。他设计了一个社区捐献游戏讨论共用品的私人供给问题:有 H 个偏好相同的家庭组成一个社区(可无穷大),每个家庭的财产情况即财富禀赋按连续密度函数 $r(\omega)$ 分布,通过每个家庭捐助一定的私有物品,形成一个公用商品仓库,供大家使用。捐赠没有强制性要求,根据个人财产情况和捐赠偏好实施。则当家庭数量 H 趋于无穷大时,有四个结论:第一,捐献的人口比例下降至 0;第二,只有资源禀赋最高的使用者会提供捐献;第三,总捐献存在一个上限;第四,平均捐献降至 0。

按照这个游戏的描述,似乎信息资源的私人供给是无效的,而政府成为唯一的、理所当然的组织者和实践者。而事实上,博客、维基等共享知识库的存在,说明共享者并没有按照经济学的游戏规则,以"利益最大化"为导向,而更符合"社会人"追求自我实现和尊重的需要。

第三节 信息垄断

一、垄断

(一) 垄断的含义

垄断一词源于孟子:"必求垄断而登之,以左右望而网市利。"原指站在市集的高地上操纵贸易,后来泛指把持和独占。在经济学中,垄断指少数资本主义大企业,为了获得高额利润,通过相互协议或联合,对一个或几个部门商品的生产、销售和价格进行操纵和控制。

(二) 垄断的形成原因

一般认为,垄断的基本原因是进入障碍,也就是说,垄断者能在其市场上保持唯一卖者的地位,是因为其他企业不能进入市场并与之竞争。进入障碍产生垄断的原因有:

第一,对关键性资源或关键性原材料的控制或占有。许多产品的生产都需要某些关键性资源,如果厂商实现了对某种产品生产所需的关键资源供给的控制,也就使其他厂商无法进入该领域生产同类商品,在此情况下就会形成垄断。

第二,专利制度。为了保护知识产权,许多国家都建立了专利制度。在此情况下,如果某企业拥有了生产某种产品的专利权,那么该企业就可以在一定期间内独家生产该种产品,从而形成垄断。为了防止这种垄断的发生,专利权一般都有一定的期限。

第三,规模经济。规模经济是形成自然垄断的重要原因。某些行业的技术条件决定了只有在产量很高或生产规模巨大的条件下,才能取得生产的规模效益。也就是说,如果一个行业只由一个厂商来经营,则生产成本可能会更低,这就是所谓的自然垄断情形。处于自然垄断的企业虽然可能会降低成本,但却排斥了竞争。因为自然垄断企业一旦实现了最优生产规模,其产量就可以满足市场的需要,从而形成行业壁垒,使其他厂商难以再进入该行业,于是形成自然垄断。

第四,准入制度。为了保证一个国家的政治安全或经济安全,政府会对某些行业,例如军事工业、通讯、银行等实行准入制度。政府一旦对某些行业实行准入制度,就会导致该行业的垄断。

第五,生产集中。市场竞争本身的发展会导致生产集中,而生产集中发展到一定程度时,也会自然而然地形成垄断。

(三)垄断对市场的影响

不论是由信息商品的特殊成本结构所导致的自然垄断,还是由人为的法律保护所造成的非自然垄断,经济行为者之间的不平衡都会阻止市场达到产出的社会效率水平,从而造成信息市场失灵。

资源配置达到帕累托最优状态是以信息市场的完全竞争假设为前提,而在实际的信息商品交易过程中,商品的价格和数量往往不是通过市场竞争决定的,而是由某一个或几个提供商或消费者所控制。如图8-7所示,完全竞争市场的需求曲线是一条自左向右倾斜的曲线,此时需求曲线D也就是边际收益曲线MB。对于垄断企业则不同,假设垄断企业的市场需求曲线也可以表示为下图中的曲线D,那么其边际收益曲线为MB',位于曲线D的下方。

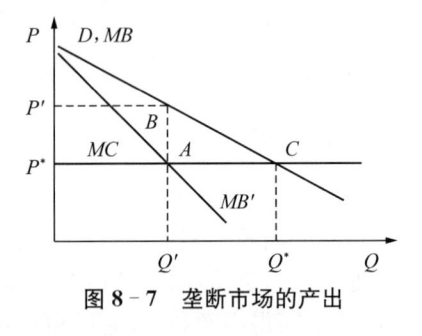

图8-7 垄断市场的产出

可以看出,$Q'<Q^*$,$P'>P^*$,即垄断的产量小于竞争市场的产量,而垄断的价格高于竞争市场的价格。与此同时,消费者剩余将由$S_{\triangle PP^*C}$减少到$S_{\triangle PP'B}$,厂商利润则增加了$S_{ABP'P^*}$。更重要的是,垄断导致了净损失的出现。$S_{\triangle ABC}$既不属于消费者剩余,也不属于企业利润,它是一种净损失,这种净损失造成了社会福利的降低,引起了市场失灵。

二、信息垄断的形成

美国哥伦比亚大学法学教授 Timothy Wu 在《信息帝国的盛衰》中指出,同 IT 行业早期的 AT&T 和微软一样,谷歌、Facebook 和苹果等公司已成为"信息垄断者"。尽管互联网以鼓励自由为名,但是实际上越来越像一个"垄断委员会",大部分领域被"一家公司或一个寡头"所控制。搜索领域属于谷歌,Facebook 控制社交网络,eBay 统治着网络拍卖,苹果主导着网络内容传输,亚马逊控制着网络零售。究竟是什么原因形成了信息产业的垄断?目前,我们认为主要有:

（一）知识产权形成垄断

在信息市场的垄断现象中,知识产权是一种人为垄断的典型表现。下面我们以知识产权法为例,对这种人为垄断形式的经济效率进行简单的分析。从图 8-8 中可以看到,知识产权的保护可以使得知识产品生产者获得垄断性利润,促进创作的欲望,但与此同时却造成了社会净损失 $S_{\triangle SE'C}$。

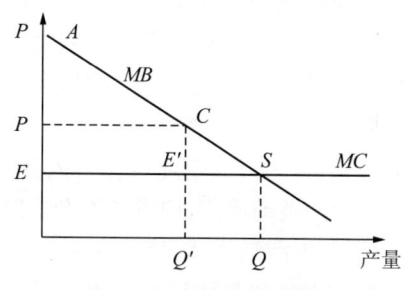

图 8-8 知识产品的销售

（二）规模经济形成垄断

信息产品生产的一个最重要特征是固定成本很高,边际成本很低。以软件产品为例,其研究开发费用极高,但此后的复制则成本很低。一个软件产品的开发通常需要投入大量的人力物力,其费用高昂。微软公司 Windows 2000 操作系统的开发费用为 10 亿美元,历时 3 年,其复制却极其简单,成本不到 1 美元。信息产品的这种高固定成本,低边际成本特征产生了巨大的规模经济效应,生产越多,产品的平均成本越低。

信息产品对单位用户的价值随着采用相同或可兼容产品用户数量的增加而增加的现象,即需求方规模经济。在网络经济中,还存在供给方规模经济,其来自两个方面:首先,网络产业具有边际成本递减的特性,一旦产品研制成功,其复制成本几乎可以忽略不计,生产规模可以无限扩大;其次,信息作为网络经济的主要资源具有其独特效应,正如阿罗所说,"信息的使用会带来不断增加的报酬",即在几乎不增加信息成本的情况下,收益随着信息使用规模的增加而不断增加。

（三）网络外部性与正反馈形成自然垄断

信息产品的网络效应在夏皮罗和瓦里安（2000）眼中是"需求方规模经济"。实际上,网络效应是供给方和需求方规模经济共同作用的结果。首先,在没有大规模供给的情况下,需求方规模经济无法实现;其次,需求方规模经济的实现可以增加需求方的收益,却无法增加需求方的谈判能力,进而降低信息产品的价格。

需求方规模经济和供给方规模经济的共同作用,在网络经济中形成了超强的正反馈效应,即通常所说的"强者愈强,弱者愈弱"的马太效应。"在这种效应的作用下,信息产品市场迅速扩大,市场占有份额急剧提高,市场垄断性迅即增强。"在极端情况下,甚至可能导致"赢者通吃、输家出局"的局面,变为一家公司或一种技术支配或主宰整个市场。

（四）技术创新和技术标准形成垄断

"多数信息产品、数字产品都在知识产权和专利法的保护下,创新技术不易扩散和难以模仿。"又由于信息技术的天然不相容性以及创新企业利用技术优势所采取的不兼容策略对潜在进入者形成了较高程度的技术性进入垄断,使得厂商在信息技术迅速发展变化的情况下,也能维持一定的市场垄断性。

同时,厂商一旦控制了标准,一方面将会拥有巨大的用户基数和众多独立厂商的支持,另一方面企业可在很大程度上操纵产业发展的方向,使潜在进入者在竞争中处于被动地位,构成竞争者难以逾越的壁垒,进而巩固自己的垄断地位。

（五）先行者优势、转移成本与锁定形成垄断

先行者优势是指厂商利用先动策略形成和构筑用户安装系统,对市场容量进行抢占性填充,使潜在进入者面临较小的生存和成长空间,从消费者需求总量方面的先占性优势构筑市场进入壁垒。

在一个已经形成规模的产品的市场上,具有先行者优势的厂商已经拥有了绝对优势的市场份额,它的产品构成了一种标准,并且人们在长期的使用过程中会对这种标准形成习惯。消费者选定这种信息产品后,若转换新的厂商就面临转移成本,因而消费者难以在不同的系统之间自由转换,从而被锁定在原来的系统中。消费者因这种最初选择而产生的依赖,最终成为被选择厂商在市场中难以动摇的市场力量,进而使得优势厂商在竞争中的优势和规模更加扩大,从而导致了绝对垄断的地位。

（六）其他原因

信息产品短暂的生命周期和快速的技术创新也是信息垄断的原因之一。信息产业的自然垄断特征与信息产品短暂的生命周期之间的相互作用,使得信息产业的垄断厂商不断扩大生产,降低价格。从本质上看,这是信息产品内在矛盾的外在表现。从国家制度的层面看,知识产权保护对于信息技术的创新产生产权激励,同时也促进了垄断的形成,反垄断则有利于保护消费者的利益,增大社会福利。

但一个很有趣的现象是,信息产品厂商在市场上获得了垄断地位后,往往并不采取掠夺或定价的传统垄断行为模式,即使占有市场绝对量的垄断厂商仍在

不断扩大产量,降低产品价格。这种现象的根源在于信息产品的消费特性,如公共产品性质和时效性筹集中表现为信息产品生命周期的短暂。信息产品生命周期的短暂要求技术进步和产品更新的速度加快,技术进步和产品更新的速度越快,信息产品的生命周期就越短暂,形成了一个正反馈。

三、垄断治理

与竞争市场相比,垄断没有有效地配置资源,政府解决垄断问题的方法主要包括以下两种:

(一)使用法律来遏制垄断

以美国为例。美国制定和执行反托拉斯法已经有100多年的历史。其成文法主要有1890年制订的《谢尔曼法》和1914年制订的《克莱顿法》《联邦贸易委员会法》。《谢尔曼法》共8条,无专门阐释其立法目的的条款,主要条款只有两条:第1条禁止合谋损害竞争的行为,第2条禁止垄断企业滥用其市场优势地位损害竞争的行为。该法同时授予司法部在反托拉斯领域行使行政权,法院行使司法审判权。《克莱顿法》的主要条款有三条:第2条禁止价格歧视,第3条禁止排他性交易和搭售的规定,以及第7条关于控制企业合并和设立合营企业的规定。《联邦贸易委员会法》的主要条款有两条:第5条禁止不正当的竞争行为,第12条禁止虚假广告。除了成文法和判例外,反托拉斯当局还发布了一系列的政策指南。如司法部和联邦贸易委员会分别于1992年、1995年、2000年联合发布了《横向合并指南》《知识产权转让反托拉斯指南》《国际经营中反托拉斯执行指南》《竞争者之间合谋的反托拉斯指南》等。

实质上,《反垄断法》是从垄断可能性角度进行垄断遏制。具体而言,包括:

第一,直接分解垄断企业。政府根据《谢尔曼法》可以对已经形成垄断或接近垄断的公司提出诉讼,要求它分解成若干个较小的公司。例如,1982年,美国电报电话公司,在政府提出诉讼之后,分出去23个独立的地方性电话公司,这些公司后来又变成7个区域性公司。

第二,反对可能形成垄断的兼并活动。美国反垄断法律规定,如果两家公司合并以后市场份额的平方和大于1800,公平交易部的反垄断处或联邦贸易委员会就会立案调查。例如2008年7月,欧盟委员会对必和必拓收购方案的调查。该部门当时表示,两家矿业公司的合并将控制全球超过三分之一的铁矿资源,必和必拓公司也将成为全球最大的铜矿、铝矿及煤矿供应商,其垄断地位将得到进一步巩固。2008年11月,欧盟委员会正式发表否决声明。

第三,政府反对最终会严重削弱竞争的兼并。例如,1998年美国法院否定两大办公家具连锁店(STAPLES与OFFICE DEPOT)的合并案。家具市场是一个极具竞争性的市场,其中有成千上万的零售商。但是,联邦贸易委员会的经济学家通过对这两个销售商的每一种商品的销售价格和销售数量进行非常细致的观测后,发现在同一城市中,STAPLES 的价格要比 OFFICE DEPOT 的价格低,但是,在没有 OFFICE DEPOT 的城市里,STAPLES 的价格要贵一些。经济学家由此得到一个充分的证据:STAPLES 与 OFFICE DEPOT 并购后,很可能提高价格。因此,法院没有批准这个合并案。

第四,管制串谋。有的企业即使自己不是垄断企业,仍可以通过私下串通,以提高价格和限制产量的办法来谋求最大的垄断利润。这种做法称为串谋,给社会福利带来的损害与垄断是一样的。例如,英国的克里斯蒂(Christie)拍卖行和美国的苏斯比(Sotheby)拍卖行作为国际上两家最著名的拍卖行,因商定佣金的价格被指控违反了美国反垄断法,最后,这两家拍卖行不仅被课以巨额罚金,它们的总裁还面临着刑事监禁。

小案例

波音公司兼并麦道公司案

波音公司在世界大型民用客机领域居于垄断地位。麦道公司是世界航空制造业排行第三的公司,也曾经是世界最大的军用飞机制造商。1996 年 12 月,波音公司宣布收购麦道公司,收购价格为 133 亿美元。波音公司和麦道公司合并之后,新波音公司的资产总额达 500 亿美元,净负债为 10 亿美元,员工总数 20 万人。当时预计 1997 年新波音公司的总收入将达到 480 亿美元,成为世界上最大的民用和军用飞机制造企业。根据美国的有关法律,如此大规模的合并必须经过美国反垄断当局的批准。美国反垄断法律规定,如果两家公司合并以后市场份额的平方和大于 1800,公平交易部的反垄断处或联邦贸易委员会就会立案调查。照此规定计算,两家公司市场份额平方和为 3825,是立案调查标准的两倍多,但兼并最终还是获得了政府的批准。美国反垄断当局为何无视波音公司占美国市场几乎 100%、占全球民用飞机市场 65% 以上的巨大垄断而批准此项并购呢?

美国司法部 1997 年批准了波音公司和麦道公司的合并,这一方面是因为麦道公司当时处于濒临破产的境地,另一方面因为合并后的企业在国际市场上仍然存在着与欧洲空中客车的竞争。面对空中客车公司的激烈竞争,波音与麦道的合并有利于维护美国的航空工业大国地位;其次,尽管美国只有波音公司一家干线民用飞机制造企业,但由于存在来自势均力敌的欧洲空中客车的竞争,波音公司不可能在开放的美国和世界市场上形成绝对垄断地位。如果波音滥用市场地位提高价格,就相当于把市场拱手让给空中客车。

（二）管制垄断者的行为

管制垄断者行为的方式是指对既定形成了垄断格局的企业进行价格或市场行为的管制。典型有：

1. 价格管制

价格管制是指政府对处于自然垄断地位的企业的价格实行管制，以防止它们为牟取暴利而危害公共利益。对自然垄断行业的价格管制：一是保护消费者利益，促进社会分配效率的提高。在缺乏外部有效约束的情况下，垄断企业作为市场价格的制定者，就可能通过制定垄断价格，将一部分消费者剩余转化为生产者剩余，从而扭曲社会分配结构，降低消费者福利水平。对企业价格进行管制，以保证消费者福利水平。二是促进自然垄断产业提高生产和经营效率，建立类似于竞争性机制的企业经营体制，既实现产业的规模经济效益，同时又刺激企业不断进行技术和管理创新，提高生产和经营效率。三是维护企业发展潜力，保证有利于使企业具有一定的自我积累能力，能够不断进行大规模投资，不断提高产业供给能力。

典型的案例如电力、铁路、煤气、自来水、出租车、殡葬等垄断产业价格均由政府物价局直接定价，而电信、航空、公路、教育则实行价格指导原则。

2. 限制新企业的进入

自然垄断企业一般属于公用事业性质，要求"为人人服务"，即要求所有的人都能平等地按同一价格得到服务。但公用事业在不同地区的成本可能是不一样的（如空运和邮电业务在人口稀少地区成本高、在人口稠密地区成本低），因此，为了按同一价格服务，就要用一些地区较高的利润来弥补一些地区的亏损。这时，有些新企业就可能乘机进入利润较高的地区为自己攫取高额利润，而把有亏损的地区留给以"为人人服务"为宗旨的公司去经营。因此，为了保护后者的利益，政府需要限制新企业的进入，办法主要是控制经营许可证或特许权的发放。典型的是教育和邮政。

第四节　信息市场失灵的治理

一、信息市场失灵的公共政策

一般认为，市场失灵情况下，应该通过政府干预方式进行调整。要么通过政府税收或罚款给予调整，要么通过法规或禁令、指令直接进行干预，要么通过政府所有制形式，由政府开展福利化经营。主要干预方法有：

失灵情况		典型案例	主要纠正手段
外部效应	负	计算机病毒的网上传播	公共管制、税收、教育
	正	公司 R&D 信息	直接投资或补贴
公共物品	排他性	治疗艾滋病的医学 R&D 信息	知识产权法、税收、直接投资或补贴
	非排他性	公益广告信息	直接投资或补贴
垄断性	自然	电话信息服务	公共管制
	非自然	文学、艺术或科学作品信息	知识产权法
不完全信息和非对称信息		计算机软件商品质量、效用及消费者信誉信息	宣传、公共管制、法律

二、政策应用：知识产权政策

作为公共产品的信息或知识，很难或几乎不可能排除他人获取、再生产和传播，具有非排他性和无竞争使用属性，因此公共品的私人供给存在供给短缺。对信息短缺的一个补救就是建立排他性的信息私有制，建立知识产权制度，进行发明专利保护。但通过严格的知识产权保证信息或知识不被他人传播和利用，又会形成知识产品供给的垄断，形成远远超过知识产品有效市场供给水平的超额利润，即"溢出价值"；同时，知识的过度保护会导致大部分创新者因为"收益滞后"而没有收益，影响持续创新。

因此，在知识生产领域，既需要给予发明者排他性使用发明的权力；同时又要保证发明是开放与可竞争的，这也是现代知识产权制度实施有限保护的原因。

（一）知识产权法的经济属性

知识产权是人们对无形的智力成果所享有的专有权利。它作为一种财产权在法律中出现，是人类文明和社会生产力发展到一定阶段的结果。自18世纪英国工业革命始，技术创新和文化创新就已成为西方市场经济社会的固有内涵和现代知识产权法律的激励目标。汪丁丁说，对知识产权的过度保护，其实是运用权力操纵社会博弈以达成仅仅有利于知识产权所有者的均衡。高富平的《信息财产——数字内容产业的法律基础》提出，信息的财产属性来源于其资源属性，具有价值和要素替代性，作为财产的信息是指因信息活动而获得的产权属性，包括使用权、所有权和剩余索取权。

因此，法律所承认的知识产权，是个人所享有的垄断性权利，它使具有创新精神和竞争意识的企业投资于知识产品的研究开发，并承担相应的市场风险。知识产权与有形财产权的最大不同在于，它是对某几类知识和信息所享有的权利，如专利法保护依照科学理论开发出来的技术方案，版权法保护科学、文学、艺术领域里思想的表达,商标法保护指示产品质量的识别性标记等。其中任何一项知识和一条信息在使用上都不具有排他性:一项发明能够被专利权人和众多的生产厂商同时付诸实施,一首乐章能够在几场音乐会上同时上演,而且这一发明和这一乐章的价值并不因多次实施和反复演奏而减少或丧失。在经济学意义里,这类知识和信息构成公共性资产,本质上无法被个人所独占。如果没有法律提供的专门保护,赋予其一定的垄断和排他的地位,知识和信息将会被他人无偿使用,而个人创造的价值得不到补偿,投资与创新的热情会受到打击。

(二)布瑞尔争论

20世纪70年代,美国的国会和法院面临版权法如何适应复印机、录音机、录像机和计算机等新技术挑战的困难问题。围绕版权的激励创作功能和版权法的存在价值,当时的美国版权学术界展开了一场较有影响的大辩论,从而启发人们思考,面临新技术挑战的版权法是否应被削弱甚至取消。布瑞尔(Stephen Breyer)主张不需要版权保护,版权人也有足够的能力进行自我保护,反击盗版,从而挑起了这场论战。主要理由有二:其一,即使没有版权法,正规出版商也能够通过发行比盗版的价格更便宜的"反击版本"(fighting edition),把盗版者赶出市场;其二,充足的时间优势可以保证正规出版商回收投资,即"时间领先"(leading time advantage)。畅销图书的选择、付印、零售发行,盗版者比正规出版商落后6到8周,而正规出版商可以利用这段时间抢先占领市场。

反对方反击的要点有二:其一,图书市场上的任何畅销书的高利润都将吸引盗版者。对正规出版商来说,不存在一个避风港,可以出版图书而并不用担心盗版者的不正当竞争。正规出版商不可能精确地知道哪些书可以赚钱,哪些书会亏本,所以他们在许多不同的图书上分配资金,以期其中少数畅销图书带来的较高利润能够弥补其他大多数滞销图书的亏损。如果没有版权法的保护,与正规出版商相比,盗版者将会处于一个不正常的优势地位,即仅仅选择少数畅销的图书进行盗版,从而给予正规出版商的出版活动以致命的打击。其二,对正规出版商来说,所谓"时间领先"的优势并不存在,受高额利润驱使,盗版者总能想办法让非法的盗版比正版更快地进入市场。

这场论战以布瑞尔修改自己的观点而结束。布瑞尔承认缺乏周详考虑,并宣称这场辩论的主题不在于版权是否应该存在,而在于是否应该或怎样对版权的结构进行调整。

(三)知识产品个人收益与社会福利的均衡

布瑞尔争论的核心问题是个人收益与社会福利的取舍抉择问题:已生产的信息是公共产品,任何人都可以使用,不能完全保证信息生产者的收益;如果研究者不能得到其发现的财产权,投资于信息生产的动力不足,将导致社会层面的福利降低;如果强制的、永久的、排他权利使信息生产的激励最大化,但不能保证已经生产的信息的价值得到充分利用。

目前通行的折中办法是,以一定期限的使用障碍使发明者获得足够的回报。但关于保护的最佳保护期限,有不同的看法。1972年,Nordhaus和Scherer提出了知识产权最优期限模型:

$$N = \left[\frac{\beta Q A^{-\gamma}\varphi}{D}\right]^{\frac{1}{(1-\beta)}}$$

并提出发明专利保护期限与市场规模、发明成本、生产率、需求弹性等相关,最终推衍出最佳保护年限为6~10年,而且在不同领域,不同技术会有所不同。申请专利倾向最低的是办公设备、计算机、通信设备、科研设备;倾向较大的是金属冶炼和化工精炼。针对知识产权在我国的均衡价格,汪丁丁认为应当低于这些知识产权在发达国家的价格,同时,知识产权的定价不依赖于每个局部知识拥有者初始知识的代价,而只决定于互补性的强度,并且知识产权放开有利于整个博弈均衡的改进。

本章小结

本章主要从公共经济学角度着手,研究了信息商品或信息市场引发市场失灵的原因,并结合信息商品属性讨论了信息市场无法有效率地分配信息商品的市场失灵情况及相应对策,为信息商品的市场提供和政策制定提供一定的参考。

导入案例小结

从经济分析的观点看,微软所在的信息产业表现出两个新特点:一是低边际成本及其所伴随的高市场份额——高市场份额恰恰与传统的垄断定义相吻合,但低边际成本是新现象;二是由对付潜在竞争所驱动的大量创新活动,消费者的选择和福利并未由于一家公司的高市场份额而受到不利影响。

概括Schmalensee的观点:

(1) 检测垄断的传统方法(价格高于边际成本的程度)不再适用,因为信息产业不仅有固定成本,而且其边际成本是极低的,同时规模和系统经济效应会使产业利润向少数优胜企业转移和集中;

(2) 需要重新认识划分市场的边界,因为信息产业发展的一个基本特征就是不断增加或改变现有软件产品的特色和功能(features and functionality),因此难以轻易断定"捆绑"销售的指责;

(3) 需要重新认识掠夺性商业行为的判断标准。

课后习题

1. 一个电脑编程人员游说反对对软件进行版权保护。他的论点是,每个人都应当从为个人电脑编写的创新程序中获益,与各种各样电脑程序的接触甚至会鼓舞年轻的编程人员编出更多的创新程序。考虑到由于他的建议而可能得到的边际社会收益,你同意该编程人员的主张吗?

2. 医学研究表明吸二手烟对健康有不利影响。最近的社会倾向表示出在公共场合吸烟越来越不能够被忍受。如果你是个吸烟者,并且你希望继续吸烟,而不管越来越严厉的反吸烟法规,描述下列立法建议对你行为的影响。从这些计划的结果看,你作为一个吸烟者是否受益?社会作为一个整体是否受益?

3. 很多经济学家认为,信息商品广泛存在的"免费乘车"现象使得信息商品市场必须加强产权保护。请结合关于信息产权配置的相关理论,谈谈你对这句话的理解。

4. 影响信息商品供给的主要因素有哪些?

5. 信息资源市场失灵的主要原因有哪些?

6. 目前解决信息市场失灵的主要手段有哪些?

7. 信息商品的垄断主要是由哪些原因造成的?

8. 试论述信息商品或服务的外部效应表现和原因,并结合相关市场理论阐述外部性的相应对策。

9. 一个养蜂人住在一个苹果园旁边。果园主人由于蜜蜂而受益,因为每箱蜜蜂大约能为一英亩果树授粉。然而,果园主人并不为这一服务支付任何费用,因为蜜蜂并不需要他做任何事就会来到果园。蜜蜂并不足以使全部果树都授粉,因此果园主人必须以每英亩果树 10 美元的成本,用人工来完成授粉。养蜂人的边际成本为 $MC=10+2Q$,其中,Q 是蜂箱数量。每箱生产价值 20 美元的蜂蜜。

(1) 养蜂人将会持有多少箱蜜蜂?

(2) 这是不是经济上有效率的蜂箱数量?

(3) 什么样的变动可以导致更有效率的运作?

10. 佐治亚海滩是新英格兰海岸外鱼的高产地区,根据鱼的总数可分为两个区域。区域 1 每平方英里鱼的总数较高,但他捕鱼的报酬递减。区域 1 每天的捕捞量(以吨计)是:

$$F_1 = 200X_1 - 2X_1^2$$

其中,X_1 是区域 1 内捕鱼船只的数量。

区域 2 每平方英里的鱼少些,但也大些,并且报酬递减幅度相对较弱。他每天的捕捞量是:

$$F_2 = 100X_2 - X_2^2$$

其中,X_2 是区域 2 内捕鱼船只的数量。各区域内的边际捕捞量由下式给出:

$$MFC_1 = 200 - 4X_1 \qquad MFC_2 = 100 - 2X_2$$

现有 100 条船得到美国政府许可在这两个区域捕鱼。鱼以每吨 100 美元出售。每条船的总成本(资本和运作)为每天1000美元不变。就这一情况回答下列问题：

(1) 如果船都能在他们想去的地方捕鱼，政府不加限制，每个区域将有多少条船捕鱼，捕捞的总值将是多少？

(2) 如果美国政府能够限制船只数量，每个区域应当配置多少条船？捕捞的总值将是多少？假定船只总数仍为100。

(3) 如果另有渔民想购买船只，加入捕鱼队伍，一个希望捕鱼净值最大化的政府是否应当给他们许可证，让他们捕鱼？为什么？

11. 案例分析。

案例分析1：在河北省临漳县狄邱乡双庙村的一座宅院里，数以百万的蜜蜂嗡嗡地飞进飞出。据该县养蜂技术协会会长王令然介绍，近几天，这100箱蜜蜂无偿为中国农业大学临漳果树试验站及北张村等地1000余亩果树及油菜授了粉，帮果农节省人工授粉费用20余万元，并可大幅度提高果树和油菜的产量，还能减少畸形果，提高果品的质量。小小蜜蜂让蜂农和果农在致富路上获双赢。目前，该县养蜂协会已发展专业会员50多个，蜂存栏达4000余箱，年产蜂蜜达20余万公斤，年纯收入200万元，养蜂户年均纯收入在3万元以上。同时，养蜂产业的迅速发展也大大提高了该县近30万亩的果蔬产量和质量，节省了可观的人工授粉的成本，成为果农节本增效的一大亮点。

案例分析2：2015年7月10日，几乎是一夜之间，水美鱼肥的安徽沱湖省级自然保护区变成了"酱油湖"，附近的天井湖也未能幸免，周边渔民经年累月的辛勤劳作化为泡影：9.2万亩水域被污染，鱼类等水产死亡2364万斤，直接经济损失1.9亿元……近日大量下泄的上游污水团让五河县两湖流域遭受多年来最严重的污染事故，然而对于此次事故责任认定等关键问题，上游的泗县和下游的五河县各执一词。五河县指责泗县违规排污，泗县则极力否认，认为流经本地的河水也属"过境污水"(7月10日《京华时报》)。"酱油湖"背后，是打酱油的监管。沱湖和天井湖虽然位于蚌埠市的五河县，其上游的主要河流却都在宿州市泗县境内，横跨两个地级市、两个县，这就使得每一次跨界污染事故协调处理起来都颇有难度。尽管早在2009年，蚌埠市政府与宿州市政府就签署了《关于跨市界河流水污染纠纷协调防控与处理协议》，对污水排放和预警等事项做了明确规定，但在现实执行中，水质检测数据共享、日常监管相互沟通、水质污染预警通报等机制依然是白白搁在纸上、难以落实。直到此次污染事故发生，记者在现场的所见所闻就很说明问题——由泗县管理的幸福闸、草沟闸并没有采取截流处理措施，而是继续开闸放污水，散发阵阵恶臭，五河县派驻的看守人员则被强行驱赶。如此"污水过我家，我再往下排、不管亦不问、早早送出境"的心态，又怎能从源头上治污堵污防污？两地监管部门互相指责、互相抱怨，谁也不愿携起手来共同蹲下身子作全天候检测、采取预防性措施。每一次环境污染问题爆发,都只能通过大面积的"死鱼死虾""水质腥臭"来亮红灯。

上述案例反映的是什么问题?作为当地政府,有什么可行的协调策略?

延伸阅读

马费成、靖继鹏、陶长琪、桂学东等学者编写的《信息经济学》教材都涵盖信息市场失灵一章。原始文献可阅读主流经济学教材的公共政策与市场部分。

参考文献

Katz M. L., Shapiro C. Network Externalities, Competition, and Compatibility[J]. *The American Economic Review*, 1985: 424-440.

Katz M. L., Shapiro C. Product Compatibility Choice in a Market with Technological Progress[J]. *Oxford Economic Papers*, 1986: 146-165.

Maskin E., Riley J. Monopoly with Incomplete Information[J]. *The RAND Journal of Economics*, 1984, 15(2): 171-196.

Oakland W. H. Congestion, Public Goods and Welfare[J]. *Journal of Public Economics*, 1972, 1(3): 339-357.

Andreoni J. Privately Provided Public Goods in a Large Economy: the Limits of Altruism[J]. *Journal of Public Economics*, 1988, 35(1): 57-73.

吴泗宗,蒋海华.对网络外部性的经济学分析[J].同济大学学报:社会科学版,2002,06:70-77.

尚新颖.网络经济下的垄断的形成机理及特征分析[J].中央财经大学学报,2009,1:61-65.

蒋岩波.网络产业的反垄断政策研究[M].北京:中国社会科学出版社,2008.

鄢显俊.信息垄断:信息技术革命视阈里的当代资本主义新变化[D].云南大学,2010.

田樱.盗版软件的经济学分析[J].沿海企业与科技,2009,10:13-16.

邵清.上瘾品消费外部性的经济学分析:以网络游戏为例[D].合肥工业大学,2006.

刘晓东.论网络游戏的外部性及其监管[J].华中师范大学学报:人文社会科学版,2007,01:113-116.

刘云.信息商品盗版现象的经济学分析与对策[J].经济学动态,2003,10:33-35.

杨君佐.网络信息经济治理模式研究[M].北京:电子工业出版社,2011.

第九章　信息厂商理论

> 关于信息生产,存在两个"诊断"。诊断1:一个竞争的市场将会在研究和开发信息方面投资不足;诊断2:当信息不均匀分布时,不仅存在获取信息的刺激,而且存在对传播信号的刺激。
>
> ——肯尼斯·阿罗

课程目标

了解信息产品的生产组织和最优安排,明确信息产权和创新管理对信息产品生产的影响。明确信息要素的投入与产量的关系和两种具有替代性的要素投入与产量关系有关基本理论,明确信息生产要素最优组合的条件和规模报酬的变动规律,理解信息生产函数、边际报酬规律、等产量曲线的特征、边际技术替代率规律和规模报酬类型等生产问题,知晓信息短期生产的阶段划分,信息产权界定的基本理论和方法。

本章重点

- 信息厂商特征
- 信息生产函数
- 最佳信息要素投入
- 信息生产组织
- 信息成本特征和信息生产特征
- 知识生产过程

导入案例

商业专利

1790年4月10日,华盛顿总统签署了国会通过的美国历史上第一份专利法案。6月30日,由国务卿托马斯·杰弗逊掌印的"推动有用技艺委员会"将第一份专利授予了制造钾碱和珍珠粉的化学方法。第一份财政专利在1799年3月19日授予了马萨诸塞州的Jacob Perkins,他发明了"伪造记录侦测"的方法。

第九章 信息厂商理论

不幸的是,所有 Perkins 先生的发明细节,都在 1836 年的专利局大火中遗失了。

在之后的几十年里,商业专利继续被授予从利息计算、制表到彩票等领域的新方法。1889 年 1 月 8 日,三项专利被授予发明家兼企业家 Herman Hollerith 所建立的"集成统计"工具。从此商务数据处理方法的专利诞生了。对其发明的保护,挽救了 Hollerith 先生刚起步的制表机械公司,这个公司 1924 年更名为国际商务机械公司。

在其后的几十年里,电力广泛取代了 Hollerith 及其继任者们所发明的基于电力-机械的商务数据处理设备。商业方法变成了与物理技术无关的纯粹算法,如价格计算。主要的"反对商业方法"观点坚持那种没有实际实体结果的纯粹商业方法,如防止管理员挪用的图书保存系统,是不具备申请专利资格的。不过,包括软件在内的商业方法继续时常被授予专利。例如,英国电讯公司 1976 年在英国为其发明的互联网超级链接申请了专利(2001 年过期),并且于 1989 年亦在美国申请(2002 年被法院拒绝)。

1998 年,道富的裁决改变了状况(State Street Bank & Trust Co. v. Signature Financial Group, 149 f. 3d 1368; fed.cir. 23 July 1998)。问题是关于管理信托基金所有的一揽子投资财产的方法的专利。法院认为"暂时满足记录和公报的目的,甚至被按章办事的当局及随后的市场交易过程所接收并依赖的最终分享价格"的过程,就是一个有用的、完整的可触摸得到的现实结果(state street, 149f.3d at 1373)。

道富公司的裁决导致随后几年商业专利爆炸式的申请以及授予专利数量的增长。

被授予专利的发明包括交易系统,支付和交易系统,协议与风险管理方法,甚至干脆直接就是软件。软件专利的增加导致了大量法律争论。在 2006 年早期,黑莓手机的生产商在法院裁决之前成功解决了专利的纷争,这引起了大众对商业专利这个问题的广泛关注。

对商业方法和软件授予专利的支持者和反对者仍在高调争论。事实上,很难想象财政世界在 Harry Markowitz 和 William Sharpe 为他们的资本财产估价模型(CAPM)申请专利,或是 Fisher Black 和 Mylon Scholes 为他们的选择价值公式申请了专利之后会变成什么样子。一些人声称这仍然是研究的最有力诱因;另一些人则说革新将停顿。在热烈的批判中,还有支持者开源软件运动的身影。在这个领域中,本身开源的学术研究还有很多问题需要去解决。

——引自:Urs Birchler, Monika Bütler. *Information Economics*. Routledge, 2007.

案例讨论

(1) 专利对企业生产和市场均衡带来哪些影响？
(2) 专利保护对个人创新和社会创新有影响吗？
(3) 在信息经济体系中，企业应该选择怎样的专利保护策略？

第一节　信息厂商概述

一、信息厂商的基本概念

厂商是市场经济中生产组织的基本单位，生产相同产品的同类厂商组成一个行业。信息厂商是指主要从事信息商品或信息服务的机构。其构成的核心要素是能够组织信息、劳动、资本或其他相关要素从事信息生产的组织或机构。

从组织形式看，主要有信息创作者（自然人）、独资（个体）企业、合伙企业与公司制企业等形式。从类型看，市场化的信息企业包括各种网络公司、信息咨询公司、律师事务所、会计事务所、证券公司、数据库公司等，他们根据市场化的信息要求，收集、加工、组织和传播信息资源。通常也将从事信息生产的厂商统称为信息产业。

企业形式对于信息生产究竟有什么意义呢？这个问题的回答即企业的本质问题。企业理论是新制度经济学的重要理论之一。科斯最早建立了新制度经济学的企业理论，他认为，企业是价格机制的替代物，是各种生产要素的契约组合。1937年，罗纳德·科斯（R.H.Coase）发表开创性论著《企业的性质》，创造性地利用交易成本分析了企业与市场的关系，阐述了企业存在的原因。科斯指出，企业本质是一种资源配置的机制；阿尔钦和德姆塞茨则认为，企业是一种团队生产；张五常进一步提出企业是合约选择的一种形式。总之，现代企业理论认为企业是各种生产要素的不完全合约。

二、信息厂商目标

厂商目标，即信息生产的目标。微观经济学假定厂商是以利润最大化为目标，利润最大化就是要获得最大可能的利润。它是资源稀缺性的直接结果，是在有限的稀缺资源利用中能够获得的最大产出。企业利润最大化的行为要受到两种限制：市场限制与技术限制。

(1) 市场限制，是企业购买投入品与出售产品的限制。投入品购买限制，是指人们拥有并能够提供的生产要素是有限的,只有在价格高时,人们才愿意提供更多的生产要素。出售产品条件中的限制,是指人们对每种物品与劳务需求的有限性,即只有在价格低时,人们才会增加购买。这种需求有限性限制了企业出售产品和劳务的数量,即市场的供给和需求会限制企业产品的成本和价格,进而影响产出收益。

(2) 技术限制,是指企业将一定的投入资源转化为产品的能力,与企业的技术设备水平、人力资源素质(生产效率)、生产环境以及要素组合等相关。上述条件一旦改变,技术约束条件亦随之改变。

为描述在一定技术条件和市场限制情况下的生产可能,经济学家用生产可能性集或生产可能性边界的概念进行描述。生产可能性边界是指在技术知识和可投入品数量既定的条件下,一个经济体所能得到的最大产量。

假定现有资源用来生产两种产品 X(消费品) 和 Y(资本品)。如果全部用来生产 X 产品,可生产 OB 单位;如果全部用来生产 Y 产品,可生产 OA 单位;如果同时用来生产 X 和 Y 两种产品,则可能有各种不同的 X 与 Y 的产量组合。将 X 和 Y 的各种不同的产量组合描绘在坐标图上,便可得出生产可能性曲线,如图 9-1。图中的 AB 线即生产可能性曲线,或称生产可能性边界(Production Possibility Frontier),也可称为转换线。生产可能性的曲线通常是向外凸的。

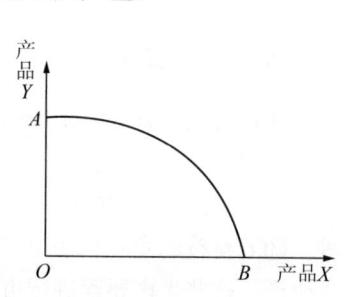

图 9-1 生产可能性边界

信息厂商理论就是研究影响信息资源配置和分配的厂商行为的理论,包括不同市场条件下的厂商均衡条件与价格、产量的决定。具体而言,就是讨论在生产过程中最佳的信息投入量,或者信息生产过程中最佳的信息产出量。即信息产品的生产过程面临两个典型问题:

第一,要素组织。通过其他要素的投入建立信息产品的最优要素组合,当各种要素的边际报酬率相等时,就是最佳信息企业的生产组织。

第二,信息生产目标的实现,即利润最大化,产出最大化或成本最小化的条件。

三、信息:要素还是产品?

在传统厂商理论研究中,信息作为一种要素投入,影响物质产品的生产。因而,传统厂商理论会研究产品生产过程中的最佳信息投入量,典型的研究如企业中 R&D 最佳投入比例问题。信息作为一种要素投入,一般认为信息要素不同于其他要素的边际报酬递减规律。一方面,产量随信息要素量的投入边际报酬递增;另一方面,信息要素的边际成本也递增。因此,信息作为要素投入不同于一般厂商理论的分析。

信息作为产品时,需考虑不同要素的组合、信息产品的成本特征以及短期和长期生产函数。

第二节　生产要素与生产函数

生产函数是在一定的生产技术条件下,生产要素的投入量与产品的最大产出量之间的物质数量关系的函数式,一般记为：$Q=f(x_1,x_2,\cdots,x_n)$；其中,Q 为产量,x_i 为生产要素,$f(\cdot)$ 为生产技术条件。

一、生产要素

生产要素(Factors of Production),指进行社会生产经营活动时所需要的各种社会资源,是维系国民经济运行及市场主体生产经营过程中所必须具备的基本因素。生产要素是经济学中的一个基本范畴,包括劳动力、土地、资本、企业家才能四种。随着科技的发展和知识产权制度的建立,技术、信息也作为相对独立的要素投入生产。这些生产要素进行市场交换,形成各种各样的生产要素价格及其体系。

土地泛指一切自然资源。它包括地上的土壤、森林、河流、湖泊、大气和太空中的可利用的资源,地下的各种矿藏资源,以及海洋中能够利用的各种物资。资本又叫资本品或资本财货,指的是生产过程中的一切人工制品或设备。劳动指的是生产活动中人类一切体力和智力的消耗,可以从劳动的数量和质量两方面加以测定。企业家才能指的是企业家经营企业的组织能力、管理能力和创新能

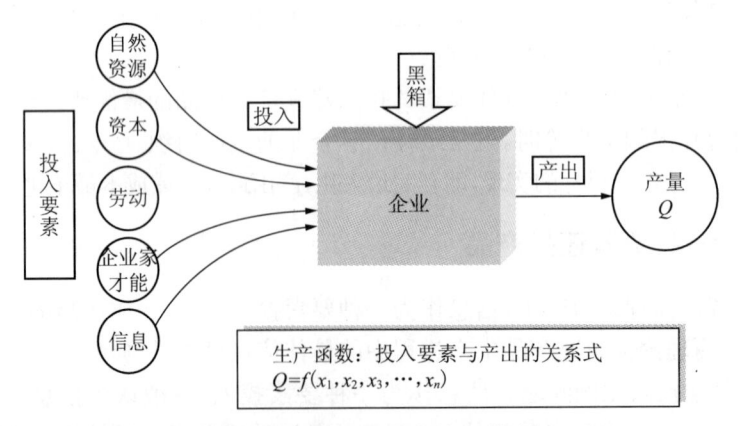

图 9-2　信息作为要素的生产过程

力。信息要素是指与产品生产、销售和消费直接相关的消息、情报、数据和知识等。这些要素作为共同的投入品,投入企业生产,进而获得相关产品。

信息是一项十分重要的生产要素。在市场竞争中,谁拥有足够的信息,谁就能掌握生产经营的主动权,占据生产经营的优势。因此,信息要素所有者提供信息时则根据该信息对生产经营的贡献来给予回报。钱颖一先生指出,"我们平常一讲到知识,往往就理解为专家知识——大学教育、博士教育、博士们、院士们的知识都是专家知识","但是最重要的知识,特别是在经济的活动中,是那种分散在大众中的、非专业的非常本地化的知识,哈耶克称之为'本地信息',这种知识是创造财富的重要源泉"。

二、生产函数的类型

(一)信息作为要素的生产函数

信息作为要素时,信息是自变量,是一种投入要素,那么信息要素的价值按生产函数中的要素贡献率计算。信息作为要素投入时,有两种观点计算信息要素的价值:一是信息作为独立变量作用于生产函数,信息要素的价值表现为信息要素对生产函数的边际贡献率,即:

$$p = \frac{\partial f(L, K, I)}{\partial I}$$

二是信息作为依托资本和劳动力变量作用于生产函数,信息要素的价值表现为改变资本和劳动力变量的比例关系,即:

$$p_I = f'\left(\frac{L}{K}\right) - f\left(\frac{L}{K}\right)$$

(二)信息作为产品的生产函数

当信息作为产品时,信息是因变量,是产出,那么生产函数表示投入其他生产要素后得到的产品数量:

$$Q_i = f(L, K, \cdots, I)$$

(三)短期生产函数与长期生产函数

由于生产组织往往需要一定的周期,考察的时间长短不一样时,生产要素数量的调整数量也不一样。现实中的长短期的划分因生产或行业的特点而异。因此,根据生产函数所考察的时间长短有如下区分:

1. 瞬时生产函数

瞬时生产函数,就是所有投入要素和产出都无法改变的一个极短时间内的生产函数。其函数形式为:$Q = f(\overline{L}, \overline{K}, \overline{I})$。其中,劳动力、资本和其他生产要素投入均不变时,生产函数与生产要素之间的关系。

2. 短期生产函数

短期生产函数指的就是企业只能变动部分投入要素,还有部分要素不能变动的一个相当短时期内的生产函数。它反映的是短期生产产量与变动要素投入量之间的依存关系：

$$Q = f(L, \overline{K}, \overline{I}) \quad 或者 \quad Q = f(\overline{L}, \overline{K}, I)$$

3. 长期生产函数

长期生产函数就是企业可以调整所有要素投入量的一个足够长时期内的生产函数。其函数的一般形式为：

$$Q = f(L, K, I)$$

(四) 典型生产函数

1. 固定替代比例生产函数

固定替代比例生产函数是指在每一产量水平上任何两种要素之间的替代比例都是固定的。函数的通常形式是：

$$Q = aL + bK$$

其中 Q 是产量，L、K 分别表示劳动和资本，常数 a、$b > 0$。

对于信息要素的参与，可构造成：$Q = aL + bK + cI$。

2. 固定投入比例生产函数

固定投入比例生产函数，也被称为里昂剔夫生产函数，是指在每一个产量水平上任何一对要素投入量之间的比例都是固定的。

函数的通常形式为 $Q = \min\{cL, dK\}$，其中 Q 是产量，L、K 分别表示劳动和资本，常数 c、$d > 0$。该函数适应于短板资源的投入，也同样适应于信息要素的限定。

3. 柯布-道格拉斯生产函数与改进

柯布-道格拉斯生产函数是由数学家柯布(C.W.Cobb)和经济学家道格拉斯(Paul H. Douglas)于20世纪30年代提出来的。柯布-道格拉斯生产函数被认为是一种很有用的生产函数，形式简单，并具有生产过程中要素替代的基本属性，广泛应用于经济理论分析。

函数的通常形式是：$Q = AL^{\alpha}K^{\beta}$，其中 A、α、β 为三个参数，且 $\alpha, \beta \in (0, 1)$，有时还限定 $\alpha + \beta = 1$ 以说明规模报酬不变。

1983年，保罗·罗默(Paul Rolm)提出新经济增长理论时，将人力资本考虑进入生产模型，以区分劳动力的差异，得到：

$$Y(H_Y, L, x) = H_Y^{\alpha} L^{\beta} \sum_{i=1}^{\infty} x_i^{1-\alpha-\beta}$$

罗默模型将知识或信息要素表现为人力资本差异，进而影响生产函数。

1992年，彼得·申汉(Peter Senhan)借助澳大利亚产业委员会测度 R&D 对经济增长影响的方法，构造了一个新的生产函数说明知识存量和信息对经济增长的影响。加入信息要素后，可写成：

$Q=AL^{\alpha}K^{\beta}R^{\gamma}Z^{\delta}$，$Z$ 为其他影响因素。

4. CES 生产函数

CES 生产函数，即固定替代弹性生产函数（constant elasticity of substitution production function），是1961年阿罗和索罗等三人合作对技术进步分析的生产函数。CES 生产函数的一般形式是：

$$y=A(\delta_1 K^{\alpha}+\delta_2 L^{\alpha})^{1/\alpha}，其中 \delta_1+\delta_2=1, A>0$$

CES 生产函数中有三个重要的参数 A,α 和 δ,每个参数都有丰富的经济学含义,参数的大小对一国的经济增长和资本使用效率也有重要的意义。

A 是最常见的技术进步参数,根据 Solow(1957)提出的所有导致"生产函数移动"的因素都可以视为技术变化,这不仅包括各种狭义的技术创新,也可以包括制度变革、体制改革等广义的技术进步。显然,A 上升将导致人均资本投入不变时产出的增加,可以理解为社会整体要素使用效率的提高。因此在经济增长文献中,经常用技术进步参数 A(或技术进步率 g)来衡量一个国家的要素使用效率。

δ_1,δ_2 分别为资本产出弹性参数(或资本分配系数)和劳动率,标示资本和劳动率集约程度。因此,δ_1 的大小在一定程度上反映了一个国家资本产出效率的高低,可以作为衡量和评价一个国家投资效率高低的指标。

α 为要素替代弹性参数,定义资本-劳动替代弹性。

5. 詹森-麦克林生产函数

1979年,詹森(Jensen)和麦克林(Makline)在讨论产权与生产函数关系时,引入如下生产函数：

$$Q=F_R(L,K,M,C,T)$$

式中,Q 代表产出,L,M,K 分别代表劳动、原材料和资本投入,T 代表与生产有关的技术和知识状况,C 是指由 R 决定的企业内部规则(企业制度),F_R 是由特殊的产权结构构成的生产函数。

第三节　最佳信息投入量

一、总产量、平均产量和边际产量

总产量。在一定技术条件下,变动投入要素与某一固定要素相结合所能生产的最大产量,叫总产量(TP)。以劳动力作为可变要素而言,$TP_L=f(L,\overline{K},\overline{I})$;通常情况下,在变动投入刚开始增加时,总产量增加得比较快,以后总产量增加的速度会越来越慢,到后来可能停止增加,甚至下降。信息要素可以认为是满足该规律的。

平均产量。在一定技术条件及其他诸投入要素保持不变的情况下,平均每单位变动投入要素与总产量之比,为该要素的平均产量(AP)。它等于总产量除以变动投入要素的数量。劳动是变动投入时,劳动的平均产量 AP_L 可写作:

$$AP_L = \frac{TP_L}{L}$$

资本是变动投入时,资本的平均产量可写作:

$$AP_K = \frac{TP_K}{K}$$

信息是变动投入时,信息的平均产量可写作:

$$AP_I = \frac{TP_I}{I}$$

边际产量。在一定技术条件下,其他诸投入要素都保持不变,每增加一个单位变动投入要素所引起总产量的变动量,称作此时这种投入要素的边际产量(MP)。

当变动投入是劳动时,劳动的边际产量可写作:

$$MP_L = \frac{\Delta TP_L}{\Delta L}$$

同理,变动要素是资本时,资本的边际产量可写作:

$$MP_K = \frac{\Delta TP_K}{\Delta K}$$

边际产量与平均产量开始时都随变动投入的增加而增加,然后会随变动投入的过度增加而下降。

二、边际报酬递减规律

一般说来,在技术水平一定的条件下,其他要素投入量保持不变,一种生产要素的投入量连续增加,那么当这种要素投入量增加到一定程度以后,若再继续增加该要素的投入,该要素的边际产量贡献会逐渐减少。这一规律叫作边际报酬递减规律,又叫边际生产力递减规律。

边际报酬递减规律是短期生产的基本规律。对边际报酬递减规律的理解需要把握:第一,边际报酬递减规律是以技术水平保持不变为前提,反之若在既定实验条件下观测出边际报酬非递减现象,则可归功于技术水平的改进;第二,边际报酬递减是以其他生产要素固定不变、只有一种生产要素变动为前提的;第三,边际报酬递减并不是一开始就递减,而是在投入的可变生产要素超过一定数量以后才出现的,可能呈现倒 U 曲线。

三、最佳信息要素投入量

从总产量、平均产量和边际产量的关系看(如图 9‑3),当信息要素边际产量为 0 时,企业达到最大产量,所对应的信息投入量 I_3 就是最佳信息要素投入量。

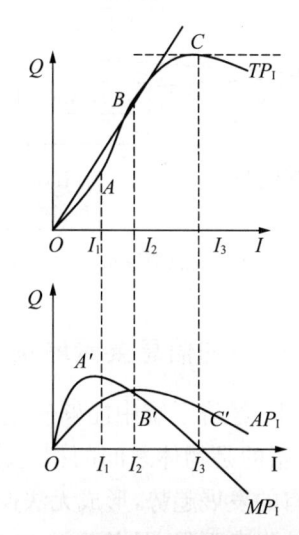

图 9‑3 总产量、平均产量与边际产量曲线

传统生产函数中,当边际要素收入等于边际要素支出时,利润达到最大。但由于信息的累加性、学习效应的存在、信息的规模效应等特征,存在信息内容生产的边际产量递增的事实,即信息的边际成本极小,或趋于零,或增长缓慢,以致信息生产与传统产品的生产略有不同。

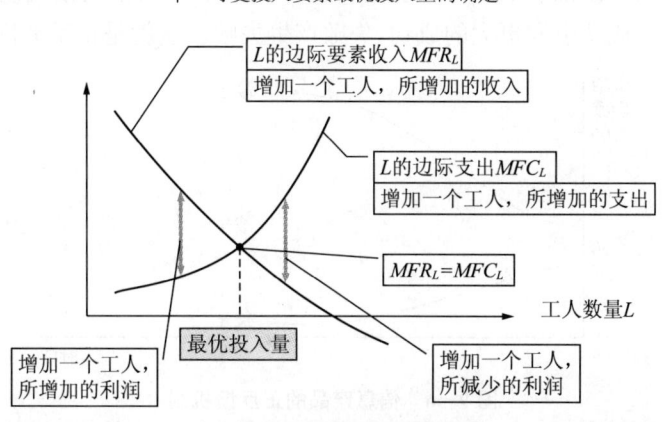

单一可变投入要素最优投入量的确定

图 9‑4 传统要素最优投入量

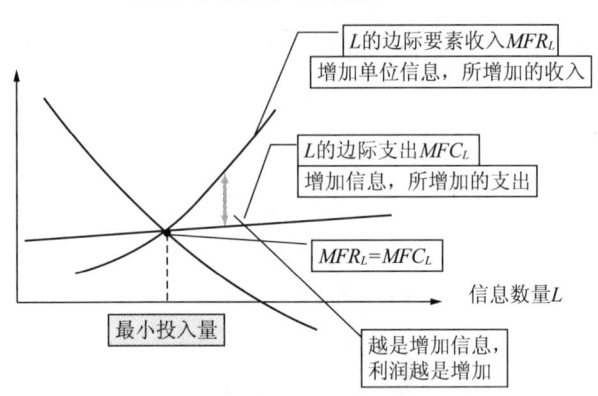

信息要素最优投入量的确定

图9-5 信息要素最优投入量

四、边际收益递增假设下的信息要素最优

在边际收益递增的假设下,经济系统中能够产生一种局部反馈的自增强机制,即正反馈。所谓正反馈,指的是物体之间的相互作用,存在着一种相互助长的力量,它会强化和放大原有的发展趋势,形成无法逆转的必然性。

正反馈机制的表现是:使强者更强、弱者更弱。一个公司在网络中的影响是以指数形式迅速扩张的,比如说,消费者在购买电脑操作系统软件时,是在选择一个用户网络,而不仅仅是一种产品,他要考虑软、硬件与其他用户兼容的问题。网络经济具有极强的正反馈效应。当许多公司争夺正反馈效应市场时,只有一个赢家,这种情况在网络经济中最为突出。网络越大越有价值,这就使强者越强,弱者越弱,使需求方或供给方规模经济具有强烈的正反馈市场,最大的赢家则是推出受正反馈推动的技术性企业。优势被网络中的正反馈机制放大,最终成为胜利者。成功引发更大的成功,失败产生失败。这就是正反馈机制的本质。

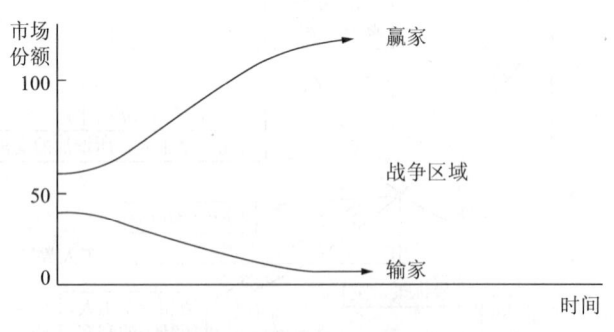

图9-6 信息产品的正反馈机制

· 252 ·

正反馈的突出表现是边际收益递增。当其他生产要素不变,连续增加某种生产要素(知识、客户、网络等新生产要素,而不是劳动、资本或土地)时,带来的边际产量是上升的。信息和知识使用规模的不断扩大,可以带来不断增加的收益。这种传递效应,也使网络经济呈现规模收益递增的趋势。知识和技术总量的边际收益提高弥补了劳动力增加边际收益递减的影响,从而使生产率提高。供给方规模经济也是其原因,网络的连接功能强大,众多小企业联系在一起,资源、信息技术等共享,也能形成一个强大的整体,提高生产率。

第四节 最优要素投资组合

长期生产函数就是企业可以调整所有要素投入量的一个足够长时期内的生产函数。其函数的一般形式为:

$$Q = f(L, K, I)$$

最优要素投资组合就是考虑长期生产函数中的劳动、资本、土地、企业家才能和信息的比例。考虑要运用等产量线和等成本线的分析方法。

一、等产量线

等产量线是表示两种生产要素的不同数量的组合可以带来相等产量的一条曲线;或者说是表示某一固定数量的产品,可以用所需要的两种生产要素的不同数量的组合生产出来的一条曲线。

根据两种可变生产要素间的替代程度,可将等产量曲线大体分为三种类型:

图9-8(a)中的等产量曲线是一条直线,表明投入要素 L 和 K 是完全替代品;

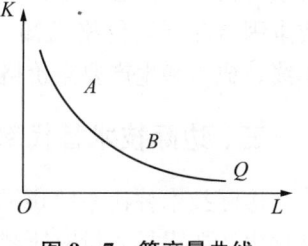

图9-7 等产量曲线

图9-8(b)的等产量曲线是直角形曲线,这表明投入要素 L 和 K 是非替代品,即在保持产量不变的前提下,增加一单位投入要素 L,不能减少另一投入要素 K 的投入量;

图9-8(c)的等产量曲线表示两要素是非完全替代品,在产量既定条件下,投入要素 L 替代投入要素 K 的比率会随前者使用量的增加而递减。

等产量线具有如下特征:

第一,等产量线是一条向右下方倾斜的曲线,其斜率为负值。

第二,在同一平面图上,可以有无数条等产量线。

第三，在同一平面图上，任意两条等产量线不能相交。

第四，等产量线是一条从左上方向右下方倾斜且凸向原点曲线。

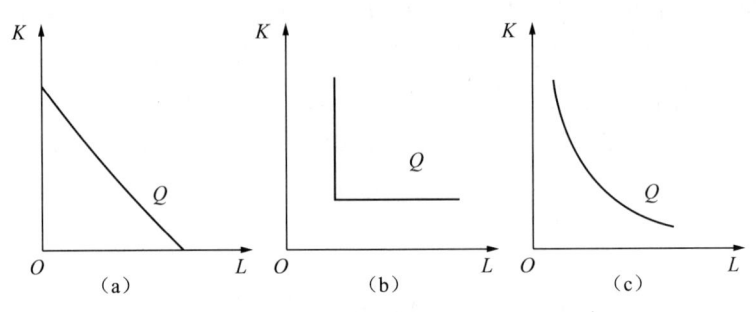

图 9-8 等产量曲线的类型

二、等成本线

等成本线是指在既定的成本及既定的生产要素价格条件下生产者可以购买到的两种生产要素的各种不同数量组合的轨迹。厂商对于两种要素的购买选择成本方程如下：

$$C = wL + rK$$

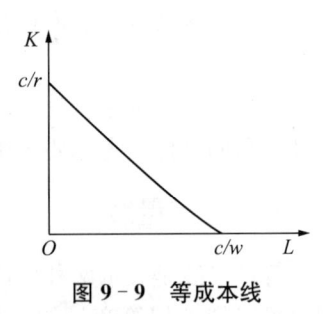

根据等成本线的含义可知，等成本线要受到要素价格和厂商总成本预算等因素的影响。如果成本固定和要素价格已知，便可以得到一条等成本线。成本和生产要素价格的任何变动，都会使等成本线发生变化。

图 9-9 等成本线

三、边际技术替代率

边际技术替代率(MRTS)，是指在维持产量水平不变的条件下，增加一单位某种生产要素投入量时所减少的另一种要素的投入数量。它是一个与等产量曲线相联系的概念。

劳动对资本的边际技术替代率的定义公式为：

$$MRTS_{LK} = -\Delta K / \Delta L$$

在两种生产要素相互替代的过程中，在维持产量不变的前提下，当一种生产要素的投入量不断增加时，每一单位的这种生产要素所能替代的另一种生产要素的数量是递减的。这一现象被称为边际技术替代率递减规律。边际技术替代率递减的主要原因在于：

任何一种产品的生产技术都要求各要素投入之间有适当的比例，这意味着要素之间的替代是有限的。在劳动投入增加到相当多的数量和资本投入量减少到相当少的数量的情况下,再用劳动去替代资本就将是很困难的了。等产量曲线一般具有凸向原点的特征,等产量曲线之所以具有这一特征是由边际技术替代率递减规律所决定的。

四、要素投资最优组合

根据等产量线和等成本线就能计算长期生产函数中生产要素投入的最优组合。该问题包含一组对偶问题:

第一,一定产量下成本最小的投入组合。在投入物的最优组合点处,边际技术替代率等于投入物的价格比率,即:

$$MRTS_{KL} = \frac{MP_L}{MP_K} = \frac{w}{r}$$

也可以把这一条件转化为:

$$\frac{MP_L}{w} = \frac{MP_K}{r}$$

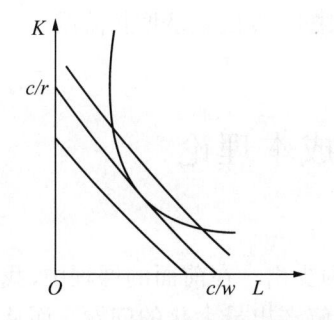

图 9-10 产量既定的成本最小化 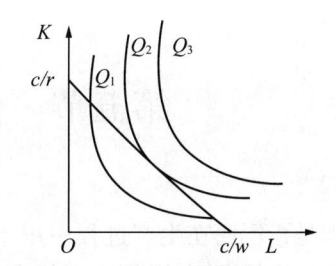　　图 9-11 成本既定的产量最大化

第二,一定成本下产量最大的投入组合。从图中可以看出,企业在既定成本下不可能达到 Q_3 所代表的产出水平。所以,只有等成本线 AB 与 Q_2 代表的等产量曲线的切点 E 的投入物组合,才是企业选择的最优投入组合。因此,一定成本下产量最大的投入组合的条件是:

$$\frac{MP_L}{w} = \frac{MP_K}{r}$$

同样,可以将其推广为多种投入物组合的情况,即:

$$\frac{MP_1}{P_1} = \frac{MP_2}{P_2} = \frac{MP_n}{P_n}$$

五、规模报酬与最优要素投资区间

在经济现实中存在着三种类型的规模报酬:

① 若总产量的增长比例大于要素投入的增加比例,则称为规模报酬递增;
② 若总产量的增长比例等于要素投入的增加比例,则称为规模报酬不变;
③ 若总产量的增长比例小于要素投入的增加比例,则称为规模报酬递减。

以一般生产函数 $Q=f(L,K)$ 为例,假设劳动与资本投入量同时增加 h 倍(L,k 均乘以系数 h),若产量随之增长 λ 倍,那么上式可进一步写为:

$$\lambda Q = f(hL, hK)$$

这样,通过系数 λ 与 h 之间的比较,可以得到以下三种关系:

$\lambda > h$,生产函数的规模报酬递增;

$\lambda = h$,生产函数的规模报酬不变;

$\lambda < h$,生产函数的规模报酬递减。

适度规模就是使两种生产要素的增加,即生产规模的扩大正好使收益递增达到最大。当收益递增达到最大时,就不再增加生产要素,并使这一生产规模维持下去。在确定适度规模时,应该考虑到的因素主要是:第一,本行业的技术特点;第二,市场条件。虽然具有一定的数据局限性,但俞立平通过面板数据分析,证实信息资源对我国的经济增长处于规模报酬不变的经济增长阶段。

第五节 信息成本理论

成本是指厂商在生产过程中用于要素的支出。在前面的课程中,我们讨论了在有限投入情况下,运用边际报酬规律求解产出最大化的问题。而从成本角度,求解成本最小的生产组合也是厂商理论关注的领域。本节将讨论最小信息生产成本的组合存在性和求解。

一、信息产品的成本结构

信息产品的生产过程比一般物质产品复杂,信息产品成本构成也要比物质产品复杂得多。信息产品的成本不同于物质产品的成本,其成本不仅包括原材料(如物质原材料,信息材料)、设备折旧(如机器、计算机设备、通信器材、存储设备等)和一般的劳动力(如录入、印制、仓库等人员),而且需要大量的智力劳动和知识的积累,以及其他有形或是无形的代价。因此,给信息产品成本下定义是很困难的,学者多主张从成本分类的角度研究信息成本问题:

(一)基于信息流程的成本分类

张远所著的《信息与信息经济学的基本问题》认为,在生产过程中使用了的信息材料,消耗了的物质材料、投入了的劳动量一起构成了信息产品的生产成

本。它包括信息从信源到信宿的全过程所消耗的一切费用,具体来讲包括:

① 采集费用。采集数据的人工费用、设备费用、纸张费用等。

② 加工费用。资料整理、介质转换、誊写印刷、计算机录入和使用以及分析研究工作费用等。

③ 传递费用。通过各种通信设备,如电话、传真、卫星通信、邮寄、磁介质交换等方式,将信息产品传递到使用者手中所花费的费用。

④ 存贮费用。为存贮信息所需的计算机设备费及软件开发费用等。

⑤ 信息系统的管理费用。包括信息系统的日常维护、技术更新以及其他一些必要的费用。

根据以上的分析,信息产品的成本是信息产品从生产到流通过程中其拥有者所消耗的一切费用。

(二) 直接信息成本和间接信息成本

一些学者认为,直接成本是完成信息产品生产过程所需投入的全部成本,可以由信息产品生产的固定成本平摊和边际成本两部分构成;间接成本则是指生产者生产信息产品所需的知识积累、创新性等成本。

还有学者主张将用户获取信息产品所消耗的费用也纳入信息产品成本范畴,包括询价、咨询、吸收利用信息产品内容所花费的时间等。桂学东等认为,尽管上述费用由信息产品所引发,但成本范畴应局限于生产者、经营者,而不是用户;因而当使用者为吸收使用信息产品所消耗的费用由使用者自己支付,则不计入该信息产品的成本;如果是由生产者或提供者支付,则应计入该信息产品的成本。

(三) 信息生产成本与信息交易成本

有主张从成本的发生环节或发生机制进行区分,将信息成本划分为信息生产成本和信息交易成本。信息生产成本是信息生产者在生产信息过程中所付出的费用。信息生产成本直接影响信息产品的生产决策。信息交易成本,买卖双方完成信息商品的交换所付出的费用,它是为信息商品让渡所付出的纯粹的交易费用。它对于社会来说是一种非生产性的费用,是社会财富为完成交易而花费的损失部分。信息交易成本影响信息市场的作用机制以及市场均衡水平。

科斯在"企业的性质"一文中将交易成本定义为"通过价格机制组织生产的,最明显的成本,就是所有发现相对价格的成本""市场上发生的每一笔交易的谈判和签约的费用"及利用价格机制存在的其他方面的成本。威廉姆森(Williamson,1975)进一步将交易成本区分为以下几项:

搜寻成本:商品信息与交易对象信息的搜集。

信息成本:取得交易对象信息与和交易对象进行信息交换所需的成本。

议价成本:针对契约、价格、品质讨价还价的成本。

决策成本：进行相关决策与签订契约所需的内部成本。

监督交易进行的成本：监督交易对象是否依照契约内容进行交易的成本，如追踪产品、监督、验货等。

违约成本：违约时所需付出的事后成本。

一般而言，交易费用通常包括：供需双方的市场准入费，即进入信息市场的费用，包括信息博览会的展位费、宣传费等；交易谈判费用，交易仲裁费用、合同签订费用以及售后保证费用（包括帮助使用者吸收利用信息的费用，对信息商品实行跟踪服务、调查的费用）；对卖方来说通常还要花费商品的广告费用。

（四）机会成本

任何一个生产企业所拥有的资源总量是有限的，把有限的资源用于生产某一种产品，必然会减少其他产品的产量，由此而造成的损失就是生产该产品的机会成本。在经济学中，机会成本（opportunity cost）是指把一定的资源用于某种产品生产时所放弃的另一种产品生产的最大产量或价值，是企业利用一定的资源获得某种收入时所放弃的最大收益。机会成本一是强调放弃的价值，损失价值或者没有实现的价值，一是强调潜在的最大量。机会成本是研究信息资源配置和信息贸易时的重要概念。

机会成本有两种表述方式：

第一种是通过统一的价值度量方式表述，在资源配置理论中经常采用。假定一块土地，要么用于生产蔬菜，要么用于生产粮食，生产蔬菜将获利 1000 元，生产粮食将获利 800 元。如果从机会成本角度考虑，生产蔬菜和粮食的机会成本都是 1000 元，因而生产粮食的收入为 800 元，机会成本为 1000 元，其经济收益为 -200 元，在资源配置层面是不可取的。

第二种是通过其削减的其他产品的价值度量来测算，在贸易理论中经常运用。假定一个贸易体系中有一个农夫和一个牧羊人：如果农夫专心种土豆，一年可生产 2000 公斤土豆，如果专心养羊，一年可获得 500 公斤羊肉；如果牧羊人专心种土豆，一年可生产 2500 公斤土豆，如果专心养羊，一年可获得 1500 公斤羊肉。农夫和牧羊人应该怎样分工？上述问题要讨论的就是机会成本的概念。从绝对优势角度看，相对于农夫，牧羊人种土豆和养羊都具有优势，但并不意味着在社会分工中，这些工作就都应该由牧羊人完成。从机会成本角度看，农夫种土豆的机会成本是每公斤土豆放弃了 0.25 公斤的羊肉，而牧羊人种土豆的机会成本是每公斤土豆放弃了 0.6 公斤的羊肉，也就是从机会成本角度看，农夫种土豆比牧羊人是具有比较优势的，这就是贸易中的比较优势理论。比较优势理论认为，商品的生产分工不是取决于其绝对优势（会计成本优势），而是取决于其比较优势（机会成本优势）。

因此，在资源有限的情况下，企业必须考虑两种产品的生产之间的取舍关系。在信息商品生产中也同样存在机会成本。例如，一定量的信息资源既可以用来生产二次信息商品，也可以用来生产三次信息商品，为生产三次信息商品而放弃生产二次信息商品所减少的收入就是三次信息商品的机会成本。选择生产信息商品而放弃生产其他商品的收益也是信息商品的机会成本。

（五）沉没成本

沉没成本(Sunk Cost)是指已经发生不可收回的支出成本，如时间、金钱、精力等。沉没成本常用来和可变成本做比较，可变成本可以被改变，而沉没成本则不能被改变。在信息产品生产过程中，通常在信息产品商品化之前投入的研发成本或导入成本(如网站基础设施)都是沉没成本，如果信息产品不能通过商品化盈利，则信息产品很难通过转售或再加工获得成本回收。信息产品的高风险性和高资产专有性特征，使得信息产品的沉没成本不同于其他产品。

二、信息生产成本类型

（一）短期成本与长期成本

信息产品的短期成本是信息产品生产企业在既定的生产规模下的生产成本的支出。在短期内，生产规模不能改变，因此，企业的某些成本项目，如厂房、设备的折旧、租金和部分管理人员的工资等都是固定的，不随产量的变化而变化，称为固定成本。而另一些成本项目，如物资、信息原料、燃料、工资等支出，随产量的变化而变化，称可变成本。

信息产品的长期成本是信息产品生产企业在长期间生产一定产品的总成本。它不仅随产量的变化而变化，而且因生产规模的不同而不同。在长期中，企业可以根据它想要达到的产量和自身的条件来调整一切生产要素，使之更适合于生产。因此，在长期中任何要素都是有可能变化的，所以长期间里没有固定成本和可变成本之分。

（二）固定成本与可变成本

信息产品的固定成本(FC)是指不随产量变动的生产费用，由于使用期限较长，不易随时增减，它是由固定生产要素(如机器设备、土地、建筑物及常用管理人员等)所引起的费用。地租利息、厂房折旧费、高级常备的管理人员的工资以及保险费等都属于固定成本。固定成本是和厂房设备的存在和维修等相联系的，是即使停产也必须支付的费用。

信息产品的可变成本(VC)是指直接随着生产规模或产量变动而变动的生产费用。它是由可变生产要素(包括信息产品生产经营和利用过程中的物资消耗费用、能源消耗费用、信息材料消耗费用和其他可变资源耗费的费用等)所引起的费用。信息产品的可变成本与固定成本相比是非常低的。

固定成本与可变成本的区分，只有在短期成本内有意义，在长期成本分析中,一切要素和成本都是可变的,不再有固定成本的概念。

(三) 总成本、平均成本与边际成本

信息产品的总成本(TC)是信息产品的固定成本和可变成本之和。若用TC表示信息产品的总成本,用FC表示信息产品的固定成本,用VC表示信息产品的可变成本,则有:$TC=FC+VC$。由于可变成本是递增的,那么信息产品的总成本也随产量递增。

信息产品的平均成本(AC)是指单位信息产品的成本,即平均每个单位信息产品所支出的费用,即按信息产品产量分摊而计算的成本。总成本除以信息产品的总产量得到平均成本,若用AC表示平均成本,用Q表示总产量,则有:$AC=TC/Q$。

信息产品的边际成本(MC)是指生产者每增加一单位产品所支付的追加成本,也即特定生产量中,最后增加的一单位产品所引起的总成本上的增加额。边际成本=总成本的增量/产量的增量,即:$MC=\Delta TC/\Delta Q$。边际成本在生产经营决策中有着很重要的意义。

三、信息边际成本理论

在物质产品生产中,其边际成本随产量增加而增加,即"边际成本递增假定",是所有生产理论的关键原理,而在信息产品生产中,边际成本趋于恒定,较小,这也从根本上影响了信息产品的生产组织和决策。

(一) 边际成本递增理论

边际成本递增是指当产量增加到一定程度之后,若要继续增加产量,那么增加单位产量所增加的成本将越来越大。当实际产量未达到一定限度时,边际成本随产量的扩大而递减;当产量超过一定限度时,边际成本随产量的扩大而递增。因为,当产量超过一定限度时,总固定成本就会递增。由此可见,影响边际成本的重要因素就是产量超过一定限度(生产能力)后的不断扩大所导致的总固定费用的阶段性增加。也就是说,边际成本递增是由于边际产量递减造成的,也就是由边际报酬递减造成的。因此,在边际成本递增理论中,边际成本曲线是一条开口向上的 U 形曲线(如图 9-12)。

(二) 边际成本与最佳生产规模

边际成本递增理论下的最佳生产规模主要考虑边际成本与边际收入的均衡。当增加一个单位产量所增加的收入(单位产量售价)高于边际成本时,是合算的;反之,就是不合算的。所以,任何增加一个单位产量的收入不能低于边际成本,否则必然会出现亏损;只要增加一个产量的收入能高于边际成本,即使低于总的平均单位成本,也会增加利润或减少亏损。因此,计算边际成本对制定产品决策具有重要的作用。

微观经济学理论认为,当产量增至边际成本等于边际收入时,将为企业获得其最大利润的产量。

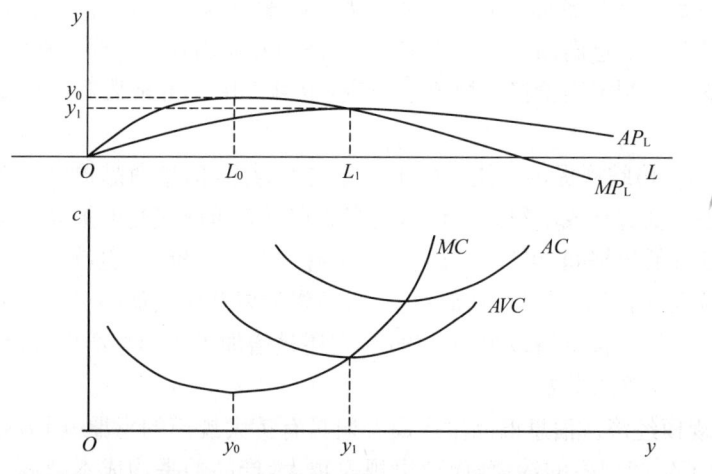

图 9-12　短期产量曲线与短期成本曲线的关系

（三）信息生产边际成本与均衡

信息产品的成本有两个特殊属性——固定成本高,边际成本低;边际成本递减直至不变。即信息产品的生产一般具有固定成本很高,而边际成本极低,几乎为零的特点。夏皮罗和瓦里安(Shapiro and Varian,1999)也认为:"信息的首稿成本非常高,但再生产成本却非常便宜,甚至近乎零。"而信息的产品品质却能通过数字化手段做到相差无几,所以信息消费者要鉴别信息是首稿生成,还是再生产过程的产物非常困难。

以软件生产为例,开发一个信息系统软件的成本主要集中在它前期的"首稿成本",也就是产品开发而非生产的成本,主要包括人力资源投入、硬件资源投入和其他日常耗费。由于开发周期长、投入高,所以"首稿成本"是相当惊人的,而且这种成本是一种沉没成本,投入后很难折旧收回。相比之下,再生产一份拷贝的边际成本相当低廉,其成本结构如图 9-13。

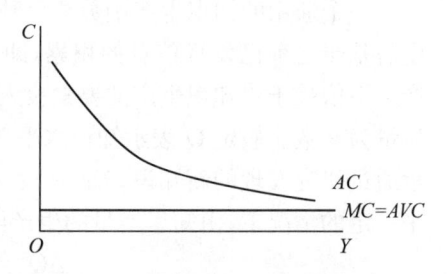

图 9-13　信息产品的短期成本曲线

在信息产品成本曲线中,虽然不存在信息产品平均成本最小的均衡产量,但产量越大,平均成本越低,即当产量极大时,平均成本趋近于边际成本,这再次与信息产品的正反馈分析结果吻合。不仅如此,信息成本结构还导致了以下显著结果:

① 产生自然垄断。零边际成本的特性使得信息商品可以无限扩大产量以逐渐降低平均成本，进而具有显著的规模经济效益，因此，信息商品市场极易形成自然垄断。自然垄断为企业提供了垄断超额利润，进而使得信息商品的市场价格总是偏离信息商品的生产成本，其价格信号作用较弱。而在社会实践中，信息企业既可以制定高价格尽快收回投资，也可以用低价格战略阻止新进入者进入市场。

② 为价格歧视提供可能。由于边际成本为零，信息商品提供给额外顾客的成本几乎不受边际成本约束，所以，生产商在顾客可能接受的最高价格与自己可以接受的最低价格间，可以任意制定一个有针对性的价格，也就是生产商可以实施价格歧视，用多个价格甄别消费者，避免将消费意愿较低的消费者被排除在市场之外。尽管这种价格歧视倍受争议，它还是增加了社会总产出和社会效率，当然也增加了生产者收益。

③ 规模经济。信息商品生产商普遍具有扩大规模的意愿，因为边际成本为零，取消了生产规模的约束，而产出规模越大，产品的平均成本越低，相应地，价格也就可以定得低些，而产品越易出售。

第六节　知识生产函数的应用[①]

一、知识生产函数的基本模型

一个通用的知识生产函数要反映下列事实：第一，知识创新或生产的难易程度需基于之前已发现信息的积累，即与此前的知识积累是相关的；第二，知识生产水平依赖于对知识生产的要素投入，主要是脑力成本，以科研工作者的数量和质量为参数。假定 Q 表示知识水平总量，即此前发现的所有的知识积累；ΔQ 表示通过研究发现的新知识；N_R 是投入研究的工作量。那么，在知识生产技术水平一定的情况下，由知识增量的生产函数 f 可描述为：

$$\Delta Q = f(Q, N_R)$$

参照柯布-道格拉斯生产函数，假定某种可行的知识生产函数如下：

$$\Delta Q = \gamma N_R^\lambda Q^\varphi$$

其中，γ 是规模参数，φ 为知识存量对知识生产的贡献水平，λ 表示科研工作投入对知识生产的贡献水平。

[①] 本节主要摘录和改编自 Urs Birchler, Monika Bütler 的信息经济学教材。

基于上述模型,有如下考虑:

(一) 知识存量 Q

知识存量 Q(the stock of ideas)对知识生产过程的影响可能分为不同的情况:有些具有极强的关联性,如科技研发,知识存量对知识生产存在显著正效应;有些关联性不大,如管理经验或艺术性知识(文学、乐谱等)的获得,知识存量对知识生产作用不大,彼此相互独立;有些具有负效应,如宗教思想、发明创新、成熟领域的科学研究等,存量越大反而创新越难。一般而言,知识存量对知识生产的正负效应都是普遍存在的,有些彼此中和,有些正效应或负效应更加显著,进而体现出知识存量对知识生产的不同作用效果。

具体而言:

如 $\varphi>0$,说明知识存量对新知识的生产正效应显著,知识存量越高,研究越有效,典型的如金融信用信息中的信用信息对债务人质量和信用估计。

如 $\varphi<0$,说明知识存量对潜在的新知识生产具有负效应,知识存量越大,新思想的发现率反而越小,比如发现新的质数越来越困难。

如 $\varphi=0$,说明知识存量与新知识的生产相互独立。这种情况可视为正负效应的中和。

(二) 科研工作投入量 N_R

科研工作投入量 N_R 一般由研究者数量和质量来决定。科研工作投入量 N_R 对知识生产的影响,表现为研究团队之间的协作和兼容是否具有规模效应,也体现了科研团队的质量。

如 $\lambda=1$:新知识的生产与科研工作投入量成正比,科研产出与科研工作投入量之间线性相关。

如 $\lambda>1$:新知识的生产增速大于科研工作投入量增速,即新知识的边际产出大于科研工作投入量的边际投入。

如 $\lambda<1$:随着研究者数量的增加,就会带来研究生产的"踩脚趾"效应,体现出边际效应递减,带来显著的负外部性,呈现出规模不经济。

实际上,科研工作投入量对知识产出的影响也满足边际效用理论的一般情形,即在达到临界水平前,科研工作投入量呈规模经济($\lambda>1$),但超出临界水平后则呈现规模不经济($\lambda<1$)。有学者运用自然科学和经济学合著的研究论文的著者人数和论文篇数,巧妙地证实了这一观点:在研究者人数不多时,论文产出数量与著者合著人数呈现规模上的递增回归;若超过一定人数,则会出现研究者无效或滞胀,呈现论文数量与著者人数的负相关性。

二、科研论文生产模型

假设有 $N=\overline{N}$ 名知识生产者彼此独立地通过研究来生产科研论文,假定科研论文是知识的首创性生产,不存在知识存量,知识存量也不发生作用 $\varphi=0$。那么,科研论文生产可视为知识生产函数中当 $\gamma=1$ 且 $\varphi=0$ 时的特例,即:

$$\Delta Q = \gamma N_R^\lambda Q^\varphi = N_R^\lambda$$

假定科研论文生产函数中的 N_R 表示研究努力水平(如研究时长、研究工作量等),而不仅仅是指研究者的人数。如果所有 N 个研究者都做出同样的努力作用 e,则可将总努力水平写为 $N_R = N \cdot e$,即将总努力水平 N_R 分解成每个人的作用 e 和研究人员数量 N。

如果每个人的努力水平不一样,那么总努力水平可以写成个人努力水平的加总,即:

$$N_R = \sum e_i$$

在共同努力下,假定某一领域共产生新增科研论文总量 q。

(一)基于个人福利水平的论文生产

努力程度为 e_i 的研究人员对自己后续科研论文具有一定的影响,假定这样的影响系数为 θ,则该影响由科研论文生产函数对 e_i 的偏导描述,即:

$$\theta = \frac{\partial f(\cdot)}{\partial e_i},$$

假定个人生产论文总成本(用期望论文产出水平显示)和个人努力之间存在如下关系:

$$q_i = \frac{1}{2}\theta e_i^2$$

而总的论文生产总量为:

$$q = \Delta Q = N_R = \sum e_i$$

那么,个人的福利水平 U_i 则可以表示为:

$$U_i = q - \frac{1}{2}\theta e_i^2$$

(二)基于社会福利水平的论文生产

假定所有的研究者都是同质的,那么所有人将按照相同的努力水平贡献 $e_i = e$。并假设社会福利为所有参与者个人福利水平总和,因为是均质的,所以社会福利最大化与个人福利最大化是一致的,或者社会福利最大化可以由个人福利函数最大化来描述。因此,科研论文管理者选择科研人员的一个评价努力标准 e 来最大化每个人的效用 U_s:

$$\max_e U_s = Ne - \frac{1}{2}\theta e^2$$

该式显示,每个科研人员的期望收益(科研论文总量视为"共同生产"所得)为 $N \cdot e$,但个人努力水平为 e。对 e 求导得出求最大值的一阶情况:

$$\frac{\partial U_s}{\partial e} = N - \theta e = 0$$

可以解得社会视角下努力的最优化水平 e^*：

$$e^* = \frac{N}{\theta};$$

（三）私人最优化研究努力

私人最优化就是来自个人选择的努力水平，面对其他所有人选择他们自己的最优水平。假定参与者的决策是相互独立的，个人追求效用最大化。那么，参与者的决策问题为：

$$\max_{e_i} U_i = \sum_{j=1}^{N} e_j - \frac{1}{2}\theta e_i^2$$

一阶求导求最大值：

$$\frac{\partial U_i}{\partial e_i} = 1 - \theta e = 0$$

边际价值＝边际成本时，私人视角的个人最优化努力水平为：

$$e^{**} = \frac{1}{\theta}$$

可以看出，个人最优努力小于社会最优努力，并且私人和社会最优之间的差异随参与人数 N 的增加而增加。一方面反映科研论文合作促进了个人努力的优化，促进了科研论文生产，但随着科研规模 N 的增加，个人最优努力水平与社会最优努力水平的差距越来越大，反而增加了个人科研投入的负担。

三、发明创新模型

假定创新者努力寻求个人利益最大化，一旦知识生产出来，即共享为社会公共知识，而新的发明者再进行发明时，将面临创新知识密度变薄的难题，即创新困难显著增加了。因而，可假定基本知识生产函数的参数：$\lambda=1, \gamma=1, \varphi=-1$，进而得到发明创新的近似知识生产函数：

$$\Delta Q = \gamma N_R^\lambda Q^\varphi \Rightarrow \Delta Q = N_R Q^{-1}$$

将知识增量 ΔQ 写为 q_i，对于第 i 个创新者而言，当他的研究努力为 e_i 时，他所能创造的新增知识 q_i 满足：

$$q_i = e_i \Big(\sum_j e_j\Big)^{-1}$$

假设研究成本与所做的努力呈线性关系，则个人的社会福利水平为：

$$U_i = q_i - \theta e_i$$

在社会最优化中，创新者数量将趋于 0。因为：

$$U_s = q - \theta e = \frac{e}{\sum e} - \theta e = \frac{e}{N \cdot e} - \theta e = \frac{1}{N} - \theta e$$

只有当 $e = 0$ 时,才存在社会福利的极大值。

个人福利最大化时:

$$U_i = q_i - \theta e_i = \frac{e_i}{\sum e_j} - \theta e_i$$

一阶求导最优化:

$$\frac{\partial U_i}{\partial e_i} = \frac{1}{\sum e_j} - \frac{e_i}{(\sum e_j)^2} - \theta = 0$$

在对称平衡中(同质参与者),$e_i = e$ 且 $\sum e_j = N \cdot e$。这导出了私人最优化努力的结果:

$$e^{**} = \frac{1}{\theta} \cdot \frac{N-1}{N^2}$$

个人最优的研究努力与竞争发明者一并减小($N > 1$)。加总的研究努力 $N \cdot e$ 与整个的社会损失比较,与竞争者的数量一并增加:

$$N \cdot e^{**} = \frac{1}{\theta} \left(1 - \frac{1}{N}\right)$$

以上描述了一个典型的案例。由于个人努力被加总后的总效应水平掩盖,竞争发明者的个人努力在社会面前失效。虽然在现实中可能增加知识池塘(创新可能性)的供给量来维持知识创新的平衡,但也可能因为起步太晚而步步落后,难以申请到更新的专利,而采取偷用知识权利而放弃创新。

四、知识生产的讨论

在知识生产模型中,除了上述模型讨论的个人与社会之间的外部性影响,还有一般效应和投机效应的影响。

因为未被发现的知识是共有财产资源,只要知识创新的边际产出高于其成本,在知识保护前提下,加入研发便具有正向激励,称之为一般效应(巴泽尔,1968)。法玛、拉弗和赫什莱弗等发现,知识的价值认知对信息生产者和使用者是不一致的。因此,即使信息本身没有价值,也可由知情者转向未知情者而获得私有价值,称之为投机效应。但随着时间变化,研究人数的增加,知识创新的边际产出递减,而研究者本人不得不面临两种选择:第一,不知道这一信息,即仍然以创新启动时知识创新的边际产出确定最佳创新投入量,最终只能是"创新无利"而导致创新者缺乏持续创新激励;第二,知晓边际产出下降的现实,进而通过削减自己的创新投入量,而最终出现"创新萎缩"或"创新消逝",将创新活动转为低水平的重复劳动。

本章小结

信息作为一种生产要素,在短期生产函数中其需求量取决于信息要素在生产过程中的边际产出水平,在长期生产函数中,则取决于信息要素与其他要素的边际替代率。信息作为产品,则涉及个人和社会选择的取舍,有公用物品效应和产品的一般效应、投机效应等个人选择问题两个层面,并且涉及科研论文、发明创新等不同的知识生产过程时,体现出不同的规律。

导入案例小结

专利,作为一种独占声明的保护机制,对于企业而言,延缓了竞争对手对其产品的模仿和跟进,创造了产品独占机制,获得了更大的盈利可能,是创新型企业重要的竞争杠杆和市场策略。同时应该看到,信息产品在扩散中,过度的知识产权保护也伤害了消费者的利益,以致消费者不得不支付额外的垄断价格来消费信息产品,造成了社会资源配置效率的损失。对于信息生产企业而言,既不能一味寻求知识产品保护屏障,也不能完全放开竞争,应该综合信息产权、信息福利和信息伦理的平衡,既保护信息生产者的创新回报,又推动创新知识的快速流通增值。

课后习题

1. 已知生产函数 $Q=144+12X^2-X^3$,(1) 当 $X=4$ 时,边际产出为多少,其时处于生产活动的哪一阶段？(2) 实现最大产出的投入为多少？

2. 设生产函数为 $Q=120L+140K-5L^2-2K^2$,其中 Q 为产出,L 为劳动投入,K 为资本投入,求出价格 $P_L=5$,$P_K=10$,总预算 $TC=180$ 时,使 Q 最大的 L、K 为多少？

3. 人力资本理论的创立者、人力资本之父是美国著名经济学家舒尔茨(T. W.Schultz)。其代表作为《论人力资本投资》。舒尔茨在 1960 年美国经济学年会上发表了题为"论人力资本投资"的演说,系统、深刻地论述了人力资本理论,开创了人力资本研究的新领域,并荣获 1979 年诺贝尔经济学奖。舒尔茨的人力资本理论有五个主要观点:① 人力资本存在于人的身上,表现为知识、技能、体力(健康状况)价值的总和,一个国家的人力资本可以通过劳动者的数量、质量以及劳动时间来度量;② 人力资本是由投资形成的,包括营养及医疗保健费用、学校教育费用、在职人员培训费用,择业过程中所发生的人事成本和迁徙费用;③ 人力资本投资是经济增长的主要源泉;④ 人力资本投资是效益最佳的投资;⑤ 人力资本投资的消费部分的实质是耐用性的。舒尔茨对 1929—1957 年美国发达国家与最不发达国家间差距扩大不仅表现为传统意义上的人均收入差距扩大,更严重的是在新形势下已演变为"数字鸿沟"的形成和加深。所谓"数字鸿沟"是指两者之间在信息技术发展和掌握应用方面的差距,以及由此形成的贫富差距现象。以与人们家庭生活最为密切相关的电话为例。1991年,发达国家每百家拥有电话(包括固定和移动电话)49部,而不发达国家仅有0.3部;到21世纪初,发达国家增为121.1部,最不发达国家虽然增为1.1部,但与发达国家的差距仍然巨大。非洲约占世界总人口的12%,但只拥有世界2%的电话。再说电脑,发达国家每千人拥有电脑约300台,发展中国家仅为16台,最不发达国家更少。据2001年9月《金融与发展》杂志"关于全球数字鸿沟"的报告,世界互联网用户中,美国和加拿大占41.0%,欧洲占27.8%,亚太占25.8%,拉丁美洲占4.2%,而最不发达国家集中的非洲仅占0.7%,其所享有的国际互联网宽带总和还不及仅有40万居民的卢森堡。更为重要的是,最不发达国家既缺乏发展信息产业的基础设施和庞大资金,又缺乏大量高质量的资讯人才,结果不仅难以提高其在信息产业发展中的国际竞争力,而且因为信息闭塞、观念陈旧,最终形成"信息贫困"。正如伦敦巴努斯研究所发表的一份报告中指出的,"信息贫困者是真正的弱者,是新世纪的受害者"。

"数字鸿沟"进一步加剧了国际经济发展的不均衡。在信息社会,信息就是财富,谁掌握了关键的信息技术,谁控制了信息产业的发展,谁就占据了21世纪世界经济发展的制高点。从国家政策角度讲,1999年7月份美国官方发布的名为《填平数字鸿沟》的报告最早开始关注数字鸿沟问题。2000年7月,世界经济论坛组织(WEF)向八国集团首脑会议提交了专题报告《从全球数字鸿沟到全球数字机遇》,当年召开的亚太经合组织会议上,数字鸿沟也成为世界瞩目的焦点问题。

为缓解数字鸿沟问题带给国际社会的不均衡,联合国经社理事会于2000年7月的部长会议文件中,敦促各国政府把因特网和远程通信的费用降至人们能够承受的水平,向当地居民提供更多技术知识、创建更多公共接入点。2000年7月日本冲绳"八国首脑会议"通过《全球信息社会冲绳宪章》,提出了缩小国家间和国内民众之间信息技术发展差距的一些原则性设想,决定成立一个高级别的特别工作小组(DOT FORCE)。2001年10月,上海APEC年会的部长级会议通过《数字APEC战略》,明确提出各成员国要采取具体和联合的行动实施数字战略,并充分利用信息与通信技术革命,缩小数字鸿沟,迎接新经济带来的机遇。2001年11月,在联合国成立解决"数字鸿沟"的顾问委员会和联合国信息和通信技术工作组,在全球推广新的科学技术,确保广大贫困人口能够从中受益,并使信息技术革命的成果能够促进发展。2002年3月18日—27日,国际电信联盟(ITU)召开第三届世界电信发展大会,以"数字鸿沟"为主要议题,共同制订了一个旨在填平数字鸿沟的战略计划。

案例讨论

1. 你认为应如何看待信息技术给世界经济带来的变化？
2. 调查你所在城市的信息化程度，并与中外同等规模的城市进行比较，提出合理化建议。

第一节 资源配置的一般分析框架

一、资源配置理论概述

由于能源资源与物质资源的有限性和消耗性，随着经济和社会的进一步发展，人类将面临资源短缺和枯竭的问题。面对"悲剧性未来"，人类开始思考科学的资源消费，即资源配置问题。1975 年诺贝尔奖获得者佳林·库普曼斯(Tjalling C. Koopmans)将资源最优配置问题解释为：在给定技术和消费者偏好的条件下，如何将有限的经济资源分配于各种产品的生产，以便最大限度地满足社会的需要。

基于这一定义，资源配置的核心概念是：效率。而效率具有不同的度量层面：效率可以描述为一种配置状态，指有限资源投入和一定技术条件下，产出最大化的资源配置状态，即局部的、静态的效率；效率也可以描述为一个过程，指通过改变资源的分配使得社会获得的总的满足程度得到改进的过程。因而，资源配置理论存在两个基本议题：资源效率配置状态的存在性、资源配置效率改进的可行性。

在静态资源配置理论中，将产出最大化的资源配置状态称为"帕累托最优"。1874 年，瓦尔拉斯(L.Walras)提出了一般均衡理论，通过建立包含市场供给方程与需求方程的方程组，证实市场均衡解是一种市场双方都能接受的效用最大解。帕累托从瓦尔拉斯的静态均衡方程体系出发，论证自由竞争经济、垄断经济及寡头垄断中资源配置均存在均衡解，即使运用序数效用代替基数效用也能推导一个完全竞争经济的最有效结果。后来，马歇尔进一步将一般均衡和资源配置理论规范化，提出运用"消费者剩余"(消费者福利)、"生产者剩余"(生产者福利)和"社会总剩余"(社会福利)等概念来描述资源配置均衡的目标和衡量标准，进而衍生出福利经济学的理论体系。在某种程度上，福利经济学所研究的福利最大化与资源配置理论的两个基本命题的内涵是一致的。

在概念体系中，"帕累托最优"和"帕累托改进"作为资源配置理论的核心概念被提出。1950年,利特尔(Little)将帕累托关于资源配置均衡研究的结论称为"帕累托最优准则(Pareto's Law)",进而将"帕累托最优"作为资源配置理论领域最重要的概念。帕累托最优是指不可能通过资源的重新配置使得经济社会在不影响其他成员境况的条件下改善某些人的情况。

帕累托最优是一个非常严格的强约束条件,在现实的市场模型中很难存在与模型一致的原型,因而以"帕累托改进"为代表的资源配置动态改进命题被提出。帕累托改进则是指市场中,如果经济社会通过资源重新配置可以在不使得他人境况受到损害的条件下使得某些人的境况得到改善,则社会福利得到改进。此外,卡尔多(Nicholas Kaldor)、席托夫斯基和伯格森等对政府干预下的转移支付、市场参与者谈判与再分配的问题则增加了资源配置次优、社会总体福利改进的可能性。

二、福利与最优配置

福利经济学的核心是在探讨如何使要素投入在企业之间达到最优配置,使产品在消费者之间达到最优分配,其最优准则就是社会福利最大化。庇古认为,福利是指人们消费产品和服务时得到的快乐或减少的痛苦。但从经济含义上来说,只有那部分可以直接或间接用货币来计量的社会福利才称得上"经济福利",才能纳入社会福利最大化的评价。

(一) 消费者剩余

消费者剩余,又称为消费者的净收益、消费者福利,是买者自己感觉到从交易中所获得的额外利益,一般指买者的支付意愿减去买者的实际支付量所得的剩余。消费者剩余的存在是因为消费者购买某种商品所愿支付的价格取决于边际效用,而实际付出的价格取决于市场上的供求状况,即市场价格或边际成本。

以茶叶需求为例,如果茶叶价格为每斤200元,某个消费者只愿买1斤;如果价格下降为140元/斤时,他将买2斤;如价格再下降为100元/斤时,他将买3斤;价格为60元/斤,他买4斤;价格为40元/斤,他买5斤;价格为30元/斤,他买6斤;价格为20元/斤,他买7斤。此时若成交,20元是他实际支付的每斤茶叶的价格。在茶叶价格为每斤200元时,他恰好买1斤,这表明他从购买1斤茶叶中所得到的满足感和把200元用于购买其他商品所得到的满足感是相等的。那么,当他购买7斤茶叶时,第1斤茶叶实际付出的价格是20元,相当于购买者获得了180元(即200—20)的额外收益,即消费者剩余;同样,当购买7斤茶叶时,消费者获得的总的效用应该是:200+140+100+60+40+30+20=590元等同的效用;而实际的支出为140元(20×7=140元),此时消费者剩余为590—140=450元,就是他的消费者剩余(如图10-1)。

第十章 信息资源配置理论

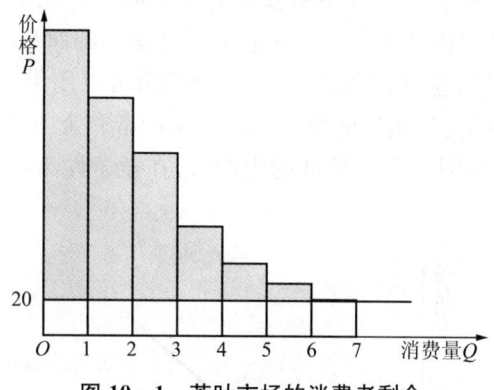

图 10-1 茶叶市场的消费者剩余

根据其定义,当消费量为连续分布时,消费者总剩余可以用需求曲线下方、价格线上方和价格轴围成的类三角形区域的面积表示。

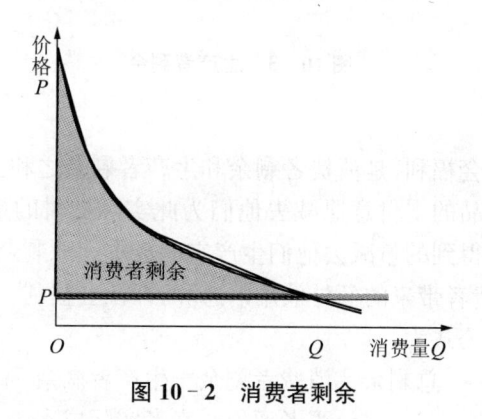

图 10-2 消费者剩余

由消费者剩余可知:

第一,如果价格上升,则消费者剩余下降,反之,如果价格下降,则消费者剩余上升;

第二,如果需求曲线是平的,则消费者剩余为 0。

比如一场电影的票价为 20 元,可消费者认为它的价值是 50 元,那么消费者剩余则是 30 元,也可以称为消费者在此交易中获得了额外的 30 元的经济福利。因此,消费者福利也是对消费者剩余的一种表述。

从消费者剩余概念的提出可知,消费者的支付水平总是少于消费者获得的总效用水平,总能从达成的交易中获取额外的收益。

(二)生产者剩余

生产者剩余也是同样的道理。当生产者出售一种商品得到的收入,减去企业愿意出售的最低价格,一般为商品的成本,所获得的总的收益水平就是生产者剩余,也就是生产者在交易过程中所获取的额外收益。如果假定在完全竞争的市场,则市场均衡水平的成交价格就是企业能够承担的商品的边际成本。

此时,当供给量为连续分布时,生产者总剩余可以用供给曲线上方、价格线下方和价格轴围成的类三角形的面积表示。生产者剩余中需要考虑的成本是个体成本,是私人信息,因而成本较低的生产者,在竞争性市场中就能够获得更多的生产者剩余。

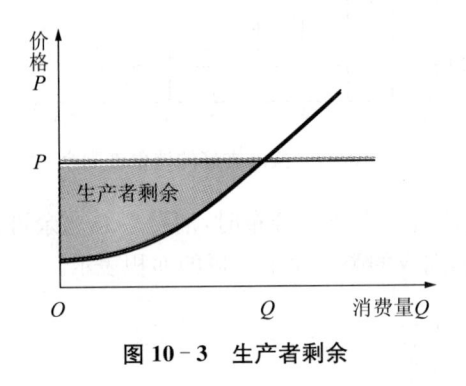

图 10-3 生产者剩余

(三) 总剩余

总剩余也称社会福利,是消费者剩余和生产者剩余之和。其中,消费者剩余是消费者对一种物品的支付意愿减去他们为此实际支付的量,生产者剩余是生产者出售一种物品得到的量减去他们生产它的成本。总剩余表示了在交易过程中,对生产者和消费者带来的额外效用的总和,即社会福利。

总剩余的计算公式为:

$$总剩余 = 消费者剩余 + 生产者剩余 \\ = 买者评价 - 卖者实际成本$$

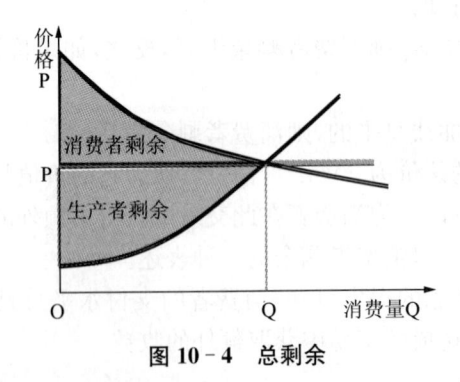

图 10-4 总剩余

(四) 社会福利最大化与帕累托最优

社会福利的核心是经济效率而不是公平,也就是说研究如何达到社会的最优状态,即社会福利最大化。帕累托将社会福利最大化称为社会最大满足原则,即"帕累托最优状态",其主要内容是:在收入分配既定的条件下,生产资源在各部门之间的分配和使用已经达到了这样一种状态,以至于生产资源的任何重新配置,都不能使任何人的福利增加而不以其他人的福利减少为代价。

如果采用模型化语言表述,则可描述为给定 j 种要素投入,用于生产 i 种商品,得到要素投入与商品产出的最大可能值集合,即 $(\bar{x}_1,\cdots,\bar{x}_I), \bar{q} = (\bar{q}_1,\cdots \bar{q}_J)$。那么,该经济活动能够带来的社会效用可能性集合表示为:

$$\{(u_1,\cdots,u_I): \sum u_i \leqslant \sum \varphi_i(\bar{x}_i) + \omega_m - \sum c_j(\bar{q}_j)\}$$

而帕累托效率所对应的社会福利最大化条件则相应表述为社会总效用水平的最大化,即:

$$\max \sum_{i=1}^{I} u_i \Leftrightarrow \max \sum_{i=1}^{I} \varphi_i(x_i) - \sum_{j=1}^{J} c_j(q_j)$$

令:

$$S(x,q) = \sum_{i=1}^{I} \varphi_i(x_i) - \sum_{j=1}^{J} c_j(q_j)$$

则:

$$\max_{(x_i,q_j)} \sum_{i=1}^{I} \varphi_i(x_i) - \sum_{j=1}^{J} C_j(q_j)$$

$$\text{s.t.} \sum_{i=1}^{I} x_i \leqslant \sum_{j=1}^{J} q_j$$

运用拉格朗日方程:

$$L = \sum_{i=1}^{I} \varphi_i(x_i) - \sum_{j=1}^{J} C_j(q_j) + \lambda(\sum_{j=1}^{J} q_j - \sum_{i=1}^{I} x_i), x_i \geqslant 0, q_j \geqslant 0$$

$$\frac{\partial L}{\partial x_i} = \varphi_i'(x_i) - \lambda = 0$$

$$\frac{\partial L}{\partial q_j} = -C_j'(q_j) + \lambda = 0$$

$$\sum_{i=1}^{I} x_i = \sum_{j=1}^{J} q_j$$

则得到社会福利最大化的条件为:

$$\varphi_i'(x_i) = \lambda$$
$$C_j'(q_j) = \lambda$$
$$\sum_{i=1}^{I} x_i = \sum_{j=1}^{J} q_j$$

也即:$\varphi_i'(x_i) = \lambda = c_j'(q_j), i = 1,\cdots,I; j = 1,\cdots,J$

而在市场均衡中有：
$$\varphi_i'(x_i) = p = c_j'(q_j), i=1,\cdots,I; j=1,\cdots,J$$

则令：$\lambda = p$，就得到帕累托最优条件与竞争性市场均衡的条件是一致的。也就是福利经济学第一定理：在一个交换经济中，竞争性均衡是帕累托有效率的。福利经济学第一定理保证了竞争市场可以使贸易利益达到最大，即一组竞争市场所达到的均衡分配必定是帕累托有效配置。在完全竞争条件下，市场竞争能够通过价格有效率的协调经济活动，从而配置有限的稀缺资源。

在完全竞争的市场中，交易最终所达到的均衡状态称为帕累托最优（Pareto Optimality）或者帕累托效率（Pareto Efficiency）。可以这样理解，帕累托最优是指这样一种状态，任何使得某些人状况变好的变化都会使得另一些人的状况变坏，即当且仅当不存在任何能够使得某些人状况变好而不使另一些人的状况变坏的变化时，便达到了帕累托最优。一般情况下，边际替代率相等的点都是帕累托最优点，从不同的禀赋点出发会得到不同的帕累托最优点；不断变化初始禀赋，我们会得到很多帕累托最优点。将所有帕累托最优点串成一条曲线，就得到了契约曲线。契约曲线上的任何一点代表一个帕累托最优，交易双方若达成契约，该契约所规定的配置一定是帕累托最优的。不然，他们可以继续交换以提高双方的效用，实现帕累托改进。

具体来说，帕累托最优包括交换的最优状态、生产的最优状态以及交换和生产的同时最优状态三个方面的内容。帕累托在其后期的著作（如《政治经济学教程》等）里，将最优状态区分为单一的"全社会效用最大化"状态和无限的达到个人效用最大化的"社会许多效用最大化"状态。同时，将不经转移支付，社会福利得以改进的状态称为"帕累托改进"。

与之对应，在非帕累托改进条件下，可以在公共政策中通过实施补偿或转移支付达到整体社会福利的改进，仍然达到资源配置的效率改进。例如，卡尔多补偿准则。假定一项政策实施以后，使一方得利，另一方受损。如果得利总额超过受损总额，政府可通过税收或价格政策，使得利者补偿受损者而有余，增进了社会福利，则这项政策就应该实施。反之，若得利一方不能补偿受损一方的损失，则会减少社会福利。这样的政策就不应该实施。这就是卡尔多补偿准则。

效率改进还涉及过程和方向问题。席托夫斯基提出的福利检验"双重标准"，即顺检验和逆检验就是对效率状态的稳健性的判定：只有当由旧状态向新状态的变化能够增加社会福利（顺检验），而由新状态向旧状态的变化不能增加社会福利时（逆检验），这种由旧状态向新状态的变化才能真正增加社会福利。席托夫斯基准则实际上是卡尔多准则的补充和完善。这两个准则有个共同之处，即都以货币作为度量效用的标准。

此外，伯格森提出的建立在一种明确的"社会福利函数"之上的社会福利办法更为直接,这一准则称为伯格森准则。他认为,只有组成了一系列"明确的价值判断",并将它们结合到"社会福利函数"中,判别标准问题才能解决。

第二节 信息资源配置基本问题

一、信息福利与信息资源配置

信息资源配置强调将信息资源作为一种要素,与土地、资本、劳动类似,需要在一定投入下实现社会经济福利的最大化。实现社会经济福利最大化,是资源配置的根本目的,这里的资源是指所有的资源而言的,包括有形的资源和无形的资源。在涉及信息资源配置的时候,我们同样可以引用这种观点:社会要进行信息资源配置,就是要使信息资源在社会上的配置效率达到最优,实现社会信息福利的最大化。当涉及信息资源的配置时,福利其实是指"信息福利"。个人的经济福利取决于他们各自消耗多少商品和劳务,而信息福利可以视为因信息消费而带来的社会福利增加,包括直接信息消费带来的福利和因信息消费带来的间接福利增加。

我们可以将社会信息福利分为两类:

第一,个人的信息福利取决于他们各自消费多少信息商品和信息服务,我们称之为直接信息福利。对于物质资源而言,由于社会总的资源是有限的,人们能够消费的物质资源的总量是有限的,物质资源的配置就是要将总量有限的商品和劳务在不同的个体之间进行分配,达到福利水平的各种组合,并试图使某些人的效用水平在其他人的效用不变的情况下有所提高。在信息消费过程中,消费者也面临着信息商品与物质商品之间的替代使用,那么,在这一框架下,信息商品作为一类特殊商品,也可以通过一般均衡和资源配置理论加以分析。此外,对于信息资源,由于其具有使用的非消耗性和非排他性,任何个人增加对信息商品和信息服务的消费或者占有,并不会减少其他人的对信息商品和服务的消费,因此,信息资源共享程度的提高,也意味着信息资源配置效率的改进,这一点不同于物质商品的配置概念。

第二,信息资源的利用有可能源自对其他资源的利用效率的提升,使得福利的概念不同于直接消费的概念,我们称之为间接信息福利。这种情况下,信息资源并不是以信息商品和信息服务的形式存在的,而是以一种"促进剂"的形式参与物质产品的生产,通过增加物质产品的产出或者质量来满足人们的信息需求,使既有的信息福利边界向上移动。这种形式同样可以视为信息福利。

在物质资源的配置中，一般均衡理论和社会福利实质上是考察局部市场均衡和"私人"福利水平，没有涉及外部性及关联影响。当涉及信息资源时，外部性及间接福利的影响将越来越能影响信息资源的配置。

二、信息资源配置类型

信息资源配置包括两层含义：一是广义的信息资源配置，指将有用的信息及其与信息活动有关的信息设施、信息人员、信息系统、信息网络等资源在数量、时间、空间范围内进行匹配、流动和重组；二是狭义的信息资源配置，指将有用的信息在不同时间、不同地区、不同行业、不同部门之间进行分配、流动和重组。而根据信息资源利用者的信息资源需求特点，信息资源的配置可以分为数量配置、时间配置、空间配置等类型，并且这些类型是彼此关联和联系的，其配置均衡存在同一决策问题空间。

（一）信息资源的数量配置

信息资源数量配置的手段包括信息资源的存量配置和增量配置，总量配置和个量配置。一般而言，信息资源只有达到一定规模并有效组织，才能实现信息资源的利用价值，满足用户的信息需求。而信息资源的快速增长和用户信息需求的不断变化，需要信息资源管理者在不同发展阶段，及时调整信息资源存储策略，一方面改进存量信息资源在不同用户需求之间的静态配置，使得存量信息资源得到最大利用（主要约束条件为成本限制）；另一方面，需要分工协作，对增量信息资源进行针对性的布局与安排，保障增量信息资源的合理配置（主要约束条件为信息资源开发利用的边际效率）。此外，在资源类型、门类等细分领域中，还要考虑用户对信息资源的需求偏好特性，尽量保证在局部、个体的信息资源配置环境中，最大可能满足用户的信息资源需求。

无论是存量配置，还是增量配置，总量配置还是个量配置，信息资源的数量配置都面临两个挑战。第一，信息需求的难以获知性。信息需求是时刻变化着的，而用户的需求表达并非公开和充分，因而信息需求总是采用集体用户的共同需求表征或者采用简单的分类表述，无法反映最终用户的真实信息需求。第二，信息资源生产过程与消费过程的交叉性。一般而言，任何个人或机构都可能既是信息的利用者，也是信息的生产者，这容易导致信息资源的配置或需求表达并非完全处于市场环境，往往信息资源的需求者并非是该领域信息资源的高效生产者。即针对用户需求的高效配置，可能在信息再生产环节成为低效配置。

（二）信息资源的时间配置

信息资源的时间配置是指在过去、现在和将来三种时态上的配置，即对不同时段上的信息资源进行存储和分配，满足用户对不同时段上的信息需求。不同类型的信息时效性差别较大：一般来说，历史文化信息和文化遗产相对稳定，一经整理生成,其价值影响深远;科技信息相对具有一定时效性,在竞争性科技环境中其利用价值随着时间推移逐渐衰减,表现为知识老化和价值衰减;商务信息、市场信息的时效性很强,信息的瞬时价值差异巨大,不同时间点的信息价值显著不同。因而,以时间为考量指标对信息资源进行配置时,应该充分考虑用户的需求特征、信息价值的衰减特征,从而保证信息资源结构具有合理时效分布。

(三)信息资源的空间配置

信息资源的空间配置是指信息资源在不同地区、不同行业部门之间的分布,实质上是在不同使用方向上的分配。信息资源的地域分配存在严重的不均衡性,各地域、各行业并不能依靠信息需求和使用方向合理使用信息资源。这主要是因为信息资源在不同行业、地理区域的信息量分布和信息基础结构上存在着很大的差距。信息资源在空间优化配置的先决条件是构建先进的信息基础结构。

无论是从时间上,还是从空间上、数量上,信息资源的配置都是以已有的资源条件为基础。无论是"硬"资源,还是"软"资源,相对于一定时期内信息用户的需要和国家信息系统的具体目标而言,都有数量与质量上的相对盈余和相对亏负这两个特点。这就要求通过信息资源配置过程,将信息资源的相对盈余和相对亏负进行合理调节和利用。

三、信息资源配置方式

信息资源是战略性社会资源,其有效配置受社会信息结构的约束,并且通过信息的分散和集中来实现对信息资源的配置。信息资源配置方式有市场配置、计划配置、市场与计划双重配置三种。

(一)信息资源的市场配置

信息资源的市场配置是由信息资源供需双方以市场价格和市场供求变化等分散信息为主要依据,自由做出选择。从某种意义上来说,市场就是一种价值规律自行调节的经济体制和经济运作方式,与"计划"或"国家调节"相对应。

信息资源的市场配置是基于信息不完全和非对称的市场条件的,市场配置信息资源通过经济信息或市场信号来消除或减少信息市场活动中的不确定性,从而实现信息资源的配置。由于市场信息本身的特性、市场分割、信息传播系统和人类的"有限性"等因素的限制,市场活动的参加者所需的信息资源并不能全部无偿获得。另一方面,市场活动的参加者中总有某些个人掌握着其他市场参加者不了解但需要的信息资源,这些信息在某些情况下,可能被掌握者所垄断而不能得到传播,但在某些情况下,掌握信息的市场活动的参加者却希望自身掌握的信息能够有效地提供给其他社会成员。然而,掌握信息的个人不愿无偿地向其他未获得信息的个人提供信息,与此相反,在某些情况下提供信息还需要掌握信息的个人付出成本。对于供求双方而言,通过市场价格,信息可以实现自动调节供求关系,完成信息资源的买卖交易,从而围绕价格机制、供求机制和竞争机制等市场机制,以价格信息、供求信息、竞争信息等市场机制要素信息的交互作用来实现信息资源的市场配置最优。实践证明,市场机制能根据近期信息资源消费者的需求来开发和分配信息资源,通过市场价格信息和市场供求信息的变化,直接约束信息资源的流向和流速,从而有利于缓解用有限的相对稀缺的信息资源满足无限多样化的需要这对矛盾,对信息资源的短期有效配置起着良好的引导作用。

在实际的经济活动中,特别是发展中国家,市场体系发育都还不够成熟,市场机制本身还存在着许多缺陷,市场中的资源不能完全自由地流动,而且地区间和行业间存在许多障碍,价格信号经常不能及时和真实地反映资源的稀缺程度,因而市场机制常常无法有效地自动配置资源,从而使得放任的自由市场偏离最佳状态,而信息市场的组织机制也同样存在着这些问题,它对信息资源的市场配置存在着一些自身无法克服的缺陷。主要表现在以下几个方面:

① 信息市场本身并不能保证一个最有利于信息生产的市场结构;

② 市场不能自动创造一个良好的外部环境,制定与信息活动有关的法律、政策;

③ 现实的市场信息并非完全透明。市场信息有已知的"白色信息"、半知的"灰色信息"和未知的"黑色信息"。这种情况的存在,加上市场体系和市场机制也不可能尽善尽美,信息资源供需双方均只能根据现期价格信息和市场供求信息的状况,对下期行为做出预测和判定,这就使得信息市场上的经济活动带有很大的随意性和盲目性。也就是说,市场信息传递虽然迅速敏捷,但市场调节天然存有事后调节的滞后性,从而决定了市场调节速度的相对缓慢性。另外,市场调节主要是根据市场信息的变化进行的,因此,市场调节还易造成市场调节目标偏差和市场调节成本偏高。

④ 信息产品和信息生产具有一些特殊属性和规律。与一般市场相比,信息市场的资源配置功能相对要弱一些,原因突出地表现在以下几个方面:

第一,信息具有外部效应。信息商品和信息服务既有正的外部效应,又有负的外部效应。当其具有正的外部效应时,信息生产的边际收益小于边际社会收益,生产者掌握着信息却并不愿意投入信息生产,从而导致信息生产不足,信息资源配置无效;当其具有负的外部效应时,将会把成本强加给市场上并不直接消费信息商品和信息服务的消费者或其他生产者,从而使信息市场偏离均衡,信息资源配置也是无效的。

第二,信息的公共物品属性。信息资源的这种属性,即信息消费的非排他性、非消耗性所导致的"搭便车"问题,使得信息生产者的成本无法通过市场机制自动得到有效的补偿，从而导致生产不足。

第三，信息商品的垄断性。信息商品和信息服务的垄断表现在两个方面：一是信息商品和信息服务的初始成本很高，因其可以几乎没有成本地进行大量复制，即边际成本很低，并且边际收益呈现递增的态势，使最先的研制开发者在生产上形成垄断地位。而信息产品的连带消费会对消费者形成"锁定"效应，这又进一步强化了市场领先者的垄断地位；二是信息的生产都具有创造性，保护其合法权益需要用法律来排除信息商品的共享性而形成垄断。这个时候就会形成垄断价格，使市场价格高于边际成本，导致信息资源的市场配置无效。

第四，还有一类信息活动是不直接面向市场的，是非营利性的。教育和基础性研究这类基础性信息活动的开展，并不是出于商业目的，所以市场机制无法对其自行调节。

所以，信息资源的市场配置更擅长短期配置，更容易在市场信息通道非常畅通，信息获取、信息交互成本很低的情况下实现信息资源配置优化。但是，在信息不完全的现实经济环境中，特别是在具有不利选择和败德行为的条件下，市场机制对信息资源的配置难以达到最优。

（二）信息资源的计划配置

信息资源分布广泛，类型多样，数量丰富，但是，相对人们对信息资源特有的针对性需求而言，信息资源的供给仍然显得不足。正如科尔纳所言，在一个短缺经济里，价格信息和市场并不能反映生产的真实属性。因而，在短缺条件下，信息资源供给并不会完全按照供求比例的变化或信息生产成本的变化调整其价格。也即市场调节过程是在信息不完全的情况下进行时，市场机制的作用是有限的。因此，信息资源的配置完全有必要寻找一种新的配置方式。计划配置信息资源就能克服市场配置的弱点，发挥其优势。

信息资源的计划配置就是指政府运用经济、法律、行政、劝导等手段，按照信息经济发展总体目标分配现有信息资源、信息资源获取权限、信息资源开发与使用权限等。信息资源的计划配置必然要求国家拥有信息资源管理的行政管理主体，规范信息分类，规定信息交互渠道，保护信息资源的正常开发、使用等。

一般而言，政府对信息资源的计划配置主要依靠三个工具：

① 财政工具，通过对教育、科研和信息基础设施建设的直接投入，推动信息产业的发展，从而带动整个国民经济的增长；

② 税收工具，对技术创新活动和高新技术企业减免税收以鼓励创新活动；

③ 产业政策工具，政府可以通过产业政策引导和促进产业结构升级，刺激和推动知识密集型产业的发展。

通过这些工具，政府能够在宏观上把握、调节整个社会的信息资源的合理分配和利用。

　　计划配置信息资源有其明显的优势。通过政府的计划配置,信息资源可以达到信息经济宏观制衡、信息产业内部结构协调、保护市场竞争、优化信息经济整体效益等目的。

　　首先,影响社会信息总供给与社会信息总需求的因素很多,因此,要实现信息经济的高速、持续发展,就必须由政府根据信息资源总供求信息、物价信息等,采用政府行为,配置信息资源。

　　其次,信息产业包括通信产业、数据库产业、信息咨询业等,其内部结构是否合理,发展比例是否协调,取决于政府的宏观调控,信息资源的计划配置可以实现这种调节。

　　再次,社会、经济高速化进程以及高度发达的现代信息技术的支撑使得信息资源共享的范围越来越广,但信息保密现象、信息壁垒也越来越多。在信息化社会中,拥有大量信息资源的企业、机构或部门,往往以某种形式联合起来,形成部门垄断、地区垄断或"自然垄断"。不同的垄断形式,其作用是不同的。有些垄断是一种人为约定,如版权,旨在帮助信息商品价值的实现,从而促进信息商品的生产与供给。某种信息商品的价值若不能实现,其再生产和同类产品的生产必将受到影响,供给会相对不足。有些垄断则是厂商为达到自身利益的最大化而刻意造成的,旨在限制信息资源的共享。面对不同形式的垄断信息资源的行为,政府可以采取措施,对有利的垄断进行保护,对不利的垄断加以限制,而这恰恰是计划配置信息资源的优势。

　　此外,信息经济的发展追求整体效益优化,经济效益并不仅是开发、利用信息资源部门的问题,而应包括整个社会的信息经济效益。政府采用计划配置信息资源就可以减少信息资源消费者的非理性行为,避免地区寻求本位主义利益,避免少数经济组织使用信息资源产生外部负效应。

　　采用计划配置信息资源,一方面可以克服市场配置信息资源的不足,避免市场配置的滞后性、盲目性,减少信息资源的浪费;另一方面,也是信息产业发展的客观要求。在国民经济体系中,信息产业是技术密集型产业和资本密集型产业,同时也是主导产业和带动产业;信息产业以及互联网产业的快速发展能够发挥其他产业的发展潜力,提升产业效率,具有不可估量的发展作用。但另一方面,信息产业所需的技术研发、基础设施建设等又需要大量的技术和资金投入,企业投入具有巨大的风险和资本压力,需要政府的投入、扶植和引导。采用计划方式配置信息资源有利于加快我国信息化步伐,推进互联网战略与国民经济发展的深度融合,加快国民经济的结构转型和创新创业经济的发展。

　　信息资源的计划配置也有不足。政府在配置信息资源时,政府难以做到掌握充分的市场信息,对私人市场反应的控制也非常有限;即使政府拥有充分的信息,但在不同方案之间做出选择时仍会遇到决策者的主观性偏好、政府行为迟钝或决策失误以及政府出于"父爱主义"的企业过度保护等,从而影响信息资源配置的优化程度。

(三) 信息资源的双重配置

各国经济发展的实践证明,在大多数时候,市场能够以更低的成本配置资源,但同时市场如果失灵也要求政府必须进行适度的干预,即采用市场与计划相结合的方式来配置信息资源是世界经济发展的普遍规律。

市场配置与计划配置之间存在着对立统一的辩证关系,二者的结合在功能上具有互补性,在效应上具有协调性。因此,采用市场与计划混合配置信息资源,既可以避免在信息不完全的现实经济环境中,特别是在具有逆向选择和道德风险的条件下,市场配置效率的低下,也可以避免在信息不完全的条件下,计划配置资源出现更多、更严重的信息贫乏问题。事实上,如果充分考虑信息资源配置中的各种信息问题,那么无论是以市场为主导还是以计划为主导的双重配置方式,其资源配置效率均高于单纯的市场配置或单纯的计划配置。至于以市场配置为主还是以计划配置为主,则应视具体的经济环境和信息资源配置的具体要求而定。

第三节 信息资源共享与最优配置可达性

一、一般均衡模型中信息资源最优配置可达性

如果将信息资源视为一种特殊的信息商品,信息资源的价格机制完全符合市场价格机制,则可以通过资源配置最优条件对信息资源配置进行判定。

(一) 交换最优条件

信息资源作为一种特殊商品,其效用函数也是客观存在的,同时其价格机制也满足市场机制,因而在信息资源的消费领域,当任意两个消费者在消费信息商品与其他商品时,只需信息商品的边际替代率与其他商品的边际替代率相等,就可以获得交换的帕累托最优条件,即:

$$MRS_{XY}^A = MRS_{XY}^B$$

(二) 生产最优条件

信息资源生产过程中,同样需要投入一定的劳动或资本,因此需要考虑劳动或资本的边际产量以及边际效用(将成本作为一种负效用)的变化问题,即在生产过程中需要信息商品(资源)的生产边际替代率 $MRTS_{L,K}^I$ 与非信息商品的生

产边际替代率 $MRTS_{L,K}^{-I}$ 相等,即:

$$MRTS_{L,K}^{I} = MRTS_{L,K}^{-I}$$

亦即:

$$\frac{MP_K^X}{MU_L^X} = \frac{MP_K^Y}{MU_L^Y}$$

但是,考虑到信息产品生产过程,尤其是内容产品生产过程的非收敛性,其边际收益无穷大,或者无法测度,因而信息商品生产的最优条件在理论上是不成立的。所以,一般认为信息资源生产的帕累托最优条件不成立。

(三) 信息资源配置的帕累托可达性

在信息资源领域,对资源配置理论的应用还应注意到:一是传统配置理论强调市场中,商品的同质属性假定在信息领域并不适用;二是不同用户对资源占有的排他属性假定也不成立。传统资源配置理论中的单一价格体系(Arrow-Debreu 体系)正是基于同质商品假定和消费排他假定而建立的,从而构建了可达并稳定的市场体系。

首先,信息资源具有一般的价值属性,因而也能成为流通商品,能够进入市场买卖和交换。另一方面,信息资源不是无限的,有限的资源依然满足稀缺的特点,商品的供给效应在市场中依然发挥作用——虽然现在非常多的人认为信息商品是需求主导的市场模式。因而,信息资源配置仍然可以满足传统资源配置理论中的分析范式,仍然存在相应的价格体系或有效的市场结构。

同时,与传统的物质信息资源和能源资源相比,除了一般意义的价值属性与稀缺性以外,信息资源的最大特点在于它的共享性和非同质性。前者是指在排除人为约束条件下,一方对信息资源的控制并不会减少他人对信息资源的控制和消费;后者指生产过程中不同厂商间是不存在同质商品的。而且,共享性在经济上体现出的无限延展和无损耗的消费特性,突破了原有资源观的限制。信息资源在市场上的传播,信息资源在配置过程中的价格反应函数与传统资源几乎完全不同,信息资源的市场均衡似乎是一个完全不同于传统资源配置的命题。

同时,离开了同质假定,信息商品在任何具体领域几乎都可以看成接近垄断的独特商品,这点对一般均衡的可实现性也是巨大挑战。

二、信息资源共享的经济本质

信息资源共享是信息资源配置中不同于传统资源配置的特有配置形式。传统资源在既定的技术和资源条件下,各资源利用者之间总是存在着明显的竞争关系,某人对某资源的利用是以他人少利用甚至不利用该资源为前提的。信息资源的利用不存在这种竞争关系。在排除技术和人为约束(如知识产权法律制度的约束)的条件下,信息资源是可以共享的。某人对某信息资源内容的控制并不以他人减少或失去该资源内容的控制机会为前提。

因此,信息资源共享是一个过程,其经济实质主要表现在两个方面:第一,共享后的信息资源表现出公共物品属性,不同于传统资源配置与市场交换,而私有信息资源通过共享进入公共领域的过程就是信息资源共享;第二,信息资源共享是产品的自我复制过程,是市场中原产品与复制品共同存在的传播过程,也是一种潜在的生产和消费过程。

而信息资源共享对市场均衡造成的影响主要就是共享形成了除信息资源市场价格体系之外的另一价格体系:共享价格体系。共享突破了单一价格体系的分析,共享价格与市场价格的二元价格体系以及近似同质化的产品服务对市场均衡形成巨大冲击。

信息资源共享有多种表现形式,具体共享形式所代表的资源配置情形又是不同的。按实现过程分,有体验、复制、链接及传送等。所谓体验,就是通过阅读、浏览、观赏、聆听、运行或感受等方式获得对信息资源的消费,是所有其他共享方式的最终目的。体验实质就是直接消费该信息资源的过程,媒体经济学的研究通常将体验称为内容性信息消费,将非体验性的信息消费称为路径性信息消费。而信息资源的价值决定应该是以内容性信息消费的效用价值为标准,但市场上的价格信号是路径信息消费价格,即信息渠道价格。因此,体验价格与渠道价格的区分是古典资源配置中单一价格体系无法解释的。

三、信息资源共享一般模型

(一) 信息资源对等共享模型

最简单共享模型为两人信息资源对等共享的模型,也称 P2P 共享模型。当两个参与者所占信息资源的总量极小,其联合与共享不能形成对信息市场的垄断时,信息资源价格仍由市场决定。如果排除其他外部因素或技术倍增等因素的影响,可以假设两人的信息偏好相同,对等量信息资源的信息效用相等,而两人之间的信息共享不需要任何成本;两人同时决策,不存在时间差异和先后决策问题。

那么,这个模型可以这样描述:假定信息资源共享参与者的效用函数均为 $U(x_i,y_i)$,其他物品的消费量为 x_i,信息资源的消费量为 $y_i(i=1,2)$,效用函数满足:

$$\frac{\partial U(\cdot)}{\partial x} \geqslant 0; \frac{\partial U(\cdot)}{\partial y} \geqslant 0$$

两人单独进行信息消费时,消费问题为:

$MaxU(x_i,y_i)$

$s.t. p_x x_i + p_y y_i \leqslant M_i ; (i=1,2)$

实现无成本的信息资源共享后,二人的共同消费问题变为:

$Max U$

$s.t. U = U(x_1, y_1) + U(x_2, y_2); p_x x + p_y y_1 + p_y y_2 \leqslant M_1 + M_2$

共享前,二者是相互独立的,消费均衡就是两个独立个体消费,假定此时的最优消费量分别为 (x_1^*, y_1^*) 和 (x_2^*, y_2^*),此时,

$$U_1^* = U(x_1^*, y_1^*); U_2^* = U(x_2^*, y_2^*)$$

共享后,假定最优消费为 U^{**}。我们考虑一个次优消费组合 $((x_1^* + x_2^*), y_1^*, y_2^*)$;显然, $U((x_1^* + x_2^*), y_1^*, y_2^*) \leqslant U^{**}$。但分别到二人的消费时,

$$U_1((x_1^* + x_2^*), y_1^*) \geqslant U_1(x_1^*, y_1^*), U_2((x_1^* + x_2^*), y_2^*) \geqslant U_2(x_2^*, y_2^*)$$

即预算相同的时候,两人的效用都得到改善。从上面的分析不难看出,两人之间的信息资源共享,扩大了两人可供消费信息资源的总和,即范·瓦里安在团体消费模型中所说的消费集扩大。也就是说信息资源共享是一个互利的行为,信息资源的共享对于原有均衡而言是一个帕累托改进。信息资源共享拓展了信息用户的信息消费能力,增加了信息福利。

(二)多人信息资源共享模型的帕累托均衡与纳什均衡

设想一个由 n 个经济行为者组成的网络,需要建立一个信息资源共享联盟,每个经济行为者自愿提供信息资源,信息资源总供给等于每个经济行为者供给之和。总供给越大,每个经济行为者受益越多,社会效用越大。设第 i 个经济行为者提供的信息量为 g_i,则总供给为:

$$G = \sum_{i=1}^{n} g_i$$

每个经济行为者不予以共享的信息量为 x_i,p_G 为利用共享信息的成本,p_x 为利用私人信息的成本,M_i 为第 i 个经济行为者所拥有的信息效用。已知,每个经济行为者的效用函数可设为 $u_i(x_i, G)$,其中 $\partial u_i/\partial x_i > 0, \partial u_i/\partial G > 0$,且 x_i 和 G 之间的边际替代率是递减的。那么,每个经济行为者面临的问题就是在给定其他经济行为者的选择的情况下,选择自己的最优战略 (x_i, g_i),以最大化如下目标函数:

$$L_i = u_i(x_i, G) + \lambda(M_i - p_x x_i - p_G G)$$

λ 为拉格朗日乘数,最优化的一阶条件为 $\begin{cases} \dfrac{\partial u_i}{\partial G} - \lambda p_G = 0 \\ \dfrac{\partial u_i}{\partial x_i} - \lambda p_x = 0 \end{cases}$

得:$\dfrac{\partial u_i/\partial G}{\partial u_i/\partial x_i} = \dfrac{p_G}{p_x}, i = 1, 2, \cdots, n$

这意味着各经济行为者最优选择的条件是个人边际替代率等于成本比率。

再考虑帕累托(Pareto)最优解,假定社会福利函数采用下列形式：
$$W = \gamma_1 u_1 + \cdots + \gamma_i u_i + \cdots + \gamma_n u_n, \gamma_i \geqslant 0$$

总预算约束为 $\sum_{i=1}^{n} M_i = p_x \sum_{i=1}^{n} x_i + p_G G$

帕累托最优的一阶条件是
$$\begin{cases} \sum_{i=1}^{n} r_i \frac{\partial u_i}{\partial G} - \lambda p_G = 0 \\ r_i \frac{\partial u_i}{\partial G} - \lambda p_x = 0, i = 1, 2, \cdots, n \end{cases}$$

得：$\sum \frac{\partial u_i/\partial G}{\partial u_i/\partial x_i} = \frac{p_G}{p_x}$

这就是所谓的存在公共物品情况下的帕累托最优的萨缪尔森(Samuelson)条件。帕累托最优要求所有经济行为者的边际替代率之和等于成本比率。

帕累托均衡条件可以重新写为：$\frac{\partial u_j/\partial G}{\partial u_j/\partial x_j} = \frac{p_G}{p_x} - \sum_{i \neq j} \frac{\partial u_i/\partial G}{\partial u_i/\partial x_i}$

更具体的,假定单个经济行为者的效用函数取柯布-道格拉斯形式,即 $u_i = x_i^\alpha G^\beta (0 < \alpha < 1, 0 < \beta < 1, \alpha + \beta \leqslant 1)$,各经济行为者最优的均衡条件是：

$$\frac{\beta x_i^\alpha G^{\beta-1}}{\alpha x_i^{\alpha-1} G^\beta} = \frac{p_G}{p_x}$$

将预算约束条件代入并整理,得反应函数为：

$$g_i^* = \frac{\beta}{\alpha + \beta} \frac{M_i}{p_G} - \frac{\alpha}{\alpha + \beta} \sum_{j \neq i} g_j, i = 1, 2, \cdots, n$$

这意味着,单个经济行为者都相信其他经济行为者提供的信息越多,自己供给的就越少。如果所有经济行为者具有相同的效用水平,均衡条件下所有经济行为者提供的信息量相同,纳什均衡为：

$$g_i^* = \frac{\beta}{\alpha n + \beta} \frac{M}{p_G}, i = 1, 2, \cdots, n$$

纳什均衡总供给为：

$$G^* = n g_i^* = \frac{n\beta}{\alpha n + \beta} \frac{M}{p_G}$$

在所有经济行为者具有相同效用水平的假设下,帕累托最优的一阶条件为：

$$n \frac{\beta x_i^\alpha G^{\beta-1}}{\alpha x_i^{\alpha-1} G^\beta} = \frac{p_G}{p_x}$$

将预算约束代入,得到单个经济行为者的帕累托最优供给为：

$$g_i^{**} = \frac{\beta}{\alpha + \beta} \frac{M}{p_G}$$

共享信息总量为：

$$G^{**} = ng_i^{**} = \frac{n\beta}{\alpha+\beta}\frac{M}{p_G}$$

纳什均衡的总供给与帕累托最优的总供给的比率为：

$$\frac{G^*}{G^{**}} = \frac{\alpha+\beta}{\alpha n+\beta} < 1$$

就是说，信息共享时的纳什均衡供给小于帕累托最优供给，且两者的差距随着参与联盟的经济行为者数量的增加而扩大。供给不足的程度与效用函数的特征有关。当效用函数为柯布-道格拉斯形式时，β 相对于 α 的比率越大，供给不足就越小；当 α 趋向于零时，纳什均衡供给趋向于帕累托最优水平。此外，供给不足的程度会随着效用的差距扩大而减弱，只有获得高效用的经济行为者才会提供信息资源，获低效用甚至无效用的经济行为者只是搭便车。

同时，信息共享时的纳什均衡供给小于帕累托最优供给，也意味着参与博弈的经济行为者，在没有外部激励的机制下，缺乏主动共享的积极性，信息共享不充分，不能达到帕累托最优，无法实现社会效用最大化。

四、信息资源共享成本效益模型

信息共享模型的研究在经济研究中得到较大的发展，尤其在信息商品与信息消费的分析中都有比较成功的共享模型。下面从信息成本、信息消费、信息商品俱乐部和信息博弈几个角度介绍。

（一）Kingma 信息资源共享分析方法

Kingma 教授的联合共享成本模型最早应用于图书文献的馆际互借分析，通过分析文献资料从图书馆再到馆际互借这一过程中利用和共享状态的变化来分析信息资源共享的经济效率。当图书馆组成一定规模的共享网络之后，开展馆际互借，实现资源共享，那么图书的总收益是加入共享网络的所有图书馆用户的边际收益之和。假定某图书馆用户数量为 q，用户从某书刊中获得的边际收益为 b_i，则联合收益为所有用户私人收益之和，即：

$$B = \sum_{i=1}^{q} b_i$$

若有 n 个图书馆开展馆际互借，每个图书馆用户数量为 q_j，则每个图书馆藏书的用户数量等于这 n 个图书馆用户数量之和，即：

$$Q_n = \sum_{j=1}^{n} q_j$$

与单个图书馆相比，n 个图书馆开展馆际互借的联合收益上升为：

$$B_n = \sum_{j=1}^{n} B = \sum_{j=1}^{n} \sum_{i=1}^{q} b_i$$

增加量为：

$$\Delta B = B_n - B = \sum_{i=1}^{Q_n - q_j} b_i$$

另一方面,馆际互借具有经济成本(C),因而社会净收益增长量 $B_p = \Delta B - C$ 的大小取决于馆际互借的成本,并以此决定馆际互借的实际意义。一般的行为准则认为当资源的重新配置带来社会的整体收益增加,而任何个人的效用水平没有减少的配置模式会被市场所接收,也就是所谓的帕累托效率改进。因此:

当 $\Delta B > C$ 时,馆际互借就会带来社会的净收益增长,应当发展;

当 $\Delta B \leqslant C$ 时,馆际互借的社会净收益就为零或负值,应当停止。

Kingma 教授的联合共享成本模型实质是考察个体成本与社会成本,个体收益与社会收益两者的均衡。将个体成本进行数量整合解释成联合收益,从静态分析的角度讲,这种处理是比较适用而且容易让人接受的。

(二) Hal R. Varian 团体消费与内部共享模型

Hal R. Varian 团体消费与内部共享模型对共享可行性、共享规模及异质用户区分做了深入研究,它所描述的是一定数量的消费者组成一个消费团体,每个人都有不同的消费需求,而第 y 个消费者对一本书的消费期望为 $r(y)$,而这本书的边际成本为 c,固定成本为 F。那么出版商的决策问题就是:

$$Max_y r(y)y - cy - F$$

而 y^* 是这个问题的解。

1. 共享可行性的讨论

现在假定每个俱乐部由 k 个用户构成,俱乐部的成员通过共同出资然后在俱乐部内部共享所购买的书籍。因此,当图书生产商生产了 x 本书时,一共会有 kx 位读者阅读该书。假定存在一定的交易成本(transaction cost)花费于来往图书馆、预约等待等,用 t 表示该交易成本。那么,一个俱乐部阅读这本书的预期(willingness-to-pay)将是 $b(x) = k[r(kx) - t]$。于是,对于俱乐部而言,存在预期最大化:$Max_x k[r(kx) - t]x - cx$。同时,这个式子可以写为:

$$Max_x r(kx)kx - \left(t + \frac{c}{k}\right)kx$$

令 $y = kx$,上面的问题变为:$Max_y r(y)y - \left(t + \frac{c}{k}\right)y$,显然,只有当 $t + \frac{c}{k} < c$ 时,才能使上面式子的解 $y' > y^*$,也就是改善出版商的销售。于是,得到一个约束条件:

$$t < \frac{k-1}{k}c$$

当 $t = 0$ 时,k 人共享一本书,降低了边际成本,从而增加利润。从模型来看,书籍的消费数量、利润、消费者剩余和总福利与图书馆的资源共享情况无异。另一方面,如果 t 与 c 是密切相关的,那么更多的书籍将不会从图书馆获取。

最后,如果 k 很大,而且当 $t<c$ 时,也就是每本书的共享成本严格小于书的边际生产成本时,生产者会提供共享。

2. 俱乐部最佳规模的讨论

在上面的分析中,每本书的读者数量 k 是一个外生变量,下面讨论这个均衡数量。

首先考察图书馆的交易费用的构成。很显然,交易费用由几部分构成,一是往来图书馆的时间及其带来的不便,一是预约等待其他成员读书的时间。

假定图书馆购买一本书后,每个读者花费 1 周的时间读这本书,并且只能保存 1 周。书在读者中是随机排序的,那么等待时间将是 $1,2,\cdots,k-1$ 的均匀分布,所以期望的等待时间为 $\frac{k-1}{2}$。

令 2ω 为等待一周的货币成本,期望等待成本为 $\omega(k-1)$,那么这本价格为 b 的书在这个由 k 个成员组成的俱乐部内部共享的问题就是,使一定数量的用户构成的书本边际成本最小,也就是:

$$\operatorname*{Min}_{k}(k-1)\omega + \frac{b}{k}$$

解得,最优规模为:$k^* = \sqrt{b/\omega}$。

反之,如果给定用户规模,可以得到最佳的定价策略。因而,该定价均衡满足:

$$k^2 = \frac{b}{\omega}$$

$b = k[u_r - \omega(k-1)]$,u_r 为共享用户的效用。所以,解之得到针对俱乐部市场博弈的纳什均衡:

$$k = \frac{u_r + \omega}{2\omega}; b = \frac{(u_r + \omega)^2}{4\omega}$$

3. 偏好异化的群体(Heterogeneous tastes)的讨论

上面的分析都是基于俱乐部用户群体具有相同的偏好和价值认同,而且集中分析团体购买的价格预期高于个人购买价格预期的原因。而事实上,用户不是匀质存在的,用户的不同种类也会产生不同的消费形式。

假定有两组用户团体数量分别为 H 和 L 的用户区分,一组为高端用户,预期阅读收益为 v_H,拥有时的收益为 mv_H,而共享成本为 t_H;另一组为低端用户,预期阅读收益为 v_L,拥有时的收益为 mv_L,而共享成本为 t_L。$v_H > v_L$,$t_H > t_L$。

① 当 $b=mv_H$ 时，只卖给高预期用户，销售收益为 $mv_H H$；

② 当 $b=mv_L$ 时，同时卖给高预期用户和低预期用户，销售收益为 $mv_L(L+H)$；

③ 当出租给高端用户和低端用户时，存在：

$$v_L - t_L - \frac{b}{k} = 0, b = k(v_L - t_L)$$

出租收益为：

$$\frac{b}{k}(H+L) = (v_L - t_L)(H+L)$$

4. 当采用销售给高端用户，出租给低端用户的市场策略时，价格必须满足四个约束条件：

$mv_H - b \geqslant 0$..............高端用户愿意购买；

$mv_H - b \geqslant v_H - t_H - \frac{b}{k}$..................高端用户购买优于租借；

$v_L - t_L - \frac{b}{k} \geqslant 0$........................低端用户愿意租借；

$v_L - t_L - \frac{b}{k} \geqslant mv_L - b$................低端用户租借优于购买。

从而解出：

$$\frac{k-1}{k}[(m-1)v_L + t_L] \leqslant b \leqslant \frac{k-1}{k}[(m-1)v_H + t_H]$$

由于 b 存在相应的变动空间，生产商就存在一定的自我选择空间。显然，对于市场垄断者而言，价格应该制定的越高越好，所以：

$$b = \min\left\{mv_H, \left(\frac{k}{k-1}\right)[(m-1)v_H + t_H]\right\}$$

当 k 很大时，原约束条件可以近似等价为：

$$b \approx mv_H + \min\{0, t_H - v_H\}$$

价格策略只是取决于高端用户的共享成本与预期阅读收益的大小比较。

瓦里安的分析模型中，提出了团体分析与个体分析结合的思路，共享可行边界分析采用了团体分析框架，认为在团体效率有效的前提下，团体内部可以通过调节实现一种有效的成本分担机制，最终实现共享。同样，关于共享规模的分析也是基于团体分析的。在异质用户分析中，考虑了两种用户对信息商品的效用差异，从而从市场角度考虑了生产商的价格策略和产品策略。瓦里安模型从团体角度考虑了共享资源的成本变化和考虑时间成本的共享边界问题，在个体分析中通过生产商策略作为市场反应函数，从而得到生产商提供售卖和租赁两种策略相结合的市场形态。从信息资源共享的角度而言，瓦里安模型解释了共享行为(团体消费)中价值增值的过程,解释了额外信息福利的产生过程;俱乐部规模的分析则将时间成本(等待)作为信息消费的一个特征融入个体决策中,从而得到个体决策关于共享规模的一个临界分析。

(三) 张军-姜建强俱乐部模型

张军和姜建强模型则解决了共享过程中的个人效用变化和共享成本对共享的影响。他们构建了一个由两个不同专业学生组成的读书俱乐部模型,这样的俱乐部对所有人都开放,而成为会员的唯一条件就是将所购之书全部放在俱乐部共同使用。俱乐部成员除了购书和俱乐部阅读外,没有其他获取书籍的途径。假设每个学生在看自己的书时都异常小心,书籍没有什么损耗,但是看别人的书时就不是十分仔细,存在书籍的损耗。设 $1-\delta$ 为书籍在共享过程中出现的损耗。共享过程包括鞋子成本和菜单成本之类的交易费用统称为交易费用产生的损耗,将 $1-k$ 设为书在交易过程中产生的损耗。假设书可以无限等分,则俱乐部成员 $i(i=1,2)$ 的效用函数可以表示为:

$$U_i = (x_i + \delta x_i^a + k x_i^d)^a (y_i + \delta y_i^a + k y_i^d)^{1-a} (0 < k, \delta < 1)$$

x_i 为成员自购自用的书籍数量,而 x_i^a 为其自购自用且与人共享的书籍数量,x_i^d 为其与人共享得来的书籍数量。同时,y_i,y_i^a 和 y_i^d 分别为自购自用、自购共享和与他人共享得来的非本专业书籍数量。而一般来说,本专业更加爱好自己专业的内容,但参加俱乐部的目的是扩大知识面,一定也会选择其他专业的内容,所以:

$$\frac{1}{2} < \alpha < 1$$

而禀赋约束函数为:

$$p_x(x_i + x_i^a) + p_y(y_i + y_i^a) = M_i$$

并假设 $p_x = p_y = p$。

互换的比例描述为:

$$s x_i^a = y_i^d$$

其中,s 为书籍交换的比例,不失一般性,假设 $s=1$。

依照上面的假定,设计了四种组态:学生各自买书,且不与别人共享;学生只购买本专业书籍,然后与人共享;学生同时购买本专业和非本专业书籍,但只将非本专业书籍与对方共享;学生购买本专业和非本专业书,同时都将本专业和非本专业书与对方共享。

组态1:由上面三个式子,$x^a = x^d = y^a = y^d = 0$,那么学生1的个人决策问题变为:

$$Max: U(x,y) = x^a y^{1-a}$$
$$s.t. \, p(x+y) = M$$

效用最大化一阶条件为：$x=\dfrac{\alpha M}{p}$；$y=\dfrac{(1-\alpha)M}{p}$；代入上面决策问题，得：

$$U_{\max}(x,y)=\alpha^{\alpha}(1-\alpha)^{(1-\alpha)}\dfrac{M}{p}$$

组态 2：共享格局中，学生购买本专业书，然后将本专业书与对方共享。对于学生 1 而言，$x^d=y=y^a=0$，个人决策问题变为：

$$Max:U(x,x^a,y^d)=(x+\delta x^a)^{\alpha}(ky^d)^{1-\alpha}$$
$$s.t. x^a=y^d; p(x+x^a)=M$$

效用最大化一阶条件为：

$$x=\dfrac{\alpha M}{(1-\delta)p}; x^a=y^d=\dfrac{(1-\alpha)M}{(1-\delta)p}$$

将结论代入改进后的个人决策问题，得到：

$$U_{\max}(x,x^a,y^d)=\left[\dfrac{k}{1-\delta}\right]^{1-\alpha}\alpha^{\alpha}(1-\alpha)^{(1-\alpha)}\dfrac{M}{p}$$

组态 3：学生同时购买本专业书和非本专业书，但只将其非本专业书与对方共享。此时，$x^a=y=y^d=0$，个人决策为：

$$Max:U(x,x^d,y^a)=(x+kx^d)^{\alpha}(\delta y^a)^{1-\alpha}$$
$$s.t. x^d=y^a; p(x+y^a)=M$$

效用最大化一阶条件为：

$$x=\dfrac{(\alpha-k)M}{(1-k)p}; y^a=x^d=\dfrac{(1-\alpha)M}{(1-k)p}$$

将结论代入，得到：

$$U_{\max}(x,x^d,y^a)=\left[\dfrac{\delta}{1-k}\right]^{1-\alpha}\alpha^{\alpha}(1-\alpha)^{(1-\alpha)}\dfrac{M}{p}$$

组态 4：学生购买本专业书和非本专业书，并同时都将本专业书和非本专业书与对方共享。此时，$y=0$。而个人决策问题为：

$$\begin{cases}Max:U(x,x^a,x^d,y^a,y^d)=(x+\delta x^a+kx^d)^{\alpha}(y+\delta y^a+ky^d)^{1-\alpha}\\ s.t. x^a=y^d; x^d=y^a, p(x+x^a+y^a)=M\end{cases}$$

通过构造拉格朗日函数并求得极值只有在 $(k-\delta)(1-k-\delta)=0$ 的情况下才存在。所以下面讨论：

① 当 $k=\delta$ 且 $k+\delta\neq 1$ 时，一阶最优条件为 $x+y=\dfrac{(1-\alpha)M}{(1-k)p}$；代入上面的式子得到：

$$U_{\max}^{k=\delta\ Y k+\delta\neq 1}(x,x^a,x^d,y^d)=\dfrac{k}{1-k}\alpha^{\alpha}(1-\alpha)^{(1-\alpha)}\dfrac{M}{p}$$

或 $\dfrac{\delta}{1-\delta}\alpha^{\alpha}(1-\alpha)^{(1-\alpha)}\dfrac{M}{p}$

② 当 $k+\delta=1$ 且 $k\neq\delta$ 时，一阶最优条件为 $kx+\delta y=(1-\alpha)\dfrac{M}{p}$，代入上面的式子得到：

$$U_{\max}^{k+\delta=1 Y k\neq\delta}(x,x^a,x^d,y^a,y^d)=\alpha^\alpha(1-\alpha)^{(1-\alpha)}\dfrac{M}{p}$$

③ 当 $k+\delta=1$ 且 $k=\delta$ 时：

$$U_{\max}^{k=\delta Y k+\delta=1}(x,x^a,x^d,y^a,y^d)=\alpha^\alpha(1-\alpha)^{(1-\alpha)}\dfrac{M}{p}$$

④ 其他情况时，要么无解，要么不如其他组态更优。

因此，通过上面的分析，得到两个基本结论：只有当 $k+\delta\neq 1$ 时，共享比不共享带来更高的效用水平；给定交易效用水平系数 k 或者共享损耗系数 δ，共享所获的效用水平随另外一个系数的增加而增大。

张军和姜建强的分析模型是一个从信息产品消费的角度谈个体决策的问题。通过差异化自有信息资源和共享所得信息资源的效用函数，得到一个二元选择的问题：信息消费者在自有信息资源和共享信息资源之间寻找一个平衡点。

五、市场失灵下的信息资源共享政府激励*

（一）信息资源共享分析的基本模型

基本模型是一个二方参与信息资源共享模型。对用户 $i(i=1,2)$ 而言，假定他的信息消费量为 x_i，其他物品的消费量为 y_i，效用函数用式 $U_i=x_i^a y_i^{1-a}$ 表示，而每一组 (x_i,y_i) 表示用户的一种消费选择。

而用户的禀赋约束为：

$$p_i x_i + p_i' y_i = M_{i(i=1,2)}$$

共享前，二者是相互独立的，消费均衡是两个独立个体的消费，也就是对每一个用户而言，求：

$$\begin{aligned} &Max: U(x,y)=x^a y^{1-a}\\ &s.t. px+p'y=M \end{aligned} \Leftrightarrow \begin{cases} Max: U(x,y)=x^a y^{1-a}\\ px+p'y-M=0 \end{cases}$$

代入效用函数得到：

$$U_{\max}(x,y)=\dfrac{\alpha^\alpha(1-\alpha)^{(1-\alpha)}M}{p^\alpha p'^{1-\alpha}}=U^*$$

其中，U^* 表示单独消费时的最大效用。

---

* 本节供学有余力的同学参考或选择性学习。

如果共享双方在共享前就订立共享协议，那么二人的消费问题将变为一个共同消费的问题。假定共享成本为 t，那么双方的信息消费问题就是：

$$Max: U(x, y_1, y_2) = x^\alpha y_1^{1-\alpha} + x^\beta y_2^{1-\beta}$$

这时的禀赋约束条件是：

$$px + p'(y_1 + y_2) + t = M_1 + M_2$$

同时还要满足参与约束条件：

$$U_1(x, y_1) \geqslant U_1^*$$
$$U_2(x, y_2) \geqslant U_2^*$$

因此，共享协议下的信息消费问题为：

$$Max: U(x, y_1, y_2) = x^\alpha y_1^{1-\alpha} + x^\beta y_2^{1-\beta}$$
$$s.t. px + p'(y_1 + y_2) + t = M_1 + M_2$$
$$U_1(x, y_1) \geqslant U_1^*, U_2(x, y_2) \geqslant U_2^*$$

假定二者的信息偏好相同（$\alpha = \beta$），先求禀赋约束条件下的解，然后将参与约束条件作为检验条件。共同消费的结果为：

$$x = \frac{\alpha}{p}(M_1 + M_2 - t); y_1 = y_2 \frac{1-\alpha}{2p'}(M_1 + M_2 - t)$$

代入效用函数得到：

$$U_{\max}(x, y_1, y_2) = 2^\alpha \frac{\alpha^\alpha (1-\alpha)^{(1-\alpha)}(M_1 + M_2 - t)}{p^\alpha p'^{1-\alpha}}$$

相应得到：

$$U_1 = U_2 = 2^{\alpha-1} \frac{\alpha^\alpha (1-\alpha)^{(1-\alpha)}(M_1 + M_2 - t)}{p^\alpha p'^{1-\alpha}}$$

共享成本的构成是比较复杂的，在分析中，笼统地用 t 表示。正是由于共享成本的引入，导致用户用于信息消费的费用相应降低，从而降低相应的信息消费效用，所以存在某一阈值 $\bar{t}$，无论采用怎样的共享策略，都至少会有一方无法达到共享前的效用水平。

对于基本模型中的用户 1 而言，要参与共享，必须满足：

$$\frac{U_1}{U_1^*} = \frac{2^{\alpha-1}(M_1 + M_2 - t)}{M_1} \geqslant 1$$
$$\Leftrightarrow t \leqslant (1 - 2^{1-\alpha})M_1 + M_2$$

于是，$\bar{t}_1 = (1 - 2^{1-\alpha})M_1 + M_2$，当 $t \leqslant \bar{t}_1$ 时，用户 1 才参与共享。同样道理，对用户 2 而言，$\bar{t}_2 = (1 - 2^{1-\alpha})M_2 + M_1$，当 $t \leqslant \bar{t}_2$ 时，用户 1 才参与共享。而对于整体而言，要使共享可行的最基本的约束条件表现为：

$$\frac{U_{\max}}{U_1^* + U_2^*} = \frac{2^\alpha(M_1 + M_2 - t)}{M_1 + M_2} \geqslant 1$$

$$\Leftrightarrow t \leqslant (1-2^{-\alpha})(M_1+M_2)$$

所以，$\bar{t}_{12}=(1-2^{-\alpha})(M_1+M_2)$。当 $t \leqslant \bar{t}_{12}$ 时，共享行为能够带来信息资源配置效率的改进。

假定 $M_1 \leqslant M_2$，则 $\bar{t}_2 \leqslant \bar{t}_1$，而

$$\begin{aligned}\bar{t}_{12}-\bar{t}_1 &= (1-2^{-\alpha})(M_1+M_2)-(1-2^{1-\alpha})M_1+M_2\\&=2^{1-\alpha}M_1-2^{-\alpha}(M_1+M_2)\\&\leqslant 2^{1-\alpha}M_1-2^{-\alpha}(M_1+M_1)\\&=2^{1-\alpha}M_1-2^{1-\alpha}M_1=0\end{aligned}$$

同样，$\bar{t}_{12}-\bar{t}_2 \geqslant 0$，于是有：$\bar{t}_2 \leqslant \bar{t}_{12} \leqslant \bar{t}_1$。则我们有如下讨论：

① 当共享成本 t 满足 $t \leqslant \bar{t}_2$ 时，对于共享用户 1、2 而言，共享都是对各自效用的提高，共享对双方都是正激励，共享协约就是一个关于共享成本分担的协议。这种条件下的共享是对信息资源配置的帕累托改进，是一种严格优化。

② 当共享成本 t 满足 $\bar{t}_2 \leqslant t \leqslant \bar{t}_{12}$ 时，对于共享用户 1 而言，共享能够改进自身的信息福利，能够带来效率的改进，对他具有正激励；但对于共享用户 2 而言，如果他还是采用完全合作的态度，和共享用户 1 共同支配他们的收入（经费）的话，共享行为的最终结果对其是不利的，最终的信息福利还不如单独信息消费的效用，共享行为对共享用户 1 具有负向激励。但是，由于 $t \leqslant \bar{t}_{12}$，共享行为还是能够实现共同信息效用的改进，所以，这时通过共享用户 1 和共享用户 2 之间的谈判，通过用户 1 向用户 2 支付一定补偿（转移支付）r 的方式，或者是用户 2 通过削减共享的信息资源数量 x 仍然能够达成共享协议。

在这种情况下，如果没有政府的协调和参与，在市场条件下会面临市场失灵的情况，而政府调节在这种条件下能够实现资源的优化配置，这种信息资源共享是对原有信息资源配置的卡尔多效率改进，是一种总体优化。

③ 当共享成本 t 满足 $\bar{t}_{12} \leqslant t \leqslant \bar{t}_1$ 时，同样存在对用户 1 的正向激励和对用户 2 的负向激励，但由于整体上不能对共同信息效用改进，所以这时用户之间的谈判不能达成共享协议，除非政府承担一定规模的政府补贴 s，并且促成用户 1 与用户 2 之间的转移支付。

这种情况下也是信息资源共享市场失灵，而且政府调节行为也无法达成共享协议，这时共享是无效率的共享。为了达成共享协议，通过政府补贴形式的干预，仍然能够达成信息资源共享协议。

④ 当共享成本 t 满足 $t \geqslant \bar{t}_1$ 时，用户 1 和用户 2 都是负向激励，整体上不能对共同信息效用改进，所以，这时用户之间的谈判不能达成共享协议，必须完全依靠政府补贴 s 实现共享。实际上是在政府资助前提下完成信息资源共享，政

府资助额度 s 的确定比较容易，就是 $2(t-\bar{t}_{12})$。

下面将针对②③条件下的政府干预和激励行为做进一步分析。

（二）市场失灵条件下的政府激励

1. 政府调节与补偿激励

下面讨论条件②下用户间补偿 r 的确定。条件②下，用户之间本身可以通过谈判实现共享，在谈判无效的条件下，政府的指导性协议（用户间补偿 r 协议）对信息配置效率的改进就非常重要。

信息偏好 α 相同时，分析结论中的补偿只是体现了成本与投入之间的线性划分和均摊，而且结论似乎也是显而易见。但这类分析方法对于信息偏好不同时的信息成本分摊也同样适用，我们还是对这一方法做详细描述。

根据补偿的支付方式，以及由于共享行为中很多大额成本的共享物品，如硬件设备的存在，我们可以把补偿分为协议外补偿和协议内补偿两种方式。协议外补偿，应该相当于追加信息消费的投入，在用户 1 投入 M_1 用于消费后，通过其他途径从消费外再转借一定的投入 ΔM 支付给共享用户 2。协议内补偿则完全相反，是从二者的消费投入中先划出 $\Delta M'$ 留给共享用户 2。如甲馆提供 500 万的设备和信息资源，与用户规模相当但资源总值为 200 万的乙馆进行信息资源共享时，乙馆有两种方式签署协议，协议内追加投资 300 万元，协议外支付甲馆 150 万元资金。

那么根据这种界定，分析应该存在四种组态（不存在混合策略①）：

组态 1：共享用户 1 向共享用户 2 付出 r_{out} 的协议外补偿，用户 2 将不补偿用于共享的再投资。

令 $U_r = \dfrac{\alpha^\alpha (1-\alpha)^{(1-\alpha)} r}{p^\alpha p'^{1-\alpha}}$，那么 r_{out} 应该满足的条件是：

$$\begin{cases} U_1 - (U_r + U_1^*) \geqslant 0 \\ (U_2 + U_r) - U_2^* \geqslant 0 \end{cases}$$

由于 $[U_1 - (U_r + U_1^*) + (U_2 + U_r) - U_2^*]$ 为一个常和，所以共享双方的补偿问题实际上就构成了一个常和博弈问题，而 r_{out} 的可行解集为 $[t-\bar{t}_2, \bar{t}_1 - t]$。信息偏好相同的条件下，这个博弈的均衡解为：

$$r_{out} = \dfrac{M_2 - M_1}{2}$$

组态 2：共享用户 1 向共享用户 2 付出 r_{out} 的协议外补偿，用户 2 将补偿用于共享的再投资。

---

① 这里的混合策略指既包涵协议内补偿又包涵协议外补偿的策略。由于这里是对称用户的线性分配，所以混合策略的结果可以通过线性协商解决，即 $r_{混} = r_{in} + \lambda r_{out}$。

当共享用户 2 将补偿用于共享再投资时,新的共享均衡发生了改变,有:

$$U_1' = U_2' = 2^{\alpha-1} \frac{\alpha^\alpha (1-\alpha)^{(1-\alpha)} (M_1 + M_2 + r'_{out} - t)}{p^\alpha p'^{1-\alpha}}$$

同时,r'_{out} 还要满足:

$$\begin{cases} U_1' - (U_r' + U_1^*) \geq 0 \\ U_2' - U_1^* \geq 0 \end{cases}$$

r'_{out} 的可行解集为 $\left[t - \bar{t}_2, \dfrac{\bar{t}_1 - t}{2^{1-\alpha} - 1} \right]$,信息偏好相同时的博弈均衡为:

$$r'_{out} = M_2 - M_1$$

组态 3:共享用户 1 向共享用户 2 付出 r_{in} 的协议内补偿,用户 2 不将补偿用于共享的再投资。

当协议内的补偿 r_{in} 不用于共享再投资时,与削减信息资源共享数量是同一组态。这时,支出补偿金额后,新的共享均衡为:

$$U_1' = U_2' = 2^{\alpha-1} \frac{\alpha^\alpha (1-\alpha)^{(1-\alpha)} (M_1 + M_2 - r_{in} - t)}{p^\alpha p'^{1-\alpha}}$$

内部补偿 r_{in} 应该满足:

$$\begin{cases} U_1' - U_1^* \geq 0 \\ U_2' + U_r - U_2^* \geq 0 \end{cases}$$

r_{in} 的可行解集为 $\left[\dfrac{t - \bar{t}_2}{2^{1-\alpha} - 1}, \bar{t}_1 - t \right]$,信息偏好相同时的博弈均衡为:

$$r_{in} = M_2 - M_1$$

组态 4:共享用户 1 向共享用户 2 付出 r'_{in} 的协议内补偿,用户 2 将补偿用于共享的再投资。

很显然,这种组态的解集为空集,不存在这样的协议方案。

2. 政府补贴的激励

同样,下面讨论政府补偿 s 的确定。由于用户 1 存在一定的正向激励,所以用户 1 愿意承担一定的补偿 r'。同样,根据补偿的种类和使用途径,存在 6 种单纯决策组态。

组态 1:政府补偿 s 给共享用户 2,共享用户 1 协议外补偿 r,共享用户 2 将这些补偿全部用来共享的再投资。

令 $U_s = \dfrac{\alpha^\alpha (1-\alpha)^{(1-\alpha)} s}{p^\alpha p'^{1-\alpha}}$;$U_r = \dfrac{\alpha^\alpha (1-\alpha)^{(1-\alpha)} r}{p^\alpha p'^{1-\alpha}}$,那么共享用户 2 用于再投资后,新的共享均衡为:

$$U_1' = U_2' = 2^{\alpha-1} \frac{\alpha^\alpha (1-\alpha)^{(1-\alpha)} (M_1 + M_2 + S + r_{out} - t)}{p^\alpha p'^{1-\alpha}}$$

补偿协议就应该满足：
$$\begin{cases} U_1' - (U_1^* + U_r) \geqslant 0 \\ U_2' - U_2^* \geqslant 0 \end{cases}$$

亦即：
$$\begin{cases} (2^{1-\alpha} - 1)r - s \leqslant \bar{t}_1 - t \\ s + r \geqslant t - \bar{t}_2 \end{cases}$$

特殊地，当政府足额资助（完全补贴）时，共享用户 1 不必追加协议外补偿，即 $r=0$，那么由 $\bar{t}_{12} = \dfrac{\bar{t}_1 + \bar{t}_2}{2}, \bar{t}_{12} \leqslant t \leqslant \bar{t}_1$ 得到：$s \geqslant t - \bar{t}_2$，也就是政府完全补贴时，给信息共享用户 2 的最小补贴为 $t - \bar{t}_2$ 时（图中 S 点），才能促成双方达成共享协议。

另一种特殊情况是，政府补贴最小 $s_{\min}$，而共享用户 1 提供最大的协议补偿时（图中所示的 E 点），共享用户 1 应该满足：
$$\begin{cases} (2^{1-\alpha} - 1)r - s = \bar{t}_1 - t \\ s + r = t - \bar{t}_2 \end{cases}$$

因而：$s_{\min} = t + (2^{\alpha-1} - 1)\bar{t}_2 - 2^{\alpha-1}\bar{t}_1$

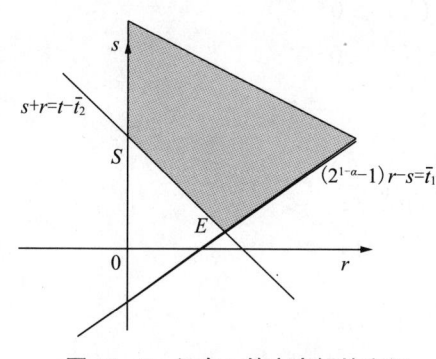

图 10-5　组态 1 的方案解的空间 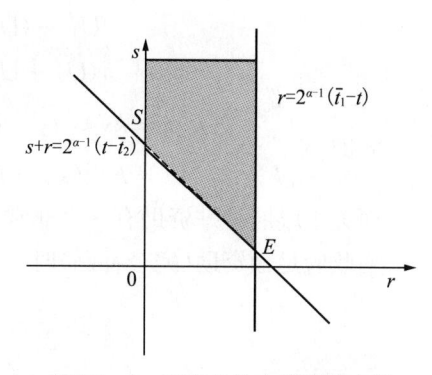　　图 10-6　组态 2 的方案解的空间

组态 2：政府补偿 s 给共享用户 2，共享用户 1 协议外补偿 r，共享用户 2 将这些补偿全部作为个人消费。

这种补贴方案不会改变共享均衡，
$$U_1 = U_2 = 2^{\alpha-1} \frac{\alpha^\alpha (1-\alpha)^{(1-\alpha)} (M_1 + M_2 - t)}{p^\alpha p'^{1-\alpha}}$$

补偿协议就应该满足：
$$\begin{cases} U_1 - (U_1^* + U_r) \geqslant 0 \\ (U_2 + U_s + U_r) - U_2^* \geqslant 0 \end{cases}$$

亦即：
$$\begin{cases} r \leqslant 2^{\alpha-1}(\bar{t}_1-t) \\ s+r \geqslant 2^{\alpha-1}(t-\bar{t}_2) \end{cases}$$

这种共享协约条件下，政府的全额最小补贴为 $2^{\alpha-1}(t-\bar{t}_2)$，政府资助最小补贴为 $2^{\alpha-1}(2t-\bar{t}_1-\bar{t}_2)$。

组态 3：政府补偿 s 给共享用户 2，共享用户 1 协议外补偿 r，共享用户 2 仅将部分补偿作为共享再投资。

组态 3 意味着共享用户 2 存在复杂策略，就是部分将补偿应用于共享再投资。假定再投资共享的时候，投入 $k(s+r)$，其中 $k(0<k<1)$ 为再投资比率。那么用户的共享均衡为：

$$U_1' = U_2' = 2^{\alpha-1}\frac{\alpha^\alpha(1-\alpha)^{(1-\alpha)}[M_1+M_2+k(r+s)-t]}{p^\alpha p'^{1-\alpha}}$$

而共享用户 2 的剩余个人消费获得效用为：

$$U_k = \frac{\alpha^\alpha(1-\alpha)^{(1-\alpha)}(1-k)(r+s)}{p^\alpha p'^{1-\alpha}}$$

而共享决策问题变成：

$$\begin{cases} U_1' - (U_1^* + U_r) \geqslant 0 \\ (U_2' + U_k) - U_2^* \geqslant 0 \end{cases}$$

亦即：
$$\begin{cases} (2^{1-\alpha}-k)r - ks \leqslant \bar{t}_1 - t \\ [k+2^{1-\alpha}(1-k)](s+r) \geqslant t - \bar{t}_2 \end{cases}$$

而关于政府补贴资助有一个非常有趣的结论：

当政府足额资助（完全补贴）时，$r=1$，于是有：

$$s \geqslant \frac{t-\bar{t}_2}{2^{1-\alpha}+(1-2^{1-\alpha})k}$$

所以，政府足额资助 $s = \dfrac{t-\bar{t}_2}{2^{1-\alpha}+(1-2^{1-\alpha})k}$，在定义域内 s 是 k 的递增函数，而且政府的最小资助额：

$$\begin{aligned}
s_{\min} &= \frac{1}{2^{1-\alpha}} \cdot \left[\frac{(2^{1-\alpha}-k)(\bar{t}_1-t)}{2^{1-\alpha}+(1-2^{1-\alpha})k} - (t-\bar{t}_2)\right] \\
&= \frac{1}{2^{1-\alpha}} \cdot \left\{\frac{\bar{t}_1-t}{1-2^{1-\alpha}}\left[\frac{(2^{1-\alpha})^2-2^{-\alpha}}{2^{1-\alpha}+(1-2^{1-\alpha})k}-1\right] - (t-\bar{t}_2)\right\}
\end{aligned}$$

也是 k 的增函数，因而在政府资助的情况下，政府具有限制共享用户 2 将补贴再用于信息共享的倾向，总体上政府会限制信息共享的规模。

组态 4：政府补偿 s 给共享用户 2，共享用户 1 协议内补偿 r，共享用户 2 将全部补偿作为共享再投资。

那么,共享用户 2 用于再投资后,新的共享均衡为:

$$U_1''=U_1''=2^{\alpha-1}\frac{\alpha^\alpha(1-\alpha)^{(1-\alpha)}(M_1+M_2+s-t)}{p^\alpha p'^{1-\alpha}}$$

补偿协议就应该满足:

$$\begin{cases}U_1''-U_1^*\geqslant 0\\U_1''-U_2^*\geqslant 0\end{cases}$$

亦即:$s\geqslant t-\bar{t}_2$

因而政府的全额资助和最小资助额都是 $t-\bar{t}_2$。

组态 5:政府补偿 s 给共享用户 2,共享用户 1 协议内补偿 r,共享用户 2 将全部补偿作为个人消费。

令 $U_s=\dfrac{\alpha^\alpha(1-\alpha)^{(1-\alpha)}s}{p^\alpha p'^{1-\alpha}}$;$U_r=\dfrac{\alpha^\alpha(1-\alpha)^{(1-\alpha)}r}{p^\alpha p'^{1-\alpha}}$,而共享消费的均衡为:

$$U_1'''=U_2'''=2^{\alpha-1}\frac{\alpha^\alpha(1-\alpha)^{(1-\alpha)}(M_1+M_2-r_{in}-t)}{p^\alpha p'^{1-\alpha}}$$

那么,共享用户 2 用于个人消费后,应该满足:

$$U_1'''-U_1^*\geqslant 0$$
$$U_2'''+U_s+U_r-U_2^*\geqslant 0$$
$$\begin{cases}r\leqslant\bar{t}_1-t\\s\geqslant t-\bar{t}_2\end{cases}$$

组态 6:政府补偿 s 给共享用户 2,共享用户 1 协议内补偿 r,共享用户 2 仅将部分补偿作为共享再投资。

假定再投资共享的时候,投入 $k(s+r)$,其中 $k(0<k<1)$ 为再投资比率。那么用户的共享均衡为:

$$U_1=U_2=2^{\alpha-1}\frac{\alpha^\alpha(1-\alpha)^{(1-\alpha)}[M_1+M_2+k(r+s)-r-t]}{p^\alpha p'^{1-\alpha}}$$

那么,代入各自的参与约束条件,得到:

$$\begin{cases}U_1-U_1^*\geqslant 0\\U_2+(1-k)(U_s+U_r)-U_2^*\geqslant 0\end{cases}$$

即:$\begin{cases}(1-k)r-ks\leqslant\bar{t}_1-t\\[k+2^{1-\alpha}(1-k)]s-(1-2^{1-\alpha})(1-k)r\geqslant t-\bar{t}_2\end{cases}$

最小足额资助:$s=\dfrac{t-\bar{t}_2}{2^{1-\alpha}+(1-2^{1-\alpha})k}$

表 10-1 信息资源共享的边界条件和激励方案

情形	均衡状态	用户 2 补偿金用途	用户 1 对用户 2 的补偿 r 协议内支付	用户 1 对用户 2 的补偿 r 协议外支付	政府补贴 s 足额资助	政府补贴 s 最小资助
$t \leq \bar{t}_2$	协议共享（政府协调共享）	共享	$r \in$ 空集	$M_2 - M_1$	—	—
		不共享	$M_2 - M_1$	—	—	—
		部分共享	$(1-\lambda)(M_2 - M_1)$	$\dfrac{M_2 - M_1}{1+\lambda}$	—	—
$\bar{t}_2 \leq t \leq \bar{t}_{12}$	政府资助共享	共享	$r(s)$	$r(s)$ [①]	$\bar{t} - \bar{t}_2$	$t + (2^{a-1}-1)\bar{t}_2 - 2^{a-1}\bar{t}_1$
		不共享	$r(s)$	$r(s)$	$2^{a-1}(\bar{t} - \bar{t}_2)$	$\bar{t} - \bar{t}_2$
$\bar{t}_{12} \leq t \leq \bar{t}_1$	政府资助共享	部分共享	$r(s)$	$r(s)$	$\dfrac{\bar{t} - \bar{t}_2}{2^{1-a} + (1-2^{1-a})k}$	$\dfrac{1}{2^{1-a}} \cdot \left[\dfrac{(2^{1-a}-k)(\bar{t}_1-t)}{2^{1-a}+(1-2^{1-a})k} - (t-\bar{t}_2) \right]$
					$\dfrac{\bar{t} - \bar{t}_2}{2^{1-a} + (1-2^{1-a})k}$	$\dfrac{(1-2^{1-a})(\bar{t}_1-t)+(t-\bar{t}_2)}{2^{1-a}}$
$t \geq \bar{t}_1$	政府资助		—	—	$2(\bar{t} - \bar{t}_{12})$	$2(\bar{t} - \bar{t}_{12})$

① $r(s)$ 为补偿最高额是一个关于政府资助额度 s 的函数。

而最小资助金额为：$s = \dfrac{(1-2^{1-\alpha})(\bar{t}_1 - t) + (t - \bar{t}_2)}{2^{1-\alpha}}$

(三) 结论

从总体上看，共享成本和道德因素是决定共享市场是否失灵的关键因素。共享成本的大小决定了共享协议的实现区间，也决定了共享失灵的最优解决方案。而在条件②下的共享谈判中，道德因素则凸现出它的重要作用。

当然，共享协议的结构不仅仅是一个总量限制的问题，在成本分担和激励相容方面也是值得探讨的问题，也就是边界条件①下的成本分担问题。

第四节　信息资源产权配置

产权是经济所有制关系的法律表现形式。它包括财产的所有权、占有权、支配权、使用权、收益权和处置权。在市场经济条件下，产权的属性主要表现在三个方面：产权具有经济实体性，产权具有可分离性，产权流动具有独立性。而信息资源产权的认定和确立，一方面推动了信息资源市场配置的有效性，另一方面也带来了衍生性的市场陷阱。

一、信息产权与信息资源产权

"信息产权"是对知识产权的扩展。这一概念突出了知识产权客体的"信息"本质。"信息产权"的理论于1984年由澳大利亚学者彭德尔顿教授（Michael Pendleton）在最早对工业产权和知识产权的研究中提及；20世纪90年代上半叶以后西方学者在计算机集成电路、软件与数据库产权研究领域广泛引入了信息产权的理念，并在依托计算机形式的知识产权交易时，已经实际上将"信息产权"与"知识产权"交替使用了。

产权是经济所有制关系的法律表现形式。它包括财产的所有权、占有权、支配权、使用权、收益权和处置权。经济产权一般具有两种形态：公共产权和私人产权。当某种资源为某个人单独所有时，该资源为私人财产，其产权为私人产权，具有产权制度边界清晰、产权归属明确、所有权效率高的特点。当某种资源为两个或两个以上当事人所有时，称为公共财产，其产权为公共产权。它具有以下特点：在消费规模上没有限制，每个社会成员都能享受这项资源的权益，所以存在收费困难；每个当事人天然享有资源权益，无须采取交费申请加入的方式；每一当事人在使用该资源时，会影响和损害其他成员的利益，即存在外部性。由于该资源向每个社会成员开放，允许他们自由进入，平等分享，并获取平均利益，因此,搭便车和产权拥挤现象就难以避免。鉴于权利是相互排斥的,对于稀缺资源来说,公共产权要么造成资源的过度利用("公地悲剧"),要么造成资源利用不足("反公地悲剧")。

信息资源产权因其产生原因,在某些具体领域具有私人产权的保护与垄断特征,而在另一些场合则具有公共产权属性。第八章讨论的知识产权制度就是上述产权争论的不同表现。

二、巴泽尔困境与科斯定理

由于信息资源具有典型的公共物品属性,因而容易引发私人供给不足,或私人消费过度的"公地悲剧"。与"公地悲剧"相对应,巴泽尔(Y.Barzel)也提出了自己的见解,即"巴泽尔困境":离开了清楚界定并得到良好执行的产权制度,人们必定争相攫取稀缺的经济资源和机会。因此,美国产权经济学家科斯(Ronald H. Coase)认为,"公共物品"的外部效应从根本上说,是因为产权界定不够明确或不恰当而造成。故而通过合适的界定并保护产权,由此产生的市场交易能自动达到"帕累托最优",这就是科斯定理。科斯定理较为通俗的解释是:"在交易费用为零和对产权充分界定并加以实施的条件下,外部性因素不会引起资源的不当配置。因为在此场合,当事人(外部性因素的生产者和消费者)将受一种市场里的驱使去就互惠互利的交易进行谈判,也就是说,是外部性因素内部化。"

科斯的观点其实还说明了一个问题,即产权的具体界定不仅可以解决具"公共物品"属性资源的"外部效应"问题,而且其本身具有资源配置功能。首先,产权的界定减少了资源的不确定性,也可以减少盲目的竞争,从而提高产权拥有者的生产积极性,减少资源的浪费,尤其是生产资源的浪费,进而达到提高经济效益的目的;其次,产权的界定人为增加了资源的"排他性"的空间,而且产权受法律保护,所以一定程度上可以避免大规模的"免费乘车"或"搭便车"现象;第三,任何一种稳定的产权格局都会因为资源产权在不同主体之间的客观分布而形成一种资源的客观配置状态。

可见,产权客观上具有资源配置的功能。通过调整产权、优化产权结构可以达到优化资源配置的目的,也就解决了公共物品的外部效应问题。尤其是信息资源领域,一般具有"准公共物品"属性,政府可以通过产权的界定来保证一定的市场结构的形成,进而达到资源优化配置的目的。

三、产权渐进理论

巴泽尔认同科斯关于产权完全界定的分析理论,但产权常常不可能完整地被界定,因为完全界定产权的成本太高,最终导致科斯的产权界定完全不可行。巴泽尔在《产权的经济分析》一书中明确指出:产权界定过程存在着两个显著特征,一是产权界定具有相对性;二是产权界定具有渐进性。"产权是不断产生并不断放弃的",以往对产权研究的经济学家,如奈特、戈登,在观念上认为权利"要么全部,要么没有",忽略了产权只能部分界定的中介状态,而部分界定状态才是更为一般的状态。对于许多我们拥有的"私有财产",我们并没有完全拥有该财产的所有产权;而对于许多"共同财产"而言,它们的利用也经常受到限制,并不是真正意义上的共同财产。

产权的确立和发展是一个渐进的过程:初始界定、交易谈判、产权调整、冲突解决,也就是说,产权界定过程是一个演进的过程。

首先是产权的初始界定。若没有产权的初始界定,产权交换就无从谈起,人们不能用不属于自己的东西去交换。但初始界定的产权常常是不清晰的,很不完善的,因为实践中完全界定产权的费用很高。初始界定的产权仅仅为产权交易即产权制度的运作提供了一个起点,而产权的进一步界定则是通过产权体系的运作过程自身,即交易过程来实现的。如排队配给汽油,汽油本身可以公共消费,但排队进一步界定了对未被拥有的部分汽油的权利的使用方式,将汽油使用与排队购买两个过程结合,才更接近于公共汽油资源的使用权利,也即说明了交易过程也是进一步界定产权的方式。事实上,产权界定常常是在交易过程之中,而不是在交易之前完成的。正是在这个意义上,巴泽尔认为科斯对产权的界定忽略了交易过程本身的产权界定价值,而且交易结果中"只有与收入最大化相一致的权利转让,才能完全清晰地界定产权"。

如果交易的成本太高,人们就不会愿意花费成本去界定这些资源的权利,这些资源的权利就会滞留在公共领域,有待日后再行处理。随着资源新价值被发现,花费代价去界定产权变得有利可图,人们就会对权利作进一步的调整。因此,权利的边界或均衡取决于获得权利的成本-收益分析。也就是说,"当人们相信这种行为的收益将超过成本的时候,他们就会运用权力,相反,当认为拥有产权的收益并不足弥补成本时,他们就不会去运用权力"。例如,一位土地所有者,将其所有的一块土地出租时,如果土地里有几棵杂树,树的价值(其初始估价或者并未发现其价值)相对土地使用不大,那么租地合同中一般不会对树木使用做额外规定,对它忽略不计,即没有确定其权利;但如果在合同执行期间,又发现该树木品种具有很高的经济价值,这时由于树的产权未明确,就有可能产生有关产权的冲突。解决冲突的过程,就是产权进一步界定的过程。

在信息资源产权界定过程中,也通常面临产权渐进问题。信息资源的初始使用价值很难准确界定,因而其初始估值与其实际利用价值之间通常存在较大差异。因此,在信息的使用过程中,即使拥有了相对完善的初始产权界定方案,仍然存在产权冲突问题。

四、信息资源产权利用的"反公地悲剧"

1998年,美国赫勒教授(Michael A. Heller)在 The Tragedy of Anticommons 一文中提出"反公地悲剧"理论模型。尽管哈丁教授的"公地悲剧"说明了人们过度利用(overuse)公共资源的恶果,但他却忽视了资源未被充分利用(underuse)的可能性。赫勒认为,当公共资源上产权过多,权利人相互制衡时,就会有资源虚置、效率低下的情况产生。即"反公地"是指一项资源或财产拥有多个所有者,他们中的每一个都有权阻止其他人使用资源,从而导致没有任何所有者拥有完全的使用权。因此,当每位产权所有人意识到资源的使用能够给他人带来收益,因而相互阻挠,最终反而导致资源没有充分利用,造成闲置或浪费,于是就发生了"反公地悲剧"。"反公地"的特性是给公共资源的使用设置产权障碍,产权界定的不合理,反而导致资源的闲置和使用不足,造成浪费。亦即在公共资源采用产权私有化的过程中,如果缺乏良好的沟通机制或约束机制,反而容易造成私有产权之间的相互制约而效率低下。同时,赫勒认为,如果公共资源的整体产权被分割为过多、过细的零碎产权,那么很容易形成"棘轮效应"(Ratchet Effect):过高的交易成本将会使得人们容易拆分产权,而不容易去整合产权,其结果往往是带来了更大的交易成本,并可能因资源使用不足而形成资源浪费。

在信息资源产权领域,联合建设和共有产权现象比较普遍,例如,联合建设的信息资源或数据库、音乐作品的作词作曲与演唱者、影视作品的剧本与视频制作等,往往多家贡献者均具有某种意义上的部分所有权。一旦上述参建者无法达成产权转让或交易共识,反而因少部分人的产权保护而侵害了多数人的产权利益。

典型的例子是药品的专利权保护。药品受专利保护在世界上已得到广泛认可,我国也在1993年的《专利法》中将药品纳入了专利保护的范围之内。明确药品专利的产权归属,明确了专利权人对其专利药品的垄断权,保护了专利权人从事药品相关发明创造的巨额投资。然而,专利也具有消极的排他性权利,即权利人有阻止或排除他人对其权利或权力客体进行侵害的权利。如在基因专利药品领域,涉及的片段基因的专利权被分割确立,事实上,具有互补关系或关联关系的专利权人相互隔离或牵制而导致无人可有效实施最终的基因专利药品,则将陷入专利药品"反公地悲剧",在一定程度上妨碍了医药产业的快速发展和技术水平的进一步提高。

为解决信息资源产权利用的"反公地悲剧",可采用专利强制许可制度和专利联盟等方案。

"强制许可"(compulsory license)制度,又称"非自愿许可",指的是允许特定非权利人在符合法定条件和程序的情形下,可以不经专利持有人许可而使用其创新性智力成果,但该使用人即被许可人应向专利持有人支付合理报酬,该制度的最早确立是《保护工业产权巴黎公约》。《保护工业产权巴黎公约》规定:"本联盟各国有权采取立法措施,规定授予强制许可,以防止由于行使专利所赋有的专有权而可能产生的滥用。"在该公约中,强制许可是一项旨在防止专利权人滥用专利权、阻碍发明的实施和利用,继而阻碍科学技术进步与发展的原则。从本质上看,强制许可制度是对专利权人垄断权的一种限制,其主要价值在于它的威慑和劝阻作用,即当专利持有人知道由于自己缺乏合作会发生什么结果时,一般会比较好地主动合作。因此,可通过实施强制许可来限制专利权人的排他权,从而在一定程度上解决信息资源产权的"反公地悲剧"。

所谓专利联盟,是指两个或以上的专利权人,为了能够彼此之间分享专利技术或统一对外进行专利许可而形成的安排。通过为专利持有人提供实现专利技术资源共享与互补的有效途径,专利联盟不仅使利用联盟各方的专利资源成为可能,而且提高了其利用率,从而使专利资源的价值得以充分展示。从本质上看,专利联盟是一种系统化的专利许可交易机制,它整合联盟成员的相关专利并向联盟外的第三方或在联盟成员内统一进行许可。专利联盟的实施形态很多,可以是成员彼此交互许可,也可以是所有成员对一个独立的实体进行专利许可,再由此实体对外授权。可见,通过降低专利许可交易成本,专利联盟也能够在一定程度上解决信息资源产权的"反公地悲剧"。

五、信息资源产权配置方式

由于市场机制要求单个生产者或使用者通过价格信息反映商品的个体生产成本、消费者边际效用,而信息商品的公共物品属性和集团消费特征,显然扰乱了市场机制的正常运转,从而导致市场失灵。具体而言,消费者认为可以不付出或少付出成本而获得所需信息,要么故意压低自己的价格以隐藏自身的真实效用,要么希望通过其他消费者的共享或转售而获得更低价格的同质信息产品,这样必然会大大削弱信息生产者的所得收益,从而导致信息生产的不足,从而造成信息供给和信息需求之间的巨大不平衡。这种情况下,政府的干预就是必需的,即政府要么通过补贴或资助的方式刺激生产来保证足够的信息生产量,要么通过对信息商品的专有性保护而减少信息商品转售的可能性,从而增加信息生产者的收益。但是,这种父爱主义式的直接补贴或干预,又可能因政府缺乏足够的评价信息,而造成信息生产者的产品竞争性降低,热衷信息产品数量进而造成信息产品质量的下降,如我们国家对基础科学研究的补贴和保护。因此,信息的"准公共物品"属性有时也可能通过自由竞争的市场而达到交易双方利益的最大化,即政府的干预不是必然,而只是其中一种提高社会信息福利的手段。

从理论上讲,信息资源的产权配置方式有三种不同的理论解释:

一是标准理论。该理论主张对信息资源产权进行补贴和积极的干预政策。其理论依据主要是由于信息资源的"外部效应",即任何一个信息消费者都可以指望"搭便车"而不必承担高额的信息生产成本,所以,私人市场的信息生产必然会导致"供给不足",因而需要政府出面组织信息的生产和传播,或通过投资和财政补贴来刺激信息的产出。

二是波斯纳理论。该理论主张对信息资源产权放松管制或干预,主张由市场主导来解决信息资源的供需矛盾。该理论的代表人物是美国联邦上诉法院第七巡回审判庭(芝加哥)法官、首席法官,芝加哥大学法学院、斯坦福大学法学院法律经济学高级讲座主持人波斯纳(Richard Allen Posner)教授,因此也称"波斯纳理论"。该理论的主要依据是:由于信息资源的"准公共物品"属性的存在,原始的信息生产者可通过多种方式实现信息生产的价值,如以某种间接的方式获得经济利益以弥补信息生产的成本。如气象信息生产者可以根据气象信息的用途,高价转售给农业生产者而获取相对于普通民众而言的更高的价格;金融信息生产者在销售金融信息不畅的情况下,也能通过自身掌握的高质量金融信息在金融市场投资获益等。因此,波斯纳理论认为,在不受干预的自由市场,完全可以生产出最优数量的信息,并通过多种途径获得信息的收益。所以,政府可以通过保证信息市场自由竞争的条件来保证信息的产出。

三是自然垄断理论。该理论主张对信息资源产权进行明确的确权和保护,在良好的产权制度和环境下,利用市场机制完成信息交换和信息价值的实现。在完全竞争的私人市场,可能会以重复投入的方式导致一些潜在获利的信息生产"过量",进而导致市场失灵。在这种情况下,可以由政府出面通过调整和明晰产权来限制竞争,并通过监管垄断者行为来优化信息资源配置。

三种理论均能在现实的信息经济活动中找到支持的证据。但是,在现实中,某种信息产权的安排究竟作何选择,仍然是一个市场和政策难题。美国的经济学家罗伯特和托马斯建议,在政策层面可以对信息进行评价和分类,然后依据其适用性决定哪种信息需要何种信息产权理论,从而制定出相应的公共信息政策来保证整个社会信息福利的最大化。

本章小结

信息资源配置是将信息作为一类资源或一种产品的资源配置理论。在传统资源配置理论中,利用福利经济学的分析框架,可以得到帕累托均衡是最佳的配置状态。根据帕累托均衡的实现条件和局限性,可以推导出帕累托均衡实现的生产均衡、交换均衡,从而判定帕累托均衡的可达性,并提炼出相应的次优配置:

如卡尔多准则和福利检验双重标准。

考虑到信息资源消费的特殊属性,除了一般的市场配置、政府配置以及双重配置的讨论,信息资源共享配置和信息资源产权配置也是广泛探讨的议题。本章介绍了信息资源共享的特征、本质、实现条件和过程约束等问题,并从理论层面分析了信息资源共享的可行性和规制机制。在信息资源产权配置中,信息资源产权制度及其存在的双重影响是重点讨论的问题。巴泽尔困境是问题讨论的开始,先后从科斯定理、产权渐进理论、公地悲剧与反公地悲剧角度讨论了信息资源产权配置面临的现实问题,并在制度层面提出了标准理论、波斯纳理论和自然垄断理论三种政策主张和解决方案。

导入案例小结

本案例旨在说明经济全球化是一个客观的过程,正在改变着当今的世界,不过这种改变是一把"双刃剑"。对于发达国家来说,经济全球化表现出的利远远大于弊;对于发展中国家而言,其负面作用往往远远大于正面作用。

本案例从发展中国家与发达国家在信息技术发展与掌握应用方面存在的巨大差距,向人们展示了"数字鸿沟"造成的新的不公平和不平等,而且这种新的不公平和不平等更加剧了发展中国家与发达国家的两极分化。这是值得全球化关注的一个大问题,发达国家应该拿出更多的精力和实际行动来阻止鸿沟的继续扩大,以利于整个世界经济的良性发展。无论国际社会的磋商和帮助对阻止或延缓这一"鸿沟"能起到多大作用,发展中国家只能靠自救来解决问题,尤其对中国这样的大国更是如此。

课后习题

1. 假设鲁滨逊和星期五在沉船上打捞上来 100 个橘子,鲁滨逊的效用函数为 $u=\sqrt{x}$,星期五的效用函数为 $u=\frac{1}{2}\sqrt{x}$。

(1) 如果橘子在两人之间平均分配,各自效用为多少?

(2) 如果他们效用相等,橘子应该怎样分配?

(3) 如果要两人的效用之和最大,橘子又应该怎样分配?

(4) 假定两个人都赞成社会福利函数 $u=\sqrt{u_1 u_2}$,那么怎样分配才能达到社会福利最大化?

2. 假定一个读者俱乐部有两类读者,所有书籍都由读者捐赠获得。一类为高消费预期的读者 H,他们对书籍的预期效用为 $u=(x-t)^2$;一类为低消费预期的读者 L,他们对书籍的预期效用为 $u=\sqrt{x-t}$。假定借阅图书的阅读成本为 t,捐赠成本为 c,则哪一类消费者更愿意捐赠?至少必须有多少初始捐赠量,读书俱乐部才能有效运作？

3. 假设红十字会有 100 公斤大米和 60 个鸡蛋，给两个受灾家庭分配救济食品。家庭甲的效用函数为：$u=x^{\frac{1}{2}}y^{\frac{1}{2}}$；家庭乙的效用函数为：$u=x^{\frac{1}{2}}y$。请问，当达到帕累托最优时的分配方案是怎样的？

延伸阅读

资源配置理论是现代经济学的核心理论之一。1776 年，亚当·斯密提出的"看不见的手"就是物质资源配置的内在动力与原因，而对资源配置均衡的实现则没有具体讨论。1874 年，瓦尔拉斯(L. Walras)正式提出了一般均衡理论，他利用多元方程组的方法，通过建立一个包含市场供给方程与需求方程的方程组，并试图通过有解与否的讨论确定市场能否实现资源配置的均衡。瓦尔拉斯的静态均衡论认为在方程个数与未知数个数相等的条件下，市场必能实现均衡。列奥尼德·康托罗维奇(Leonid Vitaliyevich Kantorovich)和佳林·库普曼斯(Tjalling C. Koopmans)对资源最优分配理论方法论则有一些突出的贡献，前者创立了线性规划方法，后者引入数理经济分析方法。随着信息经济学的兴起和不确定分析及理性预期理论的成熟，动态资源配置理论发展很快，相关研究文献也比较多。

在信息资源配置领域，产权分析和共享分析是具有代表性分析领域。其中在国内主要有查先进教授的《信息资源配置与共享》一书。

参考文献

[美]巴泽尔著，费方域，段毅才译. 产权的经济分析[M]. 上海：上海三联书店，上海人民出版社，1997.

[美]金格马著，马费成，袁红译. 信息经济学[M]. 太原：山西经济出版社，1999.

[美]罗纳德·哈里·科斯著，盛洪，陈郁等译. 企业、市场与法律[M]. 北京：格致出版社，2009.

Arrow K. J., Debreu G. Existence of an Equilibrium for a Competitive Economy[J]. *Econometrica*: *Journal of the Econometric Society*, 1954: 265-290.

Dawes S. S. Interagency Information Sharing: Expected Benefits, Manageable Risks[J]. *Journal of Policy Analysis and Management*, 1996, 15(3): 377-394.

Fried D. Incentives for Information Production and Disclosure in a Duopolistic Environment[J]. *The Quarterly Journal of Economics*, 1984: 367-381.

Gal-Or E. Information Transmission—Cournot and Bertrand Equilibria[J]. *The Review of Economic Studies*, 1986: 85-92.

Heller M. A. The Tragedy of the Anticommons: Property in the Transition from Marx to Markets[J]. *Harvard Law Review*, 1998: 621-688.

Kirby A. J. Trade Associations as Information Exchange Mechanisms[J]. *The RAND Journal of Economics*, 1988: 138-146.

McKenzie L. On Equilibrium in Graham's Model of World Trade and Other Competitive Systems[J]. *Econometrica: Journal of the Econometric Society*, 1954: 147-161.

Novshek W., Sonnenschein H. Fulfilled Expectations Cournot Duopoly with Information Acquisition and Release[J]. *The Bell Journal of Economics*, 1982: 214-218.

Shapiro C. Exchange of Cost Information in Oligopoly[J]. *The Review of Economic Studies*, 1986, 53(3): 433-446.

Stafford T. F., Stafford M. R. Investigating Social Motivations for Internet Use[J]. *Internet Marketing Research: Theory and Practice*. Hershey, PA: Idea Group Publishing, 2001: 93-107.

Varian H. R. Buying, Sharing and Renting Information Goods[J]. *The Journal of Industrial Economics*, 2000, 48(4): 473-488.

Vives X. Trade Association Disclosure Rules, Incentives to Share Information, and Welfare[J]. *The RAND Journal of Economics*, 1990: 409-430.

Wald A. On Some Systems of Equations of Mathematical Economics[J]. *Econometrica: Journal of the Econometric Society*, 1951: 368-403.

Walras L. Elements of Pure Economics. English translation by William Jaffé[J]. 1954.

Ziv A. Information Sharing in Oligopoly: The Truth-telling Problem[J]. *The RAND Journal of Economics*, 1993: 455-465.

查先进.信息资源配置与共享[M].武汉:武汉大学出版社,2008.

高波.网络时代的资源共享[M].北京:北京图书馆出版社,2003.

王新才,丁家友.公共信息资源共享的政策选择[N].中国社会科学报,2012-02-20(A07).

叶海云.一般均衡理论[D].武汉大学,2001.

张军,姜建强.信息产品的共享及其组织方式:一个经济分析[J].经济学,2002,03:937-952.

张军.现代产权经济学[M].上海:上海三联书店,1991.

霍国庆.我国信息资源配置的模式分析(一)[J].图书情报工作,2000(5):32-37.

霍国庆.我国信息资源配置的模式分析(二)[J].图书情报工作,2000(6):27-30.

李纲.信息资源配置的理论问题探讨[J].情报学报,1999,18(4):335-341.

第十一章 信息产业与经济增长

> 好的想法和技术发明是经济发展的推动力量,知识的传播以及它的变化和提炼是经济增长的关键,专业化的知识和人力资本的积累可以产生递增的收益,并使其他投入要素的收益递增,从而总的规模收益递增,而成为经济增长持续和永久的动力。
>
> ——罗默(Paul Roomer)和卢卡斯(Robert Lucas)

课程目标

掌握信息经济的基本内涵与特征,了解信息产业的演变过程,知道信息产业部类划分、信息产业结构分析、信息产业投入产出分析的基本方法,了解信息产业发展与经济增长之间的关系与测度方法,熟悉马克卢普的知识产业分类与波拉特的信息产业测度的原理和一般结论,并能运用信息经济分析的一般理论,理解和解释IT生产率悖论以及网络经济运行的一般规律。

本章重点

- 信息产业演变过程
- 信息产业部类划分
- 信息产业测度理论
- IT生产率悖论
- 网络经济分析

导入案例

《电子信息产业调整和振兴规划》摘录

资料来源:中央政府门户网站 www.gov.cn 2009年04月15日
来源:国务院办公厅

信息技术是当今世界经济社会发展的重要驱动力,电子信息产业是国民经济的战略性、基础性和先导性支柱产业,对于促进社会就业、拉动经济增长、调整产业结构、转变发展方式和维护国家安全具有十分重要的作用。为应对国际金融危机的影响,落实党中央、国务院保增长、扩内需、调结构的总体要求,确保电子信息产业稳定发展,加快结构调整,推动产业升级。

产业调整和振兴的主要任务:要围绕九个重点领域,完成确保骨干产业稳定增长、战略性核心产业实现突破、通过新应用带动新增长三大任务。

(一)确保计算机、电子元器件、视听产品等骨干产业稳定增长。

完善产业体系,保持出口稳定,拓展城乡市场,提高利用外资水平,发挥产业集聚优势,实现计算机、电子元器件、视听产品等骨干产业平稳发展。

增强计算机产业竞争力。加快提高产品研发和工业设计能力,积极发展笔记本电脑、高端服务器、大容量存储设备、工业控制计算机等重点产品,构建以设计为核心、以制造为基础、关键部件配套能力较强的计算机产业体系。大力开拓个人计算机消费市场,积极拓展行业应用市场,推广基于自主设计 CPU 的低成本计算机和具有自主知识产权的打印机、税控收款机等产品。支持骨干企业"走出去",进一步开拓全球特别是新兴国家和发展中国家市场。加快电子元器件产品升级。充分发挥整机需求的导向作用,围绕国内整机配套调整元器件产品结构,提高片式元器件、新型电力电子器件、高频频率器件、半导体照明、混合集成电路、新型锂离子电池、薄膜太阳能电池和新型印刷电路板等产品的研发生产能力,初步形成完整配套、相互支撑的电子元器件产业体系。加快发展无污染、环保型基础元器件和关键材料,提高产品性能和可靠性,提高电子元器件和基础材料的回收利用水平,降低物流和管理成本,进一步提高出口产品竞争力,保持国际市场份额。

推进视听产业数字化转型。支持彩电企业与芯片设计、显示模组企业的纵向整合,促进整机企业的强强联合,加大创新投入,提高国际竞争力。加快4C(计算机、通信、消费电子、内容)融合,促进数字家庭产品和新型消费电子产品大发展。推进体制机制创新,加快模拟电视向数字电视过渡,推动全国有线、地面、卫星互为补充的数字化广播电视网络建设,丰富数字节目资源,推动高清节目播出,促进数字电视普及,带动数字演播室设备、发射设备、卫星接收设备的升级换代,加快电影数字化进程,实现视听产业链的整体升级。

(二)突破集成电路、新型显示器件、软件等核心产业的关键技术。

抓住全球产业竞争格局加快调整的机遇,立足自主创新,强化国际合作,统筹资源、环保、市场、技术、人才等各种要素,合理布局重大项目建设,实现集成电路、新型显示器件、软件等核心产业关键技术的突破。

完善集成电路产业体系。支持骨干制造企业整合优势资源,加大创新投入,推进工艺升级。继续引导和支持国际芯片制造企业加大在我国投资力度,增设生产基地和研发中心。完善集成电路设计支撑服务体系,促进产业集聚。引导芯片设计企业与整机制造企业加强合作,依靠整机升级扩大国内有效需求。支持设计企业间的兼并重组,培育具有国际竞争力的大企业。支持集成电路重大项目建设与科技重大专项攻关相结合,推动高端通用芯片的设计开发和产业化,实现部分专用设备的产业化应用,形成较为先进完整的集成电路产业链。

突破新型显示产业发展瓶颈。统筹规划、合理布局,以面板生产为重点,完善新型显示产业体系。国家安排引导资金和企业资本市场筹资相结合,拓宽融资渠道,增强企业创新发展能力。成熟技术的产业化与前瞻性技术研究开发并举,逐步掌握显示产业发展主动权。充分利用全球产业资源,重点加强海峡两岸产业合作,努力在新型显示面板生产、整机模组一体化设计、玻璃基板制造等领域实现关键技术突破。

提高软件产业自主发展能力。依托国家科技重大专项,着力提高国产基础软件的自主创新能力。支持中文处理软件(含少数民族语言软件)、信息安全软件、工业软件等重要应用软件和嵌入式软件技术、产品研发,实现关键领域重要软件的自主可控,促进基础软件与CPU的互动发展。加强国产软件和行业解决方案的推广应用,推动软件产业与传统产业的融合发展。鼓励大型骨干企业整合优势资源,增强企业实力和国际竞争力。引导中小软件企业向产业基地集聚和联合发展,提高软件行业国际合作水平。

(三)在通信设备、信息服务、信息技术应用等领域培育新的增长点。

加速信息基础设施建设,大力推动业务创新和服务模式创新,强化信息技术在经济社会领域的运用,积极采用信息技术改造传统产业,以新应用带动新增长。

加速通信设备制造业大发展。以新一代网络建设为契机,加强设备制造企业与电信运营商的互动,推进产品和服务的融合创新,以规模应用促进通信设备制造业发展。加快第三代移动通信网络、下一代互联网和宽带光纤接入网建设,开发适应新一代移动通信网络特点和移动互联网需求的新业务、新应用,带动系统和终端产品的升级换代。支持IPTV(网络电视)、手机电视等新兴服务业发展。建立内容、终端、传输、运营企业相互促进、共赢发展的新体系。

加快培育信息服务新模式新业态。把握软件服务化趋势,促进信息服务业务和模式创新,综合利用公共信息资源,进一步开发适应我国经济社会发展需求的信息服务业务。积极承接全球离岸服务外包业务,引导公共服务部门和企事业单位外包数据处理、信息技术运行维护等非核心业务,建立基于信息技术和网络的服务外包体系。提高信息服务业支撑服务能力,初步形成功能完善、布局合理、结构优化、满足产业国际化发展要求的公共服务体系。

加强信息技术融合应用。以研发设计、流程控制、企业管理、市场营销等关键环节为突破口,推进信息技术与传统工业结合,提高工业自动化、智能化和管理现代化水平。加速行业解决方案的开发和推广,组织开展行业应用试点示范工程,支持RFID(电子标签)、汽车电子、机床电子、医疗电子、工业控制及检测等产品和系统的开发和标准制定。支持信息技术企业与传统工业企业开展多层次的合作,进一步促进信息化与工业化融合。结合国家改善民生相关工程的实施,加强信息技术在教育、医疗、社保、交通等领域应用。提高信息技术服务"三农"水平,加速推进农业和农村信息化,发展壮大涉农电子产品和信息服务产业。

案例讨论

(1) 如何界定信息产业？或信息产业的范畴是什么？
(2) 国家为什么要加强信息产业的发展？
(3) 信息产业体现出哪些发展趋势？

第一节 信息产业的演变过程

一、信息产业的内涵与范畴

(一) 信息产业

最早提出与信息产业相类似概念的是美国经济学家普林斯顿大学的弗里兹·马克卢普(F. Machlup)教授。他在1962年出版的《美国的知识生产和分配》一书中,首次提出了知识产业(Knowledge Industry)的概念,认为"知识产业是一类为他人或者为自己所用而生产知识,从事信息服务或生产信息产品的机构、厂商、单位、组织和部门,有时是个人和家庭",并将知识产业划分为教育、研究与开发、通信媒介、信息处理设备、信息处理服务等五个部门。尽管马克卢普没有明确使用信息产业一词,并且在所界定的范围上与现行的信息产业有所出入,但不可否认其在某种程度上反映了信息产业的基本特征。

1977年,美国斯坦福大学的经济学博士马克·波拉特(M. U. Porat),在马克卢普对信息产业研究的基础上,出版了题为《信息经济:定义与测算》(*The Information Economy*)的9卷本内部报告,将知识产业引申为信息产业,并首创了四分法。他把社会经济划分为农业、工业、服务业、信息产业四大类,并将从事信息活动的部门分成第一信息部门和第二信息部门:第一信息部门指直接向市场提供信息产品和信息服务的部门,第二信息部门是指把信息劳务和资本提供给内部消耗而不进入市场的信息部门。

中国学术界对于信息产业的定义和划分,由于分析的角度、标准不同和统计的口径不同,也形成了许多不同的观点。

乌家培教授从产业内涵角度出发,认为:信息产业是为产业服务的产业,是从事信息产品和服务的生产、信息系统的建设、信息技术装备的制造等活动的企事业单位和有关内部机构的总称。同时,他认为信息产业有广义和狭义之分,狭义的信息产业是指直接或者间接与电子计算机有关的生产部门;广义的信息产业是指一切与收集、存贮、检索、组织加工、传递信息有关的生产部门。

曲维枝从实际统计角度出发,认为信息产业是社会经济生活中专门从事信息技术开发、设备、产品的研制生产以及提供信息服务的产业部门的总称,是一个包括信息采集、生产、检测、转换、存储、传递、处理、分配、应用等门类众多的产业群。基本上包括信息工业(包括计算机设备制造业、通信与网络设备以及其他信息设备制造业)、信息服务业、信息开发业(包括软件产业、数据库开发产业、电子出版业以及其他内容服务业)。

概括起来,理论界大致有广义、狭义和持中间学派三种不同的观点。广义的观点是在马克卢普和波拉特等理论的影响下,认为信息产业是指一切与信息生产、流通、利用有关的产业,包括信息服务和信息技术及科研、教育、出版、新闻等部门。狭义的观点是受日本信息产业结构划分的影响,认为信息产业是指从事信息技术研究、开发与应用、信息设备与器件的制造以及为经济发展和公共社会需求提供信息服务的综合性生产活动和基础机构,并把信息产业结构分为两大部分:一是信息技术和设备制造业,二是信息服务业。还有的学者认为信息产业就是信息服务业,它是由以数据和信息作为生产处理、传递和服务为内容的活动构成,包括数据处理业、信息提供业、软件业、系统集成业、咨询业和其他等。

关于信息产业划分也大致有三个口径,一是大口径,即将与信息活动有关的内容都列为信息产业。它包括所有的信息生产、搜集、加工、传播、管理活动,以及与信息有关的产品生产、销售、租赁和技术活动。二是中口径,按照ISIC/Rev.3.1的两个相关分类标准所确定的范围,即电子信息设备制造、电子信息设备销售和租赁、电子信息传输服务、计算机服务和软件业及其他信息相关服务。三是小口径,仅仅指面向电子信息技术的产业和服务,范围包括电子信息设备制造、电子信息设备销售和租赁、电子信息传输服务、计算机服务和软件业。一般在统计层面,统计机构倾向于中口径,即:电子信息设备制造、电子信息设备销售和租赁、电子信息传输服务、计算机服务和软件业、其他信息相关服务。

(二) 政策与统计层面的信息产业概念

美国商务部按照1987年《标准产业分类》,在其发布的《数字经济2000年》中给出的信息技术产业的定义是:信息产业应该由硬件业、软件业和服务业、通信设备制造业以及通讯服务业四部分内容组成。

美国信息产业协会(AIIA)给信息产业的定义是：信息产业是依靠新的信息技术和信息处理的创新手段，制造和提供信息产品、信息服务的生产活动的组合。

1997年美国、加拿大、墨西哥三国制定的《北美产业分类体系》(NAICS)首次将信息产业作为一个独立的产业部门规定下来。该体系规定，信息产业作为一个独立而完整的部门应该包括以下单位：生产与发布信息和文化产品的单位；提供方法和手段，传输与发布这些产品的单位；信息服务和数据处理的单位。具体包括出版业、电影和音像业、广播电视和电讯业、信息和数据处理服务业等四种行业。

1998年，经济合作与发展组织(OECD)也通过了"信息与通信技术(ICT)"分类。2002年，联合国统计委员会以NAICS和OECD的分类为基础，制定了"信息业"和"信息与通信技术"两个相关分类标准，即ISIC/Rev.3.1。

欧洲信息提供者协会(EURIPA)给信息产业的定义是：信息产业是提供信息产品和信息服务的电子信息工业。

日本的科学技术与经济协会认为：信息产业是提高人类信息处理能力，促进社会循环而形成的由信息技术产业和信息商品化产业构成的产业群，包括信息技术产业及信息产品化。信息产业的内容比较集中，主要包括软件产业、数据库业、通讯产业和相应的信息服务业。

中国在2004年2月，结合GB/T4754—2002《国民经济行业分类》标准，国家统计局公布了与ISIC/Rev.3.1、NAICS和OECD的有关分类相对应《统计上划分信息相关产业暂行规定》，提出信息及其相关产业分类体系包括六大类，即：

- 电子通信设备的生产、销售和租赁活动；
- 计算机设备的生产、销售和租赁活动；
- 用于观察、测量和记录事物现象的电子设备、元件的生产活动；
- 电子信息的传播服务；
- 电子信息的加工、处理和管理服务；
- 可通过电子技术进行加工、制作、传播和管理的信息文化产品的服务。

表11-1　信息相关产业分类及分类代码

类　别　名　称	分类代码
一、电子信息设备制造	
1. 电子计算机设备制造	
电子计算机整机制造	4041
计算机网络设备制造	4042

续　表

类　别　名　称	分类代码
电子计算机外部设备制造	4043
2. 通信设备制造	
通信传输设备制造	4011
通信交换设备制造	4012
通信终端设备制造	4013
移动通信及终端设备制造	4014
其他通信设备制造	4019
3. 广播电视设备制造业	
广播电视节目制作及发射设备制造	4031
广播电视接收设备及器材制造	4032
应用电视设备及其他广播电视设备制造	4039
4. 家用视听设备制造	
家用影视设备制造	4071
家用音响设备制造	4072
5. 电子器件和元件制造	
电子真空器件制造	4051
半导体分立器件制造	4052
集成电路制造	4053
光电子器件及其他电子器件制造	4059
电子元件及组件制造	4061
印制电路板制造	4062
6. 专用电子仪器仪表制造	
雷达及配套设备制造	4020
环境监测专用仪器仪表制造	4121
导航、气象及海洋专用仪器制造	4123
农林牧渔专用仪器仪表制造	4124
地质勘探和地震专用仪器制造	4125
核子及核辐射测量仪器制造	4127

续 表

类 别 名 称	分类代码
电子测量仪器制造	4128
其他专用仪器制造	4129
7. 通用电子仪器仪表制造	
工业自动控制系统装置制造	4111
电工仪器仪表制造	4112
实验分析仪器制造	4114
供应用仪表及其他通用仪器制造	4119
8. 其他电子信息设备制造	
电线电缆制造	3931
光纤、光缆制造	3932
计算器及货币专用设备制造	4155
二、电子信息设备销售和租赁	
1. 计算机、软件及辅助设备销售	
计算机、软件及辅助设备批发	6375
计算机、软件及辅助设备零售	6572
其他电子产品零售	6579
2. 通信设备销售	
通讯及广播电视设备批发	6376
通信设备零售	6573
3. 计算机及通信设备租赁	
计算机及通信设备租赁	7314
三、电子信息传输服务	
1. 电信	
固定电信服务	6011
移动电信服务	6012
其他电信服务	6019
2. 互联网信息服务	
互联网信息服务	6020

续 表

类 别 名 称	分类代码
3. 广播电视传输服务	
有线广播电视传输服务	6031
无线广播电视传输服务	6032
4. 卫星传输服务	
卫星传输服务	6040
四、计算机服务和软件业	
1. 计算机服务	
计算机系统服务	6110
数据处理	6120
计算机维修	6130
其他计算机服务	6190
2. 软件服务	
基础软件服务	6211
应用软件服务	6212
其他软件服务	6290
五、其他信息相关服务	
1. 广播、电视、电影和音像业	
广播	8910
电视	8920
电影制作与发行	8931
电影放映	8932
音像制作	8940
2. 新闻出版业	
新闻业	8810
图书出版	8821
报纸出版	8822
期刊出版	8823
音像制品出版	8824

续 表

类　别　名　称	分类代码
电子出版物出版	8825
其他出版	8829
3. 图书馆与档案馆	
图书馆	9031
档案馆	9032

说明：分类代码栏中的代码均采用《国民经济行业分类》小类代码。

此外，与国际相比较，我国的信息产业统计口径具有一定的兼容性（详见表11-2和表11-3）。

表11-2　联合国"信息业"与我国"信息相关产业分类"对照表

联合国信息业门类	中国信息相关产业门类	产业代码
录制媒体的出版、印刷和复制		
2211　书籍、小册子和其他出版物出版	图书出版	8821
2212　报纸、期刊和杂志出版	报纸出版	8822
	期刊出版	8823
2213　记录媒介出版	音像制品出版	8824
	电子出版物出版	8825
2219　其他出版	其他出版	8829
邮政和电信		
6420　电讯	固定电信服务	6011
	移动电信服务	6012
	其他电信服务	6019
	有线广播电视传输服务	6031
	无线广播电视传输服务	6032
	卫星传输服务	6040
计算机和有关活动		
7221　软件出版	基础软件服务	6211
	应用软件服务	6212
7230　数据处理	数据处理	6120

续 表

联合国信息业门类	中国信息相关产业门类	产业代码
7240 数据库活动和电子内容在线分发	互联网信息服务	6020
娱乐、文化和体育活动		
9211 影片和影带的制作和发行	电影制作与发行	8931
	音像制作	8940
9212 影片放映	电影放映	8932
9213 广播和电视活动	广播	8910
	电视	8920
9220 新闻社活动	新闻业	8810
9231 图书馆和档案馆活动	图书馆	9031
	档案馆	9032

说明：联合国的"信息业"不包括我国"信息相关产业分类"中的"电子信息设备制造""电子信息设备销售和租赁"以及"计算机服务"中的"计算机系统服务""计算机维修"和"其他计算机服务"。

表 11-3 联合国"信息和通信技术"与我国"信息相关产业分类"对照表

信息和通信技术	信息相关产分类业	
办公、会计和计算器具的制造		
3000 办公、会计和计算器具的制造	电子计算机整机制造	4041
	电子计算机外部设备制造	4043
	计算器及货币专用设备制造	4155
电力机床和器械的制造		
3130 绝缘线和电缆的制造	电线电缆制造	3931
	光纤、光缆制造	3932
收音机、电视和通信设备和器材的制造		
3210 电子阀门和电子管及其他电子组件的制造	电子真空器件制造	4051
	半导体分立器件制造	4052
	集成电路制造	4053
	光电子器件及其他电子器件制造	4059
	电子元件及组件制造	4061

续 表

信息和通信技术	信息相关产分类业	
3220 用于有线电话和有线传输的电视和无线电发射机和设备的制造	印制电路板制造	4062
	通信传输设备制造	4011
	通信交换设备制造	4012
	通信终端设备制造	4013
	移动通信及终端设备制造	4014
	其他通信设备制造	4019
	广播电视节目制作及发射设备制造	4031
3230 电视和无线电接收机、音、像录制或复制设备及其相关产品的制造	计算机网络设备制造	4042
	移动通信及终端设备制造	4014
	广播电视接收设备及器材制造	4032
	应用电视设备及其他广播电视设备制造	4039
	家用影视设备制造	4071
	家用音响设备制造	4072
医疗设备和仪器及度量、检验、测试、导航和其他用途器具的制造，光学仪器除外		
3312 度量、检验、测试、导航和其他用途仪器仪表的制造，工业流程检测设备除外	雷达及配套设备制造	4020
	电工仪器仪表制造	4112
	实验分析仪器制造	4114
	供应用仪表及其他通用仪器制造	4119
	环境监测专用仪器仪表制造	4121
	导航、气象及海洋专用仪器制造	4123
	农林牧渔专用仪器仪表制造	4124
	地质勘探和地震专用仪器制造	4125
	核子及核辐射测量仪器制造	4127
	电子测量仪器制造	4128
	其他专用仪器制造	4129

续　表

信息和通信技术	信息相关产分类业	
3313　工艺流程检测设备的制造	工业自动控制系统装置制造	4111
批发贸易和经纪贸易,机动车辆和摩托车除外		
5151　计算机、计算机周边设备和软件的批发贸易	计算机、软件及辅助设备批发	6375
5152　电子部件和设备的批发贸易	通讯及广播电视设备批发	6376
	计算机、软件及辅助设备零售	6572
	通信设备零售	6573
	其他电子产品零售	6579
邮政和电信		
6420　电讯	固定电信服务	6011
	移动电信服务	6012
	其他电信服务	6019
	有线广播电视传输服务	6031
	无线广播电视传输服务	6032
	卫星传输服务	6040
无接线员机器和设备及个人和家庭用品的租赁		
7123　办公器具和设备的租赁(包括计算机)	计算机及通信设备租赁	7314
计算机和有关活动		
7210　硬件咨询	计算机系统服务	6110
7221　软件出版	基础软件服务	6211
	应用软件服务	6212
7229　其他软件咨询和供应	其他软件服务	6290
7230　数据处理	数据处理	6120
7240　数据库活动	互联网信息服务	6020
7250　办公、会计和计算器具的保养和维修	计算机维修	6130
7290　其他与计算机有关的活动	其他计算机服务	6190

说明:联合国的"信息和通信技术"不包括我国"信息相关产业分类"中的"其他信息相关服务"。

二、信息产业的形成

产业化是人类的生产活动由原始的手工作业方式与个体生产,发展演变为大规模的集成生产,并发展为行业、产业的生产方式的变革过程。从产业发展的内在规律看,产业的形成、发展及其演化主要是受生产力发展水平的影响,受由生产力发展水平所决定的技术进步和社会需求两方面的影响。

(一)信息技术革命推动信息产业发展

产业结构的演化,一般都是由技术革命引起产业革命,形成新的社会分工,由此推动产业结构的升级。人类历史上重大的技术进步,直接结果是导致一批新兴制造工业的发展,然后推动依托新兴技术的应用与服务产业发展,从而整体提升产业结构,带来所谓的产业结构革新。

从20世纪60年代以来,信息技术在半导体技术、微电子技术、集成电路技术等领域实现重大突破,从而使信息技术取得了革命性的发展。随后,计算机技术的产生和发展,使得信息处理技术得到了重大突破,计算机技术与通信技术的结合,又使得信息传输技术得到了重大突破。21世纪以后,随着互联网技术和智能感知技术的发展,信息技术的应用渗透到生产与生活的方方面面。信息技术在采集、传输、处理、储存等方面取得的全面发展,切实推动了全社会生产力的发展,其直接结果就是信息产业的高速崛起和迅速主导。

信息技术革命也强烈影响了经济和社会的发展。首先表现在产业结构的变化上。在现代信息技术基础上,新兴产业大量出现,传统产业比重逐步下降,信息技术等高新技术对传统产业的改造不断强化。现代信息技术的发展还使生产要素结构中的知识与技术的作用增强,物质资料的作用以及资本的作用相对减弱。产业结构的变化引起就业结构、消费结构、投资结构、贸易结构和产品结构的相应变化,而且信息技术在全世界的竞争性发展,还推动了经济全球化进程。总之,信息技术的发展使整个经济结构发生了巨大的变化。

(二)社会需求拉动信息产业发展

信息技术的革命性发展为信息产业的形成提供了技术上的支持,构成信息产业发展的供给条件;社会的需求则是信息产业形成的另一必要条件。

首先,信息产业形成的动因是人们处理日益复杂的生产系统和社会系统的客观需求。应当指出的是,对信息产业的需求并不等同于对信息的需求。由于人类面临的不确定性永存,导致决策对信息的需求永存。但信息的生产、加工、传播等产业化却是对信息的需求达到一定程度时才产生的,即人们为了取得信息生产的规模经济性和范围经济性,信息生产专业化而形成独立的社会分工后才成为产业。

随着经济的发展,生产系统、社会系统越来越复杂,信息量呈指数增长,导致信息大爆炸。面对大量信息需求，必然要求对信息进行专业化生产，以达到规模经济性和范围经济性。所谓规模经济性是指信息的专业化收集、鉴别、加工和综合整理，在专业化生产方式下可以获得明显的分工效益，而这种分工效益的取得是以大规模生产为条件的。当这一最佳规模超出原有产业内各厂商能达到的规模时，信息的专业化生产趋于成为独立的产业，在自己的最优规模上进行生产，为其他产业提供信息产品和服务，而成本远较其他产业自己生产同类产品为低；所谓范围经济性指的是由于信息产品的多元化生产，使得每件信息都可以被利用，每个信息用户的信息需求都可以满足，从而获得范围的经济性。而在其他产业内部的信息生产中，由于需求的独特性，大量非适用信息将被过滤掉，造成信息资源的浪费。因此，可以认为，决定信息产业独立化的直接动机是生产成本的节约。

其次，信息产业的发展也是工业发展到一定阶段后的历史必然结果。工业技术革命曾经改变了整个世界，它将人类社会带入崭新的现代工业化社会。但是，两个多世纪以来的工业发展，自然资源日益减少，生态环境严重恶化，使得后发展国家不能再走发达国家的工业化发展道路，因为无论是从国家财力，还是从现有资源环境水平考虑，都难以再承受这种发展方式。在这样的时代背景下，信息产业的形成是历史发展的必然选择，作为知识、技术、智力密集型的信息产业，依靠数据的即时传播，加速物质、能源、资金和人员的合理高速流动，促使生产、科技、商贸的增值，达到社会、经济、资源系统的和谐进化和发展。因此，信息产业替代或改造传统产业，是实现可持续发展的必然选择。

再次，消费结构的变化也拉动了信息产业的形成。消费结构的变动将引起产业结构的变动，大量的统计分析表明，消费结构的变化与产业结构的变化是相对应的。在人均国民生产总值300美元以下的低收入阶段，对基本生活必需品的需求占主导地位，同时，居民储蓄较少，无力发展资本密集型产业；当人均国民生产总值达到世界中等收入水平时，消费结构的重点从必需品转向非必需品，并拉动了产业结构的变化，从农业和轻工业转向基础工业和重加工业；在人均收入达到世界高水平阶段，物质产品已经非常丰富，人们的消费选择余地大为扩展，对精神生活、生活质量和生活环境的要求大大提高，而且需求趋于多样化、个性化，同时，传统产业的发展积累了大量的资金，为信息产业的形成创造了需求和条件。

三、信息产业的技术结构及其演进

（一）信息产业的技术结构体系

乌家培教授认为，信息技术是能够扩展人体信息器官功能的技术，增强了人体对相关信息的分析和处理能力。人体信息器官从功能上说主要包括四大类：

第一,感觉器官,其主要功能是获取信息;第二,传导神经器官,其主要功能是传递信息;第三,思维器官,包括记忆、联想、分析、推理和决策系统等,其主要功能是处理和再生信息;第四,效应器官,包括操作器官、行走器官、语言器官等,其主要功能是使用信息。

根据这种理解,对应的信息技术由信息获取技术、信息传输技术、信息处理技术和信息应用技术组成,如表11-4。

表11-4　人体信息器官的功能与对应的信息技术

信息器官	信息器官功能	对应的信息技术
感觉器官	获取信息	信息获取技术
传导神经器官	传递信息	信息传输技术
思维器官	处理信息	信息处理技术
效应器官	使用与反馈信息	信息应用技术

以信息的作业过程为依据划分的获取技术、传输技术、处理技术、应用技术分别构成信息技术的四大子技术群。信息技术的发展,势必带动信息技术产业化的兴起。信息技术的四大子技术产业化后,就对应着四大子产业,分别是信息处理产业、信息传输产业、信息获取产业和信息应用产业。典型的代表有计算机产业、通信产业,除这两项已经比较成熟的产业外,有可能形成的还有感测产业、信息内容业、多媒体产业、系统集成业等。如表11-5。

表11-5　信息产业结构

信息处理产业	计算机产业	计算机(多媒体)硬件工业
		计算机服务业
		计算机(多媒体)软件产业
	……	
信息传输产业	通信产业	通信/网络工业
		通信/网络服务业
		通信/网络软件业
	……	

续　表

信息获取产业	感测产业	感测工业
		感测服务业
		感测软件业
	信息内容业	数据库业、电子出版业、内容软件业……
	……	
信息应用产业	信息技术应用工业	
	信息技术软件业	
	系统集成业	
	……	

（二）信息产业的结构演进

信息技术的发展同其他技术群的发展一样,其技术发展是不平衡的。20世纪60年代以来,由于电子学的发展,特别是半导体技术、微电子技术、集成电路技术等领域取得重大突破,信息处理能力得到加强,计算机技术得到长足发展,从而使信息处理技术发生了革命性的进展,并带动计算机产业迅猛发展。

信息处理技术的高速发展,要求信息传输技术的进步。加上需求方面的因素,市场经济下的激烈竞争,世界上许多公司,特别是跨国公司,急需找到一条快速、高效管理世界各地子公司的信息通道,因而传输技术成为市场需求的一个瓶颈。正是基于技术和市场的压力和推力,从20世纪80年代中期起,网络技术和通信技术又得到了长足的发展,并伴随着各国信息高速公路的建设,网络建设和通信建设得到飞速发展。

随着信息处理技术和信息传输技术的飞速发展,信息获取技术就成为技术发展的瓶颈。因而从20世纪90年代中期起,各国将研究的重点放在数据仓库技术、信息挖掘技术、信息标准化技术、传感技术、探测技术等方面,形成了信息获取技术的研究热潮。

信息技术发展的最终目的是为了应用,是为了更便利地改造劳动对象。从生产力运行模型来看,要使信息处理技术、信息传输技术和信息获取技术真正转化为现实的生产力,信息应用技术的发展至关重要。因而,信息应用技术中的数字化技术、接口技术、集成技术、智能技术等也将得到快速发展。

从表11-6所示的信息社会演进的四个阶段,可以明显地看出信息产业技术结构的演进遵循着这样一个规律,即**瓶颈转换规律**:技术结构的不平衡发展使得一个技术瓶颈解决了,下一个关联的瓶颈又出现了,技术结构在瓶颈解决和转换中得到动态的协调,从而实现技术结构的合理化和高级化。

表 11-6　信息社会演进的四个阶段

第一称谓	计算机时代	网络时代	内容时代	智能时代
第二称谓	控制时代	通信时代	传感器时代	集成时代
时间段（大致）	60年代—80年代中期	80年代中期—90年代中期	90年代中期—2005年	2005—2015年
瓶颈技术	信息处理技术	信息传输技术	信息获取技术	信息应用技术

信息技术主体技术的演进，在信息产业的行业结构上表现出来的是信息产业的行业结构的合理化；信息技术各子技术群中子技术的高度化，则使信息产业的行业结构高度化。信息技术主体技术的演进，在信息产业的层次结构上，表现为信息工业向信息服务业演进，信息服务业向信息开发业演进，即信息产业层次结构的高度化。

四、信息产业的发展趋势

信息产业的发展历史表明，它的各个组成部分起初是独立、分散、不均衡地发展起来的，而后由于信息技术一体化和产业发展的内在规律逐步趋向综合集成，各部分之间的相互联系变得越来越紧密了。从信息服务的发展看，有着悠久历史的传统信息服务，如新闻报纸、期刊、图书和档案、印刷和出版、广播和电影电视、音响视听、市场调查、广告、咨询、培训等，随着电子技术设备性能的不断提高和电子信息技术产品应用的增多，与从计算机、通信方面衍生出来的现代信息服务，如电子数据处理、电子数据交换、数据查询和数据传输、电子邮件、数据库联机服务、光盘产品的脱机服务、信息网络服务、信息系统集成服务等，逐步趋近而使它们之间的界限变得模糊起来。

信息产业的综合集成是由两个因素决定的：一是技术因素，二是产业因素。从技术因素看，信息的数字技术革命，全面实现多种信息表达形式的数字化，把模拟信息变成了数字信息，使任何话音的、文字的、图形的、图像的信息都可转换为0和1表示的数字信息，从而随着电子技术、计算机技术、软件技术、通信技术、多媒体技术、网络技术的发展及其相互结合，推动信息产业的发展。从产业因素看，信息的采集、处理、传输和应用这四个环节是紧密相连的，它们的能力必须处于动态平衡中，它们所形成的信息产业的各个分支不能不相互依存、协调发展，在发展中不断优化结构，这样才能够使整个产业得以持续发展。

从产业渗透的广度看，信息产业是为其他产业服务的产业，因此，信息产业的发展不能满足于产业内部的循环，而必须扩大外部循环，以改造传统产业为强大动力，抓应用、促发展，贯彻应用导向或市场导向的原则，把其他产业部门对信息技术和信息资源的应用看作巨大的潜在市场加以开拓，并使其成为现实市场来促进和推动信息产业本身的发展。

信息产业为其他产业的服务来源于信息产业的两大支柱：信息技术和信息资源。信息技术有极强的渗透性，它可以向任何产业部门和任何活动领域渗透，并取得应有的成效。信息资源有极广的应用性，它可以为任何产业部门和任何活动领域所应用，并产生一定的效果。

以微电子为代表的、计算机技术与通信技术相结合的信息技术，对制造业和服务业的渗透与应用，一般是通过辅助业务活动、辅助管理活动以及对这两类活动的改造、改组与集成的途径来实现的。计算机辅助设计(CAD)、计算机辅助制造(CAM)、计算机辅助工程(CAE)、管理信息系统(MIS)和计算机集成制造系统(CIMS)等信息技术系统在各行各业中应用范围和深度的不断推进，不仅提高了应用行业的工作效率、产出效能、经济效益，而且引起了这些行业的结构重组、管理变革和面貌更新。与此相联系，电子金融、电子货币、电子商务、电子购物，以及远程教学、远程医疗等新术语的不断涌现也说明了信息产业的发展扩大了人类的活动空间，从物理空间扩展到媒体空间，同时也缩小了时间对人类活动的限制。

信息资源是一种战略资源，它在制造业和服务业中的使用，是通过改善经营管理、提高决策水平的途径来实现的。各行各业利用的信息资源有从行业内部采集和积累的，还有从行业外部取得和加工的。大部分外部信息资源需依靠信息服务业通过信息市场来提供。在经济全球化和企业经营国际化的潮流下，其他产业部门对信息资源的需求日益加大，并且越来越多样化，这对于信息产业来说，是其发展的强大动力。

因此，信息产业的发展也是一个在产业信息化、整个国民经济信息化推动下不断调整发展方向和重点，而取得健康持续发展的演变过程。

第二节　信息产业分析相关理论

一、信息产业分类理论

产业分类是把具有不同特点的产业按照一定标准划分成各种不同类型的产业，以便进行产业研究和管理。产业分类是产业管理的需要，也是产业理论研究的条件和任务。产业分类包括对产业进行分解和组合两个方面，也就是把产业按不同特点进行分解，将具有相同特点的产业加以组合，以形成不同类型的多层次的产业概念。

（一）马克思产业部类划分

这是以产品的最终用途不同作为分类标准的分类方法。即生产资料和生活资料，目的是为了分析不同物质生产部门的相互关系，揭示社会再生产的实现条件。

第一部类是指专门生产生产资料的部门，目的是要满足社会生产消费的需要。第一部类又分为两个小的副类：一是为生产生产资料提供生产资料的部门；二是为生产生活资料提供生产资料的部门。

第二部类是指专门生产生活资料的部门，目的是要满足社会消费需求。第二部类又分为两个小的副类：一是生产必要消费品的部门，以满足基本生活需要；二是生产奢侈消费品的部门，以满足发展和享受的生活需要。

马克思的两大部类产业分类法揭示了社会再生产顺利进行时两大部类产业间的实物和价值构成的比例平衡关系。但也存在若干局限性：第一，从分类范围来看，两大部类分类方法未能将一切物质生产领域和非物质生产领域包括进去。如教育、科技、卫生、商业等非物质生产部门，运输、生产性服务等物质生产部门。第二，从分类界限来看，有些产品难以确定为两大部类中的生产资料或消费资料。

（二）费希尔-克拉克产业分类体系

三次产业分类是英国经济学家费希尔（A.G.B.Fisher）在1935年出版的《安全与进步的冲突》一书中首先提出的。他以社会生产发展阶段为依据，以资本流向为主要标准，将初级生产阶段称为第一次产业，包括种植业、畜牧业、猎业、渔业和林业；将第二阶段生产称为第二次产业，包括采掘业、制造业、建筑业、运输业、通讯业、电力和煤气业等；将第三阶段的生产称为第三次产业，包括商业、金融业、饮食业以及科学、卫生、文化、教育、政府等公共行政事务等。

后来，英国经济学克拉克（C.Clack）继承和发展了费希尔的理论。1940年，克拉克在《经济进步的条件》一书中，按距离自然资源的远近对第一、第二、第三产业的理论做了进一步论述，建立起所谓的费希尔-克拉克产业分类及统计体系。具体地说，克拉克认为产业的划分标准有三：

第一，产业距离消费者的远近，远者为第一次产业，近者为第三次产业，介于两者之间的为第二次产业；

第二，产业是否有形，有形者为第一或第二次产业，无形者为第三次产业；

第三，生产过程与消费过程是否分离，可分离的划入第一或第二次产业，不可分离的划入第三次产业。

根据上面的标准，费希尔-克拉克产业分类体系由下述三个基本类型组成：

第一产业，包括农业、畜牧业、林业、渔业、采掘业等；

第二产业，包括制造业、加工业、建筑业、能源工业等；

第三产业,包括商业、金融及保险、运输通信业、服务业、其他公益事业和行政管理等各项事业。

(三) AIS 产业分类

在费希尔和克拉克的理论基础上,美国经济学家西蒙·库兹涅茨(S. Kuznets)将克拉克的"三次产业划分"类似地用于国民经济各部门,分为农业、工业、服务业三大产业。库兹涅茨的分类法表现为,将国民经济活动划分为 A 部门(农业产业)、I 部门(工业产业)和 S 部门(服务产业),简称"AIS 分类法"。其中,A 部门包括农业、林业、狩猎业和渔业;I 部门包括矿业及采掘业、制造业、建筑业、电力、煤气、供水、运输和通信;S 部门包括商业、银行、保险包房地产、住房的所有权、政府及国防、其他服务。世界银行在统计分析中采用的就是这种简单的产业划分方法。

(四) 四次产业分类

第四产业又称知识产业或信息产业,一般是指在国民经济中按照特定标准划分出的一个产业部门。在新技术革命的推动下,人们将从事各种信息工作的部门称为第四产业。

1977 年,波拉特提出了产业划分的四分法,即将信息产业从服务业中独立出来,整个国民经济由工业、农业、服务业和信息产业组成,信息产业即人们所说的第四产业。波拉特将国民经济中的信息部门划分为第一信息部门(Primary Information Sector,PIS)和第二信息部门(Secondary Information Sector, SIS)。其中,第一信息部门指所有直接向市场提供信息产品或信息服务的企业或部门;而第二信息部门仅指为企业内部消费而创造信息产品或服务的非信息企业。波拉特将第一信息部门划分为以下八个分支产业:知识生产和发明性产业、信息交流和通讯产业、风险经营产业、调查和协调性产业、信息处理和传递服务产业、信息产业制造业、与信息市场有关的部分政府活动、信息基础设施。

美国信息产业协会根据信息活动的内容,将信息产业分为六个部分:① 一次信息活动和机构(指向市场提供信息产品和服务的信息活动和机构);② 二次信息活动和机构(指为自身内部需要而生产信息产品和提供信息服务的信息活动和机构);③ 以计算机为基础的信息服务;④ 信息销售活动和系统;⑤ 各种信息会议服务以及信息支持服务活动及手段;⑥ 电子计算机网络之类的产业。

国内,马费成、靖继鹏等教授提出了信息产业"六分法",即:① 信息产品开发经营业:包括研究开发与发明性产业、软件开发、数据库建设;② 信息传播报道业:包括电影事业、艺术事业、出版事业、新闻事业、广播电视事业、教育事业;③ 信息流通分配业:包括邮政业、电讯业;④ 信息咨询服务业:包括咨询服务、信息中心、图书馆事业;⑤ 信息技术服务业:包括地质矿产勘察服务业、通信设备服务业、广播电视设备修理业、电子计算机修理业、其他电子修理业;⑥ 信息基础设施业:包括非电子消费或中间产品制造业、非电子设备制造业、计算机通信设备制造业。

二、信息产业结构理论

产业结构是指产业间的技术经济联系以及产业结构之间的相互影响方式,包括宏观产业结构和产业关联分析。产业结构理论的思想可以追溯到17世纪,而受产业结构理论的影响也出现了信息产业阶段论和进化论的理论观点。

(一)配第-克拉克定律

17世纪英国古典政治经济学家威廉·配第(W.Petty)利用英格兰和荷兰的大量统计资料论证了制造业比农业、商业比制造业能够获得更多收入的规律,同时指出这种产业之间相对的收入差距是劳动力在产业之间流动的重要动力,并指出,当时世界各国国民收入水平的差异和经济发展的不同阶段的关键原因是产业结构的不同。后来,克拉克重新发现并第一次研究了产业结构的演进趋势,得出了产业结构演进的规律性结论。

英国经济学家配第和克拉克通过研究,先后发现:随全社会人均国民收入水平的提高,就业人口首先由第一产业转移;当人均国民收入水平有了进一步提高时,就业人口便大量向第三产业转移。这种由人均收入变化引起的现象称为配第-克拉克定律。

(二)库兹涅茨人均收入影响论

库兹涅茨在继承配第和克拉克等人研究成果的基础上,依据人均国内生产总值份额基准,考察了总产值变动和就业人口机构变动的规律,揭示了产业结构变动的总方向,从而进一步证明了配第-克拉克定律。他发现的这种变动规律,即产业结构的变动受人均国民收入变动的影响,被称为库兹涅茨人均收入影响论。

(三)主导产业扩散效应理论和经济成长阶段论

罗斯托(Walt Whitman Rostow)首先提出了主导产业及其扩散理论和经济成长阶段论。他认为,无论在任何时期,甚至在一个已经成熟并继续成长的经济体系中,经济增长之所以能够保持,是因为为数不多的主导部门迅速扩大的结果,而且这种扩大又产生了对产业部门的重要作用,即产生了主导产业的扩散效应,包括回顾效应、旁侧效应和前向效应。罗斯托的这些理论被称为罗斯托主导产业扩散效应理论。他根据科学技术和生产力发展水平,将经济成长的过程划分为五个阶段:传统社会、为"起飞"创作前提的阶段、"起飞"阶段、向成熟挺进阶段、高额大众消费阶段。后来他在《政治与成长阶段》一书中又增加了一个"追求生活质量"的阶段。

(四)钱纳里工业化阶段理论

钱纳里(Hollis B. Chenery)从经济发展的长期过程中,考察了制造业内部各产业部门的地位和作用的变动,揭示制造业内部结构转换的原因,即产业间存在着产业关联效应,为了解制造业内部的结构变动趋势奠定了基础。他通过深入考察,发现了制造业发展受人均GNP、需求规模和投资率的影响大,而受工业品和初级品输出率的影响小。他进而将制造业的发展分为三个发展时期:经济发展初期、中期和后期;将制造业也按三种不同的时期划分为三种不同类型的产业。即:

初级产业:是指经济发展初期对经济发展起主要作用的制造业部门,如食品、皮革、纺织等部门;

中期产业:是指经济发展中期对经济发展起主要作用的制造业部门,如非金属矿产品、橡胶制品、木材加工、石油、化工、煤炭制造等部门;

后期产业:指在经济发展后期起主要作用的制造业部门,如服装和日用品、印刷出版、粗钢、纸制品、金属制品和机械制造等部门。

(五) 霍夫曼工业化经验法则与霍夫曼比例

霍夫曼(W. G. Hoffmann)对工业化问题进行了许多富有开创性的研究,提出了被称为"霍夫曼工业化经验法则"的工业化阶段理论。霍夫曼比例是霍夫曼在1931年提出的解释一个国家或区域工业化进程中工业结构演变的规律。工业化进程中,这一比率不断下降。这也就是霍夫曼定律。

根据霍夫曼比例(H'),即消费品工业净产值与资本工业净产值的比例,将工业化分为四个阶段:

第一阶段:消费品工业占主导地位,霍夫曼比例为4—6;

第二阶段:资本品工业快于消费品工业的增长,消费品工业降到工业总产值的50%左右或以下,霍夫曼比例为1.5—3.5;

第三阶段:资本品工业继续快速增长,并已达到和消费品工业相平衡状态,霍夫曼比例为0.5—1.5;

第四阶段:资本品工业占主导地位,这一阶段被认为基本实现了工业化,霍夫曼比例为1以下。

在实际应用中,霍夫曼比例往往用轻工业品净产值与重工业品净产值的比例来表示。霍夫曼的工业阶段论阐述的主要是工业过程中重化工业阶段的演变情形。

(六) 信息化阶段论与两化融合理论

早期发展经济学认为,各国工业化都要经历"轻工业化→重化工业化→高加工度化→技术集约化"的工业化阶段,因此1950年以后的信息经济研究,包括贝尔、托夫勒、奈斯比特、霍肯和卡斯特尔等从社会结构视角,梅棹忠夫等从微观企业应用视角,马克卢普和波拉特等从产业计量层面,基本认可信息化是在高度工业化的基础上实现的,提出了"先工业化后信息化"的阶段发展论。我国早期的信息化理论研究过程中，主要借鉴西方工业化理论和信息社会理论，对我国的工业化阶段和现代化过程进行评估和监测，如塞风和陈淮(1987)的工业化和现代化阶段过渡论，魏龙提出的工业化阶梯论(1999)，苏东水、胡长顺等众多学者对我国工业数据的实证考察提出的"工业化第二阶段论"和"重工业化阶段论"等。

而在信息化研究理论中，乌家培(1993)、靖继鹏(1994)、陈禹(1996)、马费成(1997)、赖茂生(1997)、曲维枝(2005)、曲成义(2006)、谢康等众多信息学者都关注到我国信息产业的快速成长，并且发现难以在实证中分离信息产业对工业的渗透和内嵌。范世涛(2005)、高新民(2005)、周宏仁(2006)等学者进一步发现，信息化与工业化紧密相嵌，互为依托，但信息化并非严格依托于已有的工业化基础。确实，世界同期发达工业国家和一般工业国家的信息产业发展均处于高速发展状态，工业化对信息化的阻滞效应并不明显。周宏仁(2007)等学者进而断言，信息化和工业化可以在同一社会阶段完成，这就是信息化与工业化融合的"两化融合"理论的提出。

2007年，周宏仁等学者发现，以往发达国家的工业化和电气化并非"次第"展开，且工业化本身也有"蒸汽工业化"和"电气工业化"的不同内涵，进而认为工业化也能依托信息技术实施"信息工业化"，而不必受西方学者所谓的"产业结构系数"如霍夫曼系数的经验研究误导。西方学者认为信息化是"后"工业时代，与工业化有先后关系，而周宏仁等学者认为信息化和工业化可以在同一社会阶段完成，这就是信息化与工业化融合的"两化融合"理论的提出。此后，两化融合理论逐渐被中央采纳并体现于十七大报告，十七大报告提出"工业化、信息化、城镇化、市场化、国际化"的"五化"并举和"信息化与工业化"的"两化融合"方针，并提出了"发展现代产业体系，大力推进信息化与工业化融合"的命题。

三、信息产业发展与经济增长理论

一般说来，经济增长是指一个国家或一个地区生产商品和劳务能力的增长。如果考虑到人口增加和价格的变动情况，经济增长还应包括人均福利的增长。美国经济学家 S. 库兹涅茨给经济增长下了一个经典的定义："一个国家的经济增长，可以定义为给居民提供种类日益繁多的经济产品的能力长期上升，这种不断增长的能力是建立在先进技术以及所需要的制度和思想意识之相应的调整的基础上的。"而在古典理论中，亚当·斯密(1776)即认为，促进经济增长有两种途径：一是增加生产性劳动的数量；二是提高劳动的效率。在这两个增长途径中，亚当·斯密更强调劳动效率对增长的促进作用。

在经济增长因素分析中首先遇到的问题是经济增长因素的分类。丹尼森(Edward F. Denison)将经济增长因素分为两大类：生产要素投入量和生产要素生产率。要素投入包括劳动、资本和土地，其中土地看成不变。要素生产率则取决于资源配置状况、规模经济和知识进展。具体而言,丹尼森将影响经济增长的因素归为六个因素,即:劳动、资本存量的规模、资源配置状况、规模经济、知识进展和其他影响单位投入产量的因素。通过分析,丹尼森发现,劳动对经济增长的贡献度最大,其次是技术进步,尤其是知识的进展。因此,以信息产业为代表的技术进步对整个经济增长具有显著的促进作用。

库兹涅茨对经济增长因素的分析则是运用统计分析方法。通过对国民产值及其组成部分的长期估量、分析与研究进行各国经济增长的比较,从各国经济增长的差异中发现,各国经济增长的因素主要是知识存量的增加、劳动生产率的提高和产业结构的变化。其中,也特别提及知识增加对经济增长的显著影响。

事实上,在经济增长模型研究中,经济学家也逐渐认识到知识或信息的显著作用。

(一) 哈罗德-多马经济增长模型

哈罗德(Roy Forbes Harrod)和多马(Evsey David Domar)为早期研究经济增长而建立了一个简单的理论模型,是发展经济学中的最流行的经济增长模型,通常称为哈罗德-多马经济增长模型。该模型有几种表述:

哈罗德模型假定:① 社会的全部产品只有一种,全社会的所有产品不是用作消费品就是用作投资品,故称为一个部门的增长模型;② 规模报酬不变;③ 资本-产量比率(K/Y)、劳动-产量比率(L/Y)以及资本-劳动比率(K/L)在增长过程中始终保持不变;④ 不存在技术进步,资本存量为 K 且没有折旧。那么,当满足上述假定时,一国或一个地区的经济增长率与资本积累率(储蓄率)正相关,与资本产出比(投资使用效率)负相关。即:

$$G = S/V$$

G 是经济增长率,S 是资本积累率(储蓄率或投资率),V 是资本产出比。

上述公式也可表述为:

$$\frac{\Delta Y}{Y} = s \cdot \frac{\Delta Y}{\Delta K}$$

其中:Y 是产出,ΔY 是产出变化量,$\Delta Y/Y$ 是经济增长率;s 是储蓄率;ΔK 是资本存量 K 的变化量,即投资 I。$\Delta Y/\Delta K$ 是每增加一个单位的资本可以增加的产出,即资本(投资)的使用效率。可见,当自然增长率为资本利率时,一国经济可以实现稳定状态均衡增长和充分就业状态均衡增长。

多马模型与哈罗德模型基本相同,区别仅在于用资本生产率来代替资本-产量比率。资本生产率又称投资效率,是指每单位资本可得到的产量,用 σ 表示。即:

$$G = \Delta I/I = \sigma \cdot S$$

式中 $\Delta I/I$ 为投资增长率,即为哈罗德模型中的经济增长率;σ 表示资本生

产率 $\Delta Y/I$,即哈罗德模型中 v 的倒数。在多马模型中,G 指投资增长率,实际上与哈罗德模型中的产量增长率是相同的。

哈罗德-多马经济增长模型正确预测到可以通过提高投资(储蓄率)来促进经济增长,但却忽视了生产要素的可替代性以及技术进步在经济增长中的作用,因此,罗伯特·巴罗(Robert Barro)对此评论说:"尽管这些贡献在当时引发了大量的研究,但在今天的经济增长理论研究中,这些分析所起到的作用是非常有限的。"

(二) 索罗-斯旺增长模型

索罗(Robert Merton Solow)-斯旺(Trevor Winchester Swan)增长模型,也就是新古典经济增长模型。该模型假定:第一,资本和劳动力两种生产要素能够互相替代,即能够以可变的比例组合,而在哈罗德-多马模型中,资本和劳动力是按固定比例组合的;第二,在经济的任何时候,劳动力和资本都可以得到充分利用,即不存在生产要素的闲置,而哈罗德-多马模型不包含这样的假定;第三,经济处于完全竞争条件下,劳动力和资本都按照各自的边际生产力而分得相应的产量。

该模型认为:

$$G_Y = \alpha G_L + \beta G_K$$

式中,$G_Y = \Delta Y/Y$ 是产量(国民收入)的增长率,也即经济增长率;$G_L = \Delta L/L$,是劳动增长率;$G_K = \Delta K/K$,是资本增长率;α 和 β 分别表示在经济增长中有多大份额是由劳动力增长和资本增长带来的。

米德(James Edward Meade)在"索罗-斯旺增长模型"的基础上,加进了技术进步因素。在技术进步条件下,柯布-道格拉斯生产函数可以表示为:

$$Y(t) = L^\alpha(t) \cdot K^\beta(t) e^{\lambda t}$$

式中,λ 的值取决于技术进步的状况;t 表示时间。

对这个生产函数进行数学上的处理,便可得到技术进步条件下的新古典经济增长模型:

$$G_Y = \alpha G_L + \beta G_K + \lambda$$

式中,G_Y、G_L、G_K、α 和 β 与索罗-斯旺增长模型中的含义相同。从此式中,可以进一步了解到新古典经济增长模型的含义:经济增长不仅取决于资本的增长和劳动力的增长,而且还取决于技术进步的情况。技术进步既可以体现于物质资本方面,也可以体现在劳动者的技术水平的提高上。只要存在着技术进步($\lambda > 0$),对经济增长就总是有利的。

(三) 新经济增长理论

新经济增长理论,又称为内生增长理论,代表人物是罗默(Paul Romer)和卢卡斯(Robert Lucas),兴起于 20 世纪 80 年代中期。新经济增长理论的重要内容之一是将新古典增长模型中的"劳动力"定义扩大为人力资本投资,即人力不仅包括绝对的劳动力数量和该国所处的平均技术水平,而且还包括劳动力的教育水平、生产技能训练和相互协作能力的培养,等等,这些统称为"人力资本"。这类模型主要有罗默的知识溢出模型、卢卡斯的人力资本溢出模型、克鲁格曼-卢卡斯-扬的边干边学模型、斯托齐的边干边学模型以及在政策实践层面的科技进步贡献率(TFP)的测量。其中最具代表性的是罗默的知识溢出模型(技术进步内生增长模型)和卢卡斯的人力资本溢出模型。

① 罗默的知识溢出模型

美国经济学家保罗·罗默1990年提出了技术进步内生增长模型,他在理论上第一次提出了技术进步内生的增长模型,把经济增长建立在内生技术进步上。技术进步内生增长模型的基础是:技术进步是经济增长的核心;大部分技术进步是出于市场激励而导致的有意识行为的结果;知识商品可反复使用,无须追加成本,成本只是生产开发本身的成本。

罗默的理论除了考虑资本和劳动力两个生产要素以外,还增加了第三种要素——知识。与新古典理论相比,罗默的理论更趋合理。这主要表现在:第一,罗默等人的理论承认知识能提高投资收益,这符合许多国家的投资收益率长期持续提高和高速经济增长并没有集中在劳动力与资本同步增长的国家的事实;第二,新古典增长理论认为技术进步只是偶然的,而罗默等人的理论则认为知识是一种生产要素,在经济活动中必然像投入机器那样投入知识;第三,罗默等人认为有可能存在投资促进知识积累、知识积累又促进投资的良性循环,从而得出投资的持续增长能永久性地提高一个国家的经济增长率的结论。

② 卢卡斯的人力资本溢出模型

卢卡斯在他的增长模型中,用人力资本的溢出来解释技术进步,说明经济增长是人力资本不断积累的结果。卢卡斯模型的其核心假定是:人力资本的增长率是人们用于积累人力资本的时间比例的线性函数;工人的人力资本水平不仅影响自身的生产率,而且能够对整个社会的生产率产生影响。基于此,总的生产函数和人力资本形成函数可以描述为:

$$Q_t = A_t K_t^\alpha (\mu_t H_t)^{1-\alpha} ; H_t = B(1-\mu_t)^\beta H_t$$

其中,A、B、α、β 都是正的参数,Q 是产出,K 是物质资本存量,H 是人力资本存量,μ 是人力资本中用于生产的部分,$(1-\mu)$ 是人力资本用于人力资本形成的部分。进一步看,当 μ 是常数时,人力资本的增长率决定式如下:

$$\Delta H/H = B(1-\mu)^\beta$$

当经济处于均衡的增长路线时,可推导出如下产出与人力资本增值的关联式:

$$\frac{\Delta Q}{Q} = \frac{\Delta H}{H} = \frac{\Delta A/A}{1-\mu}.$$

卢卡斯模型揭示了人力资本增值越快,则部门经济产出越快;人力资本增值越大,则部门经济产出越大。卢卡斯模型的贡献在于承认人力资本积累不仅具有外部性,而且与人力资本存量成正比。卢卡斯模型的贡献在于承认人力资本积累(人力资本增值)是经济得以持续增长的决定性因素和产业发展的真正源泉,从而解释了投资教育、强调知识资本对经济增长的影响。

(四) 信息产业对经济增长的贡献与影响

信息产业发展与经济增长的关系是国内外学者普遍关注和长期跟踪的问题。虽然对信息产业数据的统计口径不尽相同,有些采用通信产业、软件产业、电子制造业等片段数据,但所采用的方法主要有三类:

1. 信息产业对经济增长的直接贡献分析

信息产业对经济增长的直接贡献分析,多采用产业贡献与经济总量的占比、产业对经济增长贡献率以及产业增长对经济增长率的贡献率等指标衡量。其测度方法如下:

第一,信息产业对经济的贡献率。信息产业的经济贡献率是指信息产业的贡献值占经济总值的占比,其统计口径可以是 GDP、产值等静态总量。一般计算方法如下:

$$a_{it} = I_{it}/\text{GDP}_t; i=1,2,3,4 \quad t=\cdots,1999,2000,\cdots,2012,\cdots$$

其中,用 a_{it} 计算第 i 个产业在 t 年对经济的贡献率;$i=1,2,3,4$ 分别代表第一产业、第二产业、第三产业、信息产业,t 表示相应年份。

第二,信息产业对经济增长的贡献率。采用增量指标描述,分析信息产业增加值对经济总量增加值的贡献,一般计算方法如下:

$$b_{it} = \frac{I_{it} - I_{i(t-1)}}{\text{GDP}_t - \text{GDP}_{t-1}} \quad i=1,2,3,4 \quad t=\cdots,2000,\cdots,2012,\cdots$$

用 b_{it} 计算第 i 个产业在 t 年对经济增长的贡献率;$i=1,2,3,4$ 分别代表第一产业、第二产业、第三产业、信息产业,t 表示相应年份。

第三,信息产业对经济增长率的贡献率,也称拉动增长率,反映了信息产业的增长对整体经济增长的贡献额度。通过信息产业经济增长率与 GDP 增长率之间乘积计算,即分离经济增长中信息产业的实质贡献率。一般公式为:

$$c_{it} = \frac{I_{it} - I_{i(t-1)}}{\text{GDP}_t - \text{GDP}_{t-1}} \times \frac{\text{GDP}_t - \text{GDP}_{t-1}}{\text{GDP}_{t-1}} = \frac{I_{it} - I_{i(t-1)}}{\text{GDP}_{t-1}} \quad i=1,2,3,4 \quad t=\cdots,2000,\cdots,2012,\cdots$$

用 c_{it} 计算第 i 个产业在 t 年对经济增长率的贡献率。$i=1,2,3,4$ 分别代表第一产业、第二产业、第三产业、信息产业,t 表示相应年份。

还有研究将信息作为一种要素投入,研究者往往采用生产函数模型研究信息要素的贡献率。为了测度信息产业对经济增长和结构变动的带动作用,将信息化要素作为影响经济产出的重要因素。

2. 信息产业对经济增长的间接贡献分析

信息产业通过对传统产业的影响作用,对国民经济产生了良好的传递效应和间接贡献。因此,信息产业对经济增长的间接贡献也可运用于分析信息产业发展对传统产业生产率的影响、信息产业对控制通货膨胀的贡献、信息产业对解决就业的贡献、信息产业与劳动力报酬等不同要素的关系。这类方法专注于信息产业值对传统产业生产率以及相关的产业指数的相关性分析,通过相关分析进而解释信息产业对传统产业的正向、负向影响,以及信息产业加速发展对其他产业加速发展的影响。

3. 间接信息产业指数对经济增长的贡献与影响

间接信息产业指数对经济增长的研究中,对信息产业水平的测度并不以信息产业值为标准,而使用信息化指数、信息水平或者其他关联指数作为自变量因子,通过该因子与经济增长的关联关系分析信息要素、信息产业对经济增长的影响。典型的研究如ITU对数字机遇指数(DOI)水平与一国人均GNP水平相关性分析,特里普利特(Triplett)对20世纪90年代初信息技术拥有量对GNP的贡献率分析;徐升华、毛小兵通过1989—2001年的信息资源丰裕系数指数与GDP指数的对数增长之间的回归关系进行分析等。吴江的《信息产业发展对经济增长贡献度分析》在应用主成分分析方法计算出信息丰裕系数指数(I)的基础上,构建模型对重庆信息产业发展与经济增长关系进行了实证研究。

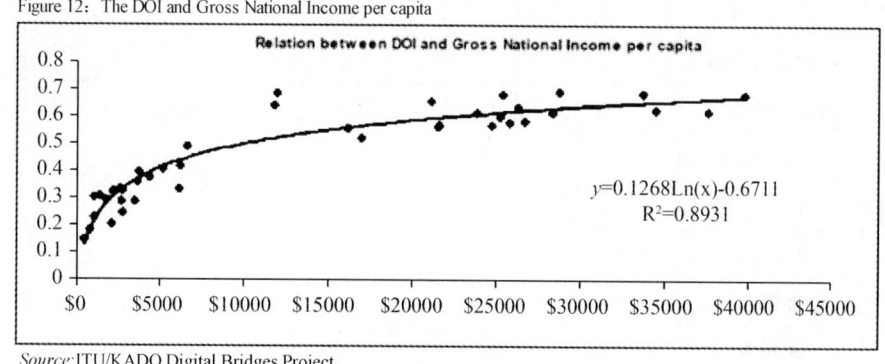

Figure 12: The DOI and Gross National Income per capita

Relation between DOI and Gross National Income per capita

$y=0.1268\text{Ln}(x)-0.6711$
$R^2=0.8931$

Source: ITU/KADO Digital Bridges Project.

图 11-1 DOI 指数与人均 GNP 之间的关系

四、信息产业投入产出分析

投入产出分析是研究经济系统各个部分(作为生产单位或消费单位的产业部门、行业、产品等)之间表现为投入和产出的相互依存关系的经济数量分析方法。

1933年,美国经济学家瓦西里·里昂惕夫(W.W.Leontief)提出并采用投入产出分析方法,用代数联立方程体系来描述经济产业和活动之间的相互依存关系。投入产出表又称里昂惕夫表、产业联系表或部门联系平衡表,是反映国民经济各部门间投入与产出关系的平衡表。国民经济每个部门既是生产产品(产出)的部门,又是消耗产品(投入)的部门。

(一) 投入产出表的基本格式

表 11-7　投入产出表一般模式(三次产业分类)

投入↓ \ 产出→		中间使用				最终使用								最终使用合计	进口	其他	总产出
		第一产业	第二产业	第三产业	中间使用合计	最终消费				资本形成总额							
						居民消费			政府消费	合计	固定资产形成	存货增加	合计				
						农村居民	城镇居民	小计									
中间投入	第一产业	第Ⅰ象限 x_{ij}				第Ⅱ象限 M_i											Y_i
	第二产业																
	第三产业																
	中间投入合计																
增加值	固定资产折旧	第Ⅲ象限 N_j															
	劳动者报酬																
	生产税净额																
	营业盈余																
	增加值合计																
	总投入	X_j															

在投入产出表中,存在几组基本关联关系:

第一,中间投入+最初投入(增加值)=总投入;

第二,中间使用+最终使用=总产出;

第三,总投入=总产出,即一般均衡的基本条件。

在考察部门间错综复杂的投入产出关系时,该方法能够发现任何局部的最初变化对经济体系各个部分的影响。但编制投入产出表是进行投入产出分析的前提,而投入产出表的编制非常烦琐,进而影响了该方法的实践与应用。

(二) 投入产出表的分析指标

投入产出系数是进行投入产出分析的重要工具。投入产出系数包括直接消耗系数、完全消耗系数、感应度系数、影响力系数和各种诱发系数。

1. 直接消耗系数与完全消耗关系

直接消耗系数,也称为投入系数,记为 $a_{ij}(i,j=1,2,\cdots,n)$,它是指在生产经营过程中第 j 产品(或产业)部门的单位总产出所直接消耗的第 i 产品部门货物或服务的价值量,将各产品(或产业)部门的直接消耗系数用表的形式表现就是直接消耗系数表或直接消耗系数矩阵,通常用字母 A 表示。用公式表示为:

$$a_{ij}=\frac{x_{ij}}{X_j} \quad (i,j=1,2,\cdots,n)$$

其中,x_{ij} 是指第 j 产业对第 i 产业产品的消耗量;X_j 是指第 j 产业的总投入。直接消耗系数可以反映产业与产业之间存在的相互直接提供产品的依赖关系。直接消耗系数体现了里昂惕夫模型中生产结构的基本特征,是计算完全消耗系数的基础。它充分揭示了国民经济各部门之间的技术经济联系,即部门之间相互依存和相互制约关系的强弱,并为构造投入产出模型提供了重要的经济参数。

从直接消耗系数的定义和计算方法可以看出,直接消耗系数的取值范围在 $0 \leqslant a_{ij} < 1$ 之间:a_{ij} 越大,说明第 j 部门对第 i 部门的直接依赖性越强;a_{ij} 越小,说明第 j 部门对第 i 部门的直接依赖性越弱;$a_{ij}=0$,则说明第 j 部门对第 i 部门没有直接的依赖关系。

完全消耗系数是指第 j 产品部门每提供一个单位最终使用时,对第 i 产品部门货物或服务的直接消耗和间接消耗之和。将各产品部门的完全消耗系数用表的形式表现出来,就是完全消耗系数表或完全消耗系数矩阵,通常用字母 B 表示。完全消耗系数的计算公式为:

$$b_{ij}=a_{ij}+\sum_{k=1}^{n}a_{ik}a_{kj}+\sum_{s=1}^{n}\sum_{k=1}^{n}a_{is}a_{sk}a_{kj}\sum_{t=1}^{n}\sum_{s=1}^{n}\sum_{k=1}^{n}a_{it}a_{ts}a_{sk}a_{kj}+\cdots$$
$$(i,j=1,2,\cdots,n)$$

式中的第一项 a_{ij} 表示第 j 产品部门对第 i 产品部门的直接消耗量;式中的第二项 $\sum_{k=1}^{n}a_{ik}a_{kj}$ 表示第 j 产品部门对第 i 产品部门的第一轮间接消耗量;式中的

第三项 $\sum_{s=1}^{n}\sum_{k=1}^{n}a_{is}a_{sk}a_{kj}$ 为第二轮间接消耗量；依此类推，第 $n+1$ 项为第 n 轮间接消耗量。按照公式所示，将直接消耗量和各轮间接消耗量相加就是完全消耗系数。

完全消耗系数矩阵可以在直接消耗系数矩阵的基础上计算得到，利用直接消耗系数矩阵计算完全消耗系数矩阵的公式为：

$$B = (I - A)^{-1} - I$$

式中的 A 为直接消耗系数矩阵，I 为单位矩阵，为完全消耗系数矩阵。

完全消耗系数，不仅反映了国民经济各部门之间直接的技术经济联系，还反映了国民经济各部门之间间接的技术经济联系，并通过线性关系，将国民经济各部门的总产出与最终使用联系在一起。

2. 中间需求率

中间需求率（h_i）是指国民经济第 i 产业对某产品的中间需求量（中间使用）与该产品的总需求量（中间需求量＋最终需求量）之比。计算公式为：

$$h_i = \frac{\sum_{j=1}^{n} x_{ij}}{\sum_{j=1}^{n} x_{ij} + Y_i} \quad (i = 1, 2, \cdots, n)$$

某一产业的中间需求率越高，表明该产业就越带有提供中间产品（生产资料）的性质。由于任何产品不是作为中间产品，就是作为最终产品（消费资料），即中间需求率＋最终需求率＝1。因此，中间需求率实际上反映了各产业的产品作为生产资料和消费资料的比例。

3. 中间投入率

中间投入率（k_j）是指国民经济中第 j 产业的中间投入与总投入之比。计算公式如下：

$$k_j = \frac{\sum_{i=1}^{n} x_{ij}}{\sum_{i=1}^{n} x_{ij} + N_j} \quad (j = 1, 2, \cdots, n)$$

中间投入率反映了该产业的总产值中外购的实物产品和服务产品（中间产品之和）所占的比重，也就是该产业对其上游产业总体的、直接的带动能力的反映。由于总投入＝中间投入＋最初投入（增加值）。因此，在总投入一定的条件下，某一产业的中间投入和增加值呈此消彼长的关系：中间投入率越高，其增加值率就越低，但对其上游产业的带动能力越强；中间投入率越低，增加值率就越高，但对其上游产业的带动能力越低。从另一个角度来看，增加值也就是该产业的附加值。因此,可以将中间投入率大于50%的产业定义为"低附加值、高带动能力"的产业。反之,中间投入率小于50%的产业为"高附加值、低带动能力"的产业。

更进一步,综合考察各产业的中间需求率与中间投入率,可以判断不同的产业群在国民经济发展中的地位和作用。根据钱纳里、渡边等经济学家的划分方法,以50%的中间需求率和中间投入率作为分界点,将具有如下划分,见表11-8。

表11-8 综合考察中间需求率与中间投入率划分不同的产业群

	中间需求率小(小于50%)	中间需求率大(大于50%)
中间投入率大(大于50%)	Ⅲ 最终需求型产业	Ⅱ 中间产品型产业
间投入率小(小于50%)	Ⅳ 最终需求基础产业	Ⅰ 中间产品型基础产业

(三)产业关联及特性

产业关联是指国民经济产业体系中,某一产业部门的变化按照不同的产业关联方式,引起与其直接相关的产业部门的变化,然后导致与后者直接和间接相关的其他产业部门的变化,依次传递,乃至影响能力逐渐消减的过程。产业关联及影响包括两个方面:一方面是某一产业的某一个因素(产量、价格、消费、投资、出口等)发生变化后,对国民经济产业体系产生的影响;另一方面是国民经济产业体系某一因素(包括产量、价格、消费、投资、出口等)的总量发生变化后,对某一产业产生的影响。

1. 影响力和影响力系数

在里昂惕夫矩阵中,纵列 第 j 列的数值之和($\sum b_{ij}, i=1,2,\cdots,n$)反映了该产业影响其他产业的程度,笔者将其定义为第 j 列产业的影响力。产业影响力反映了某一产业的最终产品变动对整个国民经济总产出变动的影响能力。这种影响能力表现为该产业对国民经济发展的推动能力。例如,某产业的影响力为3.6,意味着该产业每增加1单位最终产品(增加值),将会推动国民经济增加3.6个单位增加值的总产出。

影响力系数是某产业的影响力与国民经济各产业影响力的平均水平之比。计算公式如下:

$$F_j = \frac{\sum_{j=1}^{n} b_{ij}}{\frac{1}{n}\sum_{i=1}^{n}\sum_{j=1}^{n} b_{ij}} \quad (i=1,2,\cdots,n)$$

影响力系数反映了某一产业对国民经济发展影响程度大小的相对水平,影响力系数大于或小于1,说明该产业的影响力在全部产业中居平均水平以上或以下。一个产业的影响力和影响力系数越高,对国民经济发展的推动力就越大。发展这些产业对经济增长可以起到"事半功倍"之效,因而成为国民经济发展的主导产业。

2. 感应度和感应度系数

在里昂惕夫逆阵中,横行第 i 行的数值之和($\sum b_{ij}, j=1,2,\cdots,n$)反映了该产业受其他产业影响的程度。笔者将其定义为第 i 行产业的感应度。产业感应度反映了国民经济各产业变动后使某一产业受到的感应能力。这种感应能力表现为该产业受到国民经济发展的拉动能力。例如,某产业的感应度为3.6,意味着国民经济各产业均增加1单位最终产品(增加值),将会拉动该产业增加3.6个单位增加值的总产出。

感应度系数是某产业的感应度与国民经济各产业感应度的平均水平之比。计算公式如下:

$$E_i = \frac{\sum_{j=1}^{n} b_{ij}}{\frac{1}{n}\sum_{i=1}^{n}\sum_{j=1}^{n} b_{ij}}; \quad i=1,2,3,\cdots,n$$

感应度系数反映了某一产业受到国民经济发展的拉动力程度大小的相对水平,感应度系数大于或小于1,说明该产业的感应能力在全部产业中居平均水平以上或以下。

感应度和感应度系数越高的产业,国民经济发展对该产业的拉动作用越大。从另外一个角度来看,该产业对国民经济发展不可或缺的程度也就越高,即越具有基础产业和瓶颈产业的属性,应该得到优先的发展。

3. 综合考察影响力和感应度

综合考察影响力和感应度,则能对某一产业在国民经济发展中的作用和地位做出更加准确的描述,从而提供了一种产业政策分析的可行框架(表11-9)。

表 11-9 综合考察影响力与感应度划分不同的产业群和产业政策

影响力 \ 感应度	高	低
高	推动力强、需求旺盛（自由发展）	推动力强、需求较弱（主动发展）
低	推动力弱、需求旺盛（引导发展）	推动力弱、需求较弱（扶持发展）

第三节 信息经济与信息产业测度分析

对信息经济进行测度,是分析信息经济对整个国民经济的贡献、经济结构的变化和未来发展趋势的重要手段。信息经济或信息产业测度理论和方法形成于20世纪60年代,在70年代获得发展并在20世纪80年代得到较为广泛的应用。信息经济测度理论主要包括马克卢普测度理论、波拉特测度理论。

一、马克卢普的信息经济测度理论

(一)马克卢普信息经济测度理论的基本思路

马克卢普(Fritz Machlup)1962年出版了《美国的知识生产与分配》(*The Production and Distribution of Knowledge in the United States*,1962)一书,在关于"生产知识产业及其职业"中正式提出了"知识产业"(Knowledge industry)这一概念,并给出了知识产业的一般范畴和最早的分类模式,并在此基础上建立起对美国知识生产与分配的最早的测度体系,即马克卢普的信息经济测度范式。

马克卢普认为,知识产业是或者为自身所消费、或者为他人所消费而生产知识,或从事信息服务和生产信息产品的组织或机构,如厂商、机构、组织或部门,甚至可能是个人或家庭。其中,信息产品指以生产、传播或接收知识为主要目的(或功能)的有形产品,如报纸、期刊、图书、唱片、磁带、办公用品和信息设备;信息设备是指以生产、传播和接收知识为目的(或功能),或者以信息服务为目的的机械、器具、装置和设施。知识生产者是那些新信息的创造者,他们利用"来自于他人的丰富的信息储存,并在其中增加许多自身的创造天才和想象力,而且他们还能够发现某个已被接受的事物和与其信息交流的事物之间的新的相互影响和联系",从而形成新的知识或信息。

根据以上定义,知识产业由五个层次组成:

① 研究与开发;

② 所有层次的教育,即家庭教育、学校教育、职业培训、教会教育、军训、电视教育、自我教育和实践教育等;

③ 通讯及中介媒介,如图书、杂志、无线电、电视、艺术创作、娱乐等;

④ 信息设备或设施,包括计算机、电子数据处理、电信、办公设备或设施等;

⑤ 信息机构或组织,包括图书馆、信息中心、与信息相关的政府、法律、财政、工程、医学等部门,这类知识产业也称为信息服务产业。

（二）马克卢普测度体系与方法

马克卢普信息经济测度方法是将知识产业从现存的统计体系中筛选出来，并逐项进行测算和平衡。即使用最终需求法来测度与知识产业相关的产业产值和影响。

表 11-10 马克卢普知识产业的分支表

教育	研究与开发	通讯媒介	信息设备	信息服务
家庭教育 在职培训 宗教教育 军事服务教育 中小学教育 高等教育 商业与职业培训 政府教育项目 公共图书馆 隐含的教育成本 学生放弃的收入 建筑物与场地的隐含租金 免税学校的成本 交通、书籍与衣料	基础研究 应用研究 开发研究	印刷与出版 摄影、录音 戏剧、音乐和电影 广播、电视 广告、公共关系 电话、电报与邮政服务 会议	印刷设备 乐器 电影设备 电话和电报设备 信号服务 测量、观察和控制仪器 办公用设备 计算机	专业服务 法律服务 工程建筑服务 医疗服务 会计 财政金融服务 支票存款银行业 证券经纪人 保险代理人 不动产代理人 批发商的知识服务 政府活动

马克卢普选择 1956 年和 1958 年为测度基准年，通过对 1958 年国民生产总值的调整测度得出：1958 年美国知识生产总值为 1364.36 亿美元，大约占其国民生产总值的 28.5%，其中知识生产的 44.1% 来源于教育部门，然后按对国民生产总值贡献从高至低依次为：通信媒介、信息服务、研究与开发和信息设备。

表 11-11 1958 年美国知识产业分支测度表

知识产业分支	价值（百万美元）	构成比例（%）	占国民生产总值比例
教育	60194	44.1	12.6
研究与开发	10990	8.1	2.3
通讯媒介	38369	28.1	8.0
信息设备	8922	6.5	1.9
信息服务	17961	13.2	3.8
知识生产总量	136436	100.0	28.5

同时，马克卢普还发现，在 1947—1958 年期间的美国国民生产总值中，知识产业的综合增长率为 10.6%，是其他生产部门生产的平均增长率的 2.5 倍，体现出高增长率。据此，马克卢普预言，美国知识生产的产值将很快接近或超过国民

生产总值的 50%,并成长为主体产业。

从 1958 年美国知识产业收入来源看(表 11-12),知识产业是消费驱动为主的产业类型,而政府对知识产业的直接购买或转移支付比例并不高,显示其产业具有弱政策相关性,强市场驱动性,为市场为主导的政策基础提供了一定的理论参考。

表 11-12 1958 年美国知识产业收入来源测度表

知识产业收入来源	价值(百万美元)	百分比
政府	37968	27.8
企业	42198	30.9
消费者	56270	41.3
总计	136436	100.0

其次,通过对知识职业收入分配的统计发现,1958 年美国从事知识生产的劳动力已占总就业人数的 31.6%。如果将所有已到工作年龄的全日制学生计算在内,该数字将达到 42.8%。知识职业的收入增长率普遍保持较高的增长幅度(表 11-13)。上述数据表明,美国知识产业,不论从就业规模,还是从产业增长看,都正在成为美国经济中的一支主要力量,它们正以较工业部门和农业部门快得多的速度发展和扩大。

表 11-13 1954—1958 年美国知识职业收入的平均增长率

知识职业分支	收入的平均增长率
教育	18.95
研究与开发	18.38
通讯媒介	6.33
信息设备	22.16
信息服务	7.96

二、波拉特的信息经济测度理论

美国经济学家马克·波拉特 1977 年出版了 9 卷本《信息经济》,其中第一卷为《信息经济:定义与测度》。波拉特以马克卢普的理论为基础,发展了克拉克的三次产业分类法,以全社会所有的信息活动为范围,将第一、第二、第三产业中的信息与信息活动分离出来,构成独立的信息产业,进一步对美国信息经济进行了定量测算。他的工作为信息经济和信息产业的定量研究提供了一套可操作的方法,1981 年,经合组织成员国开始采用波拉特的理论和方法测算各国的信息经济规模和国民经济结构。

（一）波拉特信息经济测度理论的基本思路

波拉特信息经济测度理论的思路可分为三步：首先，明确若干概念，为理论分析的量化奠定基础；其次，从市场角度，按信息市场的供求关系分析信息经济的结构；最后，按市场与非市场性质区分不同类型信息活动，从而建立起可操作的测度体系。

信息经济的基本概念包括：

信息和信息活动。波拉特确定，信息就是组织化的、可传递的数据，信息活动是指与消耗在生产、处理和分配信息商品及服务过程中所有资源相关的经济活动，或者说，在信息产品及服务的生产、处理与分配过程中所消耗的一切资源中都包含有信息活动。

信息资本。信息资本是对与信息生产和服务相关的各种信息设施和设备的投资。

信息劳动者。波拉特将社会劳动者分为三大类型，即信息劳动者、非信息劳动者和复合劳动者，并认为，为满足个人、厂商或政府对信息的需求，社会出现了以提供或生产信息为中心的职业劳动者，即信息劳动者，共有五类：知识生产与发明者、知识分配者、市场调查与管理人员、信息处理工作者和信息机械操作者，如表11-14。

表11-14 美国信息劳动者分类及职业

信息劳动者	职业种类	主　要　职　业
知识生产者	科学、技术工作者	物理学家、数学家、社会科学家、工程学家
	私人信息服务提供者	律师、法官、医生（50%）、设计师、建筑家等
	电子计算机专家	程序师、系统分析师、其他计算机专家
	金融专家	会计师、保险精算师、银行及金融管理者
知识分配者	教育人员	各类教师、教练员、体育教师
	公共信息提供者	图书馆员、档案馆员、博物馆员、文化管理员
	与大众传播相关的职业	作家、艺术家、编辑、读者、广告制作者、播音员等
市场调查和管理人员	信息收集人员	统计调查员、走访员、检查员、测量员、统计员等
	市场调研人员	买卖方调研员、广告代理人、推销员、销售代理人等
	计划、管理工作者	行政官员及经营者（公务员、各级官员、车间主任）（50%）、高工资职员（50%）等，作业管理工作者（包括事务管理人员、邮政车辆管理人员、航空管制员、生产管理人员等）

续表

信息劳动者	职业种类	主 要 职 业
信息处理工作者	非电子信息处理劳动者	各类秘书、文书管理员、通讯办事员、各类信息投递员、统计办事员、各类记录员、各类检察员、注册员、检验员、收发员(50%)、铁路乘务员
	电子信息处理劳动者	银行窗口、核算办事员、账簿员、现金出纳员、打字员、销售(零售)(50%)、持政府执照人员(50%)、放射线技师等
信息机械操作者	非电子机械操作员	速记员、复印机操作员、装订排字员、制版工、印刷机操作员、照相制版工等
	电子机械操作员	账簿核算操作员、计算机操作员、账目机操作员、数据处理机操作员、办公机器保管员等
	电气通信劳动者	电报操作员、电话操作员、电话装置修理员、电话架设员、广播操作员、广播电视修理员等

信息职业。劳动者主要收入是否来源于从事符号或信息劳动，是甄别劳动者从事的职业是否属于信息职业的重要依据。波拉特将社会职业划分为信息职业和非信息职业两大类，进而将信息职业细分为约 30 个小类，其中，约 28 种职业具有显著的复合特征。这 28 类职业又有两种类型：一种是信息部门与服务部门各占 50%的复合职业；另一种是工业部门和信息部门各占 50%的复合职业，见表 11-15。在明确了信息、信息活动、信息资本、信息劳动者与信息职业的基本概念和范畴后，有关信息经济活动基本上可以量化了。

表 11-15 复合职业一览

医生 持有政府证书的护士 营养师 临床检查技师 保健记录技师 放射线诊断技师 广告宣传人员	设计人员 销售场所(除食品以外的)事务员 零售事务员 船长、海员、零售人 协会、工作人员 站长	零售店主(薪给) 零售店主(自营) 个人服务业主(薪给) 个人服务业主(自营) 事业服务业主(薪给) 事业服务业主(自营) 收发员

工业与信息各占 50%的职业

其他分类的车间主任	线路测量员
木材检查员、测量员、定级员	检查员、试验员(制造业)
其他分类的检查员	定级员、定级员

为了明确信息产品和服务的提供者和消费者，需将信息活动划分为市场信息活动和非市场信息活动。波拉特将那些向市场提供信息商品或服务，参与市

场交换的厂商部门称为"一级信息部门"(primary information sector),一级信息部门构成了社会信息市场的主体。显然,在一级信息部门之外,政府部门内部及企业内部还存在着大量的信息生产和消费,而且在所谓纯粹的非信息厂商企业内部,一般也存在某些基本的信息服务的"准企业"部门,如研究与开发、数据处理、电信、打字、经营管理、会计等。但这些部门内部或企业内部存在的信息生产和消费基本上不体现在市场交易过程中,其信息生产和服务的成本往往包含在厂商企业或部门机构的基本产品的市场价格或服务成本中。波拉特将这些仅为满足政府或非信息企业内部消费而提供的信息产品和服务的部门,统称为"二级信息部门"(secondary information sector)。

(二)波拉特测度体系

对一级信息部门的测度,波拉特首先从美国"国家产业划分标准"(SIC)中识别出116个信息行业,将它们归纳划分为8大类,构成一级信息部门,如表11-16。

在确定一级信息部门的过程中,有些产业如计算机产业、电信产业等可以直接从制造业中划分出来,但是,还有许多产业是难以划分的,需要做具体的调查来确定信息生产与服务的份额,基本原则是构成一级信息部门的产品和服务,具备某些信息要素,并在产品和服务的生产、处理、流动过程中,信息能够独立存在并产生相应的价值。如果信息仅仅作为某一产品或服务的附属属性或辅助性物质,就应该排除在外,例如设备说明书等。

表11-16 一级信息部门的门类

信息部门	信息行业
(1)知识生产与发明产业	研究与开发产业、发明性产业(民间)、民间信息服务
(2)信息分配和通信产业	教育、公共信息服务、正式通讯媒介、非正式通讯媒介
(3)风险经营	各类保险业、各类金融业、投机经纪业
(4)调研与调控产业	调研与非投机经纪业、广告业、非市场调控机构
(5)信息处理与传递服务业	非电子处理业、电子处理业、电信业基础设施
(6)信息产品产业	非电子性消费或中间产品、非电子性投资产品、电子性消费或中间产品、电子性投资产品
(7)某些政府活动	联邦政府中的一级信息部门、邮政服务、州和地方教育
(8)基础设施	信息建筑物及租金

波拉特在其专著中以金融、内科医生事务所、不动产和建筑业四个产业为例做了具体讨论。银行业的产出物就是利息和服务费用的总和,其中,大约81%属于信息服务产出,19%相当于资本成本。保险业成本的83%来自信息活

动,仅有 17% 是资本核算的维持费用。1967 年美国金融保险业人事费用为 189.88 亿美元,其中,对信息劳动者支付 185.05 亿美元(占总数的 97.5%),对非信息劳动者支付 4.83 亿美元。股票和商品经纪人收入的 76% 来自于信息活动,24% 来自经纪人的盘货资本的评估。医疗业中唯一属于一级信息部门的是内科医生事务所,医疗业 50.85% 属于信息活动。不动产业约 38% 属于信息活动。建筑业约 15% 属于一级信息部门。

在确定了一级信息部门的基础上,波拉特分别采用了最终需求法和增加值法测算了信息部门的产值。最终需求法我们在前面已有介绍,而增值法是将所有部门的销售额或营业收入扣除从别的部门购买生产资料的支出之后的余额相加,求得一定时期内社会生产的新增加价值总额的一种计算方法。用增值法可以在一定程度上避免 GNP 的重复计算问题。用增值法测定信息市场的产值时,需运用投入产出矩阵,并把其产品不采用商品形态的非独立的信息部门的增值也计算进去。

明确二级信息部门的概念是建立二级信息部门账户体系的基础。波拉特理论中的准信息部门一般是指非信息部门内部执行计划、财务管理、通信、电子计算机处理、研究与开发、技术服务和文秘等活动的部门,如表 11-17。

表 11-17 非信息产业内部分典型的准信息产业

假设产业类别	投入	产出
电子数据处理	电子计算机、外围装置、程序设计、咨询	电子数据处理服务
广告	艺术家、照相排版技术、电视影片装置	广告、宣传
书信打字员	秘书、打字机、纸张	信、商业电函
复印	静电复印机、机械操作人员、纸张	复制品
印刷	印刷机、装订机、印刷装订技术人员	印刷物
直接邮递	地名印刷机、计算机、档案、印章机、信封	邮政服务
研究发展	研究室、电子数据处理、科学家、技术人员	新知识、发明专利
杂志剪贴	报纸、杂志、办事员	新闻信息服务
经营管理	管理职员、通信、电子数据处理、经营咨询	计划
会计	会计员、簿记、计算设备、电子数据处理、通信	会计信息
法律	律师、通信、电子数据处理	法律咨询
专利、著作权	知识生产(著作、唱片、发明)	专利费
图书检索	图书、档案、橱柜、图书管理员	信息积累、检索

波拉特对二级信息部门产值的测算是将这类不直接进入市场的信息产品和服务的价值,看作由这些产品和服务在生产时所消耗的劳动力和资本这两种职员的价值所构成,即二级信息部门的产值由以下两方面可测算的投入量构成:(1) 在非信息行业就业的信息劳动者的收入;(2) 非信息行业购入的信息资本的折旧。据此,波拉特利用美国劳工统计局编制的按产业划分的详细就业结构矩阵,将该矩阵中的职工人数变换为职工收入,从而可以根据产业分类测度美国非

信息产业内部的信息劳动者的收入额。同时,利用美国经济分析局编制的按产业分类的资本流量矩阵,通过预先设定若干假设条件,计算出非信息产业内部信息资本的折旧。这样,波拉特通过非信息部门内部的信息劳动者收入和信息资本折旧两大数据,建立起二级信息部门的账户体系。表11-18列出了波拉特按产业分类测算获得的1967年美国二级信息部门的总产值。

表11-18　1967年美国二级信息部门总产值(按产业分类)　单位:百万美元

产业	全部附加值(A)	二级信息部门附加值(B*)	比例(B/A)
全部产业	795388	168073	21.1
农林水产业	26733	467	1.7
矿业	13886	1512	10.9
建筑业	36102	13243	36.7
制造业	223729	57880	25.8
非耐用消费品	90595	21044	23.2
食品	22340	5248	23.5
烟草	3490	254	7.3
纤维	6619	1373	20.7
衣料	7816	2670	34.2
纸张	8005	2109	26.3
印刷、出版	10718	565	5.3
化学	16687	5266	31.6
石油	7050	1337	19.0
橡胶、塑料制品	5626	1702	30.3
皮革	2244	520	23.2
耐用消费品	133134	36836	27.7
木材	4873	1069	21.9
家具	3380	737	23.0
玻璃、土石	6597	2035	30.8
金属材料	18009	4350	24.2
金属装配	14674	4681	31.9
一般机械	23980	7259	30.3

* 包括信息劳动收入和信息设备的折旧费。

续 表

产业	全部附加值(A)	二级信息部门附加值(B*)	比例(B/A)
电气机械	19959	3273	16.4
运输机械	16417	8771	53.4
汽车	16334	3116	19.1
杂货	3305	1140	34.5
器具	5606	365	6.5
运输	32040	8115	25.3
通信	17632	0	0
电气、煤气、自来水	18429	2612	14.2
批发、零售	129863	42447	32.7
金融、保险、不动产	108840	3341	3.1
不动产	82686	2764	3.3
其他	26154	577	2.2
服务	86992	19204	22.1
旅馆、修理业	14307	3740	26.1
办公室服务	11919	6535	54.8
汽车修理	3889	1376	35.4
电影	1690	0	0
娱乐	3607	780	21.6
医疗、教育	34365	6773	19.7
其他	17215	0	0
政府及政府机关	95827	18735	19.6
联邦政府	40559	7693	19.0
政府	35865	6357	17.7
与政府有关的机构	4694	1336	28.5
州及地方政府	55268	11042	20.0
政府	49222	9601	19.5
与政府有关的机构	6046	1441	23.8
其他产业	4510	517	11.5
统计上的调整	805		

* 包括信息劳动收入和信息设备的折旧费。

在对两级信息部门测度的基础上,波拉特利用这些基本资料,采用投入产出模型对美国信息经济结构做了系统的分析,如表 11-19。

表 11-19 1967 年美国信息经济结构　　　　单位:百万美元

生　产	中间消费			最终需求	占 GDP 比例（%）
	一级信息部门	二级信息部门	非信息部门		
一级信息部门	69754	78917	0	174585	21.9
二级信息部门	0	616	227778	27440	3.4
非信息部门	59538	0	571503	593363	74.6
增加值	199642	167826	427920	GDP=795388	
占 GDP 的比例（%）	25.1	21.1	53.8		

（三）主要结论

产值结构的分析结论。波拉特以增值法为主线,通过测算认为:1967 年美国国民经济附加值的 25.1% 产生于一级信息部门,21.1% 产生于二级信息部门。这样,1967 年美国的 GDP 中的 46.2% 与信息部门有关。

就业结构的结论。1967 年,美国信息劳动者人数占就业总人数的 45%,但信息劳动者总收入占就业者总收入的 53.52%,信息部门就业人员收入比非信息部门就业人员收入平均高 38%。

波拉特通过对美国劳动力构成长期趋势的考察认为,自 1955 年后,美国信息部门就业人数的比重迅速增加,大约一半的劳动力都与某种"信息职务"有关,到 20 世纪 70 年代,该比例已达到 55%。具体地说,美国的就业结构如图 11-2 所示。

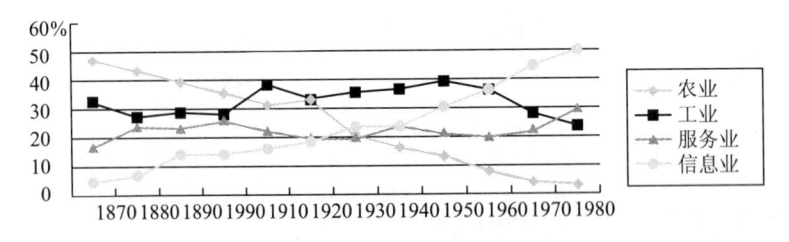

图 11-2　美国产业就业结构分布图

三、马克卢普与波拉特信息经济测度的比较

首先,马克卢普和波拉特所使用的"信息经济"概念存在差别。马克卢普信息经济的基本单位是生产知识的个人和组织;而波拉特信息经济的基本单位是信息活动或信息市场,如表 11-20。

表 11-20 马克卢普与波拉特信息经济定义的差别

	马克卢普	波拉特
基本单位	生产信息商品和提供信息服务的个人或组织,如厂商企业、研究部门、各行政部门、个人或家庭	基本单位:信息活动。首先考察每一种活动,分析其是否与信息有关,并以价值来衡量。信息活动的主要部分是信息,另一部分是与信息相关的活动
目的	将上述各方面重新组成教育、研究与开发、通讯媒介、信息服务、信息设备五个分支,用于测度信息经济的范围,因为它们都具有价值	通过将信息价值纳入美国国民核算体系的方法测度信息经济规模

马克卢普与波拉特在信息经济范围和概念上的差别,体现于数据分析和提取上,波拉特曾将自己的概念改变成马克卢普的概念后进行比较,如表 11-21 所示,最大的差别之一是马克卢普计算了没有在市场上交易的部分价值,而且,马克卢普在计算总需求时,将投资等某些中间采购包括进去,而不是将它们删除。按照这样的方法计算,波拉特发现马克卢普计算结果中 29% 的国民生产总值来源于信息部门,而在他自己的计算方法下,一级信息部门只占 16%。波拉特注意到,这个差别部分是由于二级信息部门导致的,也就是说,波拉特是将信息部门划分为一级信息部门和二级信息部门来分别进行信息活动的测度,而马克卢普则是将它们混合起来计算的。

表 11-21 马克卢普与波拉特信息经济测度比较

产业	马克卢普估计值	波拉特一级信息部门估计值
教育	60194	21232
研究与开发	10990	9330
通讯媒介	37563	18994
信息设备	8922	8732
信息服务	15542	15567
知识生产总量	133211	71855
占 GDP 的百分比	29%	16%

马克卢普与波拉特在"信息经济"概念上的区别体现在方法论上,马克卢普侧重于知识生产在最终需求(或国民生产总值)中所占的份额,而波拉特注重个别地考察信息作为中间产品投入在经济过程中的作用。

其次,在测度方法上,马克卢普的研究采用的是最终需求法,而波拉特的研究则是采用了最终需求法和增加值法相结合的研究方法,主要是增加值法。波拉特认为,马克卢普的方法有相当一部分是重复计算的,而用增加值法,可以在一定程度上避免这一问题。

再次,在测度体系上,马克卢普与波拉特在产业分类上有重大差别。马克卢普超越了经济分析局编制的国民收入账户的数据,涉及许多重新定义和统计的领域,数据来源和重复计算比较多;而波拉特则严格遵守了国民收入账户提供的数据。因此,马克卢普的研究比波拉特的研究更为详细和具体,但容易夸大信息产业在国民生产总值中的比重,有可能陷入重复计算的陷阱。

第四,关于测度内容。二者同时对信息经济的规模进行了测度,但马克卢普没有测度信息经济与其他经济成分的关系,而波拉特借助投入产出矩阵着重讨论了信息作为中间产品的作用。从这个角度看,波拉特分析体系比马克卢普分析体系更具有分析价值。

最后,应当指出的是,马克卢普和波拉特的信息经济测度体系各有特点,但他们对美国信息经济发展规模的测度和一些基本结论是大体相似的。

第四节 信息产业的应用分析

一、IT 生产率悖论

(一) 生产率悖论的基本内涵

生产率悖论,又称"索罗悖论"。最早明确提出"生产率悖论"(The Productivity Paradox)问题的是诺贝尔经济学奖得主 Robert Solow(1987)。该问题的核心是:为什么信息技术(IT)革命的出现与统计上的劳动生产率(LP)、全要素生产率(TFP)增长水平下降相伴随?美国劳动统计局的资料显示,1949 至 1973 年间,美国非农业生产部门的 LP 增长为 2.9%,TFP 为 1.9%。但是在 1973—1997 年间,LP、TFP 年均增长率分别仅为 1.1%和 0.2%。如果说 20 世纪 70 年代以前的经济增长良好表现可以被看作始于 19 世纪末 20 世纪初工业技术革命的结果,那么为什么发端于六七十年代的 IT 革命却没有带来应有的经济快速增长?摩根士丹利首席经济学家 Steven Roach 教授也指出,"计算机化的迅猛增长与经济绩效之间没有多少关系,对那些信息工人多的经济部门尤其如此"。20 世纪 80 年代末,美国学者查斯曼(Strassman)调查了 292 个企业,结果发现,这些企业的 IT 投资和投资回报率(ROI)之间也没有明显的关联。因此,罗伯特·索罗(Robert Solow)评论道:"我们到处都看得见计算机,就是在生产率统计方面却看不见计算机。"

IT 技术在银行、航空航天、统计等行业产生了根本的变革式作用,但在服务、流通、制造、办公等行业却无法得到定量的数据支持。国内外关于信息技术投资"生产率悖论"问题的研究基于三个层面：国家层面、行业层面、企业层面。

国家层面的信息技术投资"生产率悖论"研究主要考察信息技术投资与经济增长和生产率增长之间的关系。代表性学者有 Jorgenson，Stiroh，Oliner 和 Sichel 等人。Oliner 和 Sichel 研究发现，1996—2001 年期间，美国劳动生产率平均增长率为 2.43%，其中 1.02 个百分点是由信息技术资本深化贡献的。他们的研究说明，信息技术投资肯定对生产率增长产生作用。Jorgenson 和 Stiroh 的研究指出，1995—2001 年期间，美国劳动生产率平均增长率为 2.02%，其中 0.85 个百分点是由信息技术资本深化贡献的。他们的研究结果显示，1995 年以后，国家层面的信息技术生产率悖论已经消失，信息技术投资会促进生产率的提高。

行业层面上的信息技术投资生产率研究主要是运用行业数据，分析信息技术投资对行业生产率的影响，或是比较不同行业的生产率，分析行业特点对信息技术投资贡献的影响。Haynes 和 Thompson 对英国银行业的研究发现，在 1981—1993 年间英国采用 ATM 的银行比没有采用 ATM 的银行的生产率具有 7%—9% 的持续优势。日本学者对无形资产考虑后发现，日本银行产业中每日元的 IT 资本会产生最少 17 日元的市场价值。美国经济顾问理事会（CEA）2001 年度的报告指出，在 1995—1999 年间，信息技术密集行业的劳动生产率平均增长率约为非信息技术密集行业劳动生产率平均增长率的 4 倍。Stiroh 比较了 61 个行业在 20 世纪 90 年代的生产率，发现 2/3 的行业生产率在 1995 年以后得到了增长，说明行业信息技术投资密集度与行业生产率增长之间存在正相关关系。Triplett 和 Bosworth 研究了美国服务部门 27 个行业的生产率，结果显示，服务行业的劳动生产率增长速度达到了全国平均增长水平，大部分服务行业的劳动生产率都获得了较快增长。Carlos 和 James 则考察了墨西哥银行业 IT 费用投入与银行利润、效率、产出率及业绩之间的相关关系，发现银行 IT 费用投入率与银行业绩及产出指数有正相关关系，而与银行的效率及利润指数没有相关性。

企业层面的研究，则反映出信息技术投资效果因企业而异。Brynjolfsson 和 Hitt 利用国际数据集团的大型企业调查数据，采用 1987—1991 年期间 367 个大型企业在信息系统方面的支出数据进行分析，运用柯布-道格拉斯生产函数估计了计算机资本、IT 劳动等各生产要素的产出弹性，发现信息系统支出对公司产出做出了具有统计显著性的实际贡献，计算机资本的平均边际产出达到 81%。Brynjolfsson 和 Yang 再次分析了美国 820 个非金融企业 8 年的数据，计算出计算机资本的平均 Q 值为 10，即计算机资本每增加 1 美元，会引起企业金融市场价值 10 美元的增加，而其他类型资本不存在如此高的价值。此后，对 1987—1994 年间的 1031 个美国企业的进一步研究发现，每 1 美元计算机投资能够增加 5—20 美元的企业市场价值，而其他类型的 1 美元资产投资只能增加大约1美元的市场价值。对所研究的数据进行更新后,Brynjolfsson, Hitt and Yang 又考察了 1987—1997 年 11 年间的 1216 家企业,发现每 1 美元计算机投资与企业超过 10 美元的市场价值增加相关联,而 1 美元其他有形资产投资仅仅与大于 1 美元的市场价值增加相关联。除了对 IT 投资与企业市场价值的关联考察之外,Brynjolfsson 和 Hitt 考察了 1987—1994 年间的 527 家大型企业计算机支出增长和产出与全要素生产率增长之间的关系,利用标准增长核算与生产率测量方法,结果显示:短期内计算机的贡献大致相当于其成本,即对产出增长有贡献但对生产率增长没有贡献。然而,在长期内(5—7 年)对产出和全要素生产率的贡献显著地达到 5 倍之多,说明了长期内计算机化对传统测度的全要素生产率的贡献。

两位美国联邦储备委员会的经济学家 Oliner 和 Sichel 在 2000 年 2 月的报告中指出,计算机在 1990 年代早期"只做出了相对较小的贡献","但这种贡献在 1990 年代的后 5 年里突然一下就提升了"。这两位研究人员得出结论:"IT 是隐藏在生产率增长之后的关键因素。"上述研究,基本肯定了 IT 投资对劳动生产率的贡献。

(二)生产率悖论产生原因与解释

Triplett 解释了生产率悖论产生的七个可能原因:第一,在现实经济领域,IT 投资占总投入的比重仍然很低,对经济增长还没有产生明显的效用;第二,计算机等信息技术产品价格下降得太快;第三,在很多产业部门,IT 投资的产出很难度量;第四,信息技术所带来方便快捷在经济统计表上很难反应;第五,由于信息技术投资的时滞,其对生产率的影响表现滞后;第六,由于管理上的原因,造成了信息技术的低效率;第七,算法上的失误。

我国学者赵勇和陈冬在研究了 Brynjolfsson 等外国学者成果的基础上,将"信息技术的生产率悖论"原因归纳如下:生产率测度方法的失误;信息技术投资收益的时滞;信息技术收益或利润的再分配及转移;信息技术管理失误;劳动力因素-劳动力质量停滞不前;资本因素-资本积累和服务能力下降;能源价格上涨;技术创新速度减缓;公共政策失误等。

Belleflamme 从另一个角度考察了信息技术生产率悖论产生的原因,认为垄断竞争行业进行信息技术投资,只是为了保持该企业的垄断地位,而不是为了降低成本。当所有的企业都采用了新技术,产出率也就下降了。为了保持产品差异性进行的信息技术投资也不会使产品在成本上更具效率。

二、网络经济分析

网络经济是建立在国民经济信息化基础之上,各类企业利用信息和网络技术整合各式各样的信息资源,并依托企业内部和外部的信息网络进行动态的商务活动、研发、制造、销售和管理活动所产生的经济。它建立在信息流、物流和资金流的基础之上，依靠网络实现经济。网络经济改变了企业的传统经营模式、经营理念。一般来说，网络经济主要有三种定义方式：

第一，互联网与电子商务经济学。这类经济学研究主要以电子商务为中心，研究互联网对经济运行方式的改造：通过中间环节的减少使企业、用户之间的关系更为直接快速的沟通、融合；减少生产的采购成本，缩短企业运营周期，降低企业的销售成本，并为客户进行有效的定位服务。

第二，网络型产业经济学。这类经济学是主流经济学中产业经济学的一个重要的分支，主要是通过对主流经济学理论的拓展来解释外部性等原有理论中"市场失灵"的问题。研究的具体对象如计算机、电信、航空、传媒等产业。其产品特点主要是：互补性、兼容性和标准、消费外部性、转换成本和锁定以及生产的显著规模外部性等。

第三，企业网络的经济分析。它是新制度经济学中企业理论的一个重要拓展，所采用的主要是新制度经济学中产权、交易费用、契约等分析框架。研究合作关系、虚拟联盟、企业集群、市场网络等对市场关系和企业策略的影响。

（一）网络经济的基本特征

网络是指经济主体之间互相关联、紧密流动形成的一种网状结构，使得经济主体在网络中能够获得比单一产品市场更加多元的价值体验，收益也更加显著。这类通过网络结构的组织，为消费者带来额外收益和好处的现象，一般称为网络正外部性。关于网络正外部性，主要有两种理论解释：

第一，网络中节点的产业互补性。这类学者主要在企业边界与市场制度的讨论中提出。市场可以视为由不同参与主体构建的商品交换网络，源于产品互补性而自由链接，最终彼此受益。例如，杜克大学的经济学教授克莱顿（Rachel Kranton）等认为，在垂直一体化与产业网络构建两种体系中，当面临严重不确定性或产品成本极高时，企业倾向开放选择合作网络并共享信息，其网络使所有参与者都能获得更多的社会收益；只有当合同机制不完善（市场不充分）时，企业才倾向于自我投资或推进垂直一体化。同样，美国麻省理工学院媒体实验室创始人之一的 Nicholas Economids 也认为，网络在形成过程中的自选择机制本身具有一种互补筛选机制，从而将有效的网络"设计"成互补者协作、共赢的网络体系。因此，Economids 更多从互补筛选机制角度研究网络构建过程，包括对技术兼容、标准合作、互联和互操作性问题的研究。互补性将网络产业的外部性解释为，相对于自身产业更优的互补者联合，增强了自身盈利的可能性。

第二，网络结构本身具备的倍增性。Michael Kats 和 Carl Shapiro 认为，外部性可以界定为消费同样产品的其他使用者的人数增加时，某一使用者消费该产品时所获得的效用增量。那么，在网络型消费产品中，网络的价值会随着节点数量和边的增加而快速增加。正如以太网的发明人罗伯特·梅特卡夫(Robert Metcalfe)所言:网络价值同网络用户数量的平方成正比(N 个联结能创造 N^2 的效益)。按此法则,网络产生和带来的效益将随着网络用户的增加而呈指数形式增长。互联网用户的渗透率在 20 年间发生了天翻地覆的变化,从 1995 年的 0.6%(3500 万人)发展到了 2014 年的 39%(28 亿),尤其是年轻一代(15—25 岁人口),2/3 以上的用户都深度参与网络,使得互联网价值更加显著。

(二) 网络经济的技术发展规律

经济学家对网络经济的原理从两个角度进行过概括:一是从信息技术所引起的经济运行规律的改变入手进行分析,二是从产业组织的角度来分析。相对来说,后者更加成熟。网络经济运行的基础是网络环境,因而可以通过网络技术的发展规律来反映网络经济发展的整体特点。从网络技术发展角度看,经常被提及四个发展定律:

1. 摩尔定律

摩尔定律(Moore's Law)是以英特尔公司创始人之一戈登·摩尔(Gordon Moore)的名字命名的。1965 年,摩尔预测到单片硅芯片的运算处理能力每 12 个月就会翻一番,1975 年则将时间调整为 18—24 个月,而与此同时,价格则减半。摩尔定律提出后四十多年,半导体工业的发展进程大致符合这一规律。摩尔定律反映了网络领域的技术快速更新和自我变革特点。2005 年以后随着世界存储价格的下降,芯片运算处理能力的增长更加突出,体现出超摩尔定律的规律,即更快的增长速度,如中国 Internet 联网主机数和上网用户人数的递增速度,大约每半年就翻一番。同时,一些学者认为持续高速增长不具有稳定性,如 2012 年物理学家加来道雄(Michio Kaku)认为仅仅靠标准的硅材料技术,计算能力无法维持快速的指数倍增长,摩尔定律将无法持续发展下去。

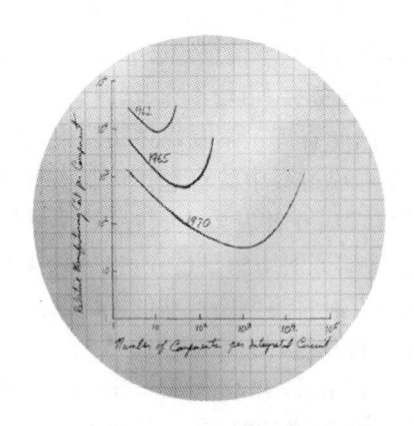

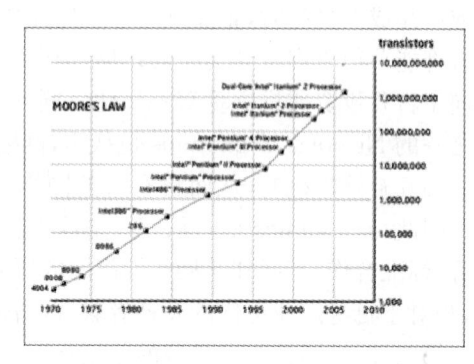

图 11-3 摩尔定律

2. 梅特卡夫定律

梅特卡夫定律(Metcalf's Law)由以太网的发明人罗伯特·梅特卡夫(Robert Metcalfe)提出,即网络价值与网络用户数量的平方成正比。而过去十到二十年,互联网的用户大约每隔半年增加1倍,而互联网的信息流通量每100天翻一番,这种爆炸性的持续增长带来了网络价值的飞速增长。这正是凯文·凯利所说的"传真机效应",即"在网络经济中,东西越充足,价值就越大"。梅特卡夫定律决定了新科技推广的速度,即新技术只有在有许多人使用它时才会变得有价值。使用网络的人越多,这些产品才变得越有价值,因而越能吸引更多的人来使用,最终提高整个网络的总价值。当一项技术已建立必要的用户规模,它的价值将会呈爆炸性增长。一项技术多快才能达到必要的用户规模,这取决于用户进入网络的代价,代价越低,达到必要用户规模的速度也越快。与梅特卡夫定律相对应的价值层面的马太效应和市场策略是主流化战略。

3. 马太效应

马太效应(Matthews Effect)是指"强者更强,弱者更弱"的趋势与局面。在网络经济中,由于人们的心理反应和行为惯性,在一定条件下,优势或劣势一旦出现并达到一定程度,就会导致不断加剧而自行强化,更容易产生"强者更强,弱者更弱""赢者通吃,输家出局"的马太效应,从而使互联网行业的市场结构趋于寡头垄断。如百度、淘宝、腾讯三大寡头分别在我国的搜索引擎、电子商务、即时通信市场占据70%以上的市场份额。

4. 吉尔德定律

吉尔德定律(Gilder's Law)是1996年美国激进主义技术学者乔治·吉尔德提出的关于网络带宽的规律预测。吉尔德在《遥观宇宙》(*Telecosm*)一书中预测:在可预见的未来25年,主干网的带宽将每6个月增长一倍,其增长速度是摩尔定律预测的CPU增长速度的3倍,并预言将来上网会免费,即每比特传输价格的费用走势呈现出"渐进曲线"的规律,价格点无限接近于零。吉尔德指出,就像利用便宜的晶体管可以制造出价格昂贵的高档电脑一样,只要将廉价的网络带宽资源充分利用起来,也会给人们带来巨额的回报,未来的成功人士将是那些更善于利用带宽资源的人,而并非那些一味节省带宽的人。吉尔德定律表明,未来的网络技术和基础设施不会成为限制网络应用的决定性因素,而网络经济成功的决定性因素还是商业模式和应用方式。

(三) 网络经济的产业组织原理

一般认为,网络经济产业组织与传统产业相比,存在一些特殊规律,如专家控制、纵向整合、大规模订制、长尾与去中心化、主流化策略、扼制与锁定策略等。

1. 专家控制

专家控制是指在网络经济环境下，第一是专业化程度更加突出，产业和市场细分程度更多，相关信息的分布也更加离散，同时专家与普通用户之间关于专门知识的信息也越发不对称，从而使公众产生了对专家知识的依赖；第二是网络上信息的制作和传播成本越来越低，网上信息存量越来越大，在海量信息的精准信息消费中，用户对信息获取的成本（包括检索技巧和花费时间）比重越来越大，使得在信息消费结构中，用户更倾向于从专家服务角度获取。

因此，在海量、非对称的信息获取市场，行业专家或专门的信息获取工具将获得市场的主导权。这类信息工具，既可以是封闭式的信息门户网站，半开放式的媒介平台和搜索引擎，也可以是开放式的信息交互与交流工具，即在网络环境下，信息通道提供者占有绝对的市场主导权。

2. 纵向整合

纵向整合是指整个产业链上下游之间进行的整合。网络空间的存在，再造了一个商品流通渠道，使得居于市场中间的中间商和渠道经销商面临空前的压力。从网络经济的运行角度看，从生产者直达用户的消费行为不仅可见，而且可测、可控，在渠道控制成本增加不多的情况下，不仅降低了经济的运行成本，而且大大降低了经济运行风险，改善了用户体验，成为目前"互联网＋"和产业升级的重要理论支撑。即通过纵向整合，缩短供应链，并提供全程的质量管控和干预，提高产品品质或服务体验。

因此，在网络经济环境下，或利用半开放企业级应用软件，或利用开放的电子商务交易平台，企业之间极易通过构建虚拟的企业联盟以实现纵向一体化的整合，产品或服务的竞争也极易从企业与企业之间的竞争，发展到产业链与产业链，甚至不同产业生态的竞争。

3. 大规模定制

大规模定制（Mass Customization，MC）是一种对产业垂直一体化的改进，将以往企业经营中的成本控制与产业上下游控制的控制理念，逐渐转化为上下游协作与合作的理念。通过一种集企业、客户、供应商、员工和环境于一体，在系统思想指导下，用整体优化的观点，充分利用企业已有的各种资源，在标准技术、现代设计方法、信息技术和先进制造技术的支持下，根据客户的个性化需求，以大批量生产的低成本、高质量和效率提供定制产品和服务的生产方式。1993年B. 约瑟夫·派恩（B. Joseph Pine Ⅱ）在《大规模定制：企业竞争的新前沿》一书中写道："大规模定制的核心是产品品种的多样化和定制化急剧增加，而不相应增加成本；范畴是个性化定制产品的大规模生产，其最大优点是提供战略优势和经济价值。"

大规模定制的运作，使得用户价值逐渐在产业生态中的价值得以凸显，企业组织方式也逐渐从大规模生产向大规模定制（mass-customization）转移。客户关系管理（Customer Relationship Management，CRM）以客户为中心的思想与MC是一致的，大规模定制的企业通过CRM实施一对一营销。能够系统、全面、准确地获取客户个性化的需求，使客户需求定制信息在各部门传递共享，针对这些定制的信息安排设计、生产，为客户提供满意的定制产品。

大规模定制企业的核心能力表现为其能够低成本、高效率地为顾客提供充分的商品空间，从而最终满足顾客的个性化需求的能力。在传统经济里，产品定制的成本高昂，定制产品往往也是特权产品，如定制化的服装产品。而在网络化环境下，产品之间的相互兼容能力更强，标准化的产品模块成为更为普遍的产业组织方式，通过对客户端需求信息的实时跟踪和采集，能够更加敏捷、快速地响应用户需求，从而推出定制化的产品。典型的案例如戴尔的电脑个人定制、耐克和阿迪达斯的运动产品个人定制。

4. 长尾分布与去中心化

长尾（The Long Tail）这一概念是由《连线》杂志主编 Chris Anderson 在 2004 年最早提出，用来描述诸如亚马逊和 Netflix 之类网站的商业和经济模式。而"长尾"实际上是统计学中幂律（Power Laws）和帕累托分布（Pareto）特征的一个口语化表达。所谓长尾理论是指，随着产品多样化的极端化发展，在某一产业的产品销售总量中，传统需求曲线中代表"畅销商品"的头部并没有占到绝对多数；而是代表"冷门商品"长尾涵盖了大量的销售总量。并且保持比头部商品更大的增长幅度。举例来说，亚马逊网络书店的图书总量超过 1000 万种，而图书销售额中有超过 1/4 来自排名 10 万以后的书籍创造，而且这些"冷门"书籍的销售比例正以高速成长，预估未来可占整个书市的一半。这意味着消费者在面对无限的选择时，真正想要的东西和想要获取的渠道都出现了重大的变化。例如，在销售产品时，以往厂商关注的是少数 VIP 客户，而"无暇"顾及在人数上绝大多数的普通消费者；而在网络时代，由于关注的成本大大降低，人们有可能以很低的成本关注正态分布曲线的"尾部"，关注"尾部"产生的总体效益甚至会超过"头部"。例如，世界上最大的网络广告商谷歌的收入基本来自被其他广告商所忽略的中小企业。因而网络时代是关注"长尾"、发挥"长尾"效益的时代。如果互联网企业销售的是虚拟产品，则支付和配送成本几乎为零，可以把长尾理论发挥到极致。Google Adwords、iTune 音乐下载都属于这种情况。可以说，虚拟产品销售天生就适合长尾理论。

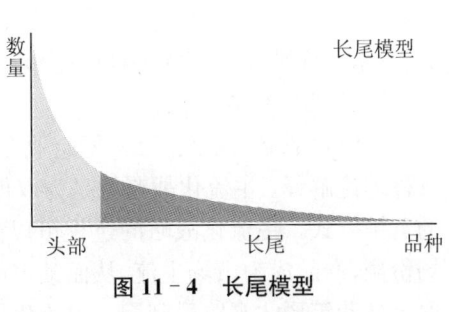

图 11 - 4　长尾模型

在多元化和无结构的网络体系中,去中心化(Decentralization)也是另外一种典型特征。去中心化是互联网发展过程中形成的社会化关系形态和内容产生形态,是相对于"中心化"而言的新型网络内容生产过程。

去中心化本来是传播学中,形容淡化传统信息传播金字塔中的"信息中心",而让原来传播中的"受众"成了新的信源,人人都是中心的传播模式,是对众创或用户贡献模式的一种表述。随着网络服务形态的多元化,去中心化网络模型越来越清晰,也越来越成为可能。Web2.0兴起后,Wikipedia、Flickr、Blogger、微博、微信等网络服务商所提供的服务都是去中心化的,任何参与者,均可提交内容,从而提升了网民参与贡献的积极性、降低了生产内容的门槛。最终使得每一个网民均成了一个微小且独立的信息提供商,使得互联网更加扁平、内容生产更加多元化。

而进入到管理领域,"去中心化"则意味着,在差异化产品竞争体系中,存在各种大大小小的产业生态,更多的多元化产品、创新产品找到了回避大规模企业的"绞杀",而独立生存的一种产业形态。

5. 主流化战略

主流化战略,也是指互联网企业在用户介入阶段的免费策略,是免费经济的一种理论解释。主流化战略就是为取得市场最大化份额而赠送或低价销售产品的营销方式。主流化战略的过程可以简单概括为低价销售产品,取得最大化市场份额,产品成为市场主流,从而锁定用户群,通过产品升级、相关服务收费或收取会员费等形式来取得利润。主流化战略的极端方式就是免费赠送。免费赠送和主流化战略已经成为网络企业的共识,许多网络企业纷纷举起免费赠送的旗帜,主流化战略已经成为信息对称市场的典型战略。主流化战略的结果和目的就是垄断。网络经济下的"垄断"需要重新定位。网络产品的边际效用递增规律使一种产品的用户增加时,用户群的整体效用会增加,即会增加整个社会的福利。

如果同一行业内的所有企业都采取主流化战略,那么产品竞争将转化为技术与质量竞争,甚至是标准化的竞争。最终取得主流化地位的产品必定是最能满足用户需要,而且技术相对先进的企业。主流化战略带来的好处是最终统一的市场和通行的技术标准,所有用户可以使用同一标准进行产品的筛选,从而形成便捷。但弊端是主流化不可避免地形成产品垄断,并形成单一标准,抑制持续创新。一方面,主流化过程中的持续投入或创新,造成巨大的沉没成本,一般只有大公司或者受到风险投资商高度关注的企业才有能力承受巨额开发费用;另一方面,在主流化过程中形成的免费或低廉价格的市场策略,可能养成用户惰性,一旦企业收取高价回收成本,马上会有新企业来实行主流化战略或者用户马上会转向新的潜在服务提供者。因此,主流化策略在网络环境下催生了高质低价的产品和运营策略,而很难见到"垄断价格"的存在。

在信息技术或网络经济领域,一些实力雄厚的大公司正是通过不断更新技术,同时实施产品主流化市场竞争战略,来获得稳定的市场竞争优势。

6. 扼制与锁定战略

"扼制(Hold-up)"是从企业或用户被动合作角度讲的劣势,是威廉姆森根据资产专用性理论提出的一种企业关系的解释观点。随着市场的扩大和分工的发展,必然会出现用途专一的生产要素。生产要素越是专用,设计就越简单,制造费用就越低,同时导致转换到其他要素或设备的成本也越高。一般而言,资产专用性有三种:一种是资产本身的专用性,如特殊设计能够一次性加工成某个部件的设备;二是资产选址的专用性,如为了节省运输费用,设备一般以原料产地布局,一旦建成,移迁费用很高,甚至使移迁成为不可能;三是人力资本的专用性,如果一个雇员在一家企业的长期工作中积累了与工作相关的丰富经验,而且他的经验和技术非常适合这个特定的企业,那么他的人力资本就具有很强的专用性。对于厂商,重新训练这样的雇员需要花费很多时间或很高费用,同时,他的这些经验和技术也并不适合其他厂商。维持长期稳定的契约关系,对于厂商和这类雇员都会有好处。专用性资产的出现,大大提高了厂商对交易伙伴的依赖性。资产的专用性程度越高,专用性资产价值越大,拥有专用性资产的厂商对交易伙伴的依赖性越大。这种依赖性最终变为竞争中的一种劣势,即被交易伙伴所"扼制"。

"锁定"则是从用户主动选择角度讲的劣势,其本质是用户将来的选择会受到现在选择的约束。"锁定"是和转移成本(switching cost)联系在一起的。转移成本指的是消费者使用另一产品时必须付出的设备更新、学习成本等。正如前面信息产品章节所讲,信息产品的学习成本和兼容特征,使得产品极易形成锁定。比如,用户使用的操作系统一直是微软的 Windows 系统,即使用户对它有许多不满意的地方,如频繁死机、占用内存空间大等。可是,用户却不愿意换一个其他的操作系统,因为换一个操作系统意味着必须放弃原先的操作知识和经验,重新接受训练,要花大量的时间和精力熟悉新软件的操作,所以用户就处在一种不满意现有产品而又不愿意或不能选择其他产品的状态。这就是说,用户被 Windows 系统"锁定(lock-in)"了。

在网络环境下,一旦选定某一产品或服务,该产品或服务的专用性或使用价值会随着使用过程的增加或时间的积累而递增,最终导致企业被某一网络应用服务商所"扼制",用户被某一网络应用或产品所"锁定"。

7. 标准化战争

标准化是网络产品最终的表现形式,而实现标准化的过程往往称为标准战争。当两种不兼容的技术相互争斗都想成为事实上的标准时,就可以说标准战争发生了。标准战争可能以停战（如调制解调器）、双头垄断（如今天的电视游戏）或成王败寇（如录像机）而告终。由于技术标准市场的网络效应，二虎相争，必有一伤，标准战争充满了风险性。因此，在发动或接受标准战争之前，必须对标准取胜的可能性进行客观的评估。在标准战争中，企业取胜的可能性取决于对六种关键资产的掌握：现在客户的规模、知识产权、创新能力、生产能力、互补产品的力量、品牌和名誉。

第一，客户规模，或者称为用户安装基础。像微软这样已经占领市场、拥有一个很大的忠诚顾客或锁定顾客基础的公司，可以通过提供向后兼容，实施渐进的策略。对安装基础的控制可以被用来阻止合作性的标准设定，发起标准战争。

第二，知识产权。拥有能控制有价值的新技术或界面的专利权或版权的公司处于有利的地位。例如，高通在无线数字电话大战中的主要资产就是一系列专利权，索尼和飞利浦在CD和DVD领域竞争，苹果、三星和HTC在智能手机领域的竞争。通常，专利权比版权的威力更强，但是可以用来阻止兼容的软件著作权或非开放性代码可能会更有价值。

第三，创新能力，或技术研发能力。如果拥有强大的技术创新能力或研发能力，那么短期的标准竞争的失利，能够在长期的标准竞争中实现反超。因此，强大的技术研发能力，能够增强企业在技术标准竞争中的竞争力。如NBC在彩电技术标准、惠普在打印和复印技术领域的标准让步策略。

第四，先发优势。如果已经做了大量的产品开发工作，并且在学习曲线上比竞争对手走得更远，企业就会处于一个更有利的位置。佳能就是一个很好的例子。它创建了个人激光打印机市场，并且继续统治着激光打印机引擎的制造，部分原因就是通过利用经验曲线来保持低成本和高质量。

第五，生产能力。如果在开放标准技术领域，企业是一个低成本生产者，由于规模经济或制造能力，也会处于一个强有力的地位。成本优势可以帮助通过销售标准产品进行竞争，在标准战争中生存或获取市场份额。例如，早期康柏和戴尔都在努力压低生产成本，从而获得更大的市场份额和用户使用习惯，给PC市场带来更大的竞争优势。类似的案例还有罗克韦尔制造调制解调器芯片集的低成本，华为与SUN竞争中华为的低技术成本等。

第六，互补产品的力量。如果产品是市场的一个重要的互补产品，将会有很强的动机来推广产品。这也会使企业处于一个自然的领先地位。典型案例如英特尔公司、高通公司和三星公司的芯片领域的竞争，英特尔为推动更多CPU的销售，则推动了更多其他PC组件或移动应用领域的新标准推出。

第七，品牌和名誉。在任何扁平化市场中，品牌优势都是非常有价值的。而在网络市场中名誉和品牌尤其有价值，因为好的品牌和声誉可以让顾客更好地相信产品能取得标准战争的胜利。如微软、惠普、英特尔、索尼和Sun在各自领域的标准竞争中,其品牌声誉和可信度发挥了巨大的作用。

本章小结

本章介绍了信息产业和信息经济的基本内涵,分析了信息产业的构成和部门特征,重点描述了信息经济的马克卢普测度体系和马克·波拉特体系。

信息经济分广义信息经济和狭义信息经济。广义的信息经济是以现代信息技术等高技术为物质基础、信息产业起主导作用的,基于信息、知识、智力的一种新型经济,需从经济的宏观层次上理解。相关概念还有数字经济、网络经济、比特经济、知识经济、智能经济或智力经济等称谓。狭义的信息经济则是指信息部门的经济,而不涉及其他经济部门,需从部门经济的中观层次上理解。

信息经济的测度主要有马克卢普的信息经济测度方法和马克·波拉特的信息经济测度体系。二者的差别主要体现在三个方面。第一,二者所使用的"信息经济"的概念存在差异,马克卢普信息经济的基本单位是生产知识的个人和组织;而波拉特信息经济的基本单位是信息活动或信息市场。第二,在测度方法上,马克卢普采用最终需求法,波拉特采用增加值法。第三,在测度体系上,二者的产业分类不同,测度内容有所差异。同时,二者信息经济测度体系对美国信息经济发展规模的测度和一些基本结论大体相似。

从目前网络经济的发展来看,可以从以下几个方面去把握它的特性:第一,网络经济是一种趋势经济,虽然网络经济还不是世界的主流经济形态,但它正在迅速发展。其二,网络经济不是一种行业经济,很多人将信息产业归于第四产业,但从网络经济对人类的影响和它的发展趋势来看,它已经超越了行业经济的范畴。其三,网络经济是信息技术(特别是网络技术)发展的产物。其四,网络经济是一种全新的经济形态,它对传统的经济学产生深刻的影响,从交易规则、理论基础、价值规律和产品的分配等诸多方面对传统的经济学提出了挑战。

导入案例小结

信息产业的范畴和定义是不断发展的。信息产业不仅具有庞大的产业规模,高速的增长趋势,而且具有广泛的渗透性和牵引作用。一方面信息产业的发展可以改造传统产业,优化产业机构,提升产业能力;另一方面,信息产业的发展本身也为其他产业的发展提供了巨大的需求市场,因而信息产业在当今很多经济体中都具有主导作用,是经济发展的重点领域。此外,信息产业还具有其他产业不具备的特有特征,诸如技术密集和资金密集属性、快速倍增属性等,因而信息产业逐渐成长为支柱性产业,并保持了持续的高速增长态势。

课后习题

1. 信息产业形成的动因是什么?
2. 信息产业的技术结构是怎样的? 技术结构如何影响着信息产业的发展?
3. 信息产业与可持续发展的关系如何?
4. 从对信息产业发展演变趋势的分析,你认为当前我国信息产业发展的重点应是什么?
5. 信息经济的含义是什么? 它有什么特征?
6. 马克卢普对美国信息经济测度的思路是怎样的,其主要结论是什么?
7. 波拉特信息经济测度的方法体系是怎样的,其主要结论是什么?
8. 马克卢普与波拉特测度信息经济的区别主要有哪些方面?
9. 制定信息产业政策应注意什么问题?

延伸阅读

在信息产业研究中,关于信息产业测度、宏观分析和政策分析的阅读资料比较丰富。马克卢普、波拉特、兰伯顿都有比较经典的研究理论,如马克卢普的《美国的知识生产与分配》、波拉特的《信息经济:定义与测度》国内都有中译本。此外,国内的马费成、靖继鹏、陶长琪等教材均有比较系统的论述。

在信息产业研究中,有许多学者将信息化测度作为信息经济测度的延伸,进行介绍。本书考虑到信息化扩展了一般的经济研究内涵,并未介绍,感兴趣的同学可进一步阅读信息化及其测度理论的知识,以便更加了解信息化及信息产业发展对经济增长的贡献。

参考文献

[美]马克·波拉特著,李必祥等译. 信息经济论[M].长沙:湖南人民出版社,1987.

[美]库兹涅茨著,常勋等译. 各国的经济增长[M].北京:商务印书馆,2009.

[美]弗里茨·马克卢普著,孙耀君译.美国的知识生产与分配[M].北京:中国人民大学出版社,2007.

[美]卡尔·夏皮罗,哈尔·瓦里安著,张帆译.信息规则:网络经济的策略指导[M].北京:中国人民大学出版社,2000.

Arthur W. B. *Increasing Returns and Path Dependence in the Economy*[M]. University of Michigan Press, 1994.

Lucas R.E. On the Mechanics of Economic Development[J]. *Journal of*

Monetary Economics,1988,22(88):3-42.

Moore G.E. The Future of Integrated Electronics[J]. *Fairchild Semiconductor Internal Publication*,1964,2.

National Research Council (US). Committee to Study the Impact of Information Technology on the Performance of Service Activities, National Research Council (US). Computer Science, Telecommunications Board, et al. Information technology in the service society: A twenty-first century lever [M]. National Academies Press,1994.11.

宋玲. 中国信息能力研究报告[A][D],2001.

Naylor T. H., Phelps E. S. Golden Rules of Economic Growth[J]. *Southern Economic Journal*,1967,34.

Solow R. A. Contribution to the Theory of Economic Growth, Quarterly Journal of Economics 70 (February)[J]. Cambridge University Press Stiglitz Joseph E,1956.

Triplett J. E. The Solow Productivity Paradox: What Do Computers Do to Productivity?[J]. *Canadian Journal of Economics*,1999:309-334.

Voge J. The Political Economics of Complexity: From the Information Economy to the 'Complexity' Economy[J]. *Information Economics and Policy*,1983,1(2):97-114.

中国信息化百人会课题组著. 信息经济崛起 重构世界经济新版图[M]. 北京:电子工业出版社,2015.

陈小磊. 基于C-D模型的信息产业细分要素对江苏经济增长贡献分析[J]. 情报探索,2013,9:25-28.

陈晓华. 广西信息产业发展水平及其对经济增长的贡献[J]. 市场论坛,2008,10:123-126.

陈禹. 信息经济学教程[M]. 北京:清华大学出版社,2011.

范世涛. 信息化、结构转变和发展政策:信息化时代的卡尔多律和鲍莫尔病[J]. 中国信息界,2006(12):15-20.18.

韩厚继,杨宁生. 上海市信息产业对经济增长贡献的研究[J]. 湖南农业科学,2011,03:150-152.

齐志强,康春鹏. 中国经济增长来源实证研究——基于对细分的信息产业、资本投入、劳动投入与全要素生产率的分析[J]. 工业技术经济,2013,02:133-141.

秦海,李红升,丁振寰. 信息通信技术与经济增长:一项基于国际经验和中国实践的研究[M]. 北京:中国人民大学出版社,2006.

泰勒尔.产业组织理论[M].北京:中国人民大学出版社,1997.

陶涛."新经济"对欧盟经济增长的贡献[J].世界经济,2001(12):13-19.

王欣.信息产业发展机理及测度理论与方法研究[M].长春:吉林大学出版社,2009.

王悦.我国信息产业对经济增长促进作用的计量分析[J].统计与决策,2007,12:71-73.

乌家培.经济 信息 信息化[M].沈阳:东北财经大学出版社,1996.

谢康.信息经济学原理[M].长沙:中南工业大学出版社,1998.

徐升华,毛小兵.信息产业对经济增长的贡献分析[J].管理世界,2004,08:75-80.

杨杜.企业成长论[M].北京:中国人民大学出版社,1996.

左美云.知识经济的支柱信息产业[M].北京:中国人民大学出版社,1998.